- 陕西省社会科学基金项目(10A031)

- 陕西省高水平大学建设重大项目(2012SXTS04)资助项目

- 教育部全国高校思想政治理论课教师社会实践研修基地(延安大学)资助项目

- 教育部高校辅导员培训和研修基地(延安大学)资助项目

WENHUA ZHEXUE YU
SHEHUIZHUYI HEXIN JIAZHI YANJIU

文化哲学与
社会主义核心价值研究

李宏斌　杨亮才　著

人民出版社

目　录

导　　言

　　任何著述都是围绕着一个大的选题完成的，任何有研究意义的选题都是作者殚精竭虑的结果。作为陕西省高水平大学学科建设重大项目的资助项目，"文化哲学与社会主义核心价值研究"的选题由来已久。早在2008年，就以"文化哲学的基本问题和主要范畴"的选题获得"延安大学研究生创新项目"的立项。当时我们的考虑比较单纯，就是认为哲学是围绕"思维和存在的关系"这一基本问题而展开的，文化哲学也理应有自己的基本问题，文化哲学要想作为一门学科得以确立，就必须有自己的研究对象和相对称的一整套概念和范畴体系。说实话，我们为这一思路感动了好一阵子，而且，当时就哲学的本真、休谟问题、科学与哲学的关系以及马克思主义哲学的文化底蕴进行了深入的思考，形成了一些文字性的东西，该书前两章的大部分内容，就是在这个时候写出的。

　　然而，当初的研究思路却没能继续下去。一是对哲学转向文化哲学的历史必然性认识不足，特别是对"哲学"、"文化"各自在社会历史发展中的地位和作用认识不足，因而，即使提出了文化哲学的基本问题是"实然和应然的关系问题"、文化哲学的研究对象是"文化模式及其文化精神"的观点，也还是没有浑厚的理论底气展开论述。至于在基本问题和研究对象基础上的文化哲学的一系列概念范畴，诸如社会转型、文化危机、文化的民族性和时代性、文化自觉等等，即使分别赋予了比较确切的内涵，也还是很难将其逻辑化、体系化。二是"文以载道"的责任感和使命感。随着社会主义核心价值体系的提出和对社会主义核心价值研究的持续升温，我们深感原来的选题过于单调，只有理论意义，对现实的针对性不强。而哲学尤其是文化哲学如果不张扬时代的核心价值体系，不能够推动当代中国文化的大发展和大繁荣，不能够提升以核心价值观为主要支撑的国家文化软实力，就不配有存在和论述的理由。

正是在这样的考虑下，我们以 2010 年的"社会主义核心价值体系和青年大学生思想政治教育"（陕西省社科基金项目）的研究为契机，尝试着文化哲学和社会主义核心价值的结合性研究。但在开始的时候，我们的研究很不顺畅。究其主要原因，除了选题的"宏大"导致有些力不从心外，是因为我们的"野心"太大了，总想着从两个学术阵地上同时"作战"：既想解决文化哲学作为学科的"合法性"问题，又想对社会主义核心价值体系及社会主义核心价值观提出的历史方位、社会背景、文化根源、深远意义等进行深入的文化哲学的解读。这样的研究思路直接导致了具体研究工作的艰辛和书稿撰写的阻滞，并导致了其后两年多时间不时地陷入"山重水复疑无路"的创作困境。譬如，为说明社会主义核心价值的理论空间和意识形态的本质，我们竟然把"文化哲学和社会意识形态"单列一章，结果花费了近一年的时间，收集、梳理了大量的经典著述、文字资料后，才发现这样的研究没有多少实质性的意义，我们的研究走偏了。

真正迎来"柳暗花明又一村"的是我们对"文化自觉"重视和持续关注，是我们在事实上把"文化自觉"看做是文化哲学和社会主义核心价值结合性研究的主线。特别是党的十八大以后，学界有关社会主义核心价值的一系列著述和文章，更是强化了我们的研究信念，明确了我们的研究思路。其中，发表在《光明日报》2013 年 4 月 1 日第 7 版上的一组中青年学者的文章，真正起到了清心明目的作用。现摘要如下：北京师范大学张曙光教授认为，提出社会主义核心价值观，不可能不受到传统思想文化的影响，而这种影响往往会"成为我们理解一切问题的先验图式"；要跳出这种局限，"需要以其他民族的思想文化作为参照系，需要及时地概括我国现代化建设的经验"，"必须充分认识中国所处的历史阶段，深入把握社会转型中的矛盾及其解决途径，继承并创新我们的文化"，"以开放的态度探寻我们时代的价值观"。复旦大学冯平教授以"价值重建的切入点"为题目，进一步指出，社会主义核心价值体系建设"是在中国经历了改革开放 30 多年，社会生活发生重大变化，意识形态亟须自我调整以适应这一重大变化，亟须自我整合以形成系统发展理念的历史时刻所提出的重大现实问题"；"这一课题的核心是主流意识形态的自我调整和自我整合，而调整和整合的关键是为了民族复兴的价值重建"；因此，研究方法"不能是现有理论的逻辑推演，也不能局限于现实境况的社会学描述，它需要以对中国近百年历史和中国当下所面临的严峻问题的研究、思索为基础，以人类文明的发展进程为参照，探究现有制度的不足，批判现有思维方式和价值观念，从而提出关于进一步改革的着力点、思维方式构建和价值观构建的关键点的诸种方案"。应当特别关注的是，两位学者共同认为，中国社会正处于"现代化运动与中华文明复兴"、"社会主义与资本主义"、"民族国家与全球化趋势"的三大张力之中，这三大张力"从根本上规定了中国社会的当下境况"，也"在很大程度上左右着中国社会的未来发展方向"，"要真正掌握中国的命运，就必须从根本上把握这三大张力"，并把社会主义核心价值的构建放置于"复杂现代性"的框架下。因为"就其本质而言，这三大张力都是现代性问题的不同呈现样式"，其核心"在于中国要以一种什么样的现代性理念来建设一个什么样的现代化国家"。①

　　这些闪烁着真知灼见的观点对我们研究的思路和方法的调整发生了

① 　冯平等："复杂现代性"框架下的核心价值建构，《哲学原理（复印报刊资料）》
　　 2013 年第 10 期。

重大的影响。我们越来越清醒地意识到：社会主义核心价值的提出，是中国社会近现代社会转型过程中持续的文化争论的结果，即传统文化与现代文化、外来文化与本土文化、主流文化与非主流文化之间交流、碰撞和冲突的结果；是在全球化的宏大背景下，中华民族饱受了"历时态文明的共时态承受"后，以党和国家的意志或价值意愿呈现出来的整体性的文化自觉；是"中国特色社会主义"达到理论自信、道路自信、制度自信后的文化表白。我们的研究再也不能"在两个学术阵地上同时作战"，而应该以"社会主义核心价值"的研究为重心。当然，并不是说文化哲学的研究工作不重要，而是说就我们的研究课题本身，文化哲学是一种比较好的观测视角、一种更直接的研究路径和更贴近的研究方法。简单地说，我们研究转化成了"对社会主义核心价值的文化哲学解读"。

那么，这样的"解读"是否可行呢？回答自然是肯定的。

首先，哲学和文化本来就是二而为一的，二者相通的最基础的东西正是人类共有的价值观。就哲学而言，它是文化的灵魂。哲学以其形而上的运思从文化中探求人生存的本性、行为根据、价值意义乃至前途命运，去求解人类现实文化背后的人文精神，从而展示人类生存方式和价值取向的多样性；哲学还以其主流社会意识构建出的终极关怀作为"经纬线"或"意义纽带"，将形形色色的文化事象或文化形态整合成为一个相对统一的价值体，而正是这种有包容的、带着诗意色彩的"终极关怀"引领并照亮了人类的前程。就文化而言，它既是哲学存在和发挥功用的人性根基，又是哲学世界观、人生观、价值观的现实表达。文化即"人化"，哲学即"人学"，这是目前中西学界在人文研究领域达成的最大共识。按照冯友兰先生的理解，哲学的功用主要表现为"可以养成清楚的思想"、"可以养成怀疑的精神"、"可以养成容忍的态度"、"可以养成广大的眼界"，[①] 四方面讲的都是哲学在文化育人方面的功用。就文化

---

① 冯友兰：《哲学的精神》，陕西师范大学出版社 2010 年版，第 210—211 页。

自身在社会历史发展中的地位和作用来看，主要表现在，第一，标识民族，记忆历史，选择未来文明的走向；第二，引导社会，教育人民，满足民众的精神文化需求；第三，形塑价值，凝聚力量，引领和推动经济社会的进步发展。三方面的根本都在于主流社会核心价值观的形成。

其次，文化哲学是对哲学所表征的思维方式和价值取向的一种彻底人性化的理解，它不是关于文化现象非反思的、一般的描述，更不是哲学思维在文化领域的单纯延伸，而是关于各种文化现象内在的文化精神和文化模式的理性反思。也就是说，文化哲学是人类"生存与发展方式"即文化模式中所彰显出的时代精神的哲学表达，它从文化的视角和哲学的高度出发，为人类探寻"实然"和"应然"相统一的生存"机理"和发展之路。也正因此，人成为了文化哲学的出发点和归宿点，追求人类解放和社会进步就成了文化哲学的价值诉求。文化哲学正是通过对人类主导文化模式及其文化精神的全方位的反思和批判，形成了种种自觉的文化意识，并最终凝练出影响社会历史进程的主流价值观念和核心价值体系。就中国文化哲学的发展而言，是和不同时期的"文化热"紧密联系在一起的；而每一次"文化热"的背后，都蕴含了中华民众的一种深沉的价值渴望和价值期许。如果说，五四新文化运动后中国哲学的进步体现了对儒家为代表的中国传统文化的超越，上世纪后20年中国文化争论体现在对教条主义地理解马克思主义的批判和超越，那么，21世纪以来中国社会持续的文化探讨，则体现为哲学理念和文化精神的创新。特别是"近十年文化哲学的快速发展，不仅集中体现出哲学理念的创新，而且自觉地回应了人们最为关切的时代问题。"因而，"中国文化哲学进一步的突破口应当聚焦于全球化视阈中价值观的博弈，并自觉凸显中国核心价值观的影响力和感召力。"① 当下，只有从文化哲学的视野入手，才能牢牢把握我国文化建设的价值定位，以中国优秀传统文化、

---

① 衣俊卿：自觉回应时代问题的文化哲学，《中国社会科学报》2012年9月7日，第4版。

西方优秀文化、马克思主义先进文化等丰富的文化资源为依托，推进农业文明、工业文明、后工业文明等"历时态"文化精神的"共时性"整合，进而彰显核心价值观在社会中的现实影响力。

再次，从反思"经济学意义的价值观"对现代社会生活的影响来看，可以更好地说明文化哲学对社会主义核心价值的强大解释力。本来，"价值"一词最初只是一个经济学的术语，表达的也只是商品的属性（有用性）对于人的一种效用关系。然而，这种经济学的价值概念在后来的演变过程中不仅主导了现代人的日常生活，乃至成为人的人生观和价值观。"人们撕下了温情脉脉的面纱"，几乎完全从"效用"或"功利"的角度考虑和筹划自己的行为，包括交友、恋爱和建立家庭，这已经成为现代社会中所谓"文明"人的最基本的思维方式和生活态度。于是，"经济学的价值观"成了现代人具有思维范式和行为方式意义的概念，并渗入到现代社会生活的各个领域。它颠覆甚至消解了人们原来所看重与推崇的蕴涵在历史传统中的"意义和价值"，形成了一种只有当下感觉的、无深度可言的扁平式的生活模式。而现代社会生活秩序也变成了一种单纯靠法律和制度维持的秩序，人的心灵世界却陷入茫然不知所措的紊乱和骚动之中，而这正是文化相对主义和历史虚无主义产生的世俗土壤。面对此种情况，人们在反思"价值"的过程中借助各种文化哲学资源，突破了经济学的规定，将价值与人们的"善的生活"联系起来，使价值概念转化为文化哲学概念，并广泛运用于道德、宗教、政治、法律等人文社会科学领域。因为文化哲学意义上的价值或价值观，"从根本上说在于能够使社会主体发展完善，使人类社会更加美好"，"价值作为人们选择和追求的目标"和"对事实的超越"，它"必须是善的"，也"必定是善的"，因为"只有满足健康的合理的需要才有价值，满足不健康不合理的需要则无价值甚至是负价值。"① 文化哲学的核心就是人们的价

---

① 王玉樑：《21 世纪价值哲学：从自发到自觉》，2006 年版，第 1—2 页。

值观念和价值取向。如果说虚无主义和相对论是哲学的死亡，那么，文化哲学"只有作为普遍有效的价值的科学才能继续存在。"① 从根本上说，价值是以人的生命活动为机制所形成的生活的相互关联性，它是在人类社会生活中发挥着"奠基"和"维系"作用的价值观念和价值原则的统一，这两方面的统一直接构成了价值秩序，即人类社会组织秩序和社会生活秩序的内在"结构"或"深层文化模式"。目前，只有从文化哲学的视角，才能全方位地解读社会主义核心价值体系和社会主义核心价值观。

　　最后，社会主义核心价值观的培育和践行过程集中体现了文化哲学的基本问题，即在本质上是一个从"实然"到"应然"的过程。在文化哲学的视域，价值观的教育本质上是文化育人，离开了从"实然"到"应然"的人文指向和终极关怀，就不可能有任何适应主流社会的核心价值观的确立。改革开放以来，我国社会的价值观现状是"一元—多元的多层面共生性演变"，即：从一元价值观向一元价值观与多元价值观互动的变化；从整体价值观向整体价值观与个体价值观融合的变化；从理想价值观向理想价值观与世俗价值观共存的变化；从精神价值观向精神价值观与物质价值观并重的变化。② 社会主义核心价值体系及核心价值观以其引领思潮、凝聚共识、尊重差异、包容多样的人文旨趣，最大程度地适应了转型时期中国社会的"实然"状况。更为重要的是，社会主义核心价值体系及核心价值观是为中华民族伟大复兴的中国梦而提出的，其构建、培育和践行本质上是一个从"实然"到"应然"的过程。具体而言，社会主义核心价值的"价值主体"是全体中华儿女，是中国共产党领导下的一切拥护社会主义的建设者和拥护祖国统一的爱国者的大联盟；社会主义核心价值的价值基点是反对"神本"、批判"官本"、反思"物本"基础上的以人为本；社会主义核心价值的根本价值取向是富强、

① 　文德尔班：《哲学史教程》，商务印书馆 1993 年版，第 927 页。
② 　廖小平、成海鹰：改革开放以来中国社会的价值观变迁，《新华文摘》2006 年第 6 期。

民主、文明、和谐，最直接的价值目标是人民的幸福，即让改革开放的成果惠及广大人民群众。社会主义核心价值提出的主题无疑是更好地建设有中国特色的社会主义，但它的切入点是社会主义文化的大发展和大繁荣，围绕的中心话题正是全民族精神素质和道德素质的提高。社会主义核心价值体系是在市场经济确立、改革开放进入深水区、国内外环境复杂多变的背景下提出的，除继承社会主义的价值传统和资本主义的优秀文化成果外，还一以贯之地继承了"为天地立心，为生民立命，为往圣继绝学，为万世开太平"的中国人文传统，彰显了中国传统文化中"其命维新"的文化气质。社会主义核心价值体系和社会主义核心价值观的提出，标志着当代中国文化哲学的确立和最终形成。

本书共分七章，其基本思路是：通过对哲学的本性、休谟问题及其所引发的思考、科学与哲学的关系以及马克思主义哲学文化底蕴的深入剖析，说明文化哲学是哲学发展演变到现当代的必然表现形态，而不是具体的哲学流派或类似于科技哲学、政治哲学、教育哲学等的部门哲学。揭示出在人类文明的进程中，文化和"人化"是不可分割的，"文化是长时期内大群集体的公共人生"，而文化哲学的研究对象则是在实践基础形成的文化模式及其文化精神。社会形态的剧烈转型是和人类的近现代化历程搅和在一起的，这种转型本质上是一种文化模式和文化精神的转型，并总是要在全球化的场域中历经现代化和现代性的撕心裂肺的"洗礼"后，通过民族意义上的文化自觉和文化自信构成了社会发展的内在张力。不同民族、不同时代都有着自己的主导文化模式及其文化精神，它们必然要通过主流社会的核心价值体系或核心价值观表达出来。从深刻的文化模式、核心价值体系和核心价值观嬗变的角度看，社会主义核心价值的产生有其历史必然性，它是中国特色社会主义的文化承诺和价值表白，体现了社会主义意识形态本质。社会主义核心价值体有着宏大理论空间，它是文化哲学的基本问题在当代中国的展开和延伸，是和先进文化、共产党人的价值追求、社会主义和谐文化、科学发展观、中国梦等紧密联系在一起的，正因此，培育和践行社会主义核心价值观既是一个价值观教育的过程，更是一个文化化育的过程。

下面，简要介绍一下本书的基本框架和主要观点。

在第一章"哲学的问题与转向"中，我们开门见山地指出，哲学是不断追问万物"本体"、拷问"人类生存和发展方式"、探求和体验"人生真善美境界"的学说。从其特性看，"追根溯源"的本体论思维和"终极关怀"的"实然—应然"思维始终是哲学挥之不去的最为本真的文化品格，对人们的理想信念及其价值观起着导向和激励作用。接着，我们对"休谟问题"及其所引发的一系列深入思考进行了历史的回顾。指出，哲学和科学的研究对象不同，思维方式不同：哲学总是要穷究第一因和最高境界，自觉不自觉地走向主客体关系、价值等难以言传的澄明之域；科学则总是力图排除主观性和认识主体方面的特殊性、差异性，尽量地追求普遍性和客观性，按照客观世界的本来面目认识和把握之。表现在社会现实和日常生活中，哲学是对科学知识和生活事实的再认识，任何哲学或哲学活动都是也只能是一种具有智慧色彩和人性光芒的"反思活动"。第三部分，我们合乎逻辑地提出了当代中国重建哲学观的必要性。并认为，这种"重建"并非是要把已有的哲学观解肢成碎片后重新组合，也不是一般意义上的中国哲学、西方哲学和马克思主义哲学的简单拼凑，而应该是传统哲学思维和传统哲学态度的现代转变，是一种真正意义上的哲学观的重新塑造，不仅要借鉴、吸收和传承古今中外优秀的文化成果，而且要深入反思人类自身的历史和人类社会的生存、发展模式，并彻底地改变我们的教育理念。而这一切，都要求我们走向理论自觉的文化哲学，完成哲学向文化哲学的转向。第四部分，我们指出，理性主义的危机和这一危机的化解是文化哲学产生的必然，中国文化哲学的讨论是和改革开放、市场经济的深化以及全球化的到来密切相关，但这种研讨还没有真正达到理论自觉的程度。因为，一种文化要想成为自觉而非随意的文化，必须上升到哲学的高度进行社会历史性的反思；一种哲学要想具有现实的影响力而非虚幻的寄托，就要扎根社会实践的土壤，不断地进行文化的参与和渗透。文化哲学是人类"生存与发展方式"即文化模式中所彰显出的时代精神的哲学表达，它从文化的视角和哲学的高度出发，为人类探寻"实然"和"应然"相统一的生存和发展之路，因而它开辟了文化研究和哲学研究的新纪元，创造了一种崭新的哲学样态。当下，只有从文化哲学的视野入手，才能牢牢把握我国文化建设的价值定位，以丰富的文化资源为依托，推进文化整合，突出中国文化要素在国家文化软实力中的重要地位，并进而彰显中国核心价值观在人类社会中的现实影响力。第五部分，我们对马克思主义进行文化哲学的解读，认为，马克思主义不仅确立了文化研究的起点，而且确认了文化即"人化"的本质属性；它通过对资本"嗜血性"和"扩张性"的淋漓尽致地剖析，深刻地揭示了资本主义文化模式的内在逻辑：一是工商业文明取代了农业文明，二是民族国家的文化界限被打破，三是世界越来越被"同化"。马克思主义蕴含了丰富而又深刻的文化哲学内涵，它不断地向人们昭示：文化就是"人化"，是人类在实践基础上的生存和发展模式；社会形态演变的最终意义就是文化模式的转型。我们有理由说，马克思主义本质上就是文化哲学。

第二章，我们力图揭示"文化哲学的研究对象和内在张力"。从文化即"人化"，人的存在本质上是一种文化存在的思路出发，我们提出文化哲学的研究对象是"文化模式"的观点。因为，"文化是长时期内大群集体的公共人生"；[①] 所有的文化事象和文化形态都与人们特定的生活方式相关联，都构成了人类的某种生活样态和存在方式；所谓的文化危机和文化转型不过是主导性文化模式的失范引起的，其中的文化自觉和文化批判是在对旧有的文化模式的自我认识和自我反省的基础上完成的。顺着这一思路，我们深入讨论了"实践范式"与文化模式

---

① 钱穆：《中国文化精神》，九州出版社 2012 年版，第 2 页。

之间的内在关系。指出，人类最基本的实践范式是生产实践和处理社会关系的实践两大类，但人类的行为方式却是多种多样、复杂多变的。一种在实践范式基础上产生的文化模式中的行为方式总是有其存在的合理性；这样的文化模式一旦形成，就可以区别于不同的文化形态，并塑造着各自所辖的社会个体。人类文化模式所具有的可塑性和实践范式对之的生成性一直是人类进步和不断发展的土壤。所谓的文化的差异，只是具体的文化样式、文化模式和实践形式（形态）上的差异。从人类活动的两大实践范式来看，人们热衷讨论的中西文化本质上是一致的，都是人类立足于生产实践和处理社会关系的实践而产生的"人类文化"，它们的差异仅仅在于：两种文化所包含的内容和具体成果不同；两种文化模式的侧重点和对具体实践形式（形态）的选择不同。本章第三部分，我们进一步探讨了"文化精神"与文化模式之间的关系。认为，文化精神是和文化、文化模式的概念一脉相承的，三者之间的细微的区别是：文化是一种"人化"或属人化，是人类在长期的历史实践中共同创造并赖以生存发展的种种成果的总和；文化模式是特定民族或特定时代的人们普遍认同的，由内在的民族精神和时代精神、价值取向、风俗习惯、伦理规范等构成的相对稳定的生存和发展方式；而文化精神则是人类的文化活动或改造世界的对象性活动中所展现出来的、体现人的本质力量和内在尺度的方面。只有通过对一个社会历史发展演变过程中大量文化现象的探究，才能提炼出其中的文化精神，"文化精神是人类文化活动和文化现象历经传承积累而凝聚出的、共有的、成体系的精神内涵和价值取向。"① 本着这样的理解和界定，我们进入到"文化危机"与"文化转型"的研讨中。总体上看，文化危机是文化发展演变过程中的怀疑或紊乱期，是种种时代问题的集中表达，是复杂社会矛盾的深层演示，突出表现为文化模式和文化精神的失范、

① 李宏斌：《中西文化散论》，陕西人民出版社 2005 年版，第 342 页。

冲突、裂变、离散、怀疑等方面。具体而言，文化危机是特定时代的主导性文化模式的失范；是特定社会的主流文化式微而导致的信仰危机；是特定社会的文化主体在文化的离散化碎片化过程中所呈现出来的灵魂放逐。文化危机与文化转型不可分割：一方面，文化危机和文化转型共同构成了文化模式及其文化精神的变革与创新；另一方面，文化危机通过深入的文化批判和文化反思必然会走向文化转型和文化创新。当然，文化转型离不开文化自觉，文化主体在文化危机中的反思与批判是文化转型的能动性因素。于是，本章的最后一部分，我们集中讨论了"文化自觉"的力量。认为，文化自觉是处在文化危机和文化转型期的文化主体在文化选择中的一种正向表达，是指一个阶层、一个国家或一个民族在文化上的觉醒和觉悟，包括对文化在社会发展中地位作用的理性认识，对文化发展条件和规律的正确把握，对发展文化历史责任的主动承担。目前我们畅言的文化大发展大繁荣及其文化创新能力的提升，本质上就是一个文化自觉的过程。只有文化上做到自知之明，才能准确地找到自己文化的优点和缺点，真正回答本民族社会历史发展过程中产生的根本性问题；只有对文化在社会发展中地位和作用有了深刻的认识，才能坚定自己的文化信念；只有在文化上有了整体的价值取向和主动的责任担当，才能站稳自己的文化立场；只有正确把握了文化发展的条件和规律，才能找到文化创新的有效途径，保证文化的大发展大繁荣；只有时刻具备了防止"文化沙漠化"的情怀，才能真正反对"三俗"，有效提升和引领大众文化、网络文化、消费文化。

第三章研究的内容是"文化哲学与价值观念"。我们先探讨了"价值"范畴的内涵和实质。通过对学界一些代表性观点的梳理和剖析发现，截至目前，人们主要是立足于主客体关系，从客体的"有用属性"出发，以"主体的需要被满足"为标准，来说明价值的内涵的，由此而得出的定义是：价值"是揭示外部世界对于满足人的需要的意义关系的范畴，是指具有特定属性的客体对于主体需要的意义。"① 从文化哲学的角度看，价值是与人类与生俱来的，价值问题根源于人的实践活动的双重尺度——物的尺度和人的尺度，任何成功的实践或者说任何文化的进步都是真理（物的）尺度和价值（人的）尺度的统一。价值的本质特性突出表现在主体性上，但不能把主体性等同于主观性；价值问题是一种"主体性思维"，表征着文化哲学对传统哲学的"实体性思维"的解构和超越。从价值的主体性出发，引申出了"人的价值"问题。人的价值包含了相辅相成的两个方面：一方面，是人作为价值客体的价值，即作为价值客体的人能够满足主体之人的需要，其存在和发展对他人或社会的意义；另一方面，是人作为活动主体的价值，即人通过自身创造性的实践活动创造出的价值。相应地，人的价值可表述为"人生价值"和"人格价值"，前者"说的是人怎样表现自己的价值，使自己的一生成为有益于他人和社会的一生"；后者"说的是人有无价值，强调人应当尊重人们自由自觉的劳动的族类本质，也就是尊重人的做人资格和起码应有的权利"。② 第二部分，我们探讨了"价值观与文化精神"的关系。价值观脱胎于一定的社会文化背景，有着根深蒂固的文化精神为支撑；个人价值观的形成既是一个社会化的过程，更是一个文化化成的过程，是该社会的文化模式和文化精神所倡导的核心价值观在延伸为种种社会规范和基本政治制度的同时，不断内化为社会成员的文化心理，积淀为社会成员深层的文化构造的过程。一定的价值观决定了人的存在方式、思维方式、生活方式和行为方式；一定的文化模式及其文化精神，可以说是人的价值观的放大和升华，是人的一定的价值观经过社会实践的锤炼后所采取的表现形式。价值观就是一种文化观，人的价值观必然是其文化素质和文化精神的集中表达，而文化精神则不过是人的价值观念或价值取

---

① 《马克思主义基本原理概论》，高等教育出版社 2013 年版，第 81 页。
② 袁贵仁：《价值观的理论与实践》，北京师范大学出版社 2006 年版，第 31 页。

向的哲学提炼。第三部分我们讨论了"价值观的嬗变与历史选择"。指出，不同历史阶段和社会时代有着不同的价值形态、不同的价值体系，它们都是人类对生存意义和内在价值追求的历史表象，是人类追求生存意义和内在价值在不同的物质生产方式历史阶段上的精神反映。价值观的嬗变与选择，在某种意义上说就是人类社会的生产方式对人类生存意识的选择。在前资本主义社会，由于生产方式落后，人与自然、人与人之间没有摆脱神秘崇拜、宗法和血缘等的影响，"人的依赖关系"是社会主要状态和文化的基本模式；资本主义开启了社会生活中的"人的独立性"，但这种"独立性"是"以物的依赖性为基础的"，以改革开放为手段以社会主义市场经济为内涵的中国特色社会主义道路的开创，标志着中国的社会体制和文化模式也进入到这一阶段。价值观嬗变和选择的第三阶段是"建立在个人全面发展和他们共同的、社会的生产能力成为从属于他们的社会财富这一基础上的自由个性"阶段。[①] 第二阶段为第三阶段创造条件，特别是社会主义社会的建立和中国特色社会主义道路的选择，必将带来一个全新的扬弃了资本主义价值观的价值体系。在第四部分对"价值观"、"价值体系"、"核心价值观"等概念做了基本的界定和区分后，我们在本章最后一部分讨论了"价值观的多元化与文化生态"的问题。认为，就世界文化格局的多元化而言，由于文化本身是不同民族、不同国家的生活方式，因而必然具有不同的文化现象和文化价值观。就我国文化价值观念的多元化而言，随着改革开放的深入和社会主义市场经济体制的推进，以意识形态为核心的大一统的文化价值观念被打破，前现代、现代和后现代呈"三级两跳"的社会转型的复杂态势，民众的文化价值观念越来越向多元化方向发展，构筑成了一幅"万类霜天竞自由"的壮阔的文化生态画面：一是中国文化与西方文化共时共存；二是前现代、现代、后现代文化共潮共涌；三是主流文化、精英

---

① 《马克思恩格斯文集》第8卷，人民出版社2009年版，第52页。

文化、大众文化（包括网络文化）同时并存。这种状况既意味着更多自主选择的机会，也意味着何去何从的困境，并且必然伴随着价值冲突和价值失范现象。在我国当下，表现在集体主义价值观面临挑战、传统的义利道德观处境尴尬、西方价值观的渗透威胁着本土价值观的认同、信息网络化直接影响着社会成员的传统伦理观念等方面。正是在这样的文化背景下，构建社会的核心价值体系，形成社会主义核心价值观，已势在必行。

本书第四章，我们全方位地讨论了"文化哲学与社会的现代化"，意在说明社会主义核心价值的提出有着宏大而深远的社会历史背景。首先，我们以 20 世纪文化哲学的大发展和文化哲学在中国的兴盛为切入点，指出，在中国现代化的进程中，各种复杂而尖锐问题的提出，各种见解和主张的不断交锋，总是归结到文化的深层；现代西方文化与传统中国文化的冲突与碰撞一直成为了影响中国现代化进程的重要因素。特别是自"五四"以来，中国哲学和文化思潮可分为马克思主义派、自由主义的西化派和以现代新儒家为代表的文化保守主义派，三派都是在中国走向现代化的过程中产生的，都表现出对中国现代化的强烈关怀，三派的对立统一奠定了中国现当代文化哲学研究的基本范式，推动了中国文化哲学的兴盛，为我们把文化哲学和社会的现代化结合起来研究指明了方向。接着，我们深入剖析了"现代化与现代性问题"。指出，现代化是由传统社会历经变迁不断获取现代性的过程，其标志是经济的巨大发展和社会的剧烈转型；而现代性则是现代化的结晶，是现代化过程与结果所形成的最本质的文化属性，其标志是文化危机通过文化转型形成了新的文化模式或文化精神。就现代化的研究而言，传统的维度、发展的维度、人的维度三方面是缺一不可的；就现代性的实质而言，由于人们对这三方面内部各要素的侧重和发展选择不同，导致了现代化过程的"总体失衡"。以社会的理性化、政治的民主化、经济的产业化、文化的世俗化和组织管理的科层化为标志的现代性本身就充满了对人的诱惑、挑战和挤压，它在带来文明与进步的同时，时刻孕育着社会的动乱和深层的文化危机。特别是传统与现代的不可遏制的断裂趋势、对发展的片面理解和片面追求、工具理性对人的遮蔽已成为现代性被诟病的主要原因。值得关注的是，现代化和现代性是在全球化的过程中实现和完成的，所以在该章的第三部分，我们力图揭示"全球化的文化本性"。简要地说，全球化是市场经济发展的产物，是现代科学技术的普及和广泛应用的结果，也是资本主义产生全球扩张的结果。时至今日，资本全球化的方式早已由武力扩张转变为经济、政治和文化的渗透，转变为对整个人类"生活世界的殖民"。资本越发展，也就越是力求在空间上更加扩大市场，力求用时间去更多地消灭空间，而这正是文化全球化的"时空压缩"本性的真实写照。如果说全球化必然会引发"全球问题"的话，其根源在于资本主义矛盾的全球化。就全球化与社会主义的关系而言，社会主义思想的传播与实践过程本身就是一个文化全球化的过程，正是由于社会主义文化模式如影随形的存在，才遏制了资本主义文化负效应的进一步扩张；从实践上看，社会主义的文化模式是在全球化的过程中逐渐成熟和发展起来的：第一次全球化浪潮使社会主义由空想变为科学，第二次全球化浪潮使社会主义从理论走向实践，第三次全球化浪潮将使社会主义进一步走向成熟。[1] 我们有理由说，社会主义和资本主义不过是全球化过程中两种不同的现代化模式；而且，由于终极目标和核心价值取向的差异，社会主义对资本主义具有天然的优越性和超越性。立足这样的理论判断，第四部分进入到对"中国现代化探索的文化理路"的研讨。我们认为，从文化结构的角度看，中国现代化探索的文化理路是一个从表层的物质文化的学习，到中层的制度（行为）文化的变革，再到深层的精神（观念）文化的彻底更新的过程；从文化模式的角度看，中国现代化探索的文化理路是一个从三民主义的价值取向，到

---

① 杨冬雪：《全球化与社会主义的想象力》，重庆出版社 2009 年版，第 76—77 页。

新民主主义的价值取向，再到社会主义的价值取向的过程；从文化的民族性与时代性的关系角度看，中国现代化探索的文化理路是一个始终伴随着文化激进主义、文化保守主义、文化创新主义争论的过程。该章第五部分，我们合乎逻辑地得出结论：中国现代化探索的最大成就是中国特色社会主义，它是文化自觉与自信的表达。中国社会的现代化追求一开始就有着中国传统文化的色彩，而真正形成对中国现代化道路的社会主义选择，是在十月革命炮声的回音里，是在五四新文化运动的持续发酵中，是在马克思主义广泛传入中国后，中国共产党人领导广大人民，把马克思主义的普遍原理与中国的具体实际相结合，在民族独立和社会解放的新民主主义革命、社会主义革命和建设中完成的。从毛泽东思想到有中国特色社会主义理论，30多年改革开放的风雨历程，"中国特色社会主义"已经深深融入到中国共产党和中国人民的生活之中，成为了凝聚改革开放之人心、引领现代化之方向、振奋中华民族之精神的光辉旗帜，也成为了中华民族复兴之路上文化自信的集中表达。

第五章，我们研究了"文化哲学与社会主义核心价值的提出"。首先是"社会主义核心价值体系的提出和基本内容"。就社会主义核心价值体系的提出而言，我们认为有三个方面值得重视：一是社会主义核心价值体系是在构建社会主义和谐社会背景下，为建设社会主义和谐文化提出的，代表和把握了社会主义先进文化的前进方向；二是要构建社会主义核心价值体系，就必须坚持马克思主义的指导地位，弘扬民族优秀文化传统，借鉴人类有益文明成果；三是构建社会主义核心价值体系的意义和目的是，形成全社会共同的理想信念和道德规范，巩固全党全国各族人民团结奋斗的思想道德基础，增强社会主义意识形态的吸引力和凝聚力。我们的结论是，提出和构建社会主义核心价值体系，是中国现代化历程中的又一次大的突破，是中国特色社会主义由文化自觉、文化自信走向文化自强的必然要求。就社会主义核心价值体系的基本内容来看，"马克思主义指导思想，中国特色社会主义共同理想，以爱国主

义为核心的民族精神和以改革创新为核心的时代精神，社会主义荣辱
观，构成社会主义核心价值体系的基本内容。"① 接着，我们从文化现代
化的角度探讨了"社会主义核心价值体系与中国传统文化"的关系。指
出，由中国传统文化发展演变积淀出的文化传统，为社会主义核心价值
体系的提出和构建提供了丰富而又坚实的文化基础。从"五四"新文化
运动到改革开放，我党领导全国各族人民在不同的历史阶段所提出的
路线方针、执政理念虽然各有侧重，但其中所表现出的价值观的"软
体"部分和中国的"文化传统"却是一致的，这就是爱国主义和民本主
义。社会主义核心价值体系的提出正是这一文化传统的延续。该章第三
部分，我们从文化全球化的角度探讨了"社会主义核心价值体系与当代
社会思潮"的关系。指出，社会思潮是在一定历史时期内、反映某一阶
级和阶层利益要求，得到广泛传播并对社会生活产生较大影响的思想潮
流。在当代中国，形形色色的社会思潮已成为社会主义核心价值传播的
思想障碍，其中，对主流意识形态和思想文化影响最大的要数新自由主
义思潮、民主社会主义思潮和历史虚无主义思潮。以社会主义核心价值
体系引领社会思潮，就必须坚定不移地批判上述三种思潮：对新自由主
义思潮，必须看清其热衷自由化、推崇私有化的目的和必然后果；对民
主社会主义思潮，必须看清其反马克思主义、反社会主义的本质；对历
史虚无主义思潮，要充分认识到"灭人之国，必先去其史"的危险后
果。第四部分，我们合乎逻辑地讨论了"社会主义核心价值体系与中国
特色社会主义"。我们采用了党的十七届六中全会通过的《中共中央关
于深化文化体制改革、推动社会主义文化大发展大繁荣若干重大问题的
决定》中的提法："社会主义核心价值体系是兴国之魂，是社会主义先
进文化的精髓，决定着中国特色社会主义发展方向。"我们认为，这一

---

① 《〈中共中央关于构建社会主义和谐社会若干重大问题的决定〉辅导读本》，人
   民出版社 2006 年版，第 22 页。

重要论断，深刻揭示了社会主义核心价值体系在中国特色社会主义事业发展全局中的重要作用，体现了党和国家对文化建设规律认识的进一步深化。首先，社会主义核心价值体系是中国特色社会主义的兴国之魂。一国之兴盛，固然离不开物质文明建设，需要经济的繁荣和发展，但更离不开作为文化内核的价值观念的引领和支撑。缺乏价值观念的引领和支撑，经济建设不仅会失去强有力的精神支持，也会在发展中因外力而偏离原有的方向和价值目标。如果说经济是兴国之"体"的话，那么价值观就是兴国之"魂"。社会主义核心价值体系的提出，彰显了社会主义的价值维度，真正从价值层面上回答了"什么是社会主义、怎样建设社会主义"，因而是社会主义意识形态的本质体现，表达了中国特色社会主义特有的精神气质和生命之魂。其次，社会主义核心价值体系是社会主义先进文化的精髓。社会主义核心价值体系在根本上体现了社会主义先进文化的基本内涵和社会性质，并且通过马克思主义指导思想、中国特色社会主义共同理想、以爱国主义为核心的民族精神和以改革创新为核心的时代精神、社会主义荣辱观等四个层面，规定了社会主义先进文化建设的指导思想、总体目标、内在动力和基本规范。社会主义先进文化建设与社会主义核心价值体系之间具有内在一致性，前者是"形"，后者是"神"。社会主义先进文化建设的过程必将是社会主义核心价值体系不断深化推进的过程，离开了社会主义先进文化建设，社会主义核心价值体系建设也就失去了依托和载体；同样，社会主义核心价值体系的建设也必将促进社会主义文化的大发展大繁荣，离开了社会主义核心价值体系，社会主义先进文化建设也就失去了前进方向、总体目标、精神支撑和道德基础。再次，社会主义核心价值体系决定着中国特色社会主义的发展方向。从国内形势看，构建社会主义核心价值体系是在市场经济条件下加强主流意识、构建社会主义和谐社会、稳步实现伟大民族复兴的中国梦的需要，它不仅为中国特色的社会主义意识形态提供了主心骨，而且构成了引领中国特色社会主义发展方向的核心价值目标。就国际文化大背景看，社会主义核心价值体系的提出，是抵御"文化帝国主义"渗透，保护中国特色社会主义不走邪路的需要。从某种意义上说，中国特色社会主义现代化实现的过程，"实质上就是新的主导价值观念制度化、对象化的过程。"①本章第五部分，我们讨论了"从社会主义核心价值体系到社会主义核心价值观"。自社会主义核心价值体系提出后，从中凝练出社会主义核心价值观就几乎成了学界的共识，理由不外乎是要进一步明确价值目标，凝聚价值共识。我们认为，从社会主义核心价值体系到社会主义核心价值观，还有中国特色社会主义意识形态自身演变的内在逻辑：一是鲜明地体现了"发展"这个时代主题，尤其是"和谐"观念的提出，是对"以阶级斗争为纲"的根本性颠覆；二是越来越自觉地从党的意识形态转变为国家意识。特别需要注意的是，任何一种社会价值体系都包括了终极价值目标、核心价值理念和基本价值原则三个层次，"富强、民主、文明、和谐"，是对"中国特色社会主义共同理想"的具体化，它集中表达了以"人民幸福"为福祉的终极价值目标；而"自由、平等、公正、法治"和"爱国、敬业、诚信、友善"，都可以看成是一种核心价值理念。也就是说，在社会主义核心价值观中没有包含起码是没有明确包含诸如"马克思主义指导思想"、"改革创新"等基本价值原则。这说明，第一，社会主义核心价值观主要是由终极价值目标和核心价值理念构成，它更加凝练、更加明确，更凸显了国家意识形态，更具有形成共识的作用。第二，党的意识形态和国家的意识形态不可分割，党内文化特别是党的价值追求和社会主义先进文化不可分割；脱离社会主义核心价值体系的建设来奢谈社会主义核心价值观的培育和践行，不仅是无源之水无本之木，而且还可能背离方向，丧失动力。该章的最后一部分是全书的关键环节，起着承上启下的作用，我们以"当代中国文化哲学的确立和最终形成"为立论。首先，社会主义

---

① 田海舰、邹卫：《社会主义核心价值观论纲》，人民出版社 2010 年版，第 193 页。

核心价值的形成和提出，标志着当代中国哲学研究的真正转向和文化哲学范式的回归。在中国，传统哲学一开始就具有文化哲学性，但近代以后，随着"西学东渐"和新文化运动的深入进行，传统哲学中的文化哲学特性逐渐受到质疑、批判甚至排斥，就连中国哲学本身的"合法性"由于和西方"传统形而上学"的差异而遭到拷问。伴随着民族解放和社会革命与建设的进程，马克思主义的中国化无疑取得了巨大成功，但理性主义、科技主义、单纯经济增长以及"落后就要挨打"的社会达尔文主义价值观也深深地渗入到中国文化的血脉。社会主义核心价值的形成和提出，是继科学发展观之后，党和国家的又一次大的文化自觉的结果，它把社会发展和人的现代化紧密结合起来，在各种文化资源的整合中特别凸显了现代中国文化要素——中国特色社会主义的先进文化，不仅标志着当代中国哲学研究的真正转向，而且也标志着中国文化哲学范式的回归。其次，社会主义核心价值的形成和提出，标志着当代中国文化哲学的研究已经走出了理论和现实的困境。就"文化"的定义和内涵而言，社会主义核心价值本身就是近代以来中国人民艰难困苦的革命实践和社会主义建设实践的产物，必将成为中国人民的基本"生存和发展模式"，成为中华民族的"大群集体的公共人生"。就文化哲学的研究对象和基本框架而言，社会主义核心价值的形成和提出，不仅进一步表明了文化哲学的研究对象是实践基础形成的文化模式及其文化精神，而且还表明文化模式和文化精神是以价值观的形式呈现出来的，文化的灵魂就是价值观。就文化哲学理论和现实的解释功能而言，社会主义核心价值的形成和提出，不仅在理论上解决了"中国向何处去"的时代课题，回击了新自由主义、民主社会主义和历史虚无主义等思潮的种种诘难，而且在中国社会现实的发展上进一步明确了"举什么旗"、"走什么路"、"怎么样走"等问题。再次，社会主义核心价值的形成和提出，标志着当代中国文化哲学的研究已经找到了文化走向大发展大繁荣的出路。物质贫乏不是社会主义，精神空虚也不是社会主义。社会主义核心价值的形成和提出，以党和国家"总体文化观"的形态向人们指明了中国特色社会主义文化走向大发展大繁荣的根本出路：一方面，社会主义核心价值体系和核心价值观，以人的自由而全面发展为价值观主线，以消灭剥削、消除两极分化、实现共同富裕为价值观导向，以马克思主义和中国特色社会主义为价值原则，把党和人民坚持和建立起来的社会主义价值观念中基本的、核心的内容作为"文化软实力"建设的目标明确地提了出来，这就抓住了我国文化走向大发展大繁荣的主题。另一方面，我国的文化建设面临的最大问题是全球化进程中多种复杂的文化资源"同时在场"，社会主义核心价值体系和核心价值观的提出，要求我们在文化建设上坚持从实际出发，既要鼓励先进，又要照顾多数，把先进性要求同广泛性要求结合起来，支持有益的，允许无害的，改造落后的，抵制腐朽的，不断吸收世界优秀文明成果，不断在实践中创新、发展和繁荣我们的文化。

本书第六章"文化哲学与社会主义核心价值的理论空间"是对社会主义核心价值的深层的文化哲学透视。我们以文化哲学的基本问题为切入点，通过对"实然和应然的关系问题是引发哲学转向文化哲学的关键"、"实然与应然的关系问题是文化哲学在当代凸显的重要原因"、"实然和应然的关系问题是文化哲学探讨价值问题的中心线索"等观点的论述，得出了"文化哲学的基本问题是实然和应然的关系"的结论。接着，我们进入到"先进文化与中国共产党的价值追求"的讨论。指出，先进文化是一种优秀文化，是人类历史进程中人们按照人文自身的规律教化天下，追求真善美的智慧结晶；先进文化是一种新型的动态文化，是符合时代要求和社会实践的发展，最终符合先进生产力发展要求的文化；先进文化是一种符合广大人民群众利益的文化，代表和反映了中国特色社会主义现代化的总体趋势。在整个中国社会近代以来的革命和建设中，先进文化的形成和发展，是与中国共产党的理想信念及其价值追求密切联系在一起的：中国共产党的产生，是和当时马克思主义为代表的西方先进文化对中国社会的巨大影响分不开的；中国共产党的发展壮大，是和马克思主义中国化过程中红色文化对中国社会的巨大影响分不开的；中国共产党进一步地走向成熟，是和改革开放以来在中国化的马克思主义理论基础上产生的社会主义和谐文化的巨大影响紧密联系在一起的。在此基础上，该章第三、四、五部分分别从三个层面进一步揭示社会主义核心价值的理论空间。第一个层面，"和谐文化与社会主义核心价值"。我们认为，党的十六届六中全会提出的"社会主义核心价值体系是建设和谐文化的根本。必须坚持马克思主义在意识形态领域的指导地位，牢牢把握社会主义先进文化的前进方向，弘扬民族优秀文化传统，借鉴人类有益文明成果，倡导和谐理念，培育和谐精神，进一步形成全社会共同的理想信念和道德规范，打牢全党全国各族人民团结奋斗的思想道德基础"①，是理解和谐文化和社会主义核心价值之间关系的理论前提，也是理解如何建设和谐文化，如何构建社会主义核心价值的理论前提。一方面，社会主义和谐文化是以社会主义核心价值为本质内容的文化体系。社会主义核心价值体系中的"中国特色社会主义共同理想"、社会主义核心价值观中的"富强、民主、文明、和谐"、"自由、平等、公正、法治"集中地体现了社会主义的本质。无论社会主义核心价值体系还是社会主义核心价值观，其指导思想都是马克思主义，因而也必然是社会主义意识形态的集中体现。从深层角度讲，和谐文化是通过社会主义核心价值，实现了对和谐社会的观念再现、精神承诺和价值前瞻。另一方面，社会主义核心价值是和谐文化建设的灵魂和导向。就社会主义核心价值体系而言，其中的社会主义荣辱观是基础价值，中国特色社会主义共同理想、以爱国主义为核心的民族精神和以改革创新为核心的时代精神是中间价值，马克思主义的理想和信仰是终极价值（这

---

① 《〈中共中央关于构建社会主义和谐社会若干重大问题的决定〉辅导读本》，人民出版社 2006 年版，第 21—22 页。

种终极价值不是指向"神",而是唯物史观意义上的合规律性与合目的性的统一),它和后来提炼出的社会主义核心价值观一起,构成了逻辑结构严谨的、"知行合一"的社会主义核心价值的基本框架,也构成了和谐文化建设的灵魂和导向。第二个层面,科学发展观与社会主义核心价值。从总体上看,科学发展观和社会主义核心价值体系及核心价值观同属于中国特色社会主义理论中的观念形态体系,有着内在的一致性。具体表现在:都坚持马克思主义的指导思想,都把"以人为本"作为价值实践的核心,都体现了真理尺度和价值尺度的辩证统一。从具体的操作层面看,构建社会主义核心价值体系,培育和践行社会主义核心价值观,必须以科学发展观为指导。一是科学发展观中的"发展"是推进社会主义核心价值建设的实践基础;二是科学发展观中的"以人为本"是推进社会主义核心价值建设的基本原则和根本要求;三是科学发展观中的"全面协调可持续"是推进社会主义核心价值建设的主要路径;四是科学发展观中的"统筹兼顾"是推进社会主义核心价值体建设的重要方法。第三个层面,从社会主义核心价值到"中国梦"。我们认为,"中国梦"的提出,解决了社会主义核心价值研究和贯彻落实过程中的"怎么样"的问题,既为理论工作者今后深入进行社会主义核心价值的研究找准了切入点,也为在全社会建设社会主义核心价值体系,培育和践行社会主义核心价值观指明了方向。具体而言:第一,中国梦的论述真正认清了"中华民族的伟大复兴"与人类现代化运动、中国特色社会主义道路、全球化发展趋势是紧密相连的。中国梦是和整个人类的现代化运动不可分割的。鸦片战争后的170多年,既是中华民族探寻民族复兴之路的170多年,也是中华民族不断地理解和探索现代化的170多年。中国梦的核心要义就是在中国特色社会主义道路上实现中华民族伟大复兴,这和社会主义核心价值体系的宗旨——"中国特色社会主义共同理想"完全一致,也和社会主义核心价值观中国家层面的价值追求——"富强、民主、文明、和谐"完全一致。中国梦说透了就是建设中国特色社会主义现代化国家的伟大梦想，实际上是一个"新三步走"战略，即到中国共产党成立 100 年时全面建成小康社会；到新中国成立 100 年时建成富强民主文明和谐的社会主义现代化国家；在此基础上，实现中华民族伟大复兴。中国梦是全球化发展趋势中的梦，它以自身高度开放和包容的文化价值，达成了和世界各国人民梦的相通，为世界各国树立了一个追求和实现国家梦想的新的价值范式。第二，中国梦的论述真正完成对中国历史与现实的文化哲学描述，以探求真理（实然）的方式达成对社会主义核心价值实现途径（应然）的指向。中华民族已站在一个新的历史起点上，比以往任何时候都更加接近"富强、民主、文明、和谐"的民族复兴的价值目标；然而越是接近目标，越会遇到更大的困难和挑战，在现阶段，我国社会生活中的矛盾明显增多，无论是教育、就业、医疗、住房，还是社会保障、社会治安、生态环境、食品药品安全等关系群众切身利益的问题还比较多，贫富两极的差距依然较大。这就从"实然"的角度雄辩地证明了，"富强、民主、文明、和谐"这一"应然"价值目标的真正实现，必须有社会层面的"自由、平等、公正、法治"和个人层面的"爱国、敬业、诚信、友善"等价值理念的支撑。正是在这个意义上，我们说，中国梦的实现途径和建设社会主义核心价值体系、培育和践行社会主义核心价值观的途径完全是一致的，这就是坚持中国特色社会主义道路，弘扬以爱国主义为核心的民族精神和以改革创新为核心的时代精神，凝聚中国社会各阶层和各族人民大团结的力量。中国梦的论说将中国的昨天、今天、明天联系起来，将国家富强、民族振兴、人民幸福联系起来，将社会主义核心价值中的"实然"和"应然"联系起来，因而，真正完成了对中国历史与现实的文化哲学描述，体现了党和国家高瞻远瞩、继往开来的文化气度。第三，中国梦的论述真正走出了"高深"的理论研究和"抽象"的话语体系，用简洁、通俗和平实的语言，表达出了社会主义核心价值的人民主体属性和终极价值目标。中国梦论说的最大特点，就是通过"人民幸福"的终极价值观，把国家、民族、社会和个人作为一个"价值共同体"，从而使国家利益、民族利益和每个人的具体利益紧密联系在一起，并充分说明社会主义核心价值的主体是人民，它是中国人民的"共同体价值观"或"最大公约数"。更为重要的是，这一论说真正使社会主义核心价值的研究走出了"高深"和"抽象"的话语体系，它用中国人喜闻乐见的语言表达风格，"打开了政治话语、学术话语和日常话语之间的通道；重置了历史与现实、中国与外国、当下与未来之间的联接逻辑；聚合了改革新动力，拓展了发展新空间，展示了未来新希望，为我们在更高起点上坚持和发展中国特色社会主义提供了新视角、新思路、新前景"。①

在完成了文化哲学对社会主义核心价值的多层面的解读和二者关系的深层研究后，我们合乎逻辑地进入到第七章——"文化哲学与社会主义核心价值观教育"。这一章是全书的落脚点，也是重中之重。首先，我们提出了"价值观教育的本质是文化育人"的观点，并论证指出：就文化与教育的关系而言，二者二而为一，"文化育人"在人类文明进步过程中起着至关重要的作用；就价值观与文化精神的关系而言，价值观教育在本质上必然是一个文化育人的过程；就价值观教育的目标而言，国家"文化软实力"的形成看似是文化建设和文化创新，但从根本上还是依赖于主导核心价值观的培育和践行。接着，我们探讨了"社会主义核心价值观育人的模式与路径"。指出，社会主义核心价值观的育人模式应该考虑三个方面：一是全面而深入地进行马克思主义先进文化的教育活动，时刻把握社会主义核心价值观育人的灵魂；二是广泛而细致地开展社会主义和谐社会和社会主义和谐文化的构建和教育活动，牢牢把握社会主义核心价值观育人的主题和精神实质；三是坚持落实社会主义荣辱观的教育活动，切实把握社会主义核心价值观"德育"育人的特

---

① 梁言顺：中国梦的思想资源、制度保障和路径选择研究，《光明日报》2013年7月10日，第11版。

点。我们发现，通过融入国民教育、精神文明建设和党的建设全过程的"三大路径"，已成为目前理论界和全社会公认的社会主义核心价值观教育的基本路径。所以，该章后三部分，分别对此展开讨论。在第三部分"社会主义核心价值观与国民教育"的讨论中，我们在揭示"国民"的概念内涵的基础上，指出，把社会主义核心价值体系融入国民教育全过程，本质上具有文化育人的特性。因为，就"融入"和"全过程"本身的内涵而言，虽然二者的侧重点不同，但都体现了社会主义核心价值观教育本质上是文化育人的特性。就社会主义核心价值体系和价值观融入国民教育全过程的各个阶段的具体内容而言，必须时时刻刻体现"文化育人"的本性。譬如，在家庭和小学教育阶段，社会主义核心价值观教育的主要内容是社会主义荣辱观系统下的"仁爱"教育、"孝敬"教育、"诚信"教育和"爱国"主义教育。在中学教育阶段，社会主义核心价值观的教育依然应以社会主义荣辱观的培育和践行为主，并结合"国情"教育，加强集体主义、社会主义和爱国主义教育，结合素质教育，注重培养学生的主体独立意识、友善合作意识、勤奋吃苦精神、民主法治观念。而在大学及社会教育阶段，社会主义核心价值观教育应全方位展开，因为大学是社会思想文化的高地，大学思想文化对整个社会思想文化起着重要的塑造和引领作用。其中心工作有如下数项：一是以马克思主义先进文化教育为灵魂，加强科学精神和人文精神的培育和塑造。二是以中国特色社会主义共同理想教育为主题，加强理想信念教育，激发大学生的历史感、使命感、忧患意识和奋斗精神。三是以民族精神和时代精神的培育为抓手，力争形成当代大学生的新型文化精神。在第四部分"社会主义核心价值观与精神文明建设"的讨论中，我们从"精神"概念的内涵出发，指出，社会主义精神文明建设的意义在于，为物质文明的发展提供精神动力、思想保证和智力支持。目前精神文明建设的关键是要抓好以下几方面的事情：一是抓住社会主义精神文明建设的"重大关注点"，即道德建设和经济发展的关系（义利观问题），从理论上说明"市场经济"和"社会主义"的兼容性。二是抓住目前社会主义精神文明建设的"主要着力点",从理论上说明如何解决社会生活中的精神空虚的难题。我们认为,无论精神空虚以什么样的状态"表现"出来,都掩盖不了"物质埋没精神"、"网络错位生活"的真实"根源",而最终根源都在于现代人的生活模式,在于由资本或资本运营支撑起来的现代工商业文明。我们的结论是:现代工商业文明是有其与生俱来的"文化痼疾"的,它必须适度地回归或汲取农业文明的养料,解决"接地气"和种种关系的和谐问题;在中国特色社会主义背景下,必须把和谐文化精神和竞争文化精神辩证统一起来,在和谐中讲究竞争,在竞争中追求和谐。只有这样,才能从根本上解决精神空虚问题。三是抓住目前社会主义精神文明建设的"关键切入点",从理论上说明如何才能建设好中华民族共有的精神家园。我们指出,这些切入点主要是:认真读书学习,坚定理想信仰;传承优秀文化,陶冶道德情操;树立文明风尚,净化社会风气。在第五部分"社会主义核心价值观与党的建设"的讨论中,我们首先提出,社会主义核心价值观教育要很好地融入党的建设,必须从解决精神懈怠入手,目前,党内精神懈怠现象出现的主要根源在于:所取成就遮蔽了视野,既定格局束缚了手脚;对社会转型背景下的"国情"和"世情"认识不足;主观方面"四信"动摇、"三政"蔓延。"四信"即共产主义信念、马克思主义信仰、中国特色社会主义的信心和对中国共产党的信任;"三政"即党员干部作风层面的"庸政"(宗旨意识淡薄)、"懒政"(责任心使命感不强)、"散政"(组织制度松懈及纪律不严)。如何才能解决精神懈怠的问题?我们认为,总体上就是要把社会主义核心价值观教育与党的建设相结合,形成适应党情、国情、世情的党的文化。具体应从以下几方面着手:一是要不断强化党的各级组织和党员干部的宗旨意识,真抓实干、求真务实,时时刻刻践行"为人民服务"的宗旨;二是要使党员干部深入理解社会主义民主的文化价值,切实落实民主集中制,把"民主"和"集中"都关在"制度"的笼子内;三是要坚定不移地把社会主义核心价值观教育和党风廉政建设结合起来，更加深入地领会和把握人类社会发展规律、社会主义发展规律和执政党的执政规律。

　　辩证法大师黑格尔在其《哲学史讲演录》中，把哲学发展的历史看做是"思想自己发现自己的历史"，因为思想"只能于产生自己的过程中发现自己"，"只有当它发现它自己时，它才存在并且才是真实的。"他同时还指出："人的一切文化之所以是人的文化，乃是由于思想在里面活动并曾经活动。……惟有当思想不去追寻别的东西而只是以它自己——也就是最高尚的东西——为思考的对象时，即当它寻求并发现自身时，那才是它的最优秀的活动。"[①] 可以毫不夸张地说，《文化哲学与社会主义核心价值研究》就是想要做到"思想自己发现自己"。尽管这一研究远未达到"最优秀的"，但我们已经尽力了；在这一漫长而艰辛的探索过程中，我们的心灵是淡泊宁静的，并力求走向崇高。

---

① 黑格尔：《哲学史讲演录》第 1 卷，1959 年版、1997 年印本，第 10 页。

第　一　章
哲学的问题与转向

一、哲学的追问与本真

任何哲学性的研究课题首先要面对的问题是：究竟什么是哲学？

这一追问如此地刁钻刻薄，以致我们每个人在回答时都有"老虎吃天无从下手"的尴尬，即使勉强做了回答，也总是有捉襟见肘的感觉。

因为，"哲学至多在'理论'上应该是科学的，而'事实'上从来不具备一门科学应该具备的最起码的科学性。……哲学的意义不是或主要不是体现在'知识'上，而是或主要是体现在'问题'中，换言之，哲学的历史并非知识积累的历史，而是问题的历史。"[①]

哲学本身就是一种追求，一种拷问。

从天地自然的角度看，哲学是不断追问万物"本体"的学说。大哲人柏拉图和亚里士多德都曾有类似的观点，哲学起源于对世界的赞叹和惊异。就词源来看，哲学一词源于古希腊文 philosophia，它的两个词根 philemhe（爱）和 sophia（智慧）合起来是"爱智"，即追求智慧的意思。

从社会历史的角度看，哲学是不断拷问"人类生存和发展方式"的学说。蕴含在整个哲学史中的科学主义和人文主义之争，中西方文化中

---

① 张志伟、冯俊等：《西方哲学问题研究》，中国人民大学出版社 1999 年版，第 1 页。

和谐精神和竞争精神的彰显，马克思主义哲学在实践基础上的合规律性与目的性的追求，都是人类在探寻自身"生存和发展方式"过程中的智慧闪烁。

从宇宙人生的角度看，哲学是不断探求和体验"人生真善美境界"的学说。冯友兰先生在其《中国哲学简史》中把哲学等同于"人学"，他的自然境界、功利境界、道德境界和天地境界等"四境界说"，就是站在社会历史和人生价值的角度对哲学作为"追问"学说的最好诠释。

概言之，哲学就是关于天地自然、社会历史、宇宙人生的真谛的追问或探寻的学说。

然而，这样规定哲学仍然给我们一种云山雾水的感觉，并不能完全地令人信服和满意。相反，它可能引起更多的"追问"：哲学为什么要追问？哲学究竟在追问什么？透过这些追问，体现出的哲学本真是什么？

要回答这些问题，我们必须老老实实地回到哲学的基本内涵、哲学的特性和哲学的功能上来。

首先，从最基本的内涵来看，哲学时刻关照着"人和世界的关系"，是一种系统化、理论化的世界观和方法论。

哲学作为一种追问的宏大体系，它关照的是"人与世界的关系"，探究的是宇宙和人生的最根本道理，它的根本旨趣在于为人类的生存和发展提供"安身立命之本"和"最高的支撑点"。[1] 世界观亦称为宇宙观，它是人们对整个世界总的看法和根本观点。但世界观并不天然是哲学，人们的世界观一开始往往是自发的、零碎而不系统的，时而有明确的意识，时而又含混模糊，甚至还有自相矛盾的情况，只有经过思想家们的研究、概括和总结而建立起来的理论形态的世界观，才能称之为哲学。人们形成一定的世界观之后，必然会以这些观点去指导自己的行动，从

---

① 孙正聿：《哲学导论》，中国人民大学出版社 2000 年版，第 2 页。

而使其成为人们用以观察、分析、思考和解决各种问题的基本原则，这就是方法论。一般地说，世界观和方法论是统一的，有什么样的世界观就会有什么样的方法论；一定的方法论又体现着一定的世界观并反过来影响着世界观的固化。

更为重要的是，哲学也是人生观和价值观。因为，对世界的总的看法和根本观点必然支配着人们怎样看待现实生活，怎样度过自己的人生。我国宋代大儒张载曾表达过这样的世界观："乾称父，坤称母；予兹藐焉，乃混然中处。故天地之塞吾其体，天地之帅吾其性。民，吾同胞，物，吾与也。"（《正蒙·乾称》）就是说，人是天地生成的，天地好比是人的父母；充塞于天地之间的气，构成了天地的体，也构成了我的身体；统帅天地变化的是天地的本性，也是我的本性。人民是我的同胞弟兄，万物是我的亲密朋友，我与天地万物是统一的。正是从这样的世界观出发，张载发出了"为天地立心，为生民立命，为往圣继绝学，为万世开太平"的人生观价值观宏愿。

事实上，哲学的世界观方法论总是和人们的理想信念联系在一起的，人们的言行在其思想深处总要受到理想和信念的支配。信念是以知识为基础，经过价值评价而做出的一种理智选择，这种选择经过"内化"就会形成一种较为稳定的情感意志状态，表现为对一定的思想、观念、理论等不可动摇的心理定势，而这又必然支配着人们在一切社会生活中的态度和行为的基本方向。同时，哲学又是给人理想的学问，在哲学世界观中包含有浓厚的理想成分，它总是透过现实指向未来，成为人们知、情、意、行所指向的价值目标。

其次，从哲学本身的特性来看，它既不同于科学，也不同于宗教。

就哲学和科学的关系来看，哲学既是对各门具体科学的概括和总结，又保持着对各门具体科学的超越性。哲学当然是自然知识、社会知识和思维知识的概括和总结，但它不能代替各门具体科学，也不是凌驾于科学之上的"科学之科学"。纵观哲学的历史，我们会发现它"从来不是某种线性的、知识累积的历史，它呈现给我们的是通往永恒无解的问题的许许多多不同的'道路'，尽管没有哪条道路能够通达彼岸，但是我们注定要去寻找或选择一条属于我们自己的路。"① 正是在这个意义上，"追根溯源"的本体论思维和"终极关怀"的"实然—应然"思维就成为了哲学挥之不去的最为本真的文化品格。

哲学的这种品格无疑是美好而神圣的，但正是这种品格使哲学承担着巨大的思想风险："哲学的思想、话语和行动既有可能带来'善果'，也有可能结成'孽缘'。"② 而且，这种品格还有可能招致人们对哲学的"宗教化"误解。

事实上，哲学确实脱胎于宗教，哲学志业必须有理想、信仰和价值观的支撑。但不同的是，所有宗教都是对超自然的"神灵"的信仰，其活动有着严密的组织纪律、严格的程序安排和许许多多的清规戒律，其价值指向无一例外都是人的"尘世解脱"和修炼成为正果。所以，马克思在《〈黑格尔法哲学批判〉导言》中一针见血地指出："宗教是还没有获得自身或已经再度丧失自身的人的自我意识和自我感觉。"③ 而作为理论思维的哲学，其理想和信仰并没有指向超现实的神灵，相反，"在其历史演变的过程中，越来越'理性'地、'现实'地理解人对自然界的依赖与掌握的双向适应关系。"④ 而且，所有真正哲学志业的活动都是自由意志的体现，其价值指向都是国家、社会和民众的福祉，特别是马克思主义哲学，更是指向了无产阶级和人类的"解放"事业，指向了每个人自由而全面的发展。

再次，从哲学的社会功能来看，它是时代精神的精华，具有显著的批判现实的功能和超越现实的特性。

---

① 张志伟、冯俊等：《西方哲学问题研究》，中国人民大学出版社1999年版，第5页。
② 贺来：《哲学的"中道"与思想风险的规避》，《哲学研究》2012年第7期。
③ 《马克思恩格斯选集》第1卷，人民出版社1995年版，第1页。
④ 孙正聿：《哲学导论》，中国人民大学出版社2000年版，第44页。

所谓时代精神，是一定时代内容的本质特征的表现。时代内容是多方面的，包括时代的经济、政治、文化、科学和社会发展等多方面的状况。时代精神集中体现于时代内容中，但并不是所有的时代内容都表现着时代精神，只有那些代表时代发展潮流，对社会发展起着积极作用的时代内容才是时代精神的体现。哲学就是从总体上概括和把握时代内容，集中反映时代的本质特征，从而体现着时代精神的精华。无论是孔子的"仁、礼"学说，还是老子的"道法自然"学说，作为"一种真正的哲学理论，都凝聚着哲学家们所捕捉到的该时代人类对人与世界相互关系的自我意识，都贯穿着哲学家用以说明人与世界相互关系的独特的解释原则和概念框架，都熔铸着哲学家用以关照人与世界相互关系的价值观念、审美意识和终极关怀。"① 也就是说，哲学之所以是时代精神的精华，就在于它抓住了时代的主题，反映了历史发展的趋势和潮流，回答了时代提出的迫切问题。

简单地说，哲学不过是站在时代的制高点上，把现实生活及其本质问题、常识问题概念化、抽象化和逻辑化了。哲学是一门古老、常新且流淌着"圣水"的永恒学问，它是人类为了认识"存在"的真谛，探索宇宙的大道，在劳动实践基础上逐步形成的一种能动地把握世界的文化样式。

这样的文化样式，它所具有的对现存社会的批判功能和超越功能是不言而喻的，这也就是我们常常讲到的"使命感"和"忧患意识"。因为真正的哲学，绝不是简单地、刻板地描述人与世界的现实关系，而是以一种批判的态度对这种关系作出评价。当然，"批判的武器"不能代替"武器的批判"，真正的哲学总是在对现实的批判中确立作为现实之否定形态的理想，然后再通过实践把理想转变为新的现实。具体而言，哲学总是在对现实关系的审视与批判中提出对未来理想关系的构思和追

---

① 孙正聿：《哲学导论》，中国人民大学出版社 2000 年版，第 54 页。

求，正因此，哲学一方面提高人们的思维水平，完善人们的思维能力，另一方面又为人们的理想信念及其价值观起着导向和激励作用。哲学一旦丧失了其批判和超越的功能，就会变得面目全非，并在不同历史阶段和不同的范围内出现所谓的"哲学贫困"。

然而，通过哲学追问搞清楚哲学的"本真"，并不意味着我们就一定能够回到哲学的"本真状态"。这又是为什么呢？让我们先从休谟问题谈起。

二、休谟问题引发的思考

在现实生活中，一个人的"贫困"除了这样或那样的客观原因外，主观上总是与自己的生活态度、生活方式和生活选择有关。而在人类思想演变和发展的历程中，哲学之所以一次又一次地陷入"贫困"，除了时代的风尚和社会的剧烈转型外，同样和人们对待哲学的看法或所持的哲学观有着密切的联系。自人类步入现代化以来，人们对世俗幸福的理解无疑是建立在对外部世界及其本质和规律的科学认知和理性探索之上的。但我们是否能因此而把哲学本体化（本质化）、科学化、知识化、实用化（工具化）甚至庸俗化？现代社会和人类文明的进一步合理发展正在向良知未泯的人们提出拷问：究竟什么是哲学？它和我们的"幸福生活"有什么关系？在当今社会，传统的哲学框架为什么很难解释现实生活问题？这是否说明我们的哲学观普遍有误？怎样才能走出传统和大众设置的"思维误区"，回到哲学的本真状态？

在古代，虽然西方的怀疑主义和东方的相对主义都曾经做过回答这类疑难的努力，但却都未能得到令人满意的答案。真正引导人们对这些问题开始全面而系统探讨的，是近代英国著名的哲学家——大卫·休谟。

　　直到现在，不管我们怎样指责休谟的"奇谈怪论"（恩格斯），但他把哲学指定为"人性科学"，并看作为一切科学"唯一稳固的基础"的自信是值得称道的，特别是他在探讨人类认识或理解能力时所提出的问题，至今我们依然无法完全回答。在 17、18 世纪西方认识论问题成为哲学研究中心的背景下，休谟提出的哲学问题大致可以分为两类：

　　第一类问题是指向本体（本质主义）哲学的前提，即有什么理由说明宇宙世界是"物质"的、"意识（精神）"的或者"神创"的？存在的存在真的存在吗？追根溯源的思维方式是否可行？在休谟之前，哲学家们都一致同意"凡事物开始存在必然有其存在的原因"的本体论命题，并将此看作理所当然的普遍真理，如古希腊哲学对"万物始基"的寻找，笛卡尔的"我思故我在"，中国古代的"一生二、二生三、三生万物"，都是对这一命题的经典论证。对于这个似乎不证自明的原理，休谟前无古人地提出了自己的质疑：我们究竟有什么证据、用什么方法证明它的真理性？因为，凡承认这个原理的人，既不举出任何证明，也不要求任何证明，这显然是一种独断。休谟的结论是：对于"凡事物开始存在必然有其存在的原因"的命题，"既没有直观确实性，也没有演证的确实性"，它"必然是由观察和经验得来的。"[①] 而问题的关键正在于，休谟提出的这一问题显然不是靠人类的"经验"或"知觉"能完全回答了的，本体哲学的前提和由此得出的结论很大程度上是人类理性的狂妄推断。于是，问题的转换必然是，怎样才能证明理性的推断是准确无误的？我们知道，马克思后来把这一哲学任务诉诸人类实践，从而引发了哲学的伟大变革。但休谟当时不可能做到这一点。这也证明了后来马克思所说的，传统哲学都是解释世界的哲学，而问题在于改造世界。

　　第二类问题是指向哲学思维方式的，对我们更具有启发意义。照休谟看来，哲学思维说透了就是能对将来的事实进行推断，从而能成为事

---

① 休谟：《人性论》，商务印书馆 1980 年版，第 99 页。

实知识尤其是自然科学知识的基础，而这只能是因果关系（推理）。因为，"关于实际事情的一切推理似乎都是建立在因果关系之上的，只有凭借这种关系我们才能超出于我们的记忆和感官的证据之外。"[①] 这样，搞清楚因果关系或因果推理的性质，就成为对一切事实知识的研究的关键。然而，休谟对因果关系的看法完全是反传统的，他认为，所谓的"因果性"（这似乎是人类最古老最一般的推论原则）并不是客观的，而是人们的一种"习惯联想"。那么，什么又是习惯（custom）呢？休谟规定：凡不经任何新的推理和结论，而只是由于过去的重复所产生的一切，就可称之为习惯。照他看来，在由因及果的推断中，习惯不过是经验中相似现象的反复出现，即所谓对原因和结果的知觉的恒常会合中产生出来的。人们观察到某类现象发生后就有另一类现象随之发生，这种情形反复出现之后，就使人形成了一种习惯：一旦某一类现象发生，思想就自然而然地转移到常相跟随的另一类现象上去，期待这一类现象也会发生，而这正构成了因果推断的基础。休谟指出，习惯是人性中的一个原则，用习惯来说明因果推理，完全符合人性哲学的基本要求。"我们来不及反省，习惯就已发生了作用……以致我们由一个对象推到另一个对象时，中间并无片刻停顿"。[②] 可见，习惯在本质上与推理无关，用推理和证明来说明因果推断的任何企图都是不可能的。

把休谟的第二类问题具体到社会交往和日常生活中，可以发现，人们总喜欢用存在的某些事实、行为来推断、论证其意义和价值，而实际情况往往如休谟所言：由存在的事实和行为并不能够客观必然地推出这些事实和行为的意义与价值。人们对好多"事实和行为"的意义价值是出于"习惯"的"联想"，客观上无法做出肯定的判断。也就是说，事实与价值之间不具有逻辑上的推导关系，世界只是由事实所构成，它并

---

① 休谟：《人类理智研究》，商务印书馆 1999 年版，第 26 页。
② 休谟：《人性论》，商务印书馆 1980 年版，第 123—124 页。

不包含价值；价值只不过是由人们的主观所赋予事实的。"而这种主观取向，由于人们的文化、历史、性格及个人的嗜好之不同，也就有所不同。"① 譬如，甲认为有价值的东西，乙可能认为不但毫无价值，而且是有害的。这样一来，由于价值不能由事实演绎出来，因而它的根据全在于主观的因素；又由于不同社会、不同文化背景下的人有着不同的价值系统，因此，它也不拥有任何普遍性或价值认同的可能。我们不难发现，如果接受了休谟的观点，那么，现实生活中只有自由主义思潮才是真实可行的。更为重要的是，如果价值的领域是纯粹主观性的，我们就应该将价值领域排除在道德法则之外，使道德法则无法以律令的方式，要求人们去选择某种价值系统或人生方式。从罗尔斯的《正义论》将价值排除在道德领域之外，到西方政治理论中的"价值中立"原则，正是休谟问题的翻版，所体现的就是所谓的自由主义的政治文化精神。

显然，对于休谟问题，单凭经验、科学和一味的推理是无法简单地做出肯定或否定的回答的。而且，无论我们积累了多少"经验事实"，无论我们的科学技术发展到多么高的程度，也无论我们的想象和逻辑思维多么丰富，都不可能完全地回答清楚这类问题。从严格意义上讲，休谟提出的问题已不再是经验和科学的问题，而是真正意义上的哲学问题。这些问题几乎达到了人类认识或理解能力的极限，因而也将永远是人类哲学中的重大问题。

自休谟之后，康德在对"纯粹理性的批判"中做了相当大的努力，企图回答和解决休谟问题。照李泽厚看来，康德"批判哲学"的主题——"先天综合判断如何可能"的实际含义是："具有普遍必然性的科学真理（知识）如何可能。"② 我们知道，康德的努力是相当有意义的，他既反对哲学独断论，又反对休谟的怀疑论，第一次把研究人的

---

① 石元康：《从中国文化到现代性：典范转移？》，三联书店 2000 年版，第 107 页。
② 李泽厚：《李泽厚哲学文存》（上编），安徽文艺出版社 1999 年版，第 6 页。

认识形式、考察人的认识（理解）能力作为哲学的中心，明确提出了人的认识（理解）能力是有界限和范围的，"知性"所能把握的只是事物的现象，至于事物的本质（物自体）则永远不可能认识和把握。这样，康德就在总体上对休谟问题作了一种巧妙的、划界式的、实质上是二元论式的回答。

事实上，传统哲学的世界观带有极大的目的论和预成论的成分，传统哲学的世界中充斥着意义和价值。世界万物的存在都有它存在的目的，体现着"神"的旨意。在这样一个目的性的宇宙世界中，每一事物都具有它的功能，显现出一种秩序、一种和谐、一种美。在这种目的论的世界观之下，由于每一事物都是由它的功能来给予界定的，因此，存在的事实和行为与其价值之间没有也不应该有什么不可逾越的鸿沟。康德正是看到了休谟哲学与传统哲学之间的巨大裂痕并力图弥合这一裂痕。1793 年，康德在给一位朋友的信中，提出了哲学应解决的问题是：第一，我能知道什么？（形而上学）第二，我应该做什么？（道德学）第三，我应该希望什么？（宗教学）"接着是第四个，也是最后一个问题：人是什么？"[1] 国内学者指出，康德的批判哲学的真正目的是建立融汇人的知识、情感和道德为一体的，体现出人的自由能动性的、人的崇高性的人性论或人类学。其中心是以关于"人的知识"和如何运用"人的知识"为己任。

在康德看来，"纯粹领域"（理性）中不但蕴藏着人类认识的原则，也蕴藏着人类行动的原则，即人类行动的先验条件——人类潜在的文化模式。就是说，在"先天综合判断如何可能"的命题背后时刻回响着"人的自由如何可能"、人们的行为受不受其文化模式制约这一更深层、更重要的命题。康德的《实践理性批判》正是为了解决这一问题。虽然他并未明确地提出文化或文化模式的概念，但照他看来，在活生生的经验

---

[1]　康德：《康德书信百封》，上海人民出版社 2006 年版，第 199 页。

中，人是一个完整的整体，"生命"不可以机械地分割为"理论"和"实践"两大块，因而世界观中也不可以把"事实世界"与"价值世界"截然割裂。人既是目的又是手段。正是凭借着"实践理性"这一天赋的能力（文化本能），人从自己出发，遵从道德律令，在现象世界，在可感的、物理的、必然的世界中创造出了一个"事实的世界"来。这个行动的、实践的领域具有原创性，人的主动性即文化创造性在这个领域得到了完美体现。

于是，我们可以隐约地看到：康德哲学不仅仅是为自然立法和为自由立法的问题，而是要考察人类整个文化实践生活所赖以成立的理性的先决条件，考察人类精神能力的本性、功能、界限和范围，以及人类的天职、希望和历史的未来方向，探究人类文化在其先天意义上究竟如何可能。① 到 20 世纪上半叶，卡西尔在批判地继承康德先验哲学的基本原理的基础上，一针见血地指出，康德的贡献在于形而上学之所以可能的条件；而其"科学知识如何可能"的命题构成了一个物理世界的可能性。然而，人不仅是科学这一种类型的世界的构造者，人还构成了语言、神话、历史、宗教、艺术的世界。科学只是人性圆周的一个扇面，完整的人存在于"人文化成的世界"里。② 可以看出，从休谟到康德，传统哲学已经开始了内在的转向。

其实，如果我们顺着休谟的第二方面问题进一步深入下去，就会深深体会到，休谟在对我们的认知大厦毫不客气地拷问时，批驳和嘲讽的是欧洲传统哲学的本质主义倾向。他分明看到了，要使人们一味地把哲学知识化、科学化、工具化，就会在解释和应用过程中漏洞百出。我们不妨以这样一则校园幽默引入我们的论题：某大学生做关于跳蚤听力的实验，他先把跳蚤放在玻璃瓶里，大叫"跳、跳、跳！"跳蚤蹦得很高。

---

① 范进：《康德的文化哲学》，社会科学文献出版社 1996 年版，第 12 页。
② 卡西尔：《人论》，上海译文出版社 2007 年版，第 96 页。

然后，他又切掉跳蚤的双腿大叫"跳、跳、跳！"跳蚤再也不跳了。经过多次重复后，该大学生在试验报告中写道："跳蚤切除双腿后，才失去了听力。"从这则幽默中，我们很容易提出一个严肃的问题：人们能否准确地应用和把握因果关系？或者说，人们的因果观念究竟是如何建立起来的？

按照传统哲学的观念来解释，通常的说法是，我们知觉到两个现象在时空中相继出现，如果这两个现象不断地重复出现，那么我们就会把先发生的现象叫做原因，而把后发生的现象称为结果。久而久之，我们就会形成这样的习惯：每当看到一个现象时就会想到另一个现象。这种在经验知识的基础上，通过联想形成的恒常的连贯关系，就是所谓的因果关系。譬如，小孩子点燃爆竹后赶紧捂上耳朵，是因为根据过去的经验事实知道爆竹马上要爆炸；同样，我们平常所说的"明天太阳会在东方升起"、"蔬菜是有营养的"、"种瓜得瓜，种豆得豆"，也都是以过去的经验事实为基础的。

在上述情况下，我们的推理依据是：我们过去关于一些事件的经验知识也适用于类似的事件；或者是，我们对过去发生的事件的经验知识也适用于未来发生的事件。可见，一方面，推理关系所依赖的前提正是一切经验知识的基础；另一方面，我们之所以能够做出由此及彼、由近及远、由过去到未来的判断，靠的都是因果推理所依赖的基础或根据。于是，如果我们企图用经验知识来证明因果关系的有效性和可靠性时，至少难免两方面的尴尬：一是循环论证的尴尬，即用因果推理建立起来的经验知识（体系）反过来不得不成为证明因果关系的前提；二是"超验"的尴尬，因为我们只能经验"过去"，不能经验"过去和未来的关系"，只能经验"个别事件"，不能经验"个别与一般的联系"。说到底，我们不能用经验到的东西来解释不能经验的东西。①

---

① 成云雷：《趣味哲学》，上海古籍出版社 2001 年版，第 83—84 页。

面对休谟的"冷酷"追问，康德在后来的"实践理性批判"中异常睿智地转化为"道德"与"信仰"的讨论。按照康德的表述，哲学的"本体"不是认识，而是道德（颇有些中国哲学的风范）；作为"不能知之、只能思之"的哲学，其对象不能由经验来认识，而只能由信仰来保证。我们得承认，康德在此已经触摸到了哲学的真谛，也真实地感悟到了休谟问题对传统哲学观的巨大冲击和挑战。可惜的是，他的"实践"是一种实践的"理性"，是停留在思辨领域内的"精神性活动"，而不是像马克思所确立的处在一定社会历史关系中的感性的人的活动。现代西方哲学中的科学主义和人本主义思潮，可以说是休谟和康德哲学的继续：科学主义用拒斥哲学本体论的经验证实方法，把休谟的第一类问题悬置起来，只在他们认为人类认识能力所能企及的"经验"、"实证"或"语言符号"范围内探讨问题；而人本主义哲学则努力探求和回答休谟的第二方面问题，如尼采、柏格森、海德格尔、萨特等，都在本质上从"人的存在状况"出发，努力探寻着人的意义和价值，探寻着人类文化的意义和价值。

三、哲学和科学的关系

事实上，无论从休谟提出的问题，还是后来人们对问题的不断探讨中，我们都无一例外地感悟到：哲学确实不是科学，它至多就是一种"人性科学"或"人文科学"。存在主义的代表人物雅斯贝尔斯曾敏锐地看到："在哲学领域内还没有普遍被人接受的知识。所以那些具有充分理由而被公众接受的见识，根据事实本身已不再是哲学而变为科学知识。"在此基础上，他还进一步指出："哲学就意味着追寻，对哲学来说，问题比答案更重要。"①

---

① 雅斯贝尔斯：《智慧之路》，中国国际广播出版社 1988 年版，第 1、5 页。

首先，从研究对象上看，科学分别研究某个历史过程，某种运动形态，分别地求真，求事实和规律。而哲学却要把握整个天地人生、社会历史及其演化程序，把握自我作为具体的精神主体的全面活动；它总是企图"究天人之际，通古今之变"，而后做到"成一家之言"。就是说，哲学是综合地求穷通，把握世界统一原理，实现沟通天人的最高境界。① 在哲学领域不像科学领域，人们找不到普遍公认和接受的"确定性知识"，通常是"公说公有理，婆说婆有理"。譬如道德和良知、正义和价值的探讨，很容易陷入相对主义的圈子之中。如果一定要给哲学划定一个确定的研究对象，这种"确定"性也必然具有相对性，而且只能从人与外部世界的关系角度界定为"思维和存在的关系问题"；再进一步，如果我们具体到人类历史、文化和社会生活之中，具体到人类生存和发展的"当下"与未来的关系，或许可以界定为"实然和应然的关系问题"。不管怎样，我们都一无例外地发现，哲学要着重探讨的是一个接一个的"问题"，而不是这些"问题"所蕴涵着的确定性的知识。冯友兰生前曾用知识和智慧区分科学和哲学，认为哲学的主题是内圣外王之道，哲学不但是要获得知识，更是要养成人格。为此，他引证另一位哲学家金岳霖的话说，中国哲学家必须是"知识和德行在他身上统一而不可分。他的哲学需要他生活于其中；他自己以身载道。遵守他的哲学信念而生活，这是他的哲学组成部分。……对于他，哲学从来就不只是为人类认识摆设的观念模式，而是内在于他的行动的箴言体系。"② 在此基础上，冯先生提出了"转识成智"的命题，认为哲学很实用，但不肤浅，哲学的主要任务不是增进人类的知识，而是要完善人格和提升人的精神境界。这和中国古代讲"圣智"，佛家讲"般若"，以及希腊人以哲学为"爱智"等是一脉相承的。目前，不少专家学者指出要侧重于青年

① 冯契：《冯契文集》第 1 卷，华东师范大学出版社 1996 年版，第 42 页。
② 冯友兰：《中国哲学简史》，北京大学出版社 1996 年版，第 9—10 页。

学生"问题意识"的树立,说透了,就是要重视其最起码的哲学素养的形成。

其次,从思维方式上看,哲学思维与科学思维也根本不同。"就纯科学而言,理论思维能力像明澈的光,对人和万物一视同仁,它是客观的、冷静的……无国界、民族之分,无个性色彩。"①但就哲学而言,总是要穷究第一因和最高境界,自觉不自觉地走向主客体关系、价值等难以言传的澄明之域。科学思维——无论是分析还是综合——在把握世界的过程中,总是力图排除主观性和认识主体方面的特殊性、差异性,尽量地追求普遍性和客观性,按照客观世界的本来面目认识和把握之,并美其名曰探寻"客观事实"。这样的思维方式在相当长的历史阶段被机械的、形而上学的唯物主义推崇着,还往往引申到社会政治领域:那些手中握有权力的人,似乎都掌握着"客观真理",人们必须绝对地服从于他们的意志。这样一种哲学科学化的倾向必然会消解哲学的普世意义,掩盖哲学"以人为本"的特性。马克思曾一针见血地指出这种唯物主义的主要缺陷是:"对对象、现实、感性,只是从客体的或者直观的形式去理解,而不是把它们当作感性的人的活动,当作实践去理解,不是从主体方面去理解。"②事实上,哲学思维所关注的恰恰是主体和客体、认识和对象、理论和现实的"关系"。当然,哲学也追求客观性、普遍性,但它是从人的"主观性"如思想动机、价值取向、道德要求等等出发来追求客观普遍性的,并且始终不排斥特殊性和差异性,抱着一种"求同存异"的文化态度。这样一来,"世界"在哲学家的眼中成了人类实践活动过程中的"对象世界",正因此,它才真正具有了人性化的色彩和诗意的光芒!那些被我们贬斥为主观唯心主义的许多命题,如"存在就是被感知"、"我思故我在"、"宇宙即吾心,吾心即宇宙"等,

① 洪晓楠:《哲学的文化转向》,人民出版社2009年版,第79—80页。
② 《马克思恩格斯选集》第1卷,人民出版社1995年版,第54页。

也就能在哲学的本意下得到合情合理的解读。

　　这样一来，哲学思维就必然要打上主体能动性的烙印；表现在社会现实和日常生活中，哲学是对科学知识和生活事实的再认识，它所具有的最大"确定性"只能说是一种"反思"。黑格尔指出："哲学反思以思想本身为内容，力求思想自觉其为思想。"[1] 他还说，哲学"反思的作用总是去寻求那固定的、长住的、自身规定、统摄特殊的普遍原则，这种普遍原则就是事物的本质和真理。"[2] 可见，任何一种哲学或哲学活动都是也只能是一种具有智慧色彩和人性光芒的"反思活动"。只不过，在不同的哲学家或哲学流派那儿，反思的侧重点各有不同罢了。譬如，西方哲学反思的特点是经验和理性，一直保留着明显的逻辑主义、科学主义倾向；东方（特别是中国）哲学反思的特点是内心的体验和人格的修养，也即对自然、社会和人生的一种"内化"式思考，有着浓厚的非理性主义和道德伦理基调；而马克思主义哲学以及后来的一些现代西方哲学流派的反思，则面向人的社会存在和社会实践活动，是一种怀着热忱的使命感和忧患意识的严肃而痛苦的思考。

　　谁都知道，第二次世界大战之后，由于人类在享受了科学技术赐予的福音的同时，也深深体味了它所带来的灾难，所以，休谟提出的第二方面问题异乎寻常地凸显出来。特别是"随着核武器的发展，人们大大增加了对技术的关注。污染所引起的狂怒使这种关注无所不在，并且激发了对未来的种种担忧。"[3] 马尔库塞、哈贝马斯、贝尔、德里达等一批文化哲学家都普遍认为，科学技术无论在伦理学、道德判断领域还是价值选择领域里都是无能为力的。因为科学技术应对的主要是"经验事实"，而不是"伦理和价值"问题；科学和技术只能告诉我们"是什么"，通过解释解决"实然"问题，并达到对问题本身的清晰明白，但科学和

① 黑格尔:《小逻辑》，商务印书馆 1982 年版，第 39 页。
② 黑格尔:《小逻辑》，商务印书馆 1982 年版，第 76 页。
③ 莫里斯·戈兰:《科学与反科学》，中国国际广播出版社 1988 年版，第 39 页。

技术不可能告诉我们"应该怎样",即不能通过深刻的哲学反思来解决"应然"问题,从而使人们的"终极关怀"得到一种真正的人文意义上的慰藉。

许啸天先生在他的《老子概论》一文中,借老子的"人法地,地法天,天法道,道法自然"的思想,阐发了人道小于天道,人类应当服从大自然的观点。并且,根据科学技术万能的神话进一步发问:"天地间倘若本来没有这个物,没有这个理,你科学家纵是万能,却依据什么去发明?再进一层说:天地若不予吾人以能,那天地间虽有物,虽有理,我们也无法发明。再彻底说:天地间无限的物与理,拿我们有限的人的寿命与力量,果然能样样去发明它吗?便是现在所发明的,果然是真的吗?是终古不坏不失败的吗?"①许老平淡的发问可谓入木三分。20世纪60—70年代,生活在最发达国家美国的马尔库塞冷峻地指出:当代发达工业社会已经演变成为一个新型的极权主义社会,这一社会的主要特征不是采取恐怖和暴力的手段,而是运用科学技术这一新的控制形式,来征服和同化所有的社会力量。特别是,发达工业社会还创造了一种新的生活方式,去控制人们的物质生活,强化着人们似乎是为商品而生存。"小轿车、高清晰度的传真装置、错层式家庭住宅以及厨房设备成了人们生活的灵魂。"②而无线电、电影、电视、报刊、广告等等,也操纵了人们的思想意识,潜入到人的"内心自由";人们感受到的好多"经验事实"几乎都是和人性化的生活严重错位、和传统伦理严重脱节的东西。于是社会成为了科学技术统治下的单向度社会,人也成了心灵扭曲、本性物化的单向度的人。

就当代来说,诸如老弱、贫穷和两极分化、环境污染、资源枯竭、人口过剩、内脏移植、堕胎以及无性繁殖等等的问题,早已远远超出了

---

① 许啸天:《老子》,光明日报出版社1995年版,第6页。

② 马尔库塞:《单向度的人》,上海译文出版社1989年版,第10页。

一般的科技和社会问题的范畴，而成为人文学者所密切关注的真正的哲学问题。这就再一次证实了休谟第二类问题的主旨：所谓的科学事实、科学技术行为，并不等于这些"事实和行为"所产生的意义和价值。站在哲学的高度来反思科学的成就，我们会惊讶地发现："若不改变人类价值的基础，那么从长期来看，这些具体的状况是不可能被纠正的。"①而这种所谓的价值基础要真正得到改变，无疑有待于人们哲学世界观的转向和重建。然而，令人遗憾的是，马克思主义哲学之前和几乎与马克思同时代的所有哲学家，甚至包括后来的西方哲学大师们做出的种种努力，并没能够解决"事实"与"价值"、"实然"与"应然"的关系问题，因而也就未能够明确科学和哲学的关系。只有马克思主义的"实践哲学"，才真正全面回答了休谟问题。

首先，对于休谟的第一类问题，马克思在黑格尔幽默而巧妙地批判康德"学会游泳之前切勿下水"、"物自体是上帝的代名词"的基础上，明确地指出哲学问题就是"生活和实践"的问题，哲学本体问题的回答离不开认识本质的揭示，人类的认识和认识能力说透了就是人类自身的生活和实践的能力。恩格斯进一步用近代的工业实践和实验来批驳休谟的"奇谈怪论"，提出了人类在探求真理和价值过程中，其思维既具有至上性，又具有非至上性。列宁则通过对马克思主义哲学生活、实践理论的总结，极富浪漫主义情怀地指出：尚未认识的东西，不等于不可认识的东西。

其次，对于休谟的第二类问题，照马克思主义实践哲学的观点看来，"存在的事实"与其意义、价值之间的关系绝不单纯是个理论问题，很大程度上依然是个实践问题。休谟、康德不明白这一点，因而从经验主义、主体哲学不同程度地走向不可知论。现代西方哲学特别是存在主义的大师们也不明白这一点，因而在主体的精神世界里苦苦地寻找"存

---

① R.W.Sperry：《科学与价值的桥梁》，《世界科学》1982 年第 5 期。

在的人"失落了的价值。事实是，"人不是抽象的蛰居于世界之外的存在物。人就是人的世界，就是国家，社会。"① 所谓的意义和价值，是人自己的生活和实践创造的，而不是精神世界中的苦思冥想能够寻找到的。只有广大人民群众的平凡生活和伟大实践，才能够产生最大的意义和价值。

大智的休谟在设置了烦人的哲学问题后，却又真诚地告诉人们："纵情地爱好科学吧，但要让你的科学成为人的科学，要使它能与人的活动和社会有直接关系……做一个哲学家吧，但是在你的全部哲学思维中，仍然要做一个人。"② 可见，在休谟这里，"哲学的主题是人，哲学不应当脱离现实生活，哲学家在思辨的同时，也应具有普通人共同的思想和情感。"③ 从"人"这个意义上，休谟的忠告已经暗含了哲学与生活、哲学与科学的对立统一关系。哲学离不开科学，哲学更离不开生活，它必须借助科学成果和立足现实生活；离开了生活和科学，哲学便是无源之水、无本之木。同时，哲学又不能简单地等同于科学，等同于现实生活，否则，必然会使其工具化、功利化、庸俗化。

站在马克思主义世界观的高度，哲学问题更主要的是一个社会实践的问题，是一个意义和价值问题，是一个人类文化精神之上的宏大而深刻的历史叙事。哲学思考若没有对人类命运的真切关心，没有对宇宙人生奥秘的好奇童心，是不可想象的。哲学家的职责就在于使自己从形形色色的科学论题、科学成果以及繁茂芜杂的生活琐事中解脱出来，从而将注意力转向归根到底的东西，转向人和事实的本质、历史发展及其意义和价值。在这个意义上，我们才可以理直气壮地说，哲学是时代精神的精华，是人类生存和发展的一面镜子。

---

① 《马克思恩格斯选集》第 1 卷，人民出版社 1995 年版，第 1 页。
② 休谟：《人类理智研究》，商务印书馆 1999 年版，第 4 页。
③ 周晓亮：《休谟哲学研究》，人民出版社 1999 年版，第 71 页。

四、走向文化哲学

通过对休谟问题及其引发的思考的梳理，我们深深感到了当代中国重建哲学观的必要性。当然，这种"重建"并非是要把已有的哲学观解肢成碎片后重新组合，也不是一般意义上的中国哲学、西方哲学和马克思主义哲学的简单拼凑，而应该是传统哲学思维和传统哲学态度的现代转变，是一种真正意义上的哲学观的重新塑造。这种"转变"和"重塑"的具体路径无疑是复杂而艰巨的，它不仅要借鉴、吸收和传承古今中外优秀的文化成果，而且要深入反思人类自身的历史和人类社会的生存、发展模式，并彻底地改变我们的教育理念。但无论如何，走向理论自觉的文化哲学，已是当今时代提出的刻不容缓的学术重任。

纵观哲学发展的历史，我们可以总结出两种主要的理解范式：一种是寻求普遍性知识的理性哲学理解范式，另一种是探究价值意义的文化哲学理解范式。文化哲学作为一种研究范式，一直隐藏在哲学的发展历史中，近现代以来哲学发展的进程使文化哲学的理论自觉成为一种可能。在文化哲学的自觉生成中，除了康德，恩斯特·卡西尔有着非常重要的地位。在《符号·神话·文化》一书的第二篇《作为一种文化哲学的批判唯心主义》中，卡西尔通过对德国古典哲学，特别是康德与黑格尔哲学的比较，对文化哲学生成的基础和合法性作了精彩的论述，指明了传统哲学思维范式向文化哲学思维范式的转换路径。

首先，从理论渊源上看，康德把哲学的研究对象从传统哲学对客观事物实体的思考，转向了对人与对象之间关系的思考，实现了对传统哲学的主客二元对立的思维模式的超越，填平了一直以来主体与客体、自由与必然、价值与认识的鸿沟。卡西尔完全赞同康德哲学的基本立场，但同时指出，康德先验原则适用的认识论范围过于狭窄，仅限于数学、自然科学和形而上学。产生于科学之前的神话、宗教、语言、艺术等众多的其他文化形式的知识合法性怎样确立？因此，他认为有必要对康德的先验原则基础进行改造：用"符号"来说明理性的统一原则与感性材料相结合的特点。在卡西尔那里，符号是一个功能性的概念，就像康德的先验范畴一样，并不是反映对象，而是要构成对象。人类借助各种各样的符号和象征，构成各种对象。举凡人类精神生活的一切形式，诸如语言、神话、宗教、艺术等，都是理性批判的应用范围。在此基础上，卡西尔认为哲学的任务体现在精神旨趣上所追求的统一性，哲学由此"不再宣称能对知识的实质性内容有所增进，不再宣称能经由教导式的洞见去扩展那些具体知识领域所勾勒的疆域"。① 哲学家必须寻求各种符号形式的内在统一性，即一种功能整合上的统一性。而人类正是凭借自己创造的各种符号形式的体系才使得自己获得了理性的、历史的、文化的发展。特别是当"目标和意义"问题摆在文化整体面前时，人类就处在了自我反省的截点上，文化哲学的生成在所难免。

其次，从生成的基础上看，文化哲学的最终旨趣是如何维系各种文化形式的价值普遍有效性。卡西尔认为，文化的根基不可能是纯粹思辨的东西，它在内容上会表现出一系列的理论构想，但是它会指向一系列的行动。"文化意味着一个语言的活动和道德的活动之总体，……这些活动还有变为现实的恒常趋向和能量。在这种现实化中，在这种对经验世界的建构和重建中，包容着文化概念之真义，塑造着它本质的、最具代表性的特征。"② 那么，文化哲学的基础，即它的客观价值和意义如何得以维系的？康德曾用"物自体"和温和的怀疑论作搪塞。对此，卡西尔的解决方案是把对物质世界的关注转向对文化世界的关注，因为在文化的世界里，"宣称有一种绝对存在和实体是荒谬的"，所有文化形式的根本目标是去建立一个思维和情感的意义世界，一个充满清醒理智的人

① 卡西尔：《符号·神话·文化》，东方出版社 1988 年版，第 6 页。
② 卡西尔：《符号·神话·文化》，东方出版社 1988 年版，第 17 页。

性世界。人类认识过程是心灵自由构建的过程，世界图景或概念符号不是被给予的、现成的、固定不变的，它是人类通过功能统一构成的。譬如语言，它并不具有逻辑思维意义上的普遍性，而是受民族甚至个体条件的限制，但它们之间确实又可以沟通，是通达文化进程走向共同世界的第一步。同时，符号指向意义世界，意味着人的生存不仅是一个肉体的物理存在问题，更为重要的它还是一个客观价值问题。"文化哲学不能以必然性的方式去界定和说明，它必须以自由的方式去界定。……人类历史的真正和最终目的就是理性自由。"① 而自由又意味着自律。文化哲学的合法性既体现为从何种角度以及经由何种方式在人类思想和意志的演化中达到这种自律，也体现为在理性的自律要求不断变为现实的过程中，蕴藏着人类历史丰富内容的展开线索。

再次，从哲学研究的重心看，卡西尔文化哲学研究的主要内容还局限于人的符号功能上。人的特点在于他是一种能够创造和使用符号的动物。科学、语言、神话等诸多的人类文化形式，都是人类创造的不同符号系统，是人类用以把握世界的方式。文化哲学的研究主题就是人类创造和使用的这些符号系统：符号构造人的活动，人永远生活在自己构造的世界中，这个世界是非物质的世界，是以人的活动、人的符号化编织而成的一个关系系统，作为行为的主体，人的意义、价值和所有的可能性都在这个空间里展开。"在这里，文化形式所指称的是符号形式或思维方式，其特征是历史的、动态的，而不是先验的、静态的；而文化价值或文化意义所体现的就是人性或自由的创造过程，其特征是伦理的、功能的，而不是主体的、实体性的。"②

卡西尔文化哲学的意义在于突破了传统的本体论，他通过分析的方式描述语言、神话、艺术等文化形式，寻求各种文化形式内在统一性的

① 卡西尔：《符号·神话·文化》，东方出版社 1988 年版，第 36 页。
② 张志刚：《从理性批判到文化批判——论卡西尔的思想转折》，《德国哲学论集》1992 年第 12 期。

功能，在此基础上去发现心灵的法则，理解人的世界，实现人的意义和自由。而人通过符号展现文化世界的过程，其实是人通过符号改变了人与世界的关系；没有符号系统人就把握不了对象，也就无法实现理性自由。人的符号化活动一方面说明了人是区别于动物的，另一方面说明了人只有在其历史活动中才能发展出各种文化形式，从而使人性得以生成和发展；人的本质不是像传统哲学规定的那样先天存在，而是在人的现实活动中生成的。正是在这个意义上，我们才有充分的理由说，卡西尔的符号哲学完成了从传统思辨意识哲学的"实体性思维范式"向现代哲学的"功能性范式"的转变，标志着文化哲学的产生。

研究卡西尔符号文化哲学"转向"的重要意义在于：可以使我们更好地运用马克思实践哲学思想，整合自休谟、康德以来现当代哲学特别是新康德主义、解释学、生活世界等各种理论中的文化哲学资源，在理论和现实两个维度的结合点上推动文化哲学的自觉与完善。

首先，文化哲学是体现人的生命价值的哲学理解范式，有着宽阔而深厚的理论视野。文化哲学"突破近代以来理性主义哲学思维的狭隘视界，面向人的现实文化生活，追求哲学丰富的价值内涵，将哲学的形而上思考奠基于坚实的现实生活的文化之上，摆脱那种褊狭的理性与经验之争"。[1] 作为一种新的哲学理解范式，文化哲学根本不同于科技哲学、教育哲学、生态哲学和宗教哲学，也明显区别于发展哲学、价值哲学、道德哲学和人生哲学。由于文化是一种人"存在着的精神氛围"，它处于"生命之动"与"生命之定"的激荡、和谐和不断升华的过程之中，因而，所有关于文化的主题都是"通向一个共同中心（人类自我解放）的不同道路"，"人类文化的根本问题关系到普遍的人类利益。"[2] 人是文化哲学的出发点和归宿点，关注人的生存发展、追求人的解放和人类社

---

① 周旭、郑伯红：《文化哲学研究的现实转型》，《求索》2010 年第 3 期。
② 卡西尔：《人论》，上海译文出版社 1985 年版，第 2 页。

会的进步是文化哲学的理论诉求。当然，文化哲学对人的研究是从"文化的视角"和"哲学的高度"展开的，它不仅告诉我们怎样去研究人类的文化现象，探讨这些现象的内在运行机制，而且也为我们提供了今后哲学研究的"意义和价值"的切入点，即关注人类的生存与历史，回归体现人类存在意义和价值的生活世界之中。

其次，文化哲学是理性主义和价值主义的合流，可以从根本上解答休谟提出的难题。自康德以来，解答"休谟问题"一直是现代西方哲学潜在的一条主要线索。就社会文化的主流价值取向看，理性主义和价值主义都已经发挥出了各自的优势，但也都呈现出相当程度的负面效应：科学技术和工具理性在推动社会飞速发展的同时，也造成了压抑人的自由本性的"科层制"和自然环境的巨大破坏；人本观念和价值理性确实揭示了现代人的真实处境，维持了人的原始幸福感，却在总体上拒斥走向人和社会的现代性。"人类能否走出这一文化异化的悖论，实现科学与人文的良性结合，改变人及其文化世界片面性发展的厄运，成为文化与哲学共同关注的焦点。"①文化哲学就诞生于这一哲学变革的运动之中，它关注人的特殊性历史存在，其重要意义在于使人的实践活动摆脱了传统思辨哲学范式中的普遍规律和外在必然性的束缚，并在回归人的生活世界的价值取向中解答了"休谟问题"。因为，"人的实践活动根植于人的生活世界的历史文化之中。在这里，无论是主客体统一的实践活动、主体间交往的生活世界，还是现实的社会历史运动，都能使人的自由自觉的类本性在其中得以生成，人的社会历史结构在其中得以建立，因此它是文化的意义结构。"②在这样的生活世界当中，主体的实践活动既受到既定的生产方式和文化传统的制约，同时又由于人的特殊性存在

① 苗伟：《面向文化哲学本身：从何谓到何为》，《哈尔滨工业大学学报（社会科学版）》2010 年第 2 期。
② 刘振怡：《文化哲学的合法性探究——从卡西尔的符号文化哲学说起》，《求是学刊》2010 年第 5 期。

的特点，使实践活动具有超越性和反思性，从而为人的意义和价值的实现提供了可能。

再次，文化哲学通过文化批判和文化创造等实践活动，真正彰显哲学的批判性和超越性功能。传统理性哲学关于历史观的解读通常会导致对宏观历史规律的强调，突出表现为只见"物"不见"人"的线性历史决定论。这无疑会忽视人所特有的实践活动方式对历史进程的重要影响，从根本上消解哲学的批判和超越功能。文化哲学既是一种适应现当代人类生活的哲学解释框架，"也是一种特殊的文化创造活动，是科学文化和人本文化的汇聚与融合，是文化的创造性和哲学的批判性的叠加与提升。"① 因为，真正的历史不过是人的实践活动在时空中的展开和延伸，对人而言，历史是具有开放性的，人与世界之间各种特殊性关系使得人类历史发展呈现合目的性与合规律性、"应然"和"实然"相统一的特征。文化批判是人对自身的文化创造活动及其"人类世界"的反思，是作为实践活动主体的人对文化现实全面认识的基础上，对人类生存环境、存在方式和存在意义的整体性考量和反思。文化创造则是"人类世界"的生成方式，是人类自我确证的根本途径。文化哲学正是在充分尊重各种文化、各种文明特色和价值取向，充分承认文化、文明、社会发展道路的多样性的基础上，强调各种文化之间的学习、交融和整合必要性，不断向人们呈现一个充满更多文化选择和文化创新的可能性世界。文化哲学体现了"人类文化创造与哲学反思的双重自觉"。②

在西方，文化哲学的理论自觉首先是人类文化走向自觉的现实历史进程的结果。特别是自近现代资本维系和推动下的工商业文明体系不断扩张，人类生活世界几乎完全被"殖民化"（操控化）以来，西方的文化危机直接导致了其科学危机和价值危机，人的异化与文化的异化相互

---

① 苗伟：《面向文化哲学本身：从何谓到何为》，《哈尔滨工业大学学报（社会科学版）》2010 年第 2 期。

② 邹广文：《文化哲学视野中哲学与人的关系》，《社会科学战线》2005 年第 3 期。

表征，共同构成当代人生活世界的文化逻辑。针对这种情形，不少思想家提出现实世界应该分为"事实世界"和"价值世界"，自然科学与人文科学（以哲学为核心）不应当混为一谈。他们力主人文科学的合法性，要求消除哲学的自然科学化和工具理性化倾向，建立一种全新的文化哲学的理解范式。不少学者认识到："科学是追求纯粹真理的事业，是客观的。科学认识活动是从无误的初始前提（如观察、公理）出发，达到对自然的真实认识，科学是自然之镜。价值是关乎目的的，是主观的、功利的、非理性的，是不能做逻辑分析的，价值是心灵之镜。"① 但更多的学者认识到，科学与价值是互动的，不应该在哲学意义上把科学精神和人文精神割裂开来。从"科学价值中立说"到"科学负荷价值说"再到"科学价值张力说"，我们不难看出，西方理性主义的危机和这一危机的化解是西方文化哲学产生的必然，它甚至可以追溯到古希腊苏格拉底的"美德即知识"和近代培根的"知识就是力量"的命题中。

而在中国，文化哲学的讨论无疑和改革开放、市场经济的深化以及全球化的到来密切相关；但同样无疑的是，中国的文化哲学方兴未艾，还没有真正达到理论自觉的程度。究其原因，无非有三：一是还没有在厘清"文化"本真内涵的基础上明确文化哲学的研究对象和研究方法；二是还没能在关照全球化、现代化的现实中自觉把文化哲学和社会主义核心价值的研究结合起来；三是缺少真正有深度和高度的理论研究。对此，不少学者呼吁："文化哲学不是文化产业、不是休闲文化、不是娱乐文化"，"文化哲学的研究必须直面现实，发挥理论对现实的引领作用"，"应更加关注'生活世界'现状，对当前出现的文化热和文化问题的探讨作出理性反思。"② 在当代，"文化哲学的首要任务，不是构建文化哲学的理论体系，而是推动人类新的文化精神的自觉生成，推动中国

① 庞晓光：《科学与价值关系研究述评》，《哲学动态》2008 年第 3 期。
② 燕连福、李重：《文化发展与文化哲学的使命》，《光明日报》2013 年 11 月 12 日。

和世界文化的发展变革，推动人类生存和发展方式的变革"。①

事实上，既然我们在学术领域能够达到共识性地把文化理解为"人化"，理解为人类在实践基础上的"生存与发展方式"，那么，对文化哲学的理解就决不能等同于经济哲学、政治哲学、科技哲学、教育哲学和生态哲学等等的应用性哲学。文化哲学是对哲学的一种彻底人性化的理解与解读，它不是关于文化现象非反思的、一般的描述，更不是哲学思维在文化领域的单纯延伸，"而是关于各种文化现象内在的文化精神和文化模式的理性反思"；"文化哲学的范式意义不是在普遍化的抽象理论体系之外为人的文化现象争得一点地位和空间，而是要使关于人的存在的理解从根本上摆脱'自然科学化'的视野，限定自然科学所揭示的因果关系、线性决定性、机械必然性等因素的作用范围，打破基于数学化的自然运动的大一统的世界图景及其普遍性的统治，为人的存在和生活世界保留特殊的可能性空间。"②具体而言，一种文化要想成为自觉而非随意的文化，必须上升到哲学的高度进行社会历史性的反思；一种哲学要想具有现实的影响力而非虚幻的寄托，就要扎根社会实践的土壤，不断地进行文化的参与和渗透。文化哲学是人类"生存与发展方式"即文化模式中所彰显出的时代精神的哲学表达，它从文化的视角和哲学的高度出发，为人类探寻"实然"和"应然"相统一的生存和发展之路，因而它开辟了文化研究和哲学研究的新纪元，创造了一种崭新的哲学样态。人是文化哲学的出发点和归宿点，追求人类解放和进步是文化哲学的理论诉求；文化哲学正是对人类文化模式及其演进机制的全方位的反思和批判，形成了种种自觉的文化意识，并最终成为影响社会进程的价值观念和价值体系。

文化学者衣俊卿指出："如果说，20 世纪后 20 年中国哲学的主要

---

① 常晋芳、李成旺：《文化哲学研究的当代走向》，《学习论坛》2010 年第 9 期。
② 衣俊卿：《论文化哲学的理论定位》，《求是学刊》2006 年第 4 期。

进步体现在对教条主义地理解马克思主义的批判和超越，那么，21 世纪以来中国哲学在许多新领域的进展，则体现为哲学理念和精神的创新……其中，近十年文化哲学的快速发展，不仅集中体现出哲学理念的创新，而且自觉地回应了人们最为关切的时代问题。"他还强调："中国文化哲学进一步的突破口应当聚焦于全球化视阈中价值观的博弈，并自觉凸显中国核心价值观的影响力和感召力。"① 当下，只有从文化哲学的视野入手，才能牢牢把握我国文化建设的价值定位，以丰富的文化资源为依托，推进文化整合，突出中国文化要素在国家文化软实力中的重要地位，并进而彰显中国核心价值观在人类社会中的现实影响力。可见，文化哲学既超越了西方传统的自然哲学和思辨哲学，又超越了中国传统的伦理—政治哲学，并使自己真正从现实的人的生活方式出发理解和把握"人的存在"，关注人类生存与发展的和谐性以及不同民族、不同时代优秀价值观的济世意义。

当尼采在宣布"上帝死了"的同时，并没有忘记活着的人；马克思在终结黑格尔及其之前的自然哲学、思辨哲学的同时，更是把人的实践活动上升到文化与哲学范式的高度，并且清楚地为我们指明了所谓实践就是人的存在方式，人类历史不过是在实践基础上的合规律性与合目的性、"实然"与"应然"的辩证统一。活着，并且严肃而认真地思考着、实践着，这就是哲学和哲学家。该到了转变并且重建我们的哲学观的时候了！

五、对马克思主义的文化哲学解读

事实上，从文化哲学角度来说，马克思主义产生和发展的历

---

① 衣俊卿：《自觉回应时代问题的文化哲学》，《中国社会科学报》2012 年 9 月 7 日。

程，在一定程度上也可以看作是一个文化哲学的阐发、彰显和确立的过程。

首先，马克思主义不仅确立了文化研究的起点，而且通过对"人的本质力量对象化"的论述，确认了文化的本质。在《1844年经济学哲学手稿》（以下简称"手稿"）中，马克思把世界区分为自然界和人类，而人的创造物被他表述为"人化的自然"、"人类学的自然界"、"世界历史"、"人的本质的对象化"、"人的本质力量"等等。也就是说，虽然马克思没有明确界定"文化"的概念，但是在对世界进行类的区分时，实际上把"文化"作为一个特殊的类划分了出来。而且，马克思特别注意到了人类活动本身的意义，即"这种生产是人能动的类生活"，是一种创造性的生活方式。这就不仅彰显出了有别于自然的文化形式，而且抓住了文化产生的人类学根源，揭示了只有从人与劳动实践的关系中才能探寻出文化产生和发展的规律。

照马克思看来，从人的创造性的对象化活动不仅产生出了物质性的成果，而且还导致了人的主体性的形成。在对比人与动物的"生产"时，马克思一针见血地指出："动物的生产是片面的，而人的生产是全面的；动物只是在直接的肉体需要的支配下生产，而人甚至不受肉体需要的支配也进行生产，并且只有不受这种需要的支配时才进行真正的生产；动物只生产自身，而人再生产整个自然界；动物的产品直接同它的肉体相联系，而人则自由地对待自己的产品。动物只是按照它所属的那个种的尺度和需要来建造，而人却懂得按照任何应该种的尺度来进行生产，并且懂得怎样处处都把内在的尺度运用到对象上去；因此，人也按照美的规律来建造。"① 这里所谓"按照美的规律来建造"，显然不只是一个美学概念。"其更宽广的文化哲学内涵在于，它指认了：人的自然属性在人的历史发展过程中发生了新的变化，无论就其内容还是形式说，人的

---

① 《马克思恩格斯全集》第42卷，人民出版社1979年版，第96—97页。

自然属性都在长期'人化'过程中形成了人类文化的新质。"① 这就从根本上说明了人是文化的人，文化是"人化"的本质属性。

其次，马克思主义通过对资本的"嗜血性"和"扩张性"的淋漓尽致地剖析，深刻地揭示了资本主义文化模式的内在逻辑。以《资本论》为中心，马克思一生几乎所有的著述都花费在了对"资本主义"这一当时看来是新型且有着很大的历史进步性的文化模式的研究上。马克思的研究是从司空见惯的商品开始的，商品二因素——使用价值和价值的分立预示了小商品生产和商品经济有着难以克服的矛盾，即使有货币等价物交换的媒介，也还是难以化解这一矛盾，因为越来越发达的商品经济把商品价值的生产（私人劳动）和商品价值的实现（社会劳动）在时空上完全割裂开来了。而"资本"的出现，不仅使得劳动力也沦为商品，使得"人身自由"掩盖下的资本主义雇佣劳动制度得以确立，而且使得隐藏在商品经济内部的矛盾通过"资本"的魔力异常变态和剧烈地扩大了。

一方面，资本具有"嗜血性"。"创造资本关系的过程，只能是劳动者和他的劳动条件的所有权分离的过程……这个过程所以表现为'原始的'，因为它形成资本及与之相适应的生产方式的前史。"② 从 15 世纪末到 19 世纪初的三百多年时间内，西欧各资本主义国家不仅用暴力掠夺农民的土地，制造所谓圈地运动，而且利用国家政权的力量侵掠了殖民地的大量财富。据粗略统计，这一时期内，西方殖民者仅从中南美洲就抢走了 250 万公斤黄金，1 亿公斤白银。1783 年到 1793 年的十年间，英国仅利物浦一地就贩运了 33 万多人，奴隶贸易使非洲丧失的人口达 1 亿多。③ 难怪马克思要说："资本来到世间，从头到脚，每个毛孔都滴

① 黄力之：《马克思主义文化哲学与现代性》，上海三联书店 2006 年版，第 39 页。
② 《马克思恩格斯全集》第 44 卷，人民出版社 2001 年版，第 822 页。
③ 《马克思主义基本原理概论》，高等教育出版社 2010 年版，第 141—142 页。

着血和肮脏的东西。"① 更为重要的是，资本对个别商品的特殊性即使用价值漠不关心，它只在乎各个商品及商品的总体中体现出来的交换价值。一旦进入到社会的生产和再生产过程，资本的视线就直勾勾地盯在了剩余价值（利润）上。"资本的尺度就是把一切变成追求剩余价值的环节，但正是这一尺度消弭了所有存在者的尺度。"② 资本以其"嗜血性"不仅异化了人的劳动、人的本质，而且使得生活世界也完全被"殖民化"了。

在《共产党宣言》中，马克思进一步揭示了资本主义的文化逻辑，即资本成为资产者的灵魂，成为了主流意识形态："资产阶级在它已经取得了统治的地方把一切封建的、宗法的和田园诗般的关系都破坏了。它无情地斩断了把人们束缚于天然尊长的形形色色的封建羁绊，它使人和人之间除了赤裸裸的利害关系，除了冷酷无情的'现金交易'，就再也没有任何别的联系了。它把宗教虔诚、骑士热忱、小市民伤感这些情感的神圣发作，淹没在利己主义打算的冰水之中。它把人的尊严变成了交换价值，用一种没有良心的贸易自由代替了无数特许的和自力挣得的自由……它用公开的、无耻的、直接的、露骨的剥削代替了由宗教幻想和政治幻想掩盖着的剥削。资产阶级抹去了一切向来受人尊崇和令人敬畏的职业的神圣光环。它把医生、律师、教士、诗人和学者变成了它出钱招雇的雇佣劳动者。资产阶级撕下了罩在家庭关系上的温情脉脉的面纱，把这种关系变成了纯粹的金钱关系。"③

另一方面，资本具有"扩张性"。这种扩张首先是资本本质的扩张，即"内扩性"。对马克思来说，资本已不再是单纯的物，而是人格化了的存在，是一种遮蔽着人的感性活动的生成机制。从商品到资本再到赤裸裸的金钱关系，马克思深刻地表征了资本的"内扩性"逻辑："资产阶级除非对生产工具，从而对生产关系，从而对全部社会关系不断地进

---

① 《马克思恩格斯全集》第 44 卷，人民出版社 2001 年版，第 871 页。

② 李龚君：《资本批判和人的解放》，《哲学动态》2007 年第 2 期。

③ 《马克思恩格斯选集》第 1 卷，人民出版社 1995 年版，第 274—275 页。

行革命，否则就不能生存下去……生产的不断变革，一切社会状况不停的动荡，永远的不安定和变动，这就是资产阶级时代不同于过去一切时代的地方。一切固定的僵化的关系以及与之相适应的素被尊崇的观念和见解都被消除了，一切新形成的关系等不到固定下来就陈旧了。一切等级的和固定的东西都烟消云散了，一切神圣的东西都被亵渎了。人们终于不得不用冷静的眼光来看他们的生活地位、他们的相互关系。"① 毋庸置疑，随着资本扩张，资本主义社会价值取向中的精神性部分将会日趋减少，物质的成分将日趋增多，感官欲望也会不断膨胀，世俗生活中商品拜物教和货币拜物教日益盛行，劳动和人的类本质在财富和利益的角逐中最终会走向异化，这就是资本主义的文化逻辑。

更为显著的是，资本的扩张表现在向外的侵掠即"外扩性"上。早在《德意志意识形态》中，马克思、恩格斯就提出了类似目前"全球化"概念的"世界历史"概念，表达了资本的"外扩性"特征。到《共产党宣言》时，他们对"世界历史"现象的描述更加全面系统：由于美洲大陆的发现以及绕过非洲航线的开辟，新兴的资产阶级有了新的活动场所；同时，由于东印度和中国的市场、美洲的殖民化、对殖民地的贸易、交换手段和一般商品的增加，商业、航海业和工业空前高涨。大工业和日益扩大的市场形成了互相促进的关系。例如，美洲的发现实际上成为了一个准备好的市场，而世界市场的存在又使得商业、航海业和陆路交通得到了巨大的发展。因为，"不断扩大产品销路的需要，驱使资产阶级奔走于全球各地。它们必须到处落户，到处开发，到处建立联系……过去那种地方的和民族的自给自足和闭关自守状态，被各民族的各方面的互相依赖所代替了。"② 历史正向"世界历史"转化着。

那么，"世界历史"中的文化哲学意蕴究竟是什么呢？一是工商业

---

① 《马克思恩格斯选集》第 1 卷，人民出版社 1995 年版，第 275 页。
② 《马克思恩格斯选集》第 1 卷，人民出版社 1995 年版，第 276 页。

文明取代了农业文明。资本主义是在封建社会的母体中孕育生长起来的，是生产方式和交换方式的一系列变革的过程和产物。一开始是封建的或行会的工业经营方式已经不能满足随着新市场的出现而增加的需求，于是，工场手工业代替了这种经营方式。但随着市场的扩大和需求总是在增加，工场手工业也不能满足需要了。于是，蒸汽和机器引起了产业革命，现代大工业代替了工场手工业，工业中的百万富翁和现代资产者代替了工业的中间等级。而随着工业、商业、航海业和铁路的扩展，资产阶级也在同一程度上得到发展，他们不断地增加自己的资本，"把中世纪遗留下来的一切阶级排挤到后面去。"[1] 二是民族国家的文化界限被打破。"世界历史"的形成过程实质上是资本主义文化样式向世界扩充的过程。"物质的生产是如此，精神的生产也是如此。各民族的精神产品成了公共的财产。民族的片面性和局限性日益成为不可能，于是由许多种民族的和地方的文学形成了一种世界的文学。"[2] 不少学者（包括《马克思恩格斯选集》的编者）指出，"文学"一词德文是"Literatur"，这里泛指科学、艺术、哲学、政治等方面的著作，因而是广义的文学或观念形态的文化产品。还有学者认为，马、恩所讲的"世界的文学"就是世界文化，它"并不是一种脱离民族文化之外的一种独立的文化形态，而实际上是由各民族文化的相互作用、相互影响而引起的一种新的文化现象。"[3] 三是随着城市化的进程，资本越来越"同化"着世界。"资产阶级，由于一切生产工具的迅速改进，由于交通的极其便利，把一切民族甚至最野蛮的民族都卷到文明中来了。它的商品的低廉价格，是它用来摧毁一切万里长城、征服野蛮人最顽强的仇外心理的重炮。它迫使一切民族……采用资产阶级的生产方式"。它"使农村屈

---

① 《马克思恩格斯选集》第 1 卷，人民出版社 1995 年版，第 273—274 页。

② 《马克思恩格斯选集》第 1 卷，人民出版社 1995 年版，第 276 页。

③ 丰子义：《马克思"世界历史"思想研究中的几个问题》，《教学与研究》2002年第 3 期。

服于城市的统治。它创立了巨大的城市，使城市人口比农村人口大大增加起来，因而使很大一部分居民脱离了农村生活的愚昧状态。正像它使农村从属于城市一样，它使未开化和半开化的国家从属于文明的国家，使农民的民族从属于资产阶级的民族，使东方从属于西方。"① 后来列宁所谓的"帝国主义是战争的根源"，也正是立足垄断资本主义阶段，对资本"同化"和由此而来的侵掠本性的进一步揭示。

总之，从人的本质力量"对象化"到人类社会的"资本化"，马克思主义蕴含了丰富而又深刻的文化哲学内涵，它不断地向人们昭示着：文化就是"人化"，是人类在实践基础上的生存和发展模式；社会形态的演变最终意义上就是文化模式的转型。正如有学者指出：对马克思主义来说，实践唯物主义是最根本的东西，由此而解读的"资本主义生产方式中，一切都被资本化了，资本具有存在论的意义，是我们理解世界的一个基础，人的自由就是对资本强制的克服，人的解放也是针对消除资本的强制而言的，政治的解放建立在对资本的强制力量解除的基础之上。"② 我们完全有理由说：马克思主义本质上就是文化哲学。

---

① 《马克思恩格斯选集》第 1 卷，人民出版社 1995 年版，第 276—277 页。
② 李奕君：《资本批判和人的解放》，《哲学动态》2007 年第 2 期。

第 二 章

文化哲学的研究对象和内在张力

一、文化与"人化"

文化哲学的立足点和出发点无疑是文化。但究竟什么是文化？这一点也不比什么是哲学更容易回答。据说，目前有关文化的定义多达200多种，笔者无力也不想把这么多的观点做繁琐的罗列，而只想郑重申明：自泰勒《原始文化》给出第一个文化定义以来，所有文化定义的表述都没有能脱离开人、人的社会历史活动、以及在人的活动之上的种种物质和精神的创造过程。之所以在文化定义上出现这样的内在一致性，是因为文化与人类是休戚与共的，"人类生活的基础不是自然地安排，而是文化形成的形式和习惯"，① 人的存在本质上就是一种文化存在。文化哲学对"文化"表达的最为简练而深刻的内涵是：文化即"人化"。

首先，文化是人的类本质活动的对象化。文化在本质上是实践的产物，而实践是人的存在方式；只有通过实践，人才能在选择中创造文化，也只有在创造文化的实践过程中，人才能成为真正意义上的人。"从最根本的起源上，文化不是自然给定的，而是人类行为方式和生存方式

---

① 蓝德曼：《哲学人类学》，工人出版社1988年版，第260页。

对象化的结果。"①实践作为人类特有的活动方式，决定了文化乃是人类独有的生活方式。同时，文化是一个与自然相对的范畴，它决定了人与动物的根本不同。人类所生存于其中的世界绝不是单纯的自然界，而是一个复杂的文化世界；文化作为人的选择性创造物，集中地体现了人本质力量的对象化。甚至在古汉语中，对"文化"的谈论也主要表达了"人化"的理解。《易·贲卦》云："圣人观乎天文，以察时变；观乎人文，以化成天下。"这里讲到的"文"、"化"从表层意思看是以文化人、文治教化之意，从深层看，确有把圣人的内在品格和精神世界对象化的意思。

其次，人既是文化的主体，也是文化的目的。任何文化活动都是作为主体的人的活动，都应该是为人的生存和发展服务的。"文化就是生活中数不清的各个方面。……包含了后天获得的，作为一个特定社会或民族所特有的一切行为、观念和态度。我们每个人诞生于某种复杂的文化之中，它将对我们往后一生的生活和行为产生巨大的影响。"②更何况，文化之所以为"人化"的原因还在于，文化不仅是一个名词，而且可以理解为动词或状词：它不仅是一种人的本质力量对象化的静态结果，而且还是一个生生不息的人化自然、人化世界的动态过程。文化既表现为外在的文化现象，也表现为人内在的文化心理和文化人格。所谓文化的进步发展，从最终意义上看，就是人的本质力量的充实和延伸，它与人自身的发展和完善是统一的。如果说，哲学源自对世界的赞叹与惊奇，文化则发端于人类对自身命运的抗争与思考。

再次，文化是长时期内人群体建构的产物。文化是历史地凝结成的稳定的生存方式，其核心是人自觉不自觉地建构起来的人之形象。人类认识和改造自然的文化意义并不在于自然界本身的有用性，而在于人们

---

① 衣俊卿：《文化哲学十五讲》，北京大学出版社 2004 年版，第 8 页。
② C·恩伯、M·恩伯：《文化的变迁》，辽宁人民出版社 1988 年版，第 29 页。

在活动过程中，通过社会历史形成的人的智力、能力、德性、价值、趣味等而赋予自然物的那种特殊的人的形式。据此，我们可以通过分析"文化物"中所特有的"人的形式"，判断是什么样的人创造了什么样的文化，判断某个历史阶段上人的智力、能力、审美、道德以及人的多种活动方式的程度。文化与社会历史的关系是：一方面，社会历史创造和积淀了文化；另一方面，文化再现和塑造着社会历史。在社会历史的舞台上，由于文化作为人类智慧和劳动的结晶——"人化"物的存在，使得每个人都既是剧中人，又是剧作者。在某种意义上，一部人类历史就是各种文化相互交织、相互渗透或各种文化兴衰生灭的历史，"是一群伟大文化组成的戏剧，其中每一种文化都以原始的力量从它的土生土壤中勃兴起来，都在它的整个生活期中坚实地和那土生土壤联系着"。①

总之，"人的现实生命存在"是文化的本体，"文化作为历史凝结成的生存方式，起源于人的超越性和创造性，是人的类本质活动，即人的实践活动的对象化。并且，文化作为人的实践活动的创造物一旦形成，便会以一整套价值规范和行为规范体系内化到个体的人的身上，从而对个体的行为形成外在的强制性。"②简言之，文化的发生一方面是有超越性和创造性的人类劳动的对象化或外化，另一方面又是自然物和文化创造物的主体化或内化。正是在这样的意义上，我们才可以理直气壮地说，人创造了文化，文化也创造着人；文化的存在是以人的自身存在即人的生命存在为基础的，文化就是"人化"。

更为重要的是，文化就是"人化"的深层意蕴，是通过文化哲学的研究对象而不断地彰显出来的。

同其他哲学形态相比，文化哲学由于文化内涵本身的丰富性和异质性而具有显著的开放性。然而，文化哲学的研究却不是杂乱无章的，而

① 斯宾格勒：《西方的没落》上卷，商务印书馆1963年版，1995年印本，第39页。
② 黄云霞：《论文化生态的可持续发展》，《南京林业大学学报（人文社科版）》2004年第3期。

是有着自己一以贯之的形而上学运思，即"通过对人类文化精神生成过程的宏观与微观的描述，力图阐明现代人类生存危机的文化根源，并为未来人类生存提供多种可能。"① 正是凭借这种形而上学运思，文化哲学实现了对多种多样文化形态和文化事象的整合与重建，形成了自己特有的、固化了的研究对象——文化模式。

首先，从文化的内涵和特征来看，文化学者的共识性理解是：文化就是"人化"，它不是自然给定的，而是人类行为方式和生存方式对象化的结果；文化是一个以人为中心的社会历史范畴，涵盖了人类在社会历史发展中共同创造并赖以生存发展的物质与精神存在的总和。钱穆在《中国文化精神》一书中对文化概念作了简明而深刻的概括："文化是长时期内大群集体的公共人生。"② 根据这一理解，我们甚至可以把文化戏称为一种"活法"。譬如，梁漱溟早年就曾把文化称作为"生活的样法"，并指出了世界范围内有三种"生活的样法"即三种不同的人生路向：第一是生活的本来路向，"就是奋力取得所要求的东西，设法满足他的要求……就是奋斗的态度"；第二种是持中的路向，"遇到问题不去要求解决，改造局面，就在这种境地上求我自己的满足"；第三种是转身后去的路向，"走这条路向的人，其解决问题的方法与前两条路向都不同。遇到问题他就根本取消这种问题或要求"。③ 这三种人生的基本路向正好应对着西方、中国和印度三种不同的文化模式。

在前人研究的基础上，马克思主义的文化哲学坚定地站在文化模式的角度来理解文化的内涵和特征。他们普遍认为，文化是在实践基础上形成的生存和发展模式，是人类在改造世界的对象性活动中所展现出来的，体现人的本质力量和内在尺度的方面及其成果。文化总是以其总体的形态或隐形的模式作用于人类的生活。照文化哲学学者衣俊卿的看

① 隽鸿飞：《文化哲学的生成论解读》，《学术交流》2010 年第 9 期。
② 钱穆：《中国文化精神》，九州出版社 2012 年版，第 2 页。
③ 梁漱溟：《东西文化及其哲学》，商务印书馆 1999 年版，第 61 页。

法，文化一定是以文化模式的方式或状态存在着的，因为"文化的丰富
性和复杂性不只在于人们对文化界定的多样性，而且表现在：文化作为
基本的行为规范、价值体系和生存方式，渗透于或内化在人的存在和社
会活动的各个领域之中。"① 他明确指出，"文化模式是特定民族或特定
时代的人们普遍认同的，由内在的民族精神和时代精神、价值取向、风
俗习惯、伦理规范等构成的相对稳定的生存和发展方式"。它在功能上
不同于社会的经济、政治制度。因为，"一个社会的经济政治制度往往
以外在的、自觉的方式为社会的运行和人们的行为提供规范和框架。而
文化模式则以内在的、不知不觉的、潜移默化的方式制约和规范每一个
体的行为，赋予人的行为以根据和意义……文化模式是人生存和发展的
深层维度。"②

　　而文化哲学正是从形而上的价值理想预设出发，审视和研究人的现
实生活境遇，从中探讨作为人生存和发展的基本方式与社会运行内在机
理的文化模式。具体说来，文化哲学所关心的真实问题是，作为历史地
凝结成的稳定的生存和发展方式的文化，或者作为个体的行为规范和价
值规范体系，以及作为社会运行和制度安排的内在机理和图式的文化，
它会以什么样的方式存在和发挥作用。

　　其次，从文化哲学的合法性角度看，其研究对象也必然是文化模
式。近代以来，哲学的外延逐渐退却，这使得哲学可以在一个更大范围
里规定自己、理解自己的意义；同时，诸多文化学科的兴起如文化人类
学、社会学等，为人们开阔了视野，从而哲学开始融入文化，人们开始
在文化中考察哲学。这一时期及此后很多哲学家的著作都融入了文化人
类学的内容和成果，如前所述的斯宾格勒、新康德主义者、马尔库塞等
等。其实，在哲学史上，哲学最初是包罗万象的：它几乎涵盖所有的文

---

① 衣俊卿：《自觉回应时代问题的文化哲学》，《中国社会科学报》2012 年 9 月 7 日。
② 衣俊卿：《文化哲学十五讲》，北京大学出版社 2004 年版，第 65、66 页。

化学科，包括人文学科和主要的科学技术学科。换句话说，哲学实际上就代表着文化总体。随着人类历史的发展和人类认识的发展，文化开始分化，产生了不同的门类，这是人类深入理解世界所必须经过的认识环节。与此同时，哲学的疆域则逐渐退缩，它不再代表文化的总体，而成为文化系统中的要素之一。但是，哲学这种文化要素或文化门类却具有一种特殊性，它虽然没有具体的功利效用，却有着一种重要的、不可或缺的结构意义和系统作用。如果没有哲学，文化可能会四分五裂。哲学以其形而上的运思从文化中探求人生存的本性、行为根据、价值意义乃至前途命运，去求解人的现实文化背后的人文精神，从而展示个体生命存在的多样性；哲学还以其构建的终极关怀作为"经纬线"或"意义纽带"，将形形色色的文化事象或文化形态编织成为一个统一整体，正是这种终极关怀才引领并照亮了人类的前程。

文化哲学的合法性主要在于此：哲学在文化系统中的结构意义和系统作用，使得哲学不再是一个普通的文化门类，它是文化的精神和灵魂，或称作"文化的硬核"。从功能上说，哲学是文化的管理者和文化价值的沟通者——文化分化后确实需要这样一个管理者和沟通者担负起整合文化的重任。在这种意义上，哲学是以文化作为中介与世界相连接的；哲学几千年来对世界统一性的不懈追求，实际上就是以隐喻的形式对"文化总体性和统一性"的追求。依照这种追求，文化哲学视野中的文化必然是人的存在方式，所有的文化事象和文化形态都与人们特定的生活方式相关联，都构成了人类的某种生活样态和存在方式。也就是说，文化哲学必然要把"文化的总体性"——文化模式作为自己的研究对象，探究各种文化模式的生成及其内在联系，探究对文化模式重构的理论逻辑和现实途径，在这一总体性基础上重建以人的全面发展为内容的终极关怀。

再次，从文化哲学的实践层面上看，所谓的文化危机和文化转型不过是主导性文化模式的失范和社会核心价值体系的重构引起的，而其中的文化自觉和文化批判正是在对旧有的文化模式的自我认识和自我反省的基础上完成的。关于文化自觉的范畴稍后有详细的论述，这里主要讨论一下文化批判的问题。由于"文化模式不仅作为特定时代占主导地位的生存方式、价值体系和社会内在机理而制约、影响、规范着个体的人格、个体的活动和社会运行，而且还通过文化模式在较大的历史尺度上的变迁，即在文明形态意义上从一种形态向另一种形态的转换和更替，更加深刻地、从更高的层面上制约、影响和规范着人的活动和社会的运行。""因此，文化模式是我们全部文化批判的核心范畴。"[①] 因为，所谓的文化批判，其主要的旨趣在于通过现实批判的途径对文化现实进行理性重构，以推进文化的健康发展。文化哲学意义上的文化批判是一种批判之批判，这种批判不是一种具体文化事象和形态的批判，而是总体文化模式的深层反思。这种反思是立足于文化的民族性和时代性的且伴随着文化冲突的反思，其目的在于在完成文化模式的自我批判的基础上，进行一种更广泛的综合和拓展，即把各种分裂化、碎片化的文化价值观在一个广泛而浑厚的背景上重新统一起来。在这种意义上，文化批判的功能实质上是一种意义的澄清和解放，并通过意义的澄清和解放实现文化的统一。[②] 这种统一在本体论上关联的是人的生活世界的统一，人的分裂的最终克服——这就是人的完整性的实现即人的解放，这是文化哲学最终的实践旨趣之所在。

总之，从文化哲学的产生和对象的研究层面中，我们可以判定文化哲学的基本性质：系统的文化哲学研究是随着一种新的文化存在方式和人的存在方式而产生的，文化哲学具有自己独特的现实前提；文化哲学在整体上转换了对哲学本身、哲学的功能和意义的理解；同时，文化哲学作为各门类文化和各地域文化的整合和沟通，它要消解各门类文化和

---

① 衣俊卿：《文化哲学十五讲》，北京大学出版社 2004 年版，第 91 页。
② 杜威：《经验与自然》，商务印书馆 1960 年版，第 324 页。

地域文化的相对视域以及绝对主义倾向，凸显文化本身的经验视界。在这种意义上，文化哲学具有自己的对文化世界的整体理解框架，这一框架是通过文化模式的内在性研究和外在性比较表达出来的，在一定意义上已经是一种新的世界观。

二、实践范式与文化模式

据前所述，文化哲学的对象和所关心的核心问题是文化模式，是作为历史地凝成的稳定的生存和发展方式的文化，或者作为个体的行为规范和价值规范体系，以及作为社会运行和制度安排的内在机理和图式的文化，它会以什么样的方式存在和发挥作用。从发生学的意义上看，这样一种理解集中表征了人类的实践范式与文化模式之间的内在关系。

"范式"一词是库恩科学哲学的核心概念。在希腊文中，意指"共同显示"，后被人们引申为模式、模型、范例等含义。库恩认为，"一种范式是，而且也仅仅是一个科学共同体成员所共有的东西。反过来说，也正是由于他们掌握了共同的范式才组成了这个科学共同体。"[1] 就是说，库恩哲学视野中的范式是一定时期内某一科学共同体看待和理解问题的方式，科学共同体所"共同"的，就是以同一个范式作为共同信仰，并依它来展开有效的专业活动。实践范式也正是"人类共同体"从事认识和改造世界的基本生存方式，包括人类共有的世界观、方法论、价值取向和思维方式。正如马克思指出："一个种的全部特性、种的类特性就在于生命活动的性质。"[2] 实践范式作为人类的存在方式具有很大的普遍性，从文化是人化的角度看，实践范式集中地表征了人是文化的

---

① 库恩：《必要的张力》，福建人民出版社 1981 年版，第 291 页。

② 《马克思恩格斯全集》第 42 卷，人民出版社 1960 年版，第 96 页。

人，人类及其社会是一种"文化存在物"，它具有很大的稳定性；而具体的实践形式、实践形态却是千差万别，不断变化的，具有特殊性，它形成了不同的时代、不同民族的所谓文化差异，也即文化学家所说的文化的时代性和民族性。随着社会生产力和科学技术的发展，具体的实践形式、实践形态有相当的变动性，如果仅仅由此出发而不顾不同地区和民族的社会历史条件以及生产力发展水平，是很难说清不同文化的优劣得失的。

事实上，人类的实践活动有两大范式：生产实践和处理社会关系的实践。在人类历史上，最早出现的实践范式无疑是物质生产实践，它反映了人和自然之间的关系；人类只有首先解决吃喝住穿行等物质生活资料问题，才能够从事政治、科学、艺术等其他活动。在这类实践活动中，自然界发生了合乎人的目的的改变，"自在自然"日益转化为体现人目的、满足人需要的"人化自然"。在这一自然不断被"人化"的过程中，无论马克思主义还是文化哲学看重的不是自然界的变化，而是自然界在人的生产实践中不断获得的属人的性质。可见，人类的生产实践范式对人类文化而言，具有先在性或第一性。与生产实践范式同时发生的另一种基本的实践范式是处理人与人社会关系的活动，包括人类的社会交往、组织、管理和变革社会关系等具体的实践活动形式。马克思指出："一切生产都是个人在一定社会形式中并借这种社会形式而进行的对自然的占有。"① 也就是说，自然的"人化"是在社会之中而不是社会之外实现的，只有在社会中，自然界才表现为他自己的属人的存在基础。生产实践总是在一定的社会关系中发展的，伴随着各类生产实践活动的进行，不同的国家和民族也总是要维持和巩固那些适合于自己生产发展的社会关系，在此基础上形成了一整套各自的政治文化和思想观念文化。可见，处理社会关系的种种活动也是人类实践的基本范式，它被

① 《马克思恩格斯全集》第46卷上，人民出版社1979年版，第24页。

生产实践范式所决定，反过来又作用于生产实践范式。

科学实验和社会交往是人类实践发展到一定历史阶段出现的具体的实践形式或形态，它们分别隶属于实践的两大范式。马克思是在处理社会关系的实践范式中使用"交往"这一概念的，虽然他睿智地将"交往"同人的全面发展、国家民族的全面发展结合了起来，但总体上没有也不可能脱离处理社会关系的实践范式。马克思认为，只有普遍的交往中，单个人才能摆脱民族局限和地域局限而同整个世界的生产（也同精神的生产）发生实际联系；而且，也"只有当交往成为世界交往并且以大工业为基础的时候，只有当一切民族都卷入竞争斗争的时候，保持已创造出来的生产力才有了保障。"[①]从中可以窥见，马克思主义的"交往"观，是指在物质生产基础上发展起来的人所特有的相互往来关系的存在方式和活动方式，它包括了人们之间的物质和精神交流与沟通。无论从静态还是动态角度来看，交往实践都属于处理社会关系的实践范式。而所谓科学实验，则更是近代以来从生产实践范式中分化出来的一种具体实践形式（形态），其主要特点是探索性、预备性和转化性。它从属于生产实践范式，服务于这一范式，并最终以生产实践范式的不断进步为指向。至于目前学界有人反复使用的"知识实践"和"虚拟实践"概念，也并不标志着人类新的实践范式的产生。知识实践是人类实践在当代科技革命和信息社会的历史条件下呈现的新形态，是知识生产和知识劳动的统一。虚拟实践是主体按照一定的目的在虚拟空间使用数字化中介手段进行的双向对象化的感性活动，是前数字化时代人类虚拟活动和实践活动的进一步发展、延伸和升华。无论是"知识实践"还是"虚拟实践"，都是当代人类实践的新形态，它们是当今科技革命和知识、信息产业迅猛发展的过程中分化出的主要的实践形式（形态），并不构成新的实践范式。它们和近代科学活动的分化及社会交往的扩大一样，除了引起人

----

① 《马克思恩格斯选集》第 1 卷，人民出版社 1995 年版，第 108 页。

类的经济生活、政治生活和精神生活的深刻变革外，将会不断地引发出文化的时代性与民族性的矛盾。

在我国，不少学者在涉及实践范式和文化模式的问题时，总是通过"古今中外"的思维框架把问题简单化、格式化。具体就是在探讨中西文化差异的比较性研究的过程中提出了"文化形态学"的方法。该方法反对机械地按编年史的时间顺序进行比较，认为以往的中西文化比较研究，总是将一种空间或者结构上五彩缤纷的文化差异，转换为时间或者性质上的先后阶段的文化差距，因而在涉及中国传统文化现代化的问题上，要么主张"西化"，要么倒向"儒学复兴"，还自觉不自觉地为不同的文化形态预设一个共同的发展方向。而事实是，差异并不就是差距，"差异正是事物显出特性和意义的前提"（海德格尔语）。我们只有将不同形态的文化如实地复置于它所产生的自然、历史背景，复置于它所处的社会运行结构之中，并深刻地揭示出与制约它的生产实践范式和处理社会关系的实践范式之间的内在关系，才能淡化所谓的中西文化差距，真正理解二者在发展阶段或发展程度上的差异。

据前可知，人类最基本的实践范式是生产实践和处理社会关系的实践两大类，但人类的行为方式却是多种多样、复杂多变的。一个国家，一个民族，一种文化在这样无穷无尽的可能性时空里，只能选择其中的一些。而这种"被规定了的"选择必然会形成不同民族、国家和地域里人们的思维方式和社会价值取向方面的差异。这种文化差异是深层的，它直接导致了不同文化模式的出现。反过来，一种在实践范式基础上产生的文化模式中的行为方式总是有其存在的合理性；这样的文化模式一旦形成，就可以区别于不同的文化形态，并塑造着各自所辖的社会个体，站在唯物史观的立场，我们不难发现，无论是从劳动（和语言）创造人的观点出发，还是从人类社会的智力发展史来看，人类文化模式所具有的可塑性和实践范式对之的生成性一直是人类进步和不断发展的土壤。

人类文化学家露丝·本尼迪克特在《文化模式》一书中，专门探讨了文化的差异问题。她用一位迪格尔印第安人（Digger-Indians）首领的话引入了论题。这位首领当时已经是虔诚的基督教徒，他在谈起有关他们昔日生活方式的往事时，说了如下一段话："一开始，上帝就给了每个民族一只杯子，一只陶杯，从这杯子里，人们饮入了他们的生活。他们都在水里蘸了一下，但是他们的杯子不一样。现在，我们的杯子破碎了，没有了。"①

"我们的杯子破碎了"，这似乎就是印第安文化灭绝所带给人们的震撼！那些曾赋予印第安人民的生活以意义和价值的东西，那些带着人类远古文明气息的饮食起居，那种跳着熊舞时候的着魔状态，甚至于那纯朴而又有几分野蛮的是非准则、生活样式……都随着这一文化模式的破坏而消失了。但是，人们只要活着"水"还是要"饮"的；只是，盛"水"的"杯子"变了，也许不是自己喜欢的、擅长用的、祖先留下来的（或"上帝"赐予的）那只"杯子"了。但不可否认的是，现在人类用的"杯子"（文化模式）仍然来源于"上帝"（实践）之手——它是千百年来人类在两大实践范式基础上积累和社会遗传的结果。本尼迪克特在评价这位印第安人首领的话时感慨道："他确实意识到少了某些东西：他的人民所遵循的准则和信仰的整个结构完了。世界留下的是诸种别样的生活之杯，或许它们盛的是同样的水，然而他的人民的杯子丧失却是无可挽回的。"②

事实上，每种文化模式，由于其地理环境、民族心理素质、实践范式的侧重和实践形式（形态）的选择等等方面的不同，自然而然会形成各自的某些特质。这些"特质"往往是超越时空的，尽管不同时代会有不同的表现形式，但其最本质的方面总是那么根深蒂固、不可动摇，以

---

① 本尼迪克特：《文化模式》，三联书店（北京）1988 年版，第 23—24 页。
② 本尼迪克特：《文化模式》，三联书店（北京）1988 年版，第 24 页。

至成为代代相传、凝聚不散的深层精神内涵，并在任何时候都对自己的整个文化发挥着制约和调节作用。这种深层的文化内涵，集中地表现为不同文化模式具有着不同的价值观念和思维方式，我们所谓的文化差异的比较，只能是立足于这样的基点上。

一般来讲，中国文化和西方文化赖以产生和推进的主客观基础是相当的。从客观方面讲，如果我们不愿陷入地理环境决定论和自然主义历史观，就得承认二者产生的实践基础是相同的，都是人们从事生产实践和处理社会关系实践的产物。从主观方面讲，如果我们真正地摒弃了神学史观和英雄史观就应该承认两种文化开始时的思维水平也是相近的，它们都是中西方两个地域中的人类在原始社会的生产实践和物质生活基础上产生出的原始思维。就神话而言，中西方在原始社会末期的生产、生活实践中，同样经历了一个漫长的日益觉醒的自我意识、渐渐抬头的个人意志与传统的原始集体表象（图腾或部落神）之间剧烈冲突的历史时期。就在我们惊叹古希腊神话中的带着"超人"性质和"悲剧"命运的众神时，中国在同一时期也不乏"英雄崇拜"的神话，如夸父逐日、精卫填海等。而且，在原始思维的总体比较上，我们也很难看出两种文化模式之间的差异，相反，两种原始思维都具有"集体表象"和"整合性"、"模拟式"的特点。

那么，究竟是什么因素导致了中西文化价值观和思维方式上演变为两种差异很大的文化模式呢？回答似乎只能是两个地域中的人们在实践范式的侧重及具体实践形态（形式）的选择上的不同而造成的。这样的"侧重"和"选择"显然不只是一种"文化嗜好"，而主要是不同的地理环境和地理条件对当时人类所从事的落后生产的一种"文化戏弄"（在这方面，普列汉诺夫的观点要比孟德斯鸠高明的多）。别的不说，仅就人类四大文明大致都产生在土壤肥沃、水源充足的地带，便可以说明这一点。于是，几乎所有热衷于中西文化比较的学者都可以轻而易举地得出两点论：其一，西方文化起源于古希腊罗马，该地区位于欧洲大陆的南部和东南部，濒临地中海和黑海，是一种便于工商业和海上贸易的"海洋文化"，其特点是开拓进取。而中国文化是在东亚大陆上半封闭的自然条件以及相对优越的地理位置中形成和发展起来的，是一种长于农业耕作的"黄土文化"；其特点是内向、保守。其二，西方文化具有海商贸易留下的多样性文化特征，它有着不同的文化来源，是希腊文化、罗马文化、希伯来文化的高度综合；因而具有显著的理性、法制和宗教特色。而中国文化却有着农耕文化的保守性及绵延性，很早就形成了"中间——四方"的地理观和"以夏变夷"的文化融合机制，这种机制一方面使中国文化逐渐形成了一种涵化异质文化的超强能力，另一方面则使中国文化在结构上表现出一种超稳定的特点。

其实，这种类似的、千篇一律的观点除了受到文化比较中的二元论思维的影响外，更重要的是过于表面和简单，往往会把人们引向更大的疑惑。譬如，这些观点说明不了中世纪西方基督教文化的固执、偏袒，也说明不了中国文化从来就有的吸收、和合的宽容特性，更说明不了直到现在从西方文化中蜕变出的霸权主义、单边主义，还说明不了产生在中国文化基础上的社会主义核心价值体系所具有的"解放思想、与时俱进、和谐包容"的文化品格。要客观公正地说明这一切，真正厘清中西方的文化差异就必须回到两种文化模式生成的历史阶段，并说明在这样的历史阶段，西方和中国究竟是怎样在实践范式上和实践范式内做出各自的侧重和选择的。这样的历史阶段就是德国哲学家雅斯贝尔斯所说的"轴心期"（the Axial Period）。他认为，在公元前数百年的时候，人类至今赖以自我意识的世界几大文化模式大致同时确立起来，从此，"人类一直靠轴心期所产生的思考和创造的一切而生存，每一次的飞跃都回顾这一时期，并被它重燃火焰……轴心期潜力的苏醒和对轴心期潜力的回归，或者说复光，总是提供了精神的动力。"[1]

---

① 雅斯贝尔斯：《历史的起源和目标》，华夏出版社 1989 年版，第 14 页。

　　大致说来，在中西文化模式形成的轴心期，西方社会在实践范式上比较侧重于生产实践，他们面向自然，积极探索其奥妙及对人的有用性；而中国先人在实践范式上比较侧重于处理社会关系的实践，他们把眼光更多地投向人世间，特别关注人与人之间经济的、政治的、社会和家庭的交往关系。当然，当时的西方人（古希腊罗马）并不是完全忽略了社会关系的处理，只是他们以其人类童年的热情和好奇更关心自然世界罢了；当时的中国人（西周战国）也并不是完全忽略了对自然的认识改造，只是他们以其无与伦比的透彻和"早熟"更看重社会关系处理的重要性和紧迫性罢了。西方科学主义理念和东方人文主义关怀，就是东西方的人们在轴心时期对相同实践范式的不同侧重而已。值得注意的是，由于受这样"侧重"的影响，西方人的自由探索精神和个人（英雄）主义价值取向逐步确立起来，影响着他们在处理社会关系的实践中，也始终以"个人"为中心，把平等、自由、科学和法治等等理性的文化选择看得特别重要。而在中国，人们总是以"类"存在和发展着，集体主义的价值取向始终是中国社会的主要文化精神，即使在面对外部自然时，也特别强调"天人合一"，强调与外部世界的和谐相处。无论是儒家的"三才"（天、地、人）还是道家的"四大"（道、天、地、人），"人"都不像西方那样被认为是主体或中心，而只不过是构成和谐宇宙世界的一个要素而已，至于"个人"，只是在社会群体中存在和发展的一个分子；"个人"必须通过修身养性来处理好自己所面对的种种社会关系。这种"修身养性"必须以"仁"为核心，以"礼"为约束，以"中庸"为手段，以整体的"和谐"为目的。如果说西方文化中的哲学是一种追溯"本质或本体的哲学"，是一种探求事物之间"因果原则的哲学"，那么，中国文化所孕育的哲学是一种被张东荪先生称为的"函数哲学"。此种哲学并不追问现象背后的本质或本体，只讲事物之间（特别是社会内部人与人之间）的相互关系。于是，中国传统的君臣、父子、夫妻、朋友等等，"完全只是一个'函数'或'职司'，由其相互关系，以实现社会的全体。"① 这种价值观上的"侧重"和"选择"必然导致了思维方式上的差异：西方的思维是典型的理性思维，而中国人的思维是典型的悟性思维。两种思维方式的主要差异就是学界公认的分析性与整体性、抽象性与具体性、间接性与直接性、对象性与非对象性的差异。

　　这种轴心时期逐渐形成和明朗化的中西文化差异早在前轴心时期的神话传说中就初露端倪。比如，古希腊神话中的"众神"具有显明的个体意识，它们除了有神性和神的天赋能力外，更有人的七情六欲。终其一生，这些神爱憎分明，历经坎坷，在他们身上有着强烈的悲剧色彩。而中国神话里的"英雄"，似乎还没有摆脱原始思维和"集体表象"意识，它们最多是作为"传说"流于民间；而且，这种英雄崇拜并不主要是对其威力和能力的推崇，更主要的是对那些神话英雄身上所体现出的人格道德的尊崇。所以，中国神话传说一直给人祥和、平静、恬淡之魅力。而正是在轴心期和前轴心期的文化模式的实践性生成中，我们才真正领会了中西文化在价值观念和思维方式上的深层差异。

　　即使在后来的进一步选择和发展中，中西文化模式中的各种价值观念和思维方式的差异也不是绝对的，而是相对的。从根本上说，由于人类（即使他们处在不同的地理环境中）都要面对来自自然和社会方面的种种问题，因而，中西在相同的实践范式基础上形成的各具特色的文化形式（形态），虽然表面上看相去甚远，但二者却是可以通约的，甚至本来就是相通的。譬如，本杰明曾说，"上帝帮助自助者"（God helps those who help themselves），表达了西方对个人主义的崇拜和信仰；而中国俗语中也有"谋事在人，成事在天"的教条，并没有把"个人"完全消融于社会集体或所谓的"天"（自然、规律）之中。相反，中国文化十分强调个人"谋"的作用，即强调个人的主体地位和主观能动性。只不过，由于实践范式的侧重和实践内容选择上的不同，导致中国人即

---

① 张耀南：《评张东荪论中国传统宇宙观》，《哲学研究》2003 年第 4 期。

使在争取个人权利时，也看重与天、与人的和谐相处；在处理社会矛盾时，不像西方人一样走向非此即彼的极端，而往往是奉行中庸或适度原则，采用"万事和为贵"的方式和手段。再譬如，有人根据目前形势和一些不完整的史料，就断言西方文化带有很大的侵略性和扩张性，断言它不是一种和平主义的文化，这也是值得商榷的。事实上，西方人也是普遍渴望和平安宁的，马尔库塞早就对西方由"技术合理性"转向"政治合理性"进行过猛烈的抨击；他们对"不安全感"的排斥、对恐怖主义的厌恶和反感都雄辩地说明了这一点。只是，面对着异化了的人性，异化了的实践范式，甚至异化了的政府，他们显得无可奈何罢了。

综上所述，我们不难得出这样的结论：所谓文化的差异，只是具体的文化样式、文化模式和实践形式（形态）上的差异。从人类活动的两大实践范式来看，我们热衷讨论的中西文化本质上是一致的，它们都是人类立足于生产实践和处理社会关系的实践而产生的"人类文化"，都是人类以某种思维方式的"概念之网"对现实的"存在之网"的反映。它们的差异仅仅在于：其一，作为"人化"的产物，两种文化所包含的内容和具体成果不同。西方文化中发展出了民主、科学、法治和理性的优秀成果，但也出现了工具理性和"科技的异化"；中国文化中发展出和谐、友善、勤劳和进取的优秀成果，但也出现了非理性和"权力的异化"。其二，作为人类思维对存在的反映和主体对客体的能动作用，两种文化模式的侧重点和对具体实践形式（形态）的选择不同。西方文化的思维方式是理性的，遵循一种外在超越的路径；中国文化的思维方式是悟性的，始终走着一条内在超越的路子。简言之，所谓中西方文化的差异，既是中西地理环境和社会历史发展的结果，也是中西方社会中的人们在相同实践范式基础上不同侧重和选择的结果。而只有对马克思主义的实践概念作一种彻底的人类文化学的研究，才能弄清中西方文化差异的实质。从这个意义上讲，马克思主义是一种真正的文化哲学，它对人类所起的划时代的意义，是任何西方文化哲学都无法比拟的。

三、文化精神与文化模式

所谓文化精神，是和文化、文化模式的概念一脉相承的。西方学者一直是从文化精神的视角来研究文化或文化精神的。斯宾格勒认为，文化不仅仅是僵硬的模式，而是活的精神，"伟大的文化是起源于性灵的最深基础上的原始实体"。[①] 照他看来，文化形态史观研究的是各种文化有机体所经历的春夏秋冬的生命历程，是人类精神涌动的历程。汤因比的《历史研究》同样探讨的是文明形态中所包含的文化精神或文化模式，他认为，每一种机制的深层内涵都与人类文化、精神或人的自由状况密切相关：文明的起源在于"挑战与应战"；文明的生长在于"精神的自觉与自决"；文明的衰落在于"自决能力的丧失"；文明的解体在于"社会体的分裂与灵魂的分裂"。"人不仅生存在一种法则的支配之下，而且生存在两种法则的支配之下。这两种法则中的一种就是神的法则；这种法则就是用了另一个更为光辉名称的自由本身"。[②]

在关于文化精神的研究方面，雅斯贝尔斯的"轴心期"理论最具代表性。他的《历史的起源和目标》一书从"人类具有唯一的共同起源和共同目标"这一信念出发，提出历史哲学研究的目的是"为了获得一个关于人类历史的统一完整的总观点"。[③] 他把人类历史划分为史前、古代、轴心期和科技四个时代，其中，轴心期对迄今为止的人类历史产生了根本性的影响，因为在这一时期奠定了人类社会和人类历史的几种主要的文化精神。在雅斯贝尔斯看来，古代文明使人开始真正生成，使人类开始从史前进入历史，引起了人类历史上的第一次飞跃。但是，相比之下，古代文明时期人类文化精神还没有真正达到自觉，尚缺少后来的

---

① 斯宾格勒：《西方的没落》上卷，商务印书馆 1963 年版，1995 年印本，第 138 页。
② 汤因比：《历史研究》下卷，上海人民出版社 1997 年版，第 365 页。
③ 雅斯贝尔斯：《历史的起源和目标》，华夏出版社 1989 年版，第 4 页。

轴心期所发生的奠定"新人性基础的精神革命"。他指出，人类的各种主要文化精神或文化模式是从世界历史的轴心期（公元前 800 年至 200 年之间）开始的，在这一时期，中国的孔子、老子，印度的佛陀，……希腊的荷马、巴门尼德、柏拉图等许多思想巨人先后出现，他们使人类精神在中国、印度和西方分别奠基。也正是这一时期，人类文化精神的自觉又奠定了中国、印度和西方三种文化精神的根本性差别，形成了三种不同的文化模式。他认为，轴心期三个地区的文化精神觉醒的深刻程度是不同的，在西方形成了理性的、具有极大历史感的文化精神，而在中国和印度则形成了"总是在延续它们自己的过去时"的文化模式。

在我国，不少学者在研究前人成果的基础上，明确地把文化精神和文化模式作为同等程度的范畴来使用。衣俊卿指出，对于特定共同体中的个体而言，"文化模式具有一种强制性的行为规范的功能，文化决定人格"；因为，文化模式是"通过内在机理的方式制约着特定民族的经济和政治活动，从而对整个社会的运行产生影响"的。[1] 这里所谓的"内在机理"，就是文化精神。正是在这一理解基础上，衣俊卿不仅提出了"主导性文化模式"的概念，而且还详细地研究了"历时态视野中的文化模式"，指出：文化模式的研究"只是想证明，在较大的历史尺度上的每一较大的文明时期，总会有一些基本的、本质性的自觉的或不自觉的文化精神特征，代表着这一时代人的基本行为方式和发展程度，我们把这种基本的文化精神特征称为这一时代的文化模式；而各个较大的文明时代的文化模式中所包含的人的精神状况的觉醒程度、人应答问题和解决矛盾的基本方式所构成的历史系列，从总体上展示出人的基本的进化和进步历程。"[2] 他认为，迄今为止的人类历史划分为三大文明形态，相应地也就存在着三种主导性的文化模式：原始社会即自然主义的文化

---

[1] 衣俊卿：《文化哲学十五讲》，北京大学出版社 2004 年版，第 77 页。

[2] 衣俊卿：《文化哲学十五讲》，北京大学出版社 2004 年版，第 78 页。

模式、传统农业文明即经验主义的文化模式、现代工业文明即理性主义的文化模式。几种文化模式的内在特质和历时态演变，无一例外地说明了它和文化精神的不可分割性。

首先，原始社会的文化模式具有强烈的自在性和自然性，人类在总体上有了朦胧的"类的意识"。远古初民的采集实践和简单的农耕及狩猎实践，是典型的自在自发的重复性实践活动。支配这一活动的是一种以交感巫术、图腾崇拜、万物有灵观念为基础的神秘的、原逻辑的、前科学的直觉思维，以及积淀在神话表象世界中的禁忌、戒律、集体表象或集体意向等等。是一种典型的自然主义的文化模式。许多学者和思想家都曾分析过原始时代人们的意识的觉醒程度、文化精神的活动状况。其中在一个基本点上不同的研究者可以基本达成共识：由原始巫术、图腾崇拜、原始神话和原始宗教交织构成的原始观念世界是一个人类精神尚未达到自觉、人尚未形成明晰的自我意识和类意识的混沌未分的和自在的思维活动领域。这一精神表象世界的核心信念是"万物有灵"、"天人感应"、"物我不分"，以及万物相互作用、相互交感，等等。从文化精神的角度看，原始社会的文化模式"表现为一种无个性的、缺乏自我意识的集体意象或集体无意识。它服从于一种不同于现代抽象思维和理性逻辑的非理性的'原逻辑'或'前逻辑'的活动图式，停留于'是什么'而缺少'为什么'和'应如何'的维度。"[1]

其次，传统农业文明的文化模式开始了真正意义上的文明时代。原始社会末期的三次社会大分工不仅导致了私有制、阶级和国家的产生，而且导致了经济、政治、社会管理等有组织的社会活动领域的建构；更为重要的是，精神生产和物质生产的分工导致了一些转职理论家和思想家从事的自觉的、非日常的、独立的精神生产领域的生成，标志着原始的无意识的、直觉的精神世界开始为一个有意识的、自觉的精神世界所

---

① 衣俊卿：《文化哲学十五讲》，北京大学出版社 2004 年版，第 81 页。

取代。但是，在农业文明时代，自觉的精神活动及其成果还只是一个相当狭窄的领域，而且它并没有作为一种现实的文化精神或文化要素支配着个人的生活，没有作为社会的经济、政治和交往活动的内在机理，而是与现实生活世界相对分离。譬如，余秋雨的《寻觅中华》，揭示的就是中国传统农业文明的社会中，文化精神与世俗生活世界分离的事实；经过中晚唐韩愈等人儒学"道统"论的阐发，一直到宋明理学，中华文化精神才普遍觉醒，这就是：江山社稷永固，道德人格高尚，黎民百姓安康。而这样的文化精神，也只是停留在知识精英和政治精英的层面，停留在这些"精英"的道德践履和短暂的政治生涯中，很难成为一种政治或社会实践。

再次，现代工业文明的文化模式表征着从农业实践向工业文明条件下的社会化大生产以及发达的精神生产活动的转变，表征着人的生存方式的本质性改变。其显著变化是社会化大生产、政治、经济、社会管理、世界性的交往等社会活动领域的急剧扩大，以及以科学、艺术、哲学为主要形态的精神生产领域的空前自觉与发达。这是一种理性主义的文化模式，同时也是一种真正体现人的精神自觉的文化模式。这种文化模式以一种强有力的、精神渗透和价值引导的方式贯穿于人的一切活动之中，体现在一切社会生活领域。工业文明和市场经济的发展使绝大多数人都有可能走出日常生活世界，进入非日常生活领域。同封闭、自在的日常交往相比，这里呈现出一个丰富多彩的自由、开放的非日常交往世界。这一世界是马克斯·韦伯所说的"新教伦理"和资本主义文化精神尽情展现的世界，它尽量地剔除天然情感、血缘关系、经验历练等自在的文化因素，以理性、法制、自由、平等、自觉为基础，支撑起工业文明的两大主导精神——技术理性和人本精神，从而极大地改变了人的精神世界和生存方式。无论是现代艺术还是哲学，都十分强调人的主体意识、参与意识和创造性，都以现代人文精神特有的人性光芒赋予人的活动以自觉的价值内涵。"这种理性主义的文化模式极大地改变了人们

的思维方式和活动图式，使人们不再满足于重复性日常思维所关心的
'是什么'，而是更多地借助于科学思维探寻'为什么'和'应如何'，
由此开始超越传统的自然主义和经验主义文化模式的保守性思维图式和
自在自发的活动方式，逐步培养起人的创造本性和主体精神。"①

　　然而，不管怎样，文化、文化模式、文化精神三者之间还是有细微
的区别的。文化是一种"人化"或属人化，是人类在长期的历史实践中
共同创造并赖以生存发展的种种成果的总和；文化模式是特定民族或特
定时代的人们普遍认同的，由内在的民族精神和时代精神、价值取向、
风俗习惯、伦理规范等构成的相对稳定的生存和发展方式；而文化精神
则是人类的文化活动或改造世界的对象性活动中所展现出来的、体现人
的本质力量和内在尺度的方面。"只有通过对一个社会历史发展演变过
程中大量文化现象的探究，才能提炼出其中的文化精神。简单地说，文
化精神是人类文化活动和文化现象历经传承积累而凝聚出的、共有的、
成体系的精神内涵和价值取向。"②譬如，奥林匹克运动会所以被称为人
类盛典，就是其中的文化精神——和平、公正、进取等"奥林匹克精神"
在感召着人们。如果说文化或文化模式是一种"活法"，那么文化精神
则表征着"怎样活"的价值选择和价值取向。正是在这样的选择和取向
中，我们才能体会到文化危机阶段文化转型的艰巨和复杂，才能真正感
悟到文化自觉的必要性和潜在力量。

四、文化危机与文化转型

　　如前所述，文化就是"人化"，文化的生成对人们的社会生活发生

---

① 衣俊卿：《文化哲学十五讲》，北京大学出版社 2004 年版，第 86 页。
② 李宏斌：《中西文化散论》，陕西人民出版社 2005 年版，第 342 页。

潜移默化的影响。当文化通过凝聚、引领、规范和导向作用不断地影响人们的行为时，便会润物无声地"内化"为人们的文化心理结构，即文化人格，并从而具有了相对独立性和相对稳定性。然而，随着社会历史的流变，特别是随着人们的实践活动方式的转变，文化也会或快或慢地发生流变。一般来说，我们把这一流变过程中一定历史时期内发生的实践活动方式的剧变，特别是物质生活资料的生产方式与交换方式的剧变称为社会转型，而把由此发生的文化的剧变称为文化转型。古今中外的历史一再向我们昭示：每一次的社会转型，都必然会伴随着由深刻的文化危机引发的文化转型。

汤一介认为："所谓文化转型是指在某一时期内，文化发展明显地产生危机或断裂，同时又进行急剧的重组与更新。"他还进一步指出，任何文化的发展都是通过"认同"与"离异"两种作用进行的。特别是"离异"，主要"表现为批判和扬弃，即在一定时期内，对主流文化的否定和怀疑，打乱既成规范和界限，兼容被排斥的、释放被压抑的能量，因而形成对主流文化的冲击乃至颠覆。这种'离异'作用占主导地位的阶段就是文化转型时期。"[①]文化转型大体会经历三个发展阶段：文化危机、文化批判和文化创新，其中，文化危机既是文化转型的开始阶段，也是文化转型最为重要的阶段。

文化危机是文化发展演变过程中的怀疑或紊乱期。正像经济危机根源于社会的生产与消费的矛盾之中，社会危机根源于社会各阶级、阶层的利益的矛盾与冲突之中，文化危机根源于社会的各种矛盾与冲突在文化模式及其文化精神方面的反映和表现。就实质而言，文化危机是指原有的文化模式与精神价值观念不再适应人们社会实践的发展和生活方式变化的要求，"人们的文化认同与社会实践的变化之间发生严重的冲突与对立，从而使在社会中生活的人们精神上陷入困惑与迷茫，对传统文

---

① 汤一介：《转型时期的中国文化发展》，《21世纪》1991年第7期。

化产生怀疑与丧失信心，传统文化的生存与延续受到威胁与挑战的一种表现。"①文化危机是种种时代问题的集中表达，是复杂社会矛盾的深层演示，突出表现为文化模式和文化精神的失范、冲突、裂变、离散、怀疑等方面。

首先，文化危机是特定时代的主导性文化模式的失范。"当一种人们习以为常地、自在地赖以生存的自在的文化模式或人们自觉地信奉的文化精神不再有效地规范个体的行为和社会的运行，开始为人们所怀疑、质疑、批判或在行动上背离，同时一些新的文化特质或文化要素开始介入人的行为和社会的活动，并同原有的文化模式和文化观念形成冲突时，我们断言，这种主导性文化模式陷入了危机。"②譬如，以经验、习俗、宗法观念、非理性情感等为主要内涵的传统自然主义和经验主义文化模式，在农业文明晚期遇到理性、契约、主体意识、民主科学等新文化要素时所表现出的失范；以资本运营、市场经济、现代工商业文明为主要内容的理性主义文化模式，在全球化、现代化的背景下遇到了人与自然关系恶化、人与人相异化的"现代性"生存境遇，并受到了普遍的怀疑、批判和反思；以鸦片战争为肇始、以五四运动为发酵、以改革开放为宏大背景，近现代中国社会在剧烈转型过程中所经历的"古"与"今"、"中"与"西"、马克思主义与非马克思主义的矛盾冲突。所有这些，都是大的社会转型中由于主导性文化模式失范而出现的大的文化危机，都表征着当时社会的文化精神和核心价值观的深刻变革。简言之，文化危机"是人类自身问题的深层危机，是人类在漫长的历史进程中固化的思维行为方式在新的历史发展时期，在传统与现代的不同意识冲突之间所产生的焦虑、批判，甚至无序、颠覆。"③

其次，文化危机是特定社会的主流文化式微而导致的信仰危机。德

① 林剑：《文化危机与文化进步》，《江汉论坛》2011年第10期。
② 衣俊卿：《文化哲学十五讲》，北京大学出版社2004年版，第94页。
③ 喻辉：《试论"文化危机"》，《文教资料》2011年7月号上旬刊。

国文化哲学家西美尔（一译齐美尔）认为，"在每一个重要的文化时代，人们都可以发现一种精神由之发生并与之相适应的核心观念。每一种核心观念都会无休无止地被修改、被搅乱和受到反对。然而它却始终代表这个时代的'神秘存在'。"①主流文化正是以核心观念为中心生成的，任何核心文化观念的动摇、解体和丧失都是主流文化的式微或边缘化，都会导致社会普遍的精神信仰的危机。譬如，在传统中国，主流文化无疑是儒家的"三纲五常"和"中庸"基础之上的"家国主义"文化，随着近现代马克思主义的传入及其在中国的巨大成功，"家国主义"文化很容易演变为以"集体主义"为核心的社会主义的新文化。然而，随着中国社会改革开放的推进和市场经济的确立，西方的文化价值观念及其生活方式严重地冲击着中国社会主义的核心价值理念，我们的主流文化式微了：在个人主义滥觞的今天，一些人借口"中国特色"而忘记了社会主义的本真——集体主义，一些人打着马克思主义的旗号而反对马克思主义的价值主张，至于崇高的共产主义理性信念，早已经被世俗中的大部分人抛在了九霄云外。

再次，文化危机是特定社会的文化主体在文化的离散化碎片化过程中所呈现出来的灵魂放逐。面对工具理性主义的泛滥和工商业文明的负面效应，麦金太尔对古希腊以来西方德性主义传统做了全面回顾和深刻检讨，并坦言："当代的道德语言——在很大程度上也是道德实践——处于严重无序状态。道德的大部分只有作为传统的一些破碎的残存物才能被理解。"②西美尔更是进一步把文化危机看作是主观文化与客观文化的对立和冲突。他认为，主观文化是由生命的形式冲动本身所构成，强调的是文化的教化作用，直接触及个体的灵魂；而客观文化既包括人类所创造的物质产品，如生产、生活资料等，也包括人类所创造的精神产

① 西美尔：《现代人与宗教》，中国人民大学出版社2003年版，第26页。
② 麦金太尔：《德性之后》，中国社会科学出版社1995年版，第322—323页。

品，如语言、制度、法律等，有一定的稳定性和凝固性。西美尔指出，从历史角度看，两种文化长期以来是协调发展、相辅相成的，但人类社会的现代化进程开启后，两种文化的和谐已经破碎，客观文化对主观文化所构成的优势、强制、对抗乃至分裂自 19 世纪开始已逐步形成，由此导致了主观文化与客观文化、文化主体与文化现实、"灵魂与精神之间不可消除的对立性。"①于是，货币、商业消费、都市生活、网络传媒等等，这些本来是手段的东西完全被"目的化"了，由此而产生的传统文化的离散化、碎片化导致了文化主体间的"陌生化"和"冷漠化"，并造成了"文化客体越来越多地形成一个相互关联的封闭世界，这个世界越来越少地指向具有自己愿望和情感的主体灵魂。"②最终引发了主体精神的丧失，主流文化的离散化和精英文化的平面化、媚俗化；并不可遏制地引发了文化主体特别是知识精英的灵魂放逐。

需要郑重指出的是，文化危机的作用绝不都是负面的。"危机的意蕴中，既蕴含着危的意蕴，也包容着机的希望，危与机相辅相成、对立统一，没有危，也就没有机，危应该说是机的基础与前提。对于文化危机来说，它虽然给传统文化的生存与延续造成了威胁，但通常会给文化的转型与创新提供契机。"③也就是说，文化危机与文化转型是不可分割的：一方面，文化危机和文化转型共同构成了文化模式及其文化精神的变革与创新；另一方面，文化危机通过深入的文化批判和痛彻肺腑的文化反思必然会走向文化转型和文化创新。

那么，究竟什么是文化转型呢？

衣俊卿认为，文化转型是特定时代特定民族或群体赖以生存和发展的主导性文化模式为另一种新的主导性文化模式所取代。同文化危机一样，文化转型并不是经常发生的社会历史现象，"无论是个体的文化习

① 卢卡奇：《理性的毁灭》，江苏教育出版社 2005 年版，第 285 页。
② 西美尔：《金钱、性别、现代生活风格》，学林出版社 2000 年版，第 59 页。
③ 林剑：文化危机与文化进步，《江汉论坛》2011 年第 10 期。

惯的改变、价值信念或信仰的改变，还是特定群体或特定社会某些文化特质或文化理念的一般意义上自觉的或不自觉的更新，都不能算作文化转型，只有在大的历史尺度上所发生的主导性文化观念、文化理念、价值体系、文化习惯的总体性的、根本性的、脱胎换骨式的转变，才是我们所说的文化转型。"① 按照此观点，文化转型的内在机制有二：一是文化的超越性与自在性的矛盾，二是自觉的文化与自在的文化互动；而文化转型的途径和方法则需通过文化整合与文化创新来完成。

衣俊卿的观点在学界产生了很大影响，国内大部分学者在论及文化转型的时候，都不由自主地认同此观点。但不可否认的是，这一观点对文化转型的"标准"太过苛刻了。如果"个体的文化习惯、价值信念或信仰的改变"不算文化转型，"特定群体或特定社会某些文化特质或文化理念的一般意义上自觉的或不自觉的更新"也不是文化转型，那么，中国目前是否处在文化转型之中？显然，衣俊卿过分夸大了文化发展和变迁中的否定性和断裂性，自觉不自觉地背离了文化发展的肯定性和传承性。而且，"大的历史尺度上所发生的主导性文化观念、文化理念、价值体系、文化习惯的总体性的、根本性的、脱胎换骨式的转变"也只能是一种笼统的、模糊的提法，它除了增加文化转型的研究难度外，还可能引起对文化转型理解的混乱。

事实正是这样。最近，有学者在理解文化转型的范畴时反其道而行之，公开指出："文化转型不是一种文化模式的断裂，更不是现代文化对传统文化的取代和超越，它是一种与自身传统和谐相容的变通。……文化变迁的研究表明，人的各类实践活动以及从中折射出的能动性并非一定要表现为反抗、革新和取代传统的文化模式，文化以自己特有的惯性在吸纳和整合不同的文化特质。积淀已久的文化理念和价值体系绝不会轻易被荡涤干净，只不过被一种符合现代性要求和话语的策略巧妙地

---

① 衣俊卿：《文化哲学十五讲》，北京大学出版社 2004 年版，第 107 页。

掩盖起来。"① 显然，这种只看到"与自身传统和谐相容的变通"而看不到"文化模式的断裂"和"现代文化对传统文化的取代和超越"的文化变迁的研究，只能是更加背离文化转型的内涵。

上述两种观点都陷于"传统—现代"的二分思维，如果说前一种观点有文化绝对主义的倾向，那么，后一种观点是不折不扣的文化相对主义。

我们可以把两种观点综合起来，得出一个简明扼要的定义：所谓文化转型，就是在文化的变迁和发展中所呈现的，旧的文化模式分解、重组而形成的一种既和旧文化模式有一定联系，但在总体上又有新质的飞跃的新文化模式形成的过程。正像有学者指出，这一过程"明显产生危机和断裂，同时又进行急遽的重组与更新。"② 更为重要的是，文化转型不是唯心主义意义上的单纯的"精神现象学"，而是多种因素相互作用的结果。具体而言，其一，文化转型源于社会转型，社会生产方式的内在矛盾是文化转型的根本原因；其二，文化即"人化"，实践基础上产生的文化系统的内部矛盾是文化转型的内在动力；其三，文化转型离不开文化自觉，文化主体在文化危机中的反思与批判是文化转型的能动力量；其四，文化的发展一般是"内源性"的，但文化危机往往是"外源性"的，外来文化的冲击是文化转型的重要条件。这四方面是研究文化转型的基本维度，笔者会在后面的章节逐一展开，在此，我们只想就文化自觉的问题展开深入讨论。

五、文化自觉的力量

如前所述，文化转型和文化危机是根本不能截然分开的，每当一个

---

① 刘珩：《文化转型：传统的再造与人类学的阐释》，《文化研究（复印报刊资料）》2013 年第 4 期。

② 乐黛云：《文化转型与文化冲突》，《民族艺术》1998 年第 2 期。

社会进入文化危机时期，我们也完全可以说这个社会已经在事实上开始了文化转型。当然，站在理论角度，从文化危机到文化转型必须经历文化反思和文化批判，这种对文化的反思与批判正是文化自觉的切入点。

目前，文化自觉已经成为文化哲学研究过程中的一个很时髦的话题。综合学界的各种解读，大致有如下几方面的观点：

第一，"自知之明"说。费孝通生前指出，文化自觉是指"生活在一定文化中的人们对其文化有'自知之明'，明白它的来历、形成的过程，所具有的特色和它的发展趋向，自知之明是为了加强对文化转型的自主能力，取得决定适应新环境、新时代文化选择的自主地位。"[①] 后来，他还进一步补充，"自知之明"首先要充分认识自己的历史和传统，认识自身文化延续下去的根和种子。譬如，对于中国文化的根和种子，人们有各种各样的看法。费孝通先生举了几个例子。他认为，中国文化的特点，一是强调世代之间的联系。一个人不觉得自己多么重要，要紧的是光宗耀祖、传宗接代，培育出优秀的后代。二是可以把不同的东西凝合在一起，相信"和实生物，同则不继"，其最高理想是"万物并育而不相害，道并行而不相悖"。在此基础上形成中国文化的"多元一体"。三是设身处地，推己及人，己所不欲勿施于人。四是倡导以德服人，反对以力压人，追求"合理合法"、"礼法合治"等。这些都是曾切切实实发生过或正发生在中国老百姓日常生活里的真情事实，是从中国悠久的文化中孕育出来的精髓。

第二，自我意识说。有学者指出，文化自觉是指一个民族国家在文化上的觉醒和觉悟，包括对文化在社会生活中的地位和作用的深刻认识，对文化发展条件和规律的主动把握，"作为一种文化的自我意识，文化自觉既包括人们对自身文化历史发展过程的认识和评价，也包括对其未来趋向的预测和筹划，更重要的是对其现实状况的观察、分析和反

---

① 费孝通：《关于"文化自觉"的一些自白》，《学术研究》2003 年第 7 期。

思，是一种将历史、现实和未来融汇在一起而形成的总体性的自我认识和行动筹划，是我们消除困惑走出困境的精神前提。"①

第三，责任担当说。有学者指出，在经济全球化的今天，所谓文化自觉就是要在多元文化的背景下找到民族文化的自我，知道新语境里中华文化存在的意义，了解中华文化可能为世界的未来发展做出什么贡献。目前，面对美国的单边主义和话语霸权，人们力图寻求另一种"全球化"，即一种多极均衡、文化多元共生、各民族和谐共处的"全球化"。而中国文化的精髓为解决当前世界问题不断提供着新的思考方式，引起了西方文化界的广泛关注。比如关于个人和"关系"。在 2010 年 10 月布鲁塞尔举办的中欧高层文化论坛上，赵汀阳提出了由儒家思想发展出来的"方法论的关系主义"。他以"关系"作为基本单位来分析人类行为和价值观，思考重心不在个体而在关系，但并非否定个体利益，而是优先确保关系安全和关系利益以便更好保证各自利益，优先考虑关系的最优可能性以求开拓更大的可能利益和幸福。追求排他利益最大化的单边主义无法解决冲突问题，也就永远处于风险之中，难免自取其祸。关系安全和关系利益（互助和协作）才是每个人的可及利益的限度和必要条件。

第四，价值取向说。有学者指出，文化说透了是由一个社会成员最普遍的价值取向构成的行为模式和生活习性，它既是人们的物质存在方式，更是人们的精神形态。社会公正体现在人们最终的利益划分来自社会成员的集体共识而并非阶级或集团共识。而文化自觉的本质是一个社会成员已经拥有从整体利益出发来考虑个人利益的行为，已经拥有超越狭隘价值而追求整体价值的文化态度。

第五，防止"沙化"说。有学者指出，文化自觉应该从根本上杜绝文化的沙漠化。所谓文化沙漠化，并不是说没有一点点文化，而是说只

① 任仲文主编：《文化自觉十八讲》，《人民日报》出版社 2011 年版，第 122 页。

有消费型文化，没有生产型文化。一般来说，生产型文化是指原创的、开拓性的文化活动及其成果；而直接用于满足社会需要，属于大众享用、娱乐型的，因而可以大量复制的产品和服务，则属于消费型文化。一个良好的文化体系，应当是这两者之间可持续的、良性的互动和循环。两者之间不断地互相促进、互相转化，是保证一个文化体系健康发展、不断进步的基本条件。而文化沙漠化正是这种良性循环的中断和隔绝：要么是文化生产和消费双双窒息，如我们"文革"时那样；要么是只有消费领域的繁荣，而精神生产力却萎缩，生产衰落。如果在一个很大的区域，其文化全都是复制性的、消费型的文化，而没有生产型的文化，那就会成为一场巨大的灾难。比如整个中国，如果我们的文化是沙漠化的，是二手的、二流的，那么不仅对中国，甚至对整个世界来说都将是一场大灾难。文化沙漠化的危害，在于人的精神生命力萎缩和精神生活退化。其成因是生产型文化的衰竭。当前的文化"三俗"只是文化沙漠的一个标志，却不是其成因。

综上所述，文化自觉是处在文化危机和文化转型期的文化主体在文化选择中的一种正向表达，这一"文化主体"可能是一个阶层（特别是知识分子），也可能是一个国家、一个民族。所以，所谓文化自觉，就是指一个阶层、一个国家或一个民族在文化上的觉醒和觉悟，包括对文化在社会发展中地位作用的理性认识，对文化发展条件和规律的正确把握，对发展文化历史责任的主动承担。

尤其是在当代中国，一个人甚至一部分人的觉悟不能算真正的文化自觉，只有我们每个人达成了高度的文化自觉，才能从根本上培养起我们的文化自信，进而形成良好的文化创新品格。说透了，目前我们畅言的文化大发展大繁荣及其文化创新能力的提升，本质上就是一个文化自觉的过程。具体而言：

第一，只有文化上做到自知之明，才能准确地找到自己文化的优点和缺点，真正回答本民族社会历史发展过程中的根本性问题。譬如，在怎样看待我国五千年历史文化的问题上，就有所谓"三大问题"：一是20 世纪 40 年代黄炎培在延安考察时，提出了著名的"如何跳出历史周期律"的"黄炎培问题"。二是"李约瑟问题"，英国学者李约瑟在撰写《中国科学技术史》时，感叹中国人民的智慧和创造，在历史上创造了那么多世界第一；而令他更为感叹的是，为什么近代科学技术革命没有发生在中国？三是我国近现代化过程中出现的著名的"梁启超问题"，面对西方的海洋优势，1904 年，梁启超在《新民丛报》上写道："而我则郑和以后，竟无第二之郑和。"这三个问题虽然处在不同领域，但是追根溯源，都可以归结为文化自觉问题。因为自近代以来，中国人的"文化自觉"不再是一种孤立的存在，它总是和"政治自觉"一道，"作为中国人对自身客观环境、历史条件和集体潜力总体上的精神自觉之一部分，获得具体的思想意义和实践意义，并在这种精神内在能量外化的过程中，创造出一种全新的文化……'五四'新文化的内核，正是一种新的政治概念，一种新的道德和价值诉求。"[1]中华民族正处在伟大复兴的重要阶段，我们必须有清醒的文化自觉。既要认真挖掘中华文化的精髓，以便把我们的优秀文化贡献给人类社会；又要认真反思我们文化的缺陷，以便我们更好地吸收世界其他国家和民族文化的精华，并适应现代经济社会发展的要求，给中国文化以现代的解读和诠释，使之产生新的生机活力。

第二，只有对文化在社会发展中的地位和作用有了深刻的认识，才能坚定自己的文化信念。文化在社会历史发展中的地位和作用主要表现在三个方面：一是记忆历史，选择未来。一个民族有什么样的文化，就有什么样的历史、现实与未来。二是满足人民群众的精神文化需求，引导社会、教育人民、推动社会发展。文化对提高民族素质、促进社会进步、推动经济发展起着越来越重要的作用。当今社会，文化正在深刻影

---

[1]　张旭东：《离不开政治的文化自觉》，《文化研究》2012 年第 9 期。

响着人民群众的生存方式和生活方式，深刻影响着经济社会发展的走向。三是成为一个民族区别于其他民族的根本标识。文化对社会的力量主要表现在塑造力、凝聚力、推动力、创造力和辐射力等方面。维系一个民族的生存与繁衍，最重要的因素不是经济发展水平的高低和财富占有的多少，而是要有共同的精神家园，即共同的价值观、道德准则和普遍遵循的行为规范。文化的复兴，必然伴随着一个民族的崛起。只有对文化的地位和作用达到了这样的认识，我们才能坚持和发展马克思主义为灵魂的先进文化，坚定中国特色社会主义的理想信念。因为我们当下畅言的文化自觉，"不仅仅是对某种文化抽象原则的认同，它毋宁产生于对中国的历史传统和现实处境的深刻理解，产生于对当代世界的历史形势及其未来趋势的全面把握。"①

第三，只有在文化上有了整体的价值取向和主动的责任担当，才能站稳自己的文化立场。在当代中国，培养高度的文化自觉和文化自信，一个重要的体现，就是要发展面向现代化、面向世界、面向未来的，民族的科学的大众的社会主义文化。这一先进文化体现了时代性和开放性的统一：一方面，它是对自然界及人类社会发展规律的正确反映与客观揭示，彰显了先进文化的科学维度，为社会主义现代化建设的民主和科学决策提供理论依据。另一方面，它的社会主义性质及其民族性、人民性都彰显了先进文化的价值维度。它的存在和发展以中华民族优秀文化的存在和发展为基础，记载了中华民族的历史发展轨迹，昭示了中华民族的发展前景，具有鲜明的中国风格和中国气派。同时，它以社会主义公有制和人民当家作主的人民民主专政政权为基础，植根于亿万人民群众的社会主义实践，从而决定了它必然是人民大众的文化。值得注意的是，我们所说的先进文化不论具有怎样的中国特色，在价值取向和文化立场上都应是社会主义的文化，是广大人民群众的文化。要充分尊重人

---

① 汪晖：《面向新世界图景的文化自觉》，《文化纵横》2012 年第 4 期。

民群众的主体地位和首创精神，让蕴藏于人民群众之中的智慧和力量充分涌流。只有立足于广大人民群众的生活实践，把握和提炼社会实践中的新气象、新成就，才可能兼纳百家之精华，融合各种文化之所长，才可能出现真正的文化创新。我们要本着对民族和人民的未来负责的态度，创新文化制度、内容和形式，为中国特色社会主义文化注入新的血液，自觉地实现自我发展、自我超越。

第四，只有正确把握了文化发展的条件和规律，才能找到文化创新的有效途径，保证文化的大发展大繁荣。中国特色社会主义文化，是当代中国文化的主流和其中最具生命力的部分。目前，在推动社会主义文化大发展大繁荣实践中，党和国家不断深化着对中国特色社会主义文化发展规律的认识：从中国特色社会主义事业总体布局出发，坚持社会主义先进文化前进方向，以建设社会主义核心价值体系为根本，以改革创新为动力，充分调动社会各方面力量，大力推动文化事业和文化产业共同发展，最大限度地满足人民群众日益增长的精神文化需求，不断扩大中华文化的国际影响力和竞争力，等等。这一切，都在客观上保证了文化创新原则的形成，为社会主义文化的大发展大繁荣提供了有效途径。这些原则和途径是：继承性与创造性统一，在优秀文化继承的基础上实现文化创新；民族性与世界性统一，在文化的民族性基础上走向世界，不断提升国家文化软实力的影响力；人本性与人民性统一，在以人为本的基础上凸显文化的人民性，积极引领和提升大众文化；主导性与多样性统一，以社会主义核心价值为主导，兼容一切优秀文化，形成全社会推动文化发展的强大合力。

第五，只有时刻具备了防止"文化沙漠化"的情怀，才能真正反对"三俗"，有效提升和引领大众文化、网络文化、消费文化。所谓文化沙漠化，并不是说没有一点点文化，而是说只有消费型文化，没有生产型文化。生产型文化是指原创的、开拓性的文化活动及其成果；那些直接用于满足社会需要，供大众享用、娱乐的，可以大量复制的文化产品及其文化服务活动，则属于消费型文化。一个良好的文化体系，应当是这两者之间可持续的、良性的互动和循环，而文化沙漠化则是这种良性循环的中断和隔绝：要么是文化生产和消费双双窒息。当前，文化领域中的低俗化、庸俗化和媚俗化倾向，以及大众文化、网络文化、消费文化的无节制泛滥，就是文化沙漠化的显著表现。文化沙漠化的危害，在于人的精神生命力萎缩和精神生活退化。如果人们的文化生活全都停留于急功近利、满足感性需求的层面，并且总是在原有消费水平上重复和自我复制的话，那么人的精神生命恐怕就衰竭了，社会文明、人的精神面貌就会退化。文化沙漠化的成因非常复杂，既有全球化、市场经济的客观背景，又有过分依赖行政权力来组织和发展文化、文化工作者普遍急功近利的价值取向的主观因素。因而，防止文化沙漠化，根本途径在于时时刻刻的文化自觉。对于国家和政府而言，就是要充分利用各种有益的资源，支持和保证精神生产活动的进行，通过管理和政策，让文化工作者能够自主地按照精神生产规律去工作。而不是让他们心有旁骛，为别的焦虑。对于文化工作者来说，应时刻注意精神生产中的品位和自我导向问题，肩负起建设当代文化的责任，切不可单一地市场化、"三俗"化。须知，文化自觉视野下的精神文化生产强调的是对社会、历史和人民的神圣责任，精神文化生产者一定要具备海纳百川的广阔胸怀，立足广大人民群众的伟大实践，吸收多样的文化营养，才能真正构建出有中国特色的社会主义文化。

第 三 章
文化哲学与价值观念

一、价值范畴的内涵和实质

据前可知，文化哲学的研究对象是文化模式。这种文化模式是人类在社会实践基础上形成的生存和发展方式，是"长时期内大群集体的公共人生"。这样的"生存和发展方式"或"公共人生"集中体现在一定社会历史阶段的人们的风俗习惯、价值观念以及思维和行为方式上。其中，价值观念无疑是最深层最核心的东西，因为，所谓的风俗习惯，不过是特定时空中价值观念的生活化、世俗化的表达，而思维和行为方式则是价值观念在社会历史中的积淀，是"图式化"、规范化了的价值观念。

那么，究竟什么是价值观念？我们首先得从价值概念谈起。

王玉樑在《价值哲学新探》一书中，曾将学界有关价值范畴的界定梳理出六个方面：一是"需要说"，价值是"客体能够满足主体的一定需要"；二是"意义说"，"价值是客体对主体的意义"；三是"功能属性说"，"价值就是指客体能够满足主体需要的那些功能和属性"；四是"劳动赋出说"，"哲学的价值凝结着主体改造客体的一切赋出"；五是"主客关系说"，价值就是"客体与主体之间的一种特定（肯定或否定）关系"；六是"效应或功效说"，价值"是客体属性与功能满足主体需要的效应"，"是客体对主体的功效"。①

不难看出，上述六种观点在本质上是相通的。无论是需要、意义、属性还是劳动赋出、效应或功效，都离不开主客体的关系，都必须放在实践基础之上的主体与客体的关系背景中才能理解。我国自改革开放以来，学界的各种有关价值的界定及其发展脉络正是这样。

有学者指出，价值的内涵与人性和人的需要密切相关，在现实世界中，个人的各种各样的需要就是他们的本性，价值问题也就由此而来。因此，"所谓价值，便是客体属性与主体需要的特定关系。"② 袁贵仁直接认同价值是一种关系范畴，并强调价值是一种社会关系而不是某种实体。一方面，价值离不开主体，没有人和人的需要就没有也不可能产生价值；另一方面，价值也离不开客体，客体及其自然属性是价值的承担者，客体对主体的作用是价值关系的客观基础。一句话，价值离不开客体，但不能归结为客体；它也离不开主体，但也不能归结为主体。"价值的本质……是从人们对待满足他们需要的外界物的关系中产生的。价值是主体和客体之间的一种基本关系。"③ 在此基础上，袁贵仁进一步指出，"关系"不能完全等同于价值，更深层次上，价值也是"属性"，当然，客观事物的这种价值属性并不是在关系中产生的，而是通过关系表现出来的。所以，某一事物的价值属性"是在物与人的关系中表现出来，即在主客体关系中客体所表现出来的能够满足人的某种需要的那样一种属性。"④ 这样，把"主客体关系"与"客观事物的属性"两者结合起来说明价值范畴的本质和内涵，就成为价值研究走向深入的根本路径。

顺着这一路径，有学者从客观事物的"有用性"和对主体的"好坏"角度对价值的本质进行阐发。李德顺认为："价值问题，用我们生活中

① 王玉樑：《价值哲学新探》，陕西人民教育出版社1993年版，第127—141页。
② 李连科：《价值哲学引论》，商务印书馆1999年版，第2页。
③ 袁贵仁：《价值观的理论与实践》，北京师范大学出版社2006年版，第5—6页。
④ 袁贵仁：《价值观的理论与实践》，北京师范大学出版社2006年版，第23—24页。

的语言来讲就是'好坏'问题，所谓'真假、善恶、美丑、得失、利弊、祸福、荣辱、应当不应当、值得不值得'等，总之凡是能够用'好坏'来概括的这类现象，都属于价值现象。价值不是事物存在本身，而是事物对人的意义。"他进一步指出，"事物的价值"与"事物的存在属性"不同，后者不以人的意志为转移，但前者却是因人而异的。"就像一双鞋的存在是客观的、并不因人而异。但它是否'好穿'，则必然因脚而异。就是说，同一个事物对不同的人有不同的意义，这种不同的意义也是客观实在的，不是主观随意的。……价值是指主客体之间的客观关系状态。"①

无独有偶，在国外，苏联哲学家图加林诺夫也认为，价值范畴的本质内容在一般情况下就包含在我们的日常用语中，如在"有用与无用"、"有益与无益"、"需要与不需要"、"好与坏"、"利与弊"、"爱与恨"、"美与丑"等概念中，就包含着所谓"有价值"与"无价值"这样的判断。他指出："价值概念起源于这样的日常基本事实：人们在生活过程中，通过利用各种物体及其特性，利用各种物和自然力，同时也利用人们社会活动的各种'产品'，来满足自己各种各样的需要。这些客体的一部分是对人有益的、必需的，即能够满足他们需要的，另一部分则是有害的、不需要的、无益的。人们把前一种客体归结为价值物。于是，对有无价值的判断和价值概念就都产生于人与周围客体的相互作用之中。人总是在对某一客体满足他的要求、愿望、兴趣和目的的能力做出评价。"②

可见，截止到目前，人们主要是立足于主客体关系，从客体的"有用属性"出发，以"主体的需要被满足"为标准，来说明价值的内涵的。由此而得出的最简明的定义是：价值"是揭示外部世界对于满足人

---

① 李德顺：《关于价值与核心价值》，《学术研究》2007年第12期。
② 图加林诺夫：《马克思主义中的价值论》，中国人民大学出版社1989年版，第7页。

的需要的意义关系的范畴，是指具有特定属性的客体对于主体需要的意义。"①从文化哲学的角度看，价值是与人类与生俱来的，价值问题根源于人的实践活动的双重尺度。

在漫长而永恒的人类实践中，人作为文化的人注定了是一种双重性存在：一方面，人是从自然界进化而来的，是一个有生有死的生物有机体，作为现实世界的一部分，人首先是一种"自在的存在"；但另一方面，人又不满足于现实世界给定的"局限性"和生存境遇的各种"不合理性"，力图超越生命的界限，渴求一定程度的自由而全面发展，所以人又是一种"自为性"或"超越性"的存在。人的双重性存在决定了人类实践活动的双重尺度——物的尺度和人的尺度。所谓物的尺度也就是真理的尺度，要求人们在实践中必须尊重客观事物的本质和规律，只有按照真理办事，才能在实践中获得成功。所谓人的尺度也就是价值的尺度，它要求人们的任何实践活动都必须以满足人们的合理的、积极的需要为目的和方向。人类发展的历史一再证明，任何成功的实践或者说任何文化的进步都是真理（物的）尺度和价值（人的）尺度的统一。

更为重要的是，价值的本质特性除了客观性、社会历史性、多元性外，最突出地表现在其主体性上。

首先，如前所述，价值问题通俗地说就是"好坏"问题，但"好坏"不是任何事物本身固有的和不变的属性。大哲学家维特根斯坦曾以"疼痛"（坏）为例予以证明。他指出，手指被针尖刺破后感到疼痛，这种疼痛的属性究竟意味着什么？疼痛显然不可能是手指的属性，更不可能是针尖的属性。疼痛是针尖刺破手指后通过神经系统传递到大脑里的一种反应，是作为主体的人的手指和作为客体的针尖在相互作用的关系中的一种效应。显然，这种效应是在作为主体的人那里发生的一种情形。所以，价值"是意味着以人为主体、以人为中心的一种思考。什么东西

---

① 《马克思主义基本原理概论》，高等教育出版社 2013 年版，第 81 页。

有没有价值，有什么价值，这实际都是以人为尺度。"① 也就是说，价值关系的重心不在于客体存在自身，甚至不在于客体有什么样的属性，而是表现在客体的属性对主体所具有的意义上。在价值关系中，不是主体趋近客体，而是客体趋近主体。客观事物的本质和属性虽然在一定时期内保持不变，但对于不同的主体必然会有不同的价值，对于同一主体的不同方面需要会有不同的价值，甚至对于同一主体同一方面的需要在不同的时空中也会表现出不同的价值。可见，主客体之间的价值关系"不是一种自然的现成关系，而是主体在实践基础上确立的同客体之间的一种创造性关系。"② 价值的这种和主体相互依存且随着主体的状况变化而变化的特性，就是价值的主体性的突出表现。

其次，价值的主体性突出地表现在价值评价的活动中。美国创新思维研究者拉尔夫·L．基尼指出："价值是用来评估的原则。我们使用它去评估积极活动或不积极活动的真实或是潜在的后果，去评估提出的选择和决策的后果。这些价值观念既包括必须保留的伦理原则，也包括用作选择取舍的指导原则。"③ 事实上，所有的评价都是价值评价，评价本身就是主体的特有功能，无论评价结果真与假、好与坏都与评价主体有直接联系，"评价的过程就是主体以其特定的需要对客体的属性在观念上加以评定的过程。"④ 从认识论的角度看，人们的认识活动一般分为"事实认识"和"价值认识"。前者也称为知识性认识，是以客体本身的存在状态为反映内容，以获取客观事物的"真"为目的的；后者也叫做评价性认识，是以主客体之间的价值关系为反映内容，以获得关于客体

---

① 李德顺：《价值研究与价值建设》，《烟台大学学报（哲学社会科学版）》2013 年第 2 期。

② 《马克思主义基本原理概论》，高等教育出版社 2013 年版，第 82 页。

③ 拉尔夫·L．基尼：《创新性思维——实现核心价值的决策模式》，新华出版社 2003 年版，第 7 页。

④ 袁贵仁：《价值观的理论与实践》，北京师范大学出版社 2006 年版，第 7 页。

的属性对于主体的意义即"善"为目的的。两种认识都是人类在丰富复杂的社会实践中产生的,但不同的是,在"事实认识"的过程中,主体的状态、需要与认识结果是否正确没有必然的联系;而在"价值认识"的过程中,由于价值评价是对主客体之间价值关系的认识,所以,主体本身的存在和发展状态,包括主体的需要、兴趣、特点甚至相关性知识等等,都必然会对评价结果产生直接的影响。

再次,价值的主体性特征是对传统哲学实体性思维的超越。西方近代以笛卡尔为代表的"主客二分"思维进一步夯实了理性主义哲学的根基,但并未超越传统哲学的实体性思维即"存在的存在存在吗"的追根溯源模式。这种思维在研究任何对象时都要以找到该对象的"始基"为最终目标,如果没有找到就视为研究的任务没有完成。传统哲学的实体性思维模式必然会走向"先有鸡还是先有蛋"的死胡同,陷入不折不扣的哲学"奇谈怪论"。事实上,价值的主体性并不意味着价值的主观性,主观性笼统地说就是人的精神世界,过分夸大主观性会导致唯心主义或哲学神秘主义;而人作为价值关系中的实践和认识主体,也是客观的社会存在,特别是在人的社会关系基础上形成的生产方式,更是社会存在的核心要素。所以,不能把主体性等同于主观性。尤为重要的是,价值和规范密不可分:所有的价值在操作和践履层面都表现为规范,所有的规范都必然是一种价值的规范,二者具有主体性和实践性。只不过,"在价值概念中,占主导地位的是主体的需要、动机、意图和愿望;在规范概念中,突出的因素是主体的义务、责任和强制性的体验。"[1]但不论是价值体验还是规范的践行,都会因主体的不同而呈现出很大的差异性。"希望在一切价值问题上都要有一个惟一正确的选择作为答案,这是典型的传统'实体性'思维方式。"[2]价值问题实际上是主体面对的主

---

[1] 袁贵仁:《价值观的理论与实践》,北京师范大学出版社 2006 年版,第 81 页。
[2] 李德顺:《价值研究与价值建设》,《烟台大学学报(哲学社会科学版)》2013 年第 2 期。

客体的关系世界、意义世界，在此基础上形成的主体性思维必然表征着文化哲学对传统哲学的"实体性"思维的解构和超越。

从价值的主体性出发，必然会引申出人的价值问题。

何谓人的价值？简单地说就是"人对于人的价值"。这种敷衍的提法显然是不能令人满意的。从深层次上看，人的价值包含了相辅相成的两个方面：一方面，是人作为价值客体的价值，即作为价值客体的人能够满足主体之人的需要，其存在和发展对他人或社会的意义。另一方面，是人作为活动主体的价值，即人通过自身创造性的实践活动创造出的价值。也就是说，在主客体的相互关系中，人既是主体（目的），同时也是客体（手段），是主体与客体、目的与手段的统一。正是在这样的统一中，人这一特殊的对象物，才能显示出其特殊的价值。

事实上，任何一种价值，都是人作为主体而认识到的意义。当人作为特殊的价值客体时，所表现出的价值，不仅仅是其简单的"有用性"，而是更高层次的社会性价值，即人作为特殊社会主体的意义或人的特殊的社会价值。与"自在客体"的价值相比，人的价值就是人作为社会主体或"自为客体"本身所具有的特殊的价值追求。人与任何一种"物"的本质区别在于，人之所以为人，是由于人的实践活动本质上也是一种价值活动，这种活动是在人的自我意识支配下进行的，即是说，人有特殊的主体意识或主体性。人作为价值物的这种特殊性，决定了他作为社会主体的行为本质，即他能够在复杂而多变的社会实践中开展有意义的活动，自觉地对社会做出创造性的贡献。这就是人的价值的实质。

当然，人的价值的实现，与一般价值物的价值实现过程是不同的：人作为社会主体是通过其创造性的自觉活动来实现自己的价值的，人的价值实现的基本条件是人能够生存、发展从而可以充分地施展自己的创造性行为。其中，除了和谐、稳定、宽松的社会环境外，最主要的是人的自由、基本权利、人格尊严等等的精神条件。也就是说，要把人作为人来对待，否则，是无法实现人的价值的。

袁贵仁把人作为价值客体产生的价值叫做"人生价值"，而把人作为活动主体所具有的价值称为"人格价值"，并指出，人生价值"说的是人怎样表现自己的价值，使自己的一生成为有益于他人和社会的一生"；人格价值"说的是人有无价值，强调人应当尊重人们自由自觉的劳动的族类本质，也就是尊重人的做人资格和起码应有的权利"。"在人生价值方面，人与人实际上是不平等的，由于主客观条件的限制，每个人的社会贡献不可能相同"；但是"在人格价值方面，人与人应当平等，每个人都有他应有的社会地位、尊严和权利，社会应尊重他的人格和尊严，在条件许可的范围内，尽可能地满足他的正当需要。"①

文艺复兴时期，人文主义思潮的实质内容就是彰显"把人作为人"，以此与宗教神学和封建专制主义相对立。后来，康德在把思辨的理性哲学事实上转向价值哲学后，说出了展示人的价值的警世名言："每一个有理性的东西都必须服从这样的规律，不论是谁在任何时候都不应把自己和他人仅仅当作工具，而应该永远把人看作是目的。"②马克思、恩格斯在前人论证的基础上，对人的创造和发展的价值有了更加充分的认识，并对"人的自由"极为重视。《共产党宣言》指出："代替那存在着阶级和阶级对立的资产阶级旧社会的，将是这样一个联合体，在哪里，每个人的自由发展是一切人的自由发展的条件。"③这就是说，在现实社会中，人创造价值的质和量，取决于它自由而全面发展的程度，人享用价值的质和量，也取决于人的自由而全面发展的水平，人生的最终目的就在于不断扩展其自由而全面发展的程度。

---

① 袁贵仁：《价值观的理论与实践》，北京师范大学出版社 2006 年版，第 31 页。
② 康德：《道德形而上学原理》，上海人民出版社 1986 年版，第 86 页。
③ 《马克思恩格斯选集》第 1 卷，人民出版社 1995 年版，第 294 页。

二、价值观与文化精神

弄清楚价值范畴的内涵和实质后，我们就进入到价值观念的讨论。

第一个问题，价值和价值观念有何区别？前面已经提到，价值的首要特征是其客观性，无论人的需要还是用来满足人的需要的对象的属性，甚至满足人需要的过程和结果都具有客观性。因为，价值的形成就在于主客体之间的客观关系状态。而对于这种"客观关系状态"所作出的"好坏"、"有用无用"等的主观反映和认识表达，才是价值观念。马克思指出："观念的东西不外是移入人的头脑并在人的头脑中改造过的物质的东西而已。"① 作为一个复杂的精神系统，观念在总体上可分为"事实观念"和"价值观念"。事实观念是人们关于客观事物及其本质、规律的理解和看法；价值观念则是人们关于客观事物的属性、功能等的意义、作用的判断和看法。可见，如果说价值范畴揭示了主客体之间真实的客观关系状态的话，价值观念的关注点却不在于客观事物的本来面目和未来发展趋势，而在于客观事物对于人的意义。概而言之，价值观念"是人们基于生存、享受和发展的需要对于什么是好的或者是不好的根本看法，对于某类事物是否具有价值以及具有何种价值的根本看法，是人所特有的应该希望什么和应该避免什么的规范性见解。"② 在这个意义上讲，价值观念也可看成是价值的主体性特征的通俗表达。

第二个问题，价值观何以要与文化精神相联系？

首先，从总体上看，价值观和价值观念往往是作为同一概念使用的，但严格意义上，二者是有细微区别的：价值观念是对主客体之间的客观关系状态的反映和表达；而价值观则是关于价值的根本看法，它集

---

① 《马克思恩格斯文集》第 5 卷，人民出版社 2009 年版，第 22 页。
② 袁贵仁：《价值观的理论与实践》，北京师范大学出版社 2006 年版，第 130 页。

中地表现在价值评价的过程之中。因为，价值观念一般来说是五花八门的，而价值观总是表现为一定社会群体中的人们所共同具有的对于区分好与坏、对与错、符合与背离人们愿望的观念。在价值观的形成过程中，价值评价无疑起着至关重要的作用，而无论什么样的价值评价，都离不开一定的社会文化背景，都有根深蒂固的文化精神为支撑。说透了，文化还可以看作"是意义与价值的生产与商谈，而这种生产与商谈是多元的、常常是充满斗争与冲突的过程"；文化由于有价值观为核心而成为"社会生活的内在组成部分，也是社会的建构性因素，而不是什么外在于或附属于生活的东西。"① 具体到现实生活中，由于价值评价的主体是具体而复杂的，这些不同的主体在需要或要求方面总是存在不同程度的差异或矛盾，因而，价值评价的过程往往就是文化认同或价值观的"商谈"过程。但这绝不意味着价值评价就是"公说公有理，婆说婆有理"，没有任何客观可靠的标准。站在人类文化精神的高度，"由于人民群众的要求和利益从根本上代表着人类整体的要求和利益，是与历史发展的基本要求或趋势相一致的，因此对于任何价值评价的主体而言，其价值评价的结果只有与人民、人类整体的要求或利益相一致，才是正确的价值评价。"② 这就从宏观上充分说明了价值观与文化精神的不可分割性。

其次，从微观方面看，个人价值观的形成是一个社会化的过程，更是一个文化化成的过程。一方面，对于特定的社会成员来说，社会化就是其接受知识传承、思想教育和文化熏陶，获得生存和发展的知识，形成人生态度和信仰，从而形成相对稳定的世界观、人生观、价值观的过程。另一方面，对特定社会的文化而言，个人的社会化就是该社会的文化模式和文化精神所倡导的核心价值观在延伸为种种社会规范和基本政

---

① 陶东风：《破镜与碎影》，云南人民出版社 2001 年版，第 4 页。
② 《马克思主义基本原理概论》，高等教育出版社 2013 年版，第 84 页。

治制度的同时，不断内化为社会成员的文化心理，积淀为社会成员深层的文化构造——"大群集体的公共人生"。可见，"个人的成长、社会化过程就是不断接受、消费社会文化，由生物人变为文化人的过程。社会化的结果，就是一定行为方式的获得，也就是一定的价值观念的掌握。"因为，一切行为方式或上升为文化模式的背后都是一定的价值观，"它构成文化结构的核心内容，具有极强的辐射力和穿透力，不仅影响人们做什么，而且影响人们如何做，并通过行为而影响行为的结果和效果。"①

再次，从文化即人化的意义上来看，价值观与文化精神也完全是统一的。一方面，人在本质上说就是一个价值存在物，人之为人，最重要的标志之一是他的价值观。在社会的生产和生活实践中，一定的价值观决定了人的存在方式、思维方式、生活方式和行为方式；同时，一定的文化模式及其文化精神，可以说是人的价值观的放大和升华，是人的一定的价值观经过社会实践的锤炼后所采取的表现形式，或者也可以说是一种符号化了的价值观。简言之，文化的本质特征是它的价值性，现实的人的价值观是一定文化的核心内容。露丝·本尼迪克特在对影响人们思想行为的各种规范和运作机制做了细致的分析后，一针见血地指出：人们看待世界时，"总会受到特定的习俗、风俗和思想方式的剪裁编排。即使在哲学探索中，人们也未能超越这些陈规旧习，……个体生活的历史中，首要的就是对他所属的那个社群传统上手把手传下来的那些模式和准则的适应。"②

另一方面，文化既是人类实践的创造物，也是人类进一步发展的前提和价值指向。任何一种文化形态，特别是其中的文化精神所彰显的价值观，都是与人的自由而全面的发展密切联系在一起的。因为从根本上

---

① 袁贵仁：《价值观的理论与实践》，北京师范大学出版社 2006 年版，第 134 页。
② 露丝·本尼迪克特：《文化模式》，三联书店（北京）1988 年版，第 5 页。

说，文化与人是一种互动的关系，没有一定素质的人，一定历史水平的文化精神就无从谈起；文化精神是人之为人的本体，没有这一本体，很难有真正意义上的社会历史。正因此，文化的水平或者程度，文化精神的自觉与否，是人有没有价值、有什么样的价值的不可或缺的条件。著名文化人类学家克利福德·格尔茨直言不讳地说，我们人类"是通过文化来使自己完备或完善的那种不完备和不完善的动物"，"我们的思想、我们的价值、我们的行动，甚至我们的情感，像我们的神经系统自身一样，都是文化的产物——它们确实是由我们生来具有的欲望、能力、气质制造出来的。"① 一句话，文化是人的创造性活动的产物，是人的主观意愿和价值追求的客观化。一种文化一旦被人创造出来或者说一种文化模式一旦形成，就会不以人的意志为转移，并形成自己的演变和发展规律；一种文化精神一旦自觉，就必然会形成自己稳定的价值观或价值体系。

最后，从人们反思"经济学意义的价值观"对现代社会生活的影响来看，价值观也必然会同文化精神联系起来。"价值"一词，最初确实只是一个经济学的术语，表达的也只是商品的属性（有用性）对于人的一种效用关系。这种经济学的价值概念在后来的演变过程中不仅主导了现代人的日常生活，乃至成为人的人生观和价值观。这样一来，如同马克思一再指出的，"人们撕下了温情脉脉的面纱"，几乎完全从"效用"或"功利"的角度考虑和筹划自己的行为，包括交友、恋爱和建立家庭，这已经是现代社会中所谓"文明"人的最基本的思维方式和生活态度。于是乎，"经济学的价值观"成了现代人具有思维范式和行为方式意义的概念，并渗入到现代社会生活的各个领域。它颠覆甚至消解了人们原来所看重与推崇的蕴涵在历史传统中的"意义"，形成了一种只有当下感觉的、无深度可言的扁平式的生活模式。而现代社会生活秩序也变成

---

① 克利福德·格尔茨：《文化的解释》，译林出版社 1999 年版，第 62、63 页。

了一种单纯靠法律和制度维持的秩序，人的心灵世界却陷入茫然不知所措的紊乱和骚动之中，而这正是文化相对主义和历史虚无主义产生的世俗土壤。

面对此种情况，人们在反思"价值"的过程中借助各种文化哲学资源，突破了经济学的规定，将价值与人的"善的生活"联系起来，使价值概念转化为文化哲学概念，并广泛运用于道德、宗教、政治、法律等人文社会科学领域。如我国有学者指出，价值"从根本上说在于能够使社会主体发展完善，使人类社会更加美好"，"价值作为人们选择和追求的目标"和"对事实的超越"，它"必须是善的"，也"必定是善的"，因为"只有满足健康的合理的需要才有价值，满足不健康不合理的需要则无价值甚至是负价值。"[①] 到了 19 世纪，围绕价值现象研究并体现着新的研究立场和反思的"价值哲学"在西方兴起。由于价值问题关乎着整个社会生活和人类精神世界，因而，文化哲学和价值哲学的出现都被称为现代西方哲学的"价值转向"。德国学者施米特指出："价值哲学是在一个非常确定的哲学——历史环境中产生，作为对 19 世纪虚无主义危机形式出现的咄咄逼人的问题的回答。"[②] 就是说，价值哲学的产生离不开文化哲学的底蕴，文化哲学的核心就是人们的价值观念和价值取向。当"价值"超越了狭隘的经济学的"效用关系"，成为一个表征人类活动的应然取向乃至终极目的性的哲学概念时，文化哲学和价值哲学的"共生性"就进一步彰显出来了。如果说虚无主义和相对论是哲学的死亡，那么，文化哲学"只有作为普遍有效的价值的科学才能继续存在。"[③]

从根本上说，价值是以人的生命活动为机制所形成的生活的相互关联性，它是在人类社会生活中发挥着"奠基"和"维系"作用的价值观

---

① 王玉樑:《21 世纪价值哲学:从自发到自觉》，人民出版社 2006 年版，第 1—2 页。

② 王晓朝:《现代化与末世论》，广西师范大学出版社 2006 年版，第 121 页。

③ 文德尔班:《哲学史教程》，商务印书馆 1993 年版，第 927 页。

念和价值原则的统一，这两方面的统一直接构成了价值秩序，即人类社会组织秩序和社会生活秩序的内在"结构"或"深层文化模式"。而"所谓价值观，就其形式而言，它是由人们对那些基本价值的看法、信念、信仰、理想等所构成，它的思想形式是多种多样的；就其内容而言，它反映了主体的根本地位、利益和需要，以及主体实现自己利益和需要的能力、活动方式等方面的主观特征，是以信什么、要什么、坚持追求和实现什么的方式存在的人的精神目标系统。"[1] 从更广的范围来看，价值观就是一种文化观，人的价值观必然是其文化素质和文化精神的集中表达，而文化精神则不过是人的价值观念或价值取向的哲学提炼。人是文化的主体，人的重要精神支柱之一，就是其价值观。只有在一定的文化境遇中，人才能显示出其价值，这个价值是相对于他的意义世界，这个"意义世界"就是人的一切活动的内在动因。我国学者陈筠泉、刘奔等人总结道：文化"是体现在人类创造的物质、精神财富中，以价值体系为核心的一整套规范的结构和功能的统一。……人的自由而全面发展，是文化的最高价值。"[2] 也正因此，每个时代文化精神的核心内容，都是其特定历史形态的价值观；文化问题和人的问题、文化精神问题同价值观的问题才会紧密地结合起来。

三、价值观的嬗变与历史选择

价值观是构成价值体系的基本要素，是人们在追求和实现自我生命价值的过程中，由一定的物质生活方式所形成和制约的、主导自身思维方式和行为方式的主要规范及基本准则。价值体系是在一定社会生产方

---

[1] 黄凯锋主编：《当代中国价值观研究新取向》，学林出版社 2007 年版，第 2 页。

[2] 陈筠泉、刘奔主编：《哲学与文化》，中国社会科学出版社 1996 年版，第 66—67 页。

式制约下，由主导价值观所引领的种种价值观念所构成的体系。其中，主导价值观作为对一定社会生产方式内在反映的精神力量，渗透于整个社会生活，主导和制约着人们追求和实现生命价值的社会意识和社会行为。在无阶级社会里，它是人类在一定社会生活中价值观念自觉的历史集合；在阶级社会里它是为法律所认定的、主要体现为在社会生产方式中占统治地位的阶级和集团的基本价值准则。一般来说，一种社会的主导价值观形成后，会在相当长历史时期内发挥作用，具有相对稳定性。"但是作为社会现象的反映，它必然随着社会的变化而变化，反映时代的变迁。"①一旦社会生产方式发生变化时，必然会伴随着价值观的嬗变和历史选择。

　　首先，对价值的追求是人类社会演进的精神动力。从文化哲学的角度看，人类对生存方式的追求和对自身价值的肯定，是人类进化的起点和前提。特别是精神现象的出现和随之而来的民族、国家文化精神的产生，使人类进化进入到一个崭新的阶段，它赋予了人类自身和自然界以新的意义，使人类的进化和演变摆脱了消极被动状态，具有了目的性和对生命价值做出理性判断的能力。如生存的价值何在？生命的意义是什么？等等。即使在不同的历史阶段上，人类对自身价值和意义的判断，也不是截然不同、毫无关联的，而是具有很大的共通性。主要表现：人类不懈地探索客观世界和精神世界的奥秘，执著地追求对自然和人生真谛的把握，在一定的生产方式和社会关系的制约下最大限度地开拓自身的潜能。这种追求，构成了人类社会演进的精神动力。

　　随着社会生产方式的发展，人类对生命价值的追求，表现为两大历史特征：第一，自然生理阶段即原始社会人类对生命意义和价值的追求。人类从产生的那天起，就同外在自然和人类自身进行着双重的生存斗争。这一时期人类的价值的追求，基本上呈现着自然生理的特征。人

————————

① 袁贵仁：《价值观的理论与实践》，北京师范大学出版社 2006 年版，第 134 页。

类与大自然的矛盾是生物进化的主要矛盾。人类虽然脱离了动物界，学会了使用和制造工具，产生了语言和思维，却仍苦于自然选择的生存斗争，生与死仍然是原始人类的生存主题。维持和繁衍生命，是处于自然生理阶段的原始人类价值追求的基本内容。第二，道德评判阶段即阶级社会人类对生命意义和价值的追求。人类进入阶级社会后，社会所形成的价值体系异常复杂，主要有如下数端：一是人的许多自然特征被社会和阶级特征所替代，人本身在新的社会关系中被重新塑造；整个社会的价值体系，是以统治阶级的基本价值观为基础构建起来的。二是价值观本身有了长足发展：其外延由自然扩展到整个人类社会生活；其形态由一元状态转化为二元甚至多元，并赋予了浓厚的人文特征。三是在道德伦理层面，人类逐步进行了深刻的自我剖析，从人的自然本性深入到人的社会本质。自然阶段的和谐与共存逐渐被打破了，利益愈来愈成为了价值观的核心，价值观念围绕着主体利益和阶级利益，把对人的本质认识上升到社会关系的高度。四是人类对生命价值的追求受到了特定制度文化的强有力的制约，它以政治、法律、道德等力量，迫使人们的思想和行为服从于社会的规范，迫使各种价值观念按既定的、与制度文化相适应的模式纳入社会的价值体系之中。因为制度本身就是依据一定价值观构建起来的，"历史能保留多少过去制度文化的形式和内容，它也就为价值观念的传统内容保留了多少存在和表现的空间。"①

当我们撇开体系的建构，单纯把人类的价值追求从流动的历史程序和堆积的社会事件中抽象出来时，就会发现：不同历史阶段和社会时代有着不同的价值形态、不同的价值体系，这些形态和体系，都只不过是人类对生存意义和内在价值追求的历史表象，是人类追求生存意义和内在价值在不同的物质生产方式历史阶段上的精神反映。美国社会学家丹尼尔·贝尔指出："思想和文化风格并不改变历史……但是它们是变革

---

① 李从军：《价值体系的历史选择》，人民出版社 2008 年版，第 29 页。

的必然序幕，因为意识上的变革——价值观和道德伦理上的变革——会推动人们去改变他们的社会安排和体制。"①在人类由低级向高级发展的进程中，人类对价值的追求是推进社会不断发展的精神动力。整个人类社会的活动历史，就是人类对生命本质矛盾和内在价值总体追求的历史。

其次，社会生产方式与价值体系的演变。社会的生产方式在人类进化中经历了由低级向高级发展的不同阶段，与之相应，人类的价值观及价值体系也由低级阶段向高级阶段演化。价值观的嬗变与选择，在某种意义上说就是人类社会的生产方式对人类生存意识的选择。具体而言：

第一，生产方式的发展是推动价值体系变革的杠杆。生产力发展的每一个历史形态，都在人类价值观的演变和价值体系的构建上打上鲜明的印记。"我们的出发点是从事实际活动的人，而且从他们的现实生活过程中还可以描绘出这一生活过程在意识形态上的反射和反响的发展。甚至人们头脑中的模糊幻象也是他们的可以通过经验来确认的、与物质前提相联系的物质生活过程的必然升华物。因此，道德、宗教、形而上学和其他意识形态，以及与它们相适应的意识形态便不再保留独立性的外观了。他们没有历史，没有发展，而发展着自己的物质生产和物质交往的人们，在改变自己的这个现实的同时也改变着自己的思维和思维的产物。"②也就是说，任何新的价值主体即每一代人的现实状态，都会遇到一定的物质结果，一定水平的生产力总和。"物质生活的生产方式制约着整个社会生活、政治生活和精神生活的过程。"③当然，物质生活的历史状态赋予价值主体的现实状态的特质不是唯一的，一般来说，价值主体面临着三种生产力的规定性：一是生产力总和的历史状态；二是生产力的现实状态；三是生产力由历史状态向现实状态转化的程序。

① 丹尼尔·贝尔：《后工业社会的来临》，商务印书馆1984年版，第530页。
② 《马克思恩格斯选集》第1卷，人民出版社1995年版，第73页。
③ 《马克思恩格斯选集》第2卷，人民出版社1995年版，第32页。

值得注意的是，在阶级社会，当生产力发展到一定程度时，往往会成为无法驾驭的怪物，导致人的异化。譬如在资本主义社会，大机器工业的流水作业把人变成一种简单的机器，这与人的生存欲望和对生命价值的追求发生尖锐的矛盾和冲突。生产剩余价值的规律，带来的是劳动者生命价值的降低。造成这种不合理现象的当然不是生产力本身，而是生产关系。因为，生产力发展和生产规模扩大为个人创造性的发挥和个人潜能的发掘提供了广阔的空间，并要求与个人劳动相应的价值所得，而旧有的生产关系及其价值体系（内核是意识形态）却不能进行合理的调整，并以制度规范和组织的形式遏制这种价值取向，这就必然使创造性劳动和个人潜能的发掘受到深层的损害，束缚了生产力的进一步发展。于是，旧有的价值体系就显得不合理了，存在着被否定的内在趋势。

第二，价值体系的状态存在于社会文明的流动沉淀之中。价值体系是一定社会文明的反映，是人类社会在实践基础上的思维抽象化的产物，是人类社会进入高级阶段流动沉淀的文化现象。作为一种精神现象的发展，价值体系不可能是文明历史的简单堆积，而是一种有选择的自我发展。人类文明史是一个综合的历史形态，是生产方式、价值体系、文化形态有机的统一。任何一个文明社会都不可能没有自身的价值体系，任何一个社会形态的确立，必然随着价值体系的确立而确立。"在人类心理变迁的历史上，对人类价值体系的心理结构影响最大的是大机器工业带来的商品经济。在现代社会，能清楚地看到由于商品经济的作用所造成的心理素质的极大差异以及价值观念的差异。"①

马克思从人与社会的关系的角度出发，揭示了"现实个人"生成和发展的三个历史阶段，从而真正勾勒出了人类社会价值体系的嬗变和选择历程。他雄辩地指出：每个人都"以物的形式占有社会权力"，"人的

① 李从军：《价值体系的历史选择》，人民出版社 2008 年版，第 67 页。

依赖关系（起初完全是自然发生的），是最初的社会形式，在这种形式下，人的生产能力只是在狭小的范围内和孤立的地点上发展着。以物的依赖性为基础的人的独立性，是第二大形式，在这种形式下，才形成普遍的社会物质变换、全面的关系、多方面的需要以及全面的能力的体系。建立在个人全面发展和他们共同的、社会的生产能力成为从属于他们的社会财富这一基础上的自由个性，是第三个阶段。第二个阶段为第三个阶段创造条件。因此，家长制的，古代的（以及封建的）状态随着商业、奢侈、货币、交换价值的发展而没落下去，现代社会则随着这些东西同步发展起来。"①

马克思这段话对我们坚持唯物史观地看待价值体系的历史演变具有极为重要的意义。在前资本主义社会，由于生产方式落后，人与自然、人与人之间没有摆脱神秘崇拜、宗法和血缘等的影响，因而，"人的依赖关系"是社会主要状态和文化的基本模式，正是在这样的社会基础上，西方产生了以基督教信仰为中心的价值体系，而在中国，则出现了"三纲五常"为核心的有着浓厚的道德伦理色彩的价值体系。资本主义开启了社会生活中的"人的独立性"，但由于商品、货币和资本异化的逻辑，以及资本主义工业革命后不可遏制的技术异化的逻辑，使得这种所谓的"独立性"是"以物的依赖性为基础的"，而这正是隐藏在所谓自由、平等、博爱背后的，以功利主义和个人主义为核心价值的资本主义价值观形成的社会文化根源。

毋庸置疑，以改革开放为手段以社会主义市场经济为内涵的中国特色社会主义道路的开创，标志着中国的社会体制和文化模式也进入到"物的依赖性为基础的人的独立性"的阶段。中国传统文化所畅言的价值观很难成为人们社会生活和实践的精神支撑，伴随着全球化和西方文化价值观念的冲击，中国人的民主、自由、法制和科学意识得到了空前

---

① 《马克思恩格斯文集》第8卷，人民出版社2009年版，第52页。

的增强，但与此同时，中国人的文化认同出现了严重的偏离，"人们在高扬自己主体性的同时，又面临着在自己的创造物中丧失了主体，人们在利益面前迷失了自己。"[1]中国人正经历着文化身份的困惑和痛苦的价值选择历程。

令人欣慰的是，马克思给我们揭示了价值观嬗变和选择的第三阶段，即"建立在个人全面发展和他们共同的、社会的生产能力成为从属于他们的社会财富这一基础上的自由个性"阶段。并指出，第二阶段为第三阶段创造条件，第二阶段的物质生活无论如何发达，都不过是走向"人的自由而全面发展"这一自由王国的过渡阶段。特别是社会主义社会的建立和中国特色社会主义道路的选择，必将带来一个全新的扬弃了资本主义价值观的价值体系。对这一价值体系内的核心价值观或核心价值理念，不同的学者早就做过自己的憧憬。譬如，王玉樑认为，"社会主义价值观是以人为本，以人民为价值主体和评价主体，以共同富裕、社会全面发展和人的全面而自由发展为价值目标，以爱国主义和集体主义为价值取向的价值观。"[2]李德顺则通过在欧洲的实际调查，指出："凡是认为自由比平等更重要的人，往往更支持资本主义，在资本主义国家他们是稳定的支撑因素；而凡是认为平等比自由更重要的，则较为反对资本主义，是资本主义国家中不满现实的人，并且多半倾向社会主义。……总之无论从理论还是实践上看，社会主义最深层的核心价值，就是在尊重和保障自由的基础上进一步实现以平等为特征的公平正义。这是社会主义后于资本主义、高于资本主义的价值追求。"[3]

然而，不论做出什么样的憧憬，有一点是肯定的：社会主义的价值

---

[1] 刘常鲽：《唯物史观视域下新型集体主义价值观的历史选择》，《宁德师专学报（哲学社会科学版）》2011 年第 1 期。

[2] 王玉樑：《荣辱观颠倒与价值观多元化》，《河南师范大学学报（哲学社会科学版）》2007 年第 6 期。

[3] 李德顺：《关于价值与核心价值》，《学术研究》2007 年第 12 期。

体系及价值观将消灭价值的阶级剥夺和体系内的本质分裂与对抗。在这个历史的转换中，生产力的发展仍起着杠杆的作用，推动着价值体系完成否定之否定过程，从而由阶级社会的道德评价阶段过渡到人类价值体系的高级的历史阶段——共产主义的"文化审美阶段的价值体系"。①到那样的阶段，"代替那存在着阶级和阶级对立的资产阶级旧社会的，将是这样一个联合体，在那里，每个人的自由发展是一切人的自由发展的条件。"②

四、价值观、价值体系、核心价值观

据前所述，虽然在很多时候可以把价值观看成是价值观念的简称，但二者还是有细微区别的。价值观念是对主客体之间的客观关系状态的反映和表达；而价值观则是关于价值的根本看法，它集中地表现在价值评价的过程之中；价值观念是形形色色的，而价值观总是表现为一定社会群体中的人们所共同具有的愿望的观念；在价值观的形成过程中，价值评价起着至关重要的作用，这种评价离不开一定的社会文化背景，有着根深蒂固的文化精神为支撑。概而言之，"价值观比价值观念更为根本，它是价值观念的核心和基础，是各种价值观念的抽象和概括。"③

正是在这样理解的基础上，我们综合学界各家观点认为，价值观是人们关于价值问题的基本看法，是对价值、价值信念、价值追求、价值取向和价值评价的根本观点。作为一定社会文化模式、文化精神和意识形态的表现形式，价值观也可以看作为世界观、人生观、理想、信念、信仰等思想观念的总和。价值观的内容一般表现为两个方面：一方

---

① 李从军：《价值体系的历史选择》，人民出版社 2008 年版，第 88 页。
② 《马克思恩格斯选集》第 1 卷，人民出版社 1995 年版，第 294 页。
③ 袁贵仁：《价值观的理论与实践》，北京师范大学出版社 2006 年版，第 131 页。

面表现为价值取向、价值追求，凝结为一定的价值目标；另一方面表现为价值尺度、评价标准，成为主体判断客体有无价值及其价值大小的观念模式和框架。更为重要的是，价值观可以分为不同的层面：从宏观上说，价值观"是社会文化体系的内核和灵魂，代表着社会对应该提倡什么、反对什么的规范性判断"；从微观上说，价值观"是人心中深层的信念系统，在人们的价值活动中发挥着行为导向、情感激发和评价标准的作用，构成个人人生观的重要内容"；[1] 从其主要内容来看，理想、信念、信仰是价值观的集中表现形态，"在各种价值观念中居于支配、统摄地位……对人们的思想言行具有决定性的影响，它们是最重要的价值观念，是主宰人们灵魂的精神支柱。"[2] 从其基本特征来看，价值观又具有特定主体性、社会历史性、绝对倾向性和相对稳定性等特点。[3]

那么，什么又是价值体系？有学者认为，价值体系就是人们关于正确与错误、好与坏的信念系统，是人们必然要去追求的东西。"如果我们不去追求这些东西，我们就会觉得人格不完整、生活不充实。如果我们觉得我们正在通过现时行为来实现我们的价值体系，我们就会感到由此而引起的协调性和人格的完整与一致性。价值体系体现着生活方式和对生活的反应方式。"[4] 可以洞见，这里所说的价值体系，就是人们一种稳定的信念系统、基本的价值观念系统，是以"信什么、要什么、坚持什么、追求和实现什么"的方式存在的人的精神目标系统。从这个意义上，价值观与价值体系是两个内容基本一致的范畴，只不过，价值观主要是从内容、内涵方面来说明价值体系的本质的，而价值体系则是侧重从理论结构的角度来说明价值观的本质特征。但有一点很清楚，价值观

① 田海舰、邹卫：《社会主义核心价值观论纲》，人民出版社 2010 年版，第 27 页。
② 王玉樑：《理想、信念、信仰在价值观中的地位及其意义》，《光明日报》2000 年 9 月 19 日。
③ 陈章龙、周莉：《价值观研究》，南京师范大学出版社 2004 年版，第 11—12 页。
④ 麦金生主编：《哈佛肯尼迪政治学院读本》，四川大学出版社 1998 年版，第 169 页。

和价值体系二者虽有区别，却不可分割地联系在一起：当我们在讨论有关价值问题时，绝不能离开理论内容来谈理论结构，也不能离开理论结构来研究理论内容。如果说价值观侧重于个人的价值意识，那么，价值体系主要属于社会意识的范畴，是社会意识的本质体现。"它受一定社会基本制度的制约，是由一定社会崇尚和倡导的思想理论、理想信念、道德准则、精神风尚等因素构成的社会价值认同体系。"①

然而，不可否认的是，价值观和价值体系都是一种复杂的多层次的系统性存在，可分为多种类型。从主体角度可分为个体价值观、群体价值观、类价值观；从起作用的领域可分为经济价值观、政治价值观、道德价值观、生态价值观、审美价值观、宗教价值观、人生价值观等；从起作用的性质可分为积极（正向）的价值观和消极（负向）的价值观；从与时代的关系可分为传统价值观和当代价值观；从与社会发展的客观要求相符合的程度可分为超前的价值观和落后的价值观；从所处的地位可分为终极价值观、核心（主导）价值观、一般（边缘、从属）价值观。可见，在一个社会的价值观体系中，各种价值观的地位并不是完全相同的，必然是，有些价值观处于核心地位，有些价值观处于从属地位。这就必然会引申出核心价值体系和核心价值观两个概念。

我们先看核心价值体系的概念。有学者认为，核心价值体系就是"价值体系中最重要的核心组成部分。"② 笔者不敢苟同这种望文生义的观点，因为它把"核心价值体系"这一范畴中的"重心词"搞混了。显然，这里的重点是"体系"而不是"核心"，核心是"一"，体系是"多"，把核心价值体系界定为"价值体系中最重要的核心组成部分"就会导致"核心"与"体系"的矛盾，造成不必要的逻辑混乱。所以，从总体上看，笔者比较赞同韩震的观点：所谓"核心价值体系，是指在社会生活中居

---

① 韩震：《社会主义核心价值观凝练研究》，北京师范大学出版社 2012 年版，第 7 页。
② 田海舰、邹卫：《社会主义核心价值观纲》，人民出版社 2010 年版，第 44 页。

于统治和引导地位的社会价值体系，它能够有效地制约非核心、非主导的社会价值体系作用的发挥，能够保障社会经济制度、政治制度、文化制度的稳定和发展。"①这一界定不仅保证了价值、价值观、价值体系等前述一系列概念的自洽性，具有深厚的文化哲学底蕴，而且，用这一定义还可以很好地解释"核心价值体系"存在的理由和意义。

第一，就核心价值体系存在的理由来说，不论什么样的社会，其存在和发展都要有核心价值体系的支撑。一般而言，核心价值体系就是指一个民族国家中占主导地位的社会理论或观念上层建筑——意识形态。它"是一定社会或一定社会阶级、集团基于自身根本利益对现存社会关系自觉反映而形成的理论体系；这种理论体系包括一定的政治、法律、哲学、道德、艺术、宗教等社会学说、观点；意识形态是该阶级、该社会集团政治纲领、行为准则、价值取向、社会理想的思想理论依据。"②任何社会的统治阶级都必然会竭尽全力地将自己的意识形态上升为国家意识，并最终凝练成核心价值体系渗透在政治、经济、文化等各个领域之中，起到引领社会思潮、整合文化认同、维护社会稳定发展的作用。"如果说意识形态占据了整个社会思想体系的中心的话，那么，价值观念则在意识形态内部占据了中心位置。……任何一个社会都有自己的核心价值体系，这是一定的社会系统得以运转、一定的社会秩序得以维持的基本精神依托。"③

第二，就核心价值体系存在的意义来说，一方面，由于核心价值体系涵盖了社会存在和发展的根本指导思想，是全部社会生活的灵魂，因而它决定着社会意识的性质和方向，影响着人们的思想观念、思维方式、行为规范，引领和主导一个社会的各种价值观念、价值评价及价值

① 韩震：《社会主义核心价值观凝练研究》，北京师范大学出版社2012年版，第7页。
② 宋惠昌：《当代意识形态研究》，中共中央党校出版社1999年版，第9—10页。
③ 杨明、张伟：《社会主义核心价值体系论纲》，南京大学出版社2013年版，第23页。

取向沿着一定的方向发展，保证一定社会的政治、经济、文化的有序运行。另一方面，由于"旧社会的解体往往以这个社会的核心价值体系的崩溃为先声，新社会的诞生往往以一种新的核心价值体系的形成为先导"，① 因而，核心价值体系的确立与否、完善与否，就成为了一个社会的文化模式和文化精神是否形成的显示器，成为该社会能否存在发展、为何存在发展的稳压器。

接下来，我们讨论核心价值观的问题。

所谓核心价值观，包含了两方面的规定：一方面，从一定社会价值观多元并存的角度来看，核心价值观是指在一个社会的价值体系中处于核心地位、统率和支配着其他处于从属地位的价值观，是一种社会制度长期普遍遵循的基本价值原则；在阶级社会中，核心价值观就是与统治阶级的占统治地位的意识形态相一致的价值观。另一方面，从价值观本身的理论内容来看，核心价值观主要是指该价值观中有决定意义的内容，即能够充分体现主导意识形态的那些本质内容，如指导思想、共同理想、主要的精神信念等。一句话，所谓核心价值观，就是那种反映一定社会中主流意识形态本质内容的、在该社会诸多价值观中居于主导和支配地位的价值观，是一种文化区别于另一种文化的基本价值观念。

事实上，每个社会都有其赖以生存和发展的核心价值观，社会历史的发展从文化精神的角度考察，也可以理解为核心价值观的嬗变历程。站在宏大的历史背景上，我们可以说，以"三纲无常"特别是仁义礼智信为基本内容的价值观是中国传统农业社会中封建主义的核心价值观，以自由、平等、博爱、科学、功利为基本内容的价值观是资本主义核心价值观，而以富强、民主、文明、和谐为基本内容的价值观则是社会主义核心价值观。赵馥洁在总结中国传统价值观的演变规律时，除指出了"社会经济的发展是价值观演变的最终根源"、"国家政治权力对价值观

---

① 韩震：《社会主义核心价值观凝练研究》，北京师范大学出版社 2012 年版，第 8 页。

的演变起着重大控制作用"外，着重申明社会价值观的演变形式总是"围绕着一个轴心左右震荡"，他指出："儒家倡导的道德价值观在汉以后的封建社会中是中华民族价值观的轴心，其他的价值观则是围绕着这个轴心震荡，始终不能取代，也不会远离这个轴心。道家的自然、生命价值观，佛家的解脱、智慧价值观，以及明末清初的个性、情感价值观，都在一定历史时期发生过影响，但都从属于并受制于儒家的价值观念。"①

综上可见，任何一种社会形态的"核心价值观必然是国家的、社会的、民众的价值观念、价值尺度，必然涵盖政治、经济、文化、道德的所有层面，必然体现在国家的制度、方针、政策、法律的所有规范中，具有统一思想、引领思潮、坚定信念、凝聚人心、激发活力、整合资源、预测趋势等多重功能，对价值变迁起着重要影响作用。"②归结起来，核心价值观具有如下几个基本特征：

第一，统摄引领性。核心价值观处于价值体系的核心地位，其他价值观处于外围"保护带"。"保护带"中的价值观越靠近内核，受核心价值观的影响越大；越靠近外围，灵活性越大。由于核心价值观反映了时代的要求，指明了社会发展的趋势，既立足于现实又超越现实，因而具有极大的感召力，从而能够把其他价值观统摄在自己周围，对外围价值观起着协调、整合和引导作用。而外围价值观保护着核心价值观免受冲击和影响，确保其主导和支配地位。说透了，核心价值观就是一种文化的内核或"核文化"，它包含的文化因子密集而强大，其辐射力、吸引力、凝聚力和征服力都是不言而喻的。

第二，普遍认同性。核心价值观是社会普遍认同的价值理想、价值信念、价值尺度、价值原则的集中反映，并内化为人们普遍的价值追求和价值向往。核心价值观如果缺少了人们的普遍认同，就会失去存在的

---

① 赵馥洁：《价值的历程——中国传统价值观的历史演变》，中国社会科学出版社2006年版，第6页。

② 田海舰、邹卫：《社会主义核心价值观论纲》，人民出版社2010年版，第27页。

社会心理基础。正是遵循着核心价值观的方向导引，人们才在普遍的价值追求中沿着同一方向、朝着同一目标努力奋斗。因为说透了，"价值观念演变的实质是民族主体性的演变"，譬如，"中华民族价值观念的演变反映了中华民族的主体性在历史上经过了一个由强到弱再由弱到强的变化过程，宋以前是强化过程，宋以后是弱化过程，辛亥革命以后是民族主体性的振兴过程。"[1] 而新中国成立特别是改革开放以来则是伟大民族精神的复兴时期。

第三，相对稳定性。核心价值观是最基本的、比较恒定的价值观。以文化精神面目出现的核心价值观的作用主要体现在社会历史演变的长河中，当一个社会最根本的价值体系确立以后，它将进一步走向社会化、大众化，成为人们共同遵循和维护的行为准则，深埋于人们的思想深处。随着时代的变迁和社会实践的发展，当社会生活中的次级价值观、具体价值观乃至某些基本的价值观发生变化或重大的改变时，核心价值观却具有很大的稳定性，并且能成为一种穿越时空的东西长久地影响着人们的思想观念。这种核心价值的影响力就是文化上所谓的"场效应"，它不仅稳定地影响主流文化，而且稳定地影响非主流的"低"、"俗"文化："它通过人们举手投足、一颦一笑、大事小事等，人们在秉承生活方式、学会生存技巧的同时，其文化的核心部分……就在不知不觉中，浸入生活于'场'中的人们的内心深处，使他们接受了携带着'文化场'信息的认知方式与评价标准。"[2] 历经沧桑而绵延不绝的儒家文化之所以在中国社会有很大的稳定性，其原因就在于它的"核文化"是强有力的。

第四，形塑教化性。一个共同遵循的价值观不是单纯依靠社会大众自发形成的，而是有赖于统治阶层和社会精英对其的提出和阐发。当这

---

[1]　赵馥洁：《价值的历程——中国传统价值观的历史演变》，中国社会科学出版社2006年版，第7页。

[2]　鄢本凤：《社会主义和谐文化建设研究》，人民出版社2010年版，第22页。

个价值观真正进入社会大众的思想和意识层面时，必将稳定地影响价值判断和行为，进而影响整个社会的走向，影响制度设计、规则制定和外交交往，起到稳定社会秩序、维护统治利益的作用。更为重要的是，以"文化场"形式存在着的核心价值观的作用更多地是以渗透、内化的方式，在悄然无声中融入人的内心世界和实践活动。它不仅包含着"是什么"的价值支撑，而且蕴涵着"应如何"的价值判断。它把人类的远大理想同人们改造世界的现实任务结合起来，既反映现实又超越现实，成为人们生活、实践的价值理想和价值信仰，形塑着人们的品格，教化着人们的德性。由于它是在人们的心灵"不设防"中进行的，从而可以更大更多地影响人们的日常生活世界。正是有了这种理想性的精神支柱，人们才能在其价值实践中不断纠正偏差和失误，并不断地获得前进的精神动力，朝着共同的目标迈进。

五、价值观的多元化与文化生态

价值体系本身是一种文化形态。人类价值观的发展和演变，是一种历时态的文化的历史选择过程。考察人类文化形态及其价值体系的变迁，不能只是考察生产方式的选择性，文化的其他诸种因素也分别以自己的特征与功能，在构成特定的文化形态时，对价值体系产生一定的形塑作用，并由此赋予价值体系一定的特征。正因此，文化或价值体系本身并非是一个固定的、僵化的形态，而是一种流动的、丰富多彩的形态。其中，文化或文化模式的运行规律决定了文化和价值观的多元发展。具体而言：

第一，文化和价值观念是一个具有相对独立性的社会子系统，有自己独特的动态进化过程。一方面，文化和其中的价值观念是人类在长期的历史活动中积聚而成的，具有自己的积累和传承机制；另一方面，文化和价值观是人类社会实践的产物，与社会生活水乳交融，具有自己特定的传播与渗透机制。如果说前者对主流社会有趋同、整合作用，那么，后者对主流社会有一定的解构、开拓作用。正是不同文化、不同价值观的差异诱发了人类的"和谐与竞争"之灵感，从而导致了文化的革新与核心价值体系的引领。

第二，文化和价值观念是一种强大的解释系统，对社会生活和人类文明有着巨大的形塑作用。事实上，在文化和价值观的历史与现实的交替中，人类总是依据自身所处的物质与精神生活环境给予的价值判断、思维方式，竭力去理解前人的文化、价值成果，企图对此作出合乎逻辑的解释；同时，这种理解和认识又必然影响到对现实生活的评价。因为，每一种历史、现实的文化和价值观念，都在其逻辑程序上留下了自己的印迹，这种"润物无声"的演绎也是价值主体在一定文化氛围中自我反思、自我更新的实践过程，它以精神的形式表达了人在一定的生活方式中对生命价值的判断。于是，人类的文化和价值观在历史与现实的交替中得到了内在的沟通，传统得到了延续，人对自身的理解得到加深。

第三，文化与价值体系的相互转化和共融发展，推动着人的自由而全面发展。现实的物质生活方式不可能在人的观念活动中直接地投影出价值判断的精神形式。物质生活方式只有转化为一种文化模式，而不是具体的、琐碎的、看起来毫无内在联系的、一成不变的凌乱画面，才能在人的意识中建构起一个完整的价值体系来。反过来，价值主体总是把物质生活方式作为一种文化要素来理解、分析，从中提炼出精神的内涵，并把这种理解、分析付诸具体的文化形态中。价值体系的构建无非是物质生活的某种意识升华，正是在这种不断的提炼中，文化成为了流动着的、不断被精神化的历史形态。当然，在价值体系作为文化形态的演变中，人的物质生活和精神生活以文化因素赋予它形式和内涵的不同特征，不断地推动着人自身的全面而自由的发展。我国近现代化的历程，就是文化和价值观的艰难变革历程，特别是在当代中国，价值观变革的核心就是人的解放。而所谓人的解放，其哲学内涵是"摆脱束缚获得自由"；它是人的智慧和能力充分发挥的根本前提，是人的自由而全面发展中有决定意义的条件。以人的解放为核心的价值观的革命性变革，必然会成为当代中国深入改革开放、建设中国特色社会主义、完成中华民族伟大复兴的强大的精神动力。

今天，我们所谈论的文化多元化包含两个不同的层次：其一是指世界文化格局多元化；其二是指当前我国文化价值观念的多元化。就世界文化格局的多元化而言，由于文化本身是不同民族、不同国家的生活方式，因而必然具有不同的文化现象和文化价值观。特别是相对于过去西方文化一统天下的价值现象而言，文化多元化特指文化霸权主义时代的结束，各个弱小民族国家在世界文化体系中发挥着越来越重要的作用这一文化现象。早在 20 世纪 70 年代，美国前国务卿基辛格就指出，世界出现了美、苏、中、日、欧 5 个力量中心。到了 20 世纪末，美、苏两个超级大国主宰世界的雅尔塔体系以及两极对立格局崩溃，世界向多极化方向发展。与国际政治经济的多元格局相对应，世界文化多元发展的趋势也凸显，各民族国家文化的平等、互补、合作意识不断增强。广大发展中国家，尤其是东方国家不再轻信西方文化，而是致力于发展本民族优秀的传统文化；西方国家也对自身文化进行反思，学习其他民族的优秀文化。哈佛大学教授塞缪尔·亨廷顿指出："未来不会出现一种普世皆准的文化，人类仍然生活在一个不同文化并存的世界。"①

就我国文化价值观念的多元化而言，随着改革开放的深入和社会主义市场经济体制的推进，民众的文化价值观念发生了深刻的变化，其突出表现就是以意识形态为核心的大一统的文化价值观念被打破，前现

---

① 塞缪尔·亨廷顿：《文明的冲突与世界秩序的重建》，新华出版社 1998 年版，第 140 页。

代、现代和后现代呈"三级两跳"的社会转型的复杂态势，民众的文化价值观念越来越向多样化方向发展。"新的与旧的，洋的与土的，传统的与现代的，大马路与小胡同，迪斯科与太极拳，疾驶而过的摩托车与慢腾腾的三轮车，大企业的联合公司与个体商贩的夫妻老婆店，灯红酒绿的夜总会与悠闲清淡的小茶馆，通讯卫星与长线风筝，豪华建筑与低矮瓦房并存。"① 有学者指出，当今中国的文化价值领域大致有三种价值判断体系：原有的、不定的、新生的。三种类型的文化价值观念并存，且处于不断地矛盾斗争和渗透交融之中。原有的价值观念不断受到新生价值观念的冲击，一部分已经被扬弃，转化为新生文化价值观念中的有机成分而被保留下来；一部分文化价值观念还处于艰难复杂的整合过程中，尚未出现稳定的形态，这种状况表明了我国当前文化价值观念领域的多元化特征。

其实，所谓多元是针对一元而言的，从文化生态的角度看，任何形态的文化，尽管其内部存在不同文化要素和不同的亚文化，外部也与其他形态的文化有着各种各样的联系，但都是相对独立、完整的，有着与其他形态文化相区别的内在特征，是整个文化大系统中的"一元"；就其同位概念而言，则是多元文化中的"一元"。而且，就其内部来看，每一种形态的文化又是由若干亚文化依据一定的规则、特征、关系所构成的，因而严格说来，任何文化又都可以说是多元的。当然，就一般意义说，"一种文化如果与其他文化相对而言处于中心地位，一方面对其他文化有强制性、排他性、垄断性，另一方面其内部也有较强的统一的意识形态规则，较不能容忍偏离和变化，就可以称之为一元文化；一种文化如果处于非主导地位，对其他文化较多宽容性、开放性，其内部也较少强制性的统一的意识形态规则，较能容忍偏离和变化，就可以称之

---

① 陈光春、万承贵：《论多元文化背景下现代大学文化精神的重塑》，《内蒙古师范大学学报》2006 年第 1 期。

为多元文化。"① 我们说改革开放前的文化呈现出一元特征，主要是指当时的文化具有较强的强制性、排他性、垄断性以及意识形态性；说当前文化呈现出多元的态势，则是指我们已经具有了较为广阔的胸襟，能够涵纳、容忍其他特性文化的存在。近年来，这种文化发展多元化的格局构筑成了一幅"万类霜天竞自由"的壮阔的文化生态画面：一是中国文化与西方文化共时共存；二是前现代、现代、后现代文化共潮共涌；三是主流文化、精英文化、大众文化（包括网络文化）同时并存。所有这些文化都共存于建设有中国特色的社会主义的伟大实践中，都为这种建设提供了可资吸收的素材和可资借鉴的东西。

然而，当多元文化的多元价值观出现在社会各个阶层面前时，对每个社会成员乃至整个社会而言，既意味着更多自主选择的机会，更意味着何去何从的困境，同时还必然伴随出现社会转型期的价值冲突和价值失范现象。具体表现在以下几个方面：

第一，集体主义价值观面临挑战。新中国成立到改革开放之前的几十年，集体主义一直是主流社会的文化精神，集体主义的价值观作为社会主义中国的民族价值观处于受人尊崇的地位。然而在今天，集体主义在中国社会生活领域受到的挑战是空前的，其原因在于传统的集体主义价值观的经济基础是计划经济体制，它虽然对形成和固化集体主义价值观有强大的作用，但也使人们对集体主义的认识产生了三大误区：一是对"集体"本身的认识误区。传统集体主义往往把"集体"神圣化、绝对化，片面强调集体的权益，过分突出个人必须对集体承担的义务，忽视了集体对个人应有的满足和责任，忽视了一个真实的集体（如国家、政府、企业和社区等）对它其中每个成员切身利益的维护，从而使传统的集体主义价值观有了"假"的名声。二是对集体主义先进性的认识误区。作为理想、信念和社会主义的价值实践，集体主义的先进性是毋庸

① 邹广文：《当代中国大众文化论》，辽宁大学出版社 2000 年版，第 159 页。

置疑的。但传统集体主义价值观在片面强调这种先进性时，却没有对这种先进性的适用范围进行历时态和共时态的考察，而是"大跃进"和"一刀切"地希望每个人都成为"活雷锋"。集体主义的先进性要求首先是针对先进分子的，而传统的集体主义价值观却急于求成地把适应社会普通群众的集体主义要求与适应社会先进分子的最高层次的集体主义要求等同起来，从而使集体主义的适应对象严重泛化并有了"大"的色彩。三是对集体主义价值观教育的误区。传统的集体主义价值观把不分对象的抽象说教看成是进行价值观教育的唯一手段，不仅在方法上陷入了"理论灌输"或"政治宣传"，而且在路径上割裂了受教育者与现实利益的联系，最终削弱了集体主义价值观的认同和规范能力，很容易称作是脱离实际的"空"话。

第二，传统的义利道德观处境尴尬。在市场经济条件下，个人的经济动机得到了合法化，惟义无利的传统观念被破除，追求财富和富裕的生活已经为社会所肯定。在市场经济中，每个人都是从自我本位出发参加到市场运行的各个环节去追求自己的私人利益。马克思认为，在市场经济条件下能够使市场主体"连在一起并发生关系的唯一力量，是他们的利己心，是他们的特殊利益，是他们的私人利益。"① 由于经济活动中的决策、收益、风险、责任最终都由个人承担，市场经济体制下这种个人主体的凸显，以及对自我中心的突出强调，反映到道德价值观上来，必然会引发对个人权利和利益的强烈认同，这一点在个人价值长期受到片面否定的中国所引发的反弹更趋强烈。同时市场经济使利益主体多元化，当然也就造成道德价值观的主体多元化，造成个人、团体之间因不同的利益立场而在道德价值观上的差异与对立，形成对原有的社会主导价值观的挑战。

第三，西方价值观的渗透威胁着本土价值观的认同。以高科技、知

① 《马克思恩格斯全集》第 44 卷，人民出版社 2001 年版，第 204—205 页。

识经济、网络信息和时空压缩为特征的全球化趋势，已经成为当代社会不可逆转的客观历史进程，它正以一种摧枯拉朽的态势解构并重构着人们的生活方式，而且"这些对我们产生影响的变迁并不局限于世界的某个地区，而几乎延伸到世界的每一个角落。"① 值得注意的是，全球化作为一种文化现代化进程，绝不是某些西方国家标榜的价值中立现象。随着全球化在世界范围内的不断扩展，不同民族、国家之间的制度体系、生活方式及其背后蕴藏的价值观念的相互影响也在日益加快，由此产生的各种价值观的冲突也愈来愈加明显和频繁。而在这种价值冲突中，西方国家刻意利用其在全球化推进中所处的有利地位，通过各种方式推行他们所希望的"西方价值普世化"、"西方价值全球化"，特别是通过价值渗透在全球树立西方社会的生活方式、社会心理和价值判断，造成我们对原有的社会主义本位价值认同感的消解和丧失，最终实现"全球价值西方化"。

第四，信息网络化直接影响着社会成员的传统伦理观念。当代世界互联网技术迅速发展，直接促成了社会的信息化和网络化发展方向，大容量、多渠道、高速度的信息流通和信息获取，可以使人们方便地获取大量进步、健康、有益的信息，但同时也会使社会成员自觉不自觉地接受许多消极内容，很容易产生无所适从的感觉，从而堕入价值相对主义和道德虚无主义，甚至引发社会问题和刑事犯罪。特别是互联网对人们的行为模式、价值取向、政治态度、心理发展都产生和正在产生着潜移默化的影响，它改变了传统媒介的单向传播的特点：人们在互联网上可以自由发表自己的观点和见解，也可以与别人进行充分的无拘无束的讨论和交流，从而必然加剧了价值观的多元化。

综上所述，当前我们正置身于一个被预先设定的社会主义市场经济

---

① 马蒂亚斯·霍尔茨：《未来宣言：我们应如何为 21 世纪做准备》，云南人民出版社 2001 年版，第 4 页。

的共同体中，社会生活领域存在着价值观多元且各竞所长的复杂局面，这既给中国特色社会主义的文化大发展、大繁荣带来积极的影响，同时也为中华民族的伟大复兴和中国梦的实现带来了文化软实力不足的隐患。因为，价值观的复杂多元不利于凝聚力量、达成共识；特别是当多元价值出现在社会各阶层面前时，对每个社会成员都会产生不同程度的精神裂变：一方面，每个人都确实有了更多自由选择的机会，另一方面，每个人都产生了何去何从的困惑，有被边缘化或价值失范的趋势。正是在这样的文化背景下，构建我国社会的核心价值体系，形成核心价值观，已是理所当然，势在必行。

第 四 章
文化哲学与社会的现代化

一、20世纪：文化哲学的大发展

前述几章中，我们主要立足于学理层面，阐明了从传统哲学转向文化哲学的内在必然性，揭示了文化哲学的研究对象和内在张力，以无可辩驳的逻辑告诉人们，文化哲学作为现当代哲学的发展形态和解释框架，它已经超越了包括人学、价值哲学、政治哲学等在内的一些部门哲学的视域，从而真正把人的问题、文化问题、价值问题、意识形态等问题内在地结合起来。在这一章中，我们还想打通文化哲学和社会哲学、发展哲学的关系，说明现代化特别是中国特色社会主义现代化的文化理路，为说明社会主义核心价值问题奠定更为坚实的基础。

其实，文化哲学的产生和发展与人类社会的现代化进程是一致的。在思辨哲学盛行18至19世纪，文化哲学不可能得到大的发展，因为思辨哲学所关注的"理性"光辉尚未失去它的光彩。作为理性的最高成果——知识，正在为工业社会创造无穷的财富，理性正在给人以信心和力量。文化哲学的发展只有当近代理性主义陷于困境，特别是黑格尔哲学遭到批判时，才有可能受到人们的重视。从严格意义上说，20世纪才是文化哲学真正自觉的世纪。

（一）"文化哲学"一词的明确使用

卡西尔的代表著《人论》的副标题就是"文化哲学引论"，其《符号·神话·文化》一书的第二篇命名为"作为一种文化哲学的批判唯心主义"。早在 20 世纪 30 年代，我国学者朱谦之就提出，"纯正哲学即不为当代之急切需要，而在研究文化之各部门时，却非需要各部门之文化哲学或文化社会学不可。而且即就哲学来说，哲学自身亦倾向以一大目标，即从事于各文化之综合的根本研究，而这就是'文化哲学'了……将来的哲学，应该说就是文化史的哲学，换言之，即为文化哲学。"他同时告知："德国从前最盛行一时的为康德哲学，尤其为新康德派哲学，最喜欢讨论文化问题，所以'文化哲学'一语，最初还是见于新康德派的著作，Windelbard 即有关于文化哲学之专篇。"① 文德尔班 1910 年发表了《文化哲学与先验观念论》，在标题中也明确使用了"文化哲学"一词。

（二）文化研究的多层面展开

总体上看，到 20 世纪，文化哲学对文化的研究已经超越了对文化现象的实证描述和对文化在历史进化中的地位的一般性探讨，开始了对文化的"属人本性"的全面解读和文化模式、文化功能的具体研究。

首先，文化的"属人本性"的全面解读。在《西方的没落》中，斯宾格勒力图描述文化与人的生命的内在本质联系，沿着泰勒的思路，他把文化看作一种活生生的有机体："我看到的是一群伟大文化组成的戏剧，其中每一种文化都以原始的力量从它的土壤中勃兴起来，都在它的整个生活期中坚实地和那土生土壤联系着；每一种文化都把自己的影像印在它的材料、即它的人类身上；每一种文化各有自己的观念，自己的

---

① 朱谦之：《文化哲学》，商务印书馆 1990 年版，第 3 页。

情欲，自己的生活、愿望和情感，自己的死亡。"①德国人类学家蓝德曼更是指出："文化是人类的'第二天性'。每一个人都必须首先进入这个文化，必须学习并吸收文化。"因为，人的行为是靠人自己所获得的文化来支配的，"人们使用的所有文化形式，都是建立在历史创造的基础上。由于人是历史性的创造物，所以人不能靠遗传继承。不过，人必须保存祖先造福后代的发现……这种保存的另一种形式，便是传统。通过传统，知识和技术如同救火线上的水桶一代一代地传递，而且靠典范传达给后世，于是前辈的传统引导着人们。"②卡西尔的文化哲学更是以"人是什么"为论证主题，提出应当把人定义为"符号的动物"来取代把人定义为"理性的动物"。他把人看作是文化的存在，人、符号、文化三者是融为一体的，只有通过对文化形式的把握，才能展示人性的本质特征，只有文化哲学才是真正的人的哲学。这种对符号形式的重视，对形态文化的关注开启了文化哲学研究的基本方向，并规定了其基本特征。卡西尔认为，人只有在创造文化的活动中才成为真正意义上的人，也只有在文化活动中，人才能获得真正的自由。"一种'人的哲学'一定是这样一种哲学：它能使我们洞见这些人类各自的基本结构，同时又能使我们把这些活动理解为一个有机的整体"。③

其次，文化模式的探究和比较。早在《文化：历史的投影》中，美国学者菲利普·巴格比就指出，文化是"社会成员的内在的和外在的行为规则，但是剔除那些在起始时已明显地属于遗传的行为规则。"④C.恩伯和M.恩伯则进一步申明，"文化是整合的"而不仅仅是"习俗的随机拼凑"，个人的偶尔的行为方式构不成文化模式，"因为，一种被认为是文化的思想和行为必须被一处居民或一群人所共同享有"，"我们并不

① 斯宾格勒：《西方的没落》上卷，商务印书馆1963年版，第39页。
② 蓝德曼：《哲学人类学》，工人出版社1988年版，第223、277—278页。
③ 卡西尔：《人论》，上海译文出版社1985年版，第87页。
④ 菲利普·巴格比：《文化：历史的投影》，上海人民出版社1987年版，第100页。

老是感到文化强制的力量，这是因为我们通常总是与文化所要求的行为和思想模式保持着一致。然而，当我们真的试图反抗文化强制时，它的力量就会明显地体现出来了。"① 在文化模式的研究方面，露丝·本尼迪克特的研究成果影响最大，也最具权威性。在《文化模式》一书中，她指出了传统文化人类学的缺点是"过度地偏重于文化特质的分析，而不是研究脉络分明的文化整体"。实际上，文化在本质上是趋于整合的，各种文化特质形成一种具有内在统一精神和价值取向的文化模式，这种文化模式把每一个体的行为包容于文化整体之中，赋予它们意义。她说："一种文化就如一个人，是一种或多或少一贯的思想和行动的模式。各种文化都形成了各自的特征性目的，它们并不必然为其他类型的社会所共有。各个民族的人民都遵照这些文化目的，一步步强化自己的经验，并根据这些文化内驱力的急迫程度，各种异质的行为也相应地愈来愈取得了融贯统一的形态。"② 本尼迪克特指出，文化模式所体现的文化的整体性不是外在的，而是内在的，它是由内在的文化整合力形成的；一般地讲，文化的总体合力多于或大于其各个特质的总和。正是在这种意义上，她认为研究文化模式在整个人类发展进程和民族特征的研究中具有举足轻重的地位。

在我国，由于社会历史进程的特殊境遇，文化模式的比较，特别是中西文化的比较研究一直是 20 世纪文化学者的中心任务。梁漱溟较早地区分了中国、印度和西方三种文化模式。他认为，文化作为"生活的样法"是存在着各种差别的，其中有三种基本的导向，也可称为"人生的三路向"：第一种是生活的本来路向，"就是奋力取得所要求的东西，设法满足他的要求……就是奋斗的态度"；第二种是持中的路向，"遇到问题不去要求解决，改造局面，就在这种境地上求我自己的满足"；第

① C. 恩伯、M. 恩伯：《文化的变异》，辽宁人民出版社 1988 年版，第 30、37 页。
② 本尼迪克特：《文化模式》，浙江人民出版社 1987 年版，第 45 页。

三种是转身后去的路向，"走这条路向的人，其解决问题的方法与前两条路向都不同。遇到问题他就想根本取消这种问题或要求。"① 这三种人生的基本路向正好对应着西方、中国和印度三种不同的文化模式。

再次，文化功能的研究。马林诺夫斯基认为，文化的功能在于满足人的基本需要和次生需要。在基本需要层次上，存在着新陈代谢与营养补给、生殖与亲属关系、身体舒适与居所、安全与保护、运动与活动、发育与训练、健康与卫生之间的"文化回应"关系；同样，在工具设备和消费品生产、人类行为和交往、人力资源的再生、社会权威等次生需要层面上，存在着经济、社会控制、教育、政治组织等更高层次的"文化回应"。这样，文化在不断满足人的各种需要的过程中，构成了一个开放的价值体系。马林诺夫斯基指出："个人和种族的机体或基本需求之满足，是强加于每种文化之上的一组最低条件。由人类的营养、生殖和卫生需求所提出的难题必须得到解决。解决的方式就是建造新的、次生的人工环境。这个恰恰相当于文化的环境必须持续地得到再生、维持和管理……很明显，文化传统必须从一代传递给下一代。某种教育方法和机制必然存在于每种文化之中。因为合作是每一项文化成就的真谛，所以秩序和法律必须得到维持。"② 也就是说，文化对于个体行为作用主要体现为，"文化是满足人的各种需要的价值规范体系"；"文化提供了特定时代公认的、普遍起制约作用的个体行为规范。"③ 在社会运行的层面，克利福德·格尔茨继承了韦伯的思想，指出："虽说文化是观念性的，但它并不是存在于人的头脑中；虽然它是非物质性的，但也并非是超自然的存在。""人是悬挂在由他们自己编织的意义之网上的动物，我把文化看作这些网，因而认为文化的分析不是一种探索规律的实验科

---

① 梁漱溟：《东西文化及其哲学》，商务印书馆 1999 年版，第 61 页。

② 马林诺夫斯基：《科学的文化理论》，中央民族大学出版社 1999 年版，第 52—53 页。

③ 衣俊卿：《文化哲学十五讲》，北京大学出版社 2004 年版，第 36 页。

学，而是一种探索意义的阐释性科学。"①就是说，文化并不局限于具体的文化存在形式，而是内化到人的活动和社会运动各个领域之中的；从社会历史方位来看，文化不是与政治、经济等相并列的领域或附属现象，而是人的一切活动领域和社会存在领域中内在的、机理性的东西，是从深层制约和影响每一个体和各种社会活动的生存方式。

（三）文化哲学在中国的兴盛

在中国现代化的进程中，各种复杂而尖锐问题的提出，各种见解和主张的不断交锋，最后总是归结到文化的深层；现代西方文化与传统中国文化的冲突与碰撞一直成为了影响中国现代化进程的重要因素。青年学者阮青在对中国近百年来的文化哲学进行回顾与反思时说："在人类历史的长河中，文化问题始终居于一个非常重要的地位……百年中国文化哲学是围绕着如何回答'中国向何处去'这个时代课题而展开的，其基本内容是对古今中西文化的论释、比较、评价和选择，以重建中国的现代文化，进而为重建新的社会模式提供一种内在的深层结构性规定；其讨论的焦点是'传统文化与现代化'的关系，试图通过对传统文化的价值诠释和选择，以实现传统文化的创造性重建，解决发展中国家在实现现代化进程中所普遍存在的问题，实现从传统社会向现代社会的转变。由于社会的发展变化，使文化哲学问题的不同侧面得以凸显，人们对文化哲学问题的思考和回答也有所侧重，因此形成百年文化哲学发展的阶段性"。②洪晓楠也指出："文化哲学研究是 20 世纪中国哲学尤其是改革开放以来中西比较哲学的主要问题之一……继五四时期的'文化热'之后，在八九十年代，文化哲学又成为学术界重新关注的热点领域。文化哲学以其反思的深刻性、透视问题的广阔性、批判的先锋性，开拓了

---

① 克利福德·格尔茨：《文化的解释》，上海人民出版社 1999 年版，第 11、5 页。
② 阮青：《文化哲学百年回顾与反思》，《淄博学院学报》2000 年第 1 期。

中西哲学与文化的比较领域，整合着各种不同方向、研究不同问题的哲学思潮和文化思潮。"①

在《哲学的文化转向》一书中，洪晓楠还进一步把"古今中西问题"解释为传统与现代化的关系、中西文化关系问题；并强调自"五四"以来的中国哲学和文化思潮可分为马克思主义派、自由主义的西化派和以现代新儒家为代表的文化保守主义派，三个派别都是在中国走向现代化的过程中产生的，都表现出对中国现代化的强烈关怀。当然，三者选择的研究路径不同："马克思主义者坚持走社会主义的现代化道路，并在实践探索中把'中国特色'放到了越来越重要的地位；自由主义者主张照搬照抄西方经验，走西方工业文明即西方资本主义国家发展的老路；现代新儒家则批判了'现代化即等于西化'的口号，向往一条东方式工业文明即'儒家资本主义'的道路。"② 三派的对立统一奠定了中国现当代文化哲学研究的基本范式，推动了中国文化哲学的兴盛。

在中国革命取得巨大成功和中国特色的社会主义现代化建设取得一定成就基础上，20 世纪 80 年代起，随着对西方文化哲学研究成果的逐渐引进，马克思主义派中涌现出一批致力于文化哲学理论建构的中青年学者的著作。譬如，通过对西方文化哲学源流的梳理，许苏民提出了建立马克思主义文化哲学的构想，初步形成了文化发生论、文化结构论、文化发展论、文化动力论的哲学架构；李宗桂在《文化批判与文化重构》中对近代以来中国社会中的文化流派、文化主张进行了深入的理论剖析，试图立足改革开放的实践，吸纳中国传统文化和人类文化的精华，探索社会主义新型文化体系的建构；李鹏程着重考察了文化哲学的合法性以及文化意识、文化的实在性、文化价值、文化的时空等问题，对文化哲学进行了现象学的探索；衣俊卿对西方马克思主义文化哲学的成果

① 洪晓楠：《文化哲学：21 世纪哲学研究的新范式》，《求是学刊》2000 年第 4 期。
② 洪晓楠：《哲学的文化转向》，人民出版社 2009 年版，第 23 页。

进行了全面的总结批判，力求构建以"人的现代化"为宗旨的日常生活批判理论，开辟了文化哲学研究的新领域。所有这些研究都为开展马克思主义的文化哲学研究奠定了良好的基础，也为我们把文化哲学和社会的现代化结合起来研究指明了方向。

二、现代化与现代性问题

文化哲学大发展的 20 世纪，也是全球现代化进程逐渐铺开和现代性问题严重凸显的世纪。

一般而言，现代化和现代性是具有内在统一性的两个方面。二者的区别在于：现代化主要是一个经济学、政治学、社会学和历史学层面上谈论的概念，而现代性则是一个不折不扣的哲学特别是文化哲学层面上的范畴。"现代性是理念，是范畴，现代化则是过程，是方法论。"[1] 二者的联系是：现代化是由传统社会历经变迁不断获取现代性的过程，其标志是经济的巨大发展和社会的剧烈转型；而现代性则是现代化的结晶，是现代化过程与结果所形成的最本质的文化属性，其标志是文化危机通过文化转型形成了新的文化模式或文化精神。可见，"现代性是现代化的思想理念，现代化则是现代性的历史实践。唯有深入揭示现代性在现代化进程中的历史矛盾，才能深入把握现代性出现危机的社会历史根源。"[2]

我们先从"现代化"谈起。不可否认，现代化一词开始是一个典型的经济学和社会学的概念。美国社会学家阿历克斯·英格尔斯曾给出过一个量化的社会现代化的指标体系：1. 人均国民生产总值（GNP）3000

---

[1]　史明瑛：《现代性与现代化》，《读书》2009 年第 8 期。

[2]　漆思、赵玫：《现代性矛盾与现代化历史批判》，《学习与探索》2007 年第 6 期。

美元以上；2.农业产值占国民生产总值的比重在 12 %—15 %以下；3.服务业产业占国民生产总值的比重为 45 %以上；4.非农劳动力占总劳动力的比重为 70 %以上；5.识字人口的比重在 80 %以上；6.适龄年龄组中大学生的比重在 10 %—15 %以上；7.每名医生服务的人数在 1000 人以下；8.平均预期寿命 70 岁以上；城市人口占总人口的比重为 50 %以上；人口自然增长率在 1 %以下。[1]

20 世纪 90 年代，我国专门研究现代化的学者罗荣渠对现代化理论进行了详细的梳理，归纳得出四类界说：一是现代化是指在近代资本主义兴起后的特定国际关系格局下，经济上落后的国家通过大搞技术革命，赶上世界先进水平的历史过程；二是现代化即工业化，是经济落后国家实现工业化的进程；三是现代化是自科学革命以来人类急剧变动过程的统称，它不仅在工业、经济领域，同时也发生在知识增长、政治发展、社会动员、心理适应等各方面；四是现代化是一种心理态度、价值观和生活方式的改变过程，它可以看作是代表我们这个历史时代的一种"文明的形式"。在此基础上，罗荣渠进一步揭示了现代化理论的多学科性质，给出了这样的定义："广义的现代化主要是指工业革命以来现代生产力导致社会生产方式的大变革，引起世界经济加速发展和社会适应性变化的大趋势，具体地说，就是以现代工业、科学和技术革命为推动力，实现传统的农业社会向现代工业社会的大转变，是工业渗透到经济、政治、文化、思想各个领域，并引起社会组织与社会行为深刻变革的过程。"[2]

随着讨论的深入，人们越来越发现，在现代化的研究中，有三方面的维度是必不可少的：

第一，传统的维度。自马克斯·韦伯在其历史社会学中提出"传统"与"现代"两大范畴后，西方社会学一般都倾向于把传统看作现代化的

[1] 孙立平：《社会现代化》，华夏出版社 1988 年版，第 24—25 页。
[2] 罗荣渠：《现代化新论——世界与中国的现代化过程》，北京大学出版社 1993 年版，第 16—17 页。

反面。从词源上讲，英文 Modernization 是一个名词，但又具有动宾含义，与动词 Modernize 同义，有"使成为现代的"（to make modern）之意；在汉语中，虽然现代化是个外来的概念，但从语法上讲，"现代"之后加"化"，就是一个动名词，与英文"to make modern"有同样之意。那么，何谓传统？在古汉语中，"传"和"统"分开来解：传，古汉语训之为"驿也"，指由古至今代代下传的驿传；统，本意为蚕茧的头绪，"众丝皆得其首，是为统"，引申为万有总束为一个根本。所谓传统，简要地讲就是历史文化传承下来的具有根本性的模型、模式、规范和准则的总和。就词源的语意便可窥见，现代化的过程必然会导致传统社会和传统文化发生一系列的变化。

然而，传统并不是现代化的反面，二者之间除了对立还有统一的关系，唯如此，传统社会才可能转型为现代社会。一方面，在现代化的过程中，传统不仅是现代化的重要参照系，而且还是现代化的起点和基础。新儒学代表人物之一余英时在论及此问题时指出："我从来没有为'传统'与'现代'互不相容的理论所说服。在我看来，所谓'现代'即是'传统'的'现代化'；离开了'传统'这一主体，'现代化'根本无所附丽。"① 事实也正是如此，无论是文艺复兴运动，还是运用"新教伦理"发展而成的资本主义精神，以至于当年的"亚洲四小"和今天的"金砖四国"，其现代化因子的大部分都可以在各自的传统中找到根源。另一方面，现代化对传统的继承往往不像经济领域常见的那样"保留形式而改变内核"，恰恰相反，现代化更重要的是文化的现代化，它总是要将传统中那种具有时空穿透力的精华承继下来。拿中国特色社会主义来说，无论走什么样的现代化道路，传统中的"和谐"文化精神始终是我们的根基和灵魂。

---

① 余英时：《文史传统与文化重建》总序，生活·读书·新知三联书店 2004 年版，第 8 页。

第二，发展的维度。现代化的过程是一个社会发展的过程，离开社会发展的内涵，所谓的现代化就是一个空洞无聊的概念。也正是如此，"发展"和"现代化"在成为当今学界最热门的话题时，越来越被人们混用了。事实上，发展和现代化之间虽然是紧密地联系的，但却有着严格的区别。一方面，发展的实质是前进的上升的运动，是新事物的产生和旧事物的灭亡；"发展是一个不受时间维度限制的概念，……只要是某一事物通过参照对比（可以是不同时间维度之间的参照，亦可以是超时空的参照）表明有提升、有进步了，我们都能称其为发展了。而现代化则必须与时间紧密结合才有意义，它特指最近时期（或某一特定历史时期）所出现的发展及其成果，特别是成果。"[①]另一方面，发展总是表现为实实在在的客观现象，是否发展要以"进步的事实"来证明。而相比之下，现代化则更多的是一种话语状态或"宏大历史叙事"，是人们对已经存在的事实（实然）和预期出现的事实（应然）的科学分析和理性描述。从形式上看，现代化就是马克思所说的世界性的历史过程，也就是由资本的"历史"成为"世界历史"的过程。从内容上看，以社会的理性化、政治的民主化、经济的产业化和文化的世俗化为标志，"世界性的现代化过程既通过普遍交往把现代的科技、文化、制度、管理成果变成人类的共同财富，从而使得人类在整体上以加速度的形式实现发展，又通过普遍交往而构成'全球化'的'现代性'问题，为人类提出了走出当代文明困境的时代性课题。"[②]

第三，人的维度。从表面看，现代化进程推动了社会的进步和发展，现代化首先是社会的现代化。从深层来看，任何社会都是人的社会，人在现实性上是一切社会关系的总和，"社会发展最主要的是人的

① 赵伯乐：《文化现代化的涵义及特征初论》，《文化研究（复印报刊资料）》2002年第11期。
② 孙正聿：《现代化与现代化问题——从马克思的观点看》，《马克思主义与现实》2013年第1期。

实践能力的渐进提高、人的需要的逐步拓广和社会关系的日趋合理。"①
特别是从社会现代化的总体趋向来看，人的自由而全面发展无疑是其终
极目标。所谓自由而全面的发展，按照前述马克思的理解，就是指人不
仅摆脱了自然经济条件下的对"人的依赖关系"，而且也摆脱了商品经
济条件下对"物的依赖性"，实现了人的"自由个性"的发展。而在现
代化的过程中，人独立的主体性和健全的主体意识的形成无疑是这一发
展的前提。事实上，早在文艺复兴和人文主义运动起，人们便开始摆脱
蒙昧主义和专制主义的束缚，从信仰上帝转到关注人自身，从关心天国
转到追求现世幸福生活，确立了与神道相对立的人道主义原则。及至资
本主义社会，关心和肯定人的权利，追求个人现世生活的富裕和幸福，
成为了"资本主义生产和整个社会现代化进程得以展开的逻辑前提。"②

　　具体而言，无论是资本主义还是社会主义，在社会现代化本质上都
应是人的现代化。什么是人的现代化？人的现代化必须要求作为主体的
人有对象意识，对其生活实践所涉及的对象客体的属性、本质和变化发
展规律有自觉的认识和把握；必须要求作为主体的人有自我意识，对其
自身的需要、能力、价值以及责任和义务有自觉的认识，并能对自身的
活动和情感、意志进行有效调控，蕴生出自主、自强、自律以及开拓进
取和创新意识；必须要求作为主体的人有目的意识，不断整合对象意识
和自我意识，形成"正确的反映主客体价值效应的与现代社会生活相适
应的质量意识和服务意识、竞争意识和效率意识、环境意识和和谐发展
意识等，以确保自身与自然、与社会的和谐发展。"③进一步说，人的现
代化是以价值观的选择和更新为核心的。因为，人的所有生命活动都是
在不断地寻求和实现"意义"的社会性活动，没有价值观的更新和新价

---

① 杨亮才：《发展的选择》，东方出版社 2001 年版，第 5 页。
② 陈新夏：《现代化问题与人的发展》，《首都师范大学学报（社会科学版）》2001
　　年第 1 期。
③ 唐礼勇：《二十年来人的现代化问题研究综述》，《资料通讯》2002 年第 1 期。

值体系的构建，所谓的现代化特别是人的现代化是不可想象的。

以上三个方面既构成了现代化的重要维度，也是社会现代化过程的最基本要求。然而，在真实的现代化过程中，人们对三方面之间关系的理解不同，对三方面内部各要素的侧重和发展选择不同，导致了现代化过程的"总体失衡"。在这样的背景下，"现代性"问题的出现就是在所难免的了。

公允地讲，与现代化进程如影随形而来的"现代性"效应是双重的，既有意义又有局限。以社会的理性化、政治的民主化、经济的产业化、文化的世俗化和组织管理的科层化为标志的现代性本身就充满了对人的诱惑、挑战和挤压，它在带来文明与进步的同时，时刻孕育着社会的动乱和深层的文化危机。

首先，在传统文化现代化的过程中，现代性集中表现为与传统的不可遏制的断裂趋势。按照英国社会学家安东尼·吉登斯的理解，现代性是"在后封建的欧洲所建立而在20世纪日益成为具有世界历史性影响的行为制度和模式。'现代性'大略地等同于'工业化的世界'。"在他看来，现代性有工业主义和资本主义两大表征，前者"指蕴含于生产过程中物质力和机械的广泛应用所体现出的社会关系"，后者"指包含竞争性的产品市场和劳动力的商品化过程中的商品生产体系。"[1]可见，资本主义与封建主义、工商业文明与农业文明的对立方面，是传统与现代断裂的根本原因；伴随着工业化、商品化、市场化、都市化的助推，现代性逐渐渗透于现代社会的方方面面，渗透于现代人的各种活动之中，并在由启蒙肇始的理性的引导下，形成了与"传统"迥异的文化模式和文化精神，譬如民主性、科学性、竞争性、开放性、世俗化、法制化、科层化及个人主义、功利主义和理性主义等等。这样，传统中"依附性"的文化模式被解构了，对神的信仰、古典英雄主义、家族和集体、宗法

---

[1]　吉登斯：《现代性与自我认同》，生活·读书·新知三联书店1998年版，第16页。

与血缘、德性和伦理、一切的中心和权威，都失去了往日神圣的光环，处在了韦伯所说的"祛魅"过程之中。

　　然而，传统的"根"是不会轻而易举地被砍断的，传统对于理解现代性是不可或缺的。"传统在我们无力抗拒它的时候已经在我们身上盖下了烙印，没有一个人是没有传统的"，"我们的问题，我们的信仰，以及我们的思考方式都不可避免地在某一个传统中进行。……任何知性的探究必须从某些问题出发，必须以某种方式展开。而提供这些问题及思考方式的正是我们所承继的传统。"① 也就是说，传统中本来就有其亘古不衰的东西，这是任何一种文化得以延续的缘由。除了一些可直观的人文艺术形式和风俗习惯外，这些优秀的传统文化主要包括了一些穿越时空的具有很大的社会普适性的行为规范和道德伦理准则，如不偷盗、不淫乱、讲孝悌、仁义礼智、诚信友善、推己及人等等。当然，传统中确实存在着许多与社会进步不相符的东西是需要与现代性割断的，但在现代化过程中一般都很难在短时期内找到答案或有效解决办法，而这个时候，也正是现代性问题异常尖锐的时候。尤其对"后发"或"外源性"的现代化国家、地区而言，现代性的撕裂往往造成了巨大的文化危机，从而引发了几代人的挥之不去的传统文化反思和现代化道路探寻的追梦历程。

　　其次，在不同国家、民族和地区的现代化过程中，现代性突出表现为对发展的片面理解和片面追求。由于大工业、高新技术和商品市场的推动，现代化的核心内容必然指向了发展。"从某种意义上说，现代化就是特定的一种发展水平的体现。向着世界先进水平发展，就是现代化。"② 然而，随着现代化的"扩张"和在全球范围的普及，无论"先发"现代化还是"后发"现代化的国家或地区，都不约而同地把发展观引向了单纯的经济增长观，直接导致了现代性问题从现代化的母腹中脱胎而

---

① 　石元康：《从中国文化到现代性：典范转移?》，生活·读书·新知三联书店 1998年版，第 8 页。

② 　王立军、傅定法：《现代化：理论、内涵和指标》，《北方论丛》2001 年第 1 期。

出。单纯经济增长观源于古典经济学家亚当·斯密等关于经济发展即生产增长，生产增长即国家财富增长的观点。自 20 世纪 30 年代凯恩斯提出以国民生产总值（GNP）度量经济增长，到 50 年代刘易斯等学者诸如《经济增长理论》的出版，再到"联合国第一个发展十年（1960—1970）报告"的出笼，单纯经济增长观阐明的主要观点是：其一，发展就是经济增长，就是物质财富不断增长的过程；只要依靠市场机制的自发调节，就可以自然实现物质财富和经济的增长。其二，财富的增长及其增长速度是衡量发展的基本尺度；社会发展本质上是一种经济行为和经济现象，是为国民提供更多的物质、劳务消费品的过程，其目标就是 GNP 或 GDP（国内生产总值）的增长。其三，"后发"特别是非西方的国家要想走向现代化，唯一可能的选择就是摒弃自己的传统，重演甚至全盘接受西方国家的工商业化、市场化以及在此基础上的自由民主化。

单纯经济增长的发展观引发了一系列具有深远影响的现代性问题：一是造成了经济领域的失调与失衡。市场经济的自发调节和短期行为，造成了社会的经济结构和整个产业结构的畸形发展，直接导致了通货膨胀和就业困境。二是导致了经济发展与社会发展间的紧张关系。由于经济增长成为发展的根本目的，科学技术的"合法性"必然大肆扩张，不仅人变成了实现经济增长的工具和手段，而且加剧了效率与公正、个人与社会、眼前与长远、城市与乡村等等的一系列社会问题之间的矛盾。三是直接引发了环境污染、生态失衡、资源的浪费和枯竭。对自然资源无节制地滥开采和高索取，使人类赖以生存的环境、生态和资源遭受了前所未有的破坏，这一点又和"西方中心论"、"人类中心主义"联系在一起。四是间接造成了现代化模式的单一"西方化"或"资本主义化"。利奥塔毫不隐瞒地指出："资本主义是现代性的名称之一"。① 这一点，

---

① 利奥塔：《后现代性与公正游戏——利奥塔访谈、书信录》，上海人民出版社 1997 年版，第 147 页。

既可以从墨西哥诗人巴斯（Paz）所讲的"命定的现代化"（condemned
to modernization）中得到说明，也可以从发端于鸦片战争的中国现代化
历程中得到某些印证。

再次，在截至目前几乎所有的国家、民族和地区的现代化过程中，
现代性问题最严重地表现在对人的遮蔽上。这也正是为所有研究现代性
问题的人们特别是后现代主义者们所声讨和诟病的地方。譬如，在哈贝
马斯看来，"启蒙所导致的现代性是一份包含着进步和倒退的双重遗产：
理性、民主、自由、平等、科学、道德、法律、艺术是进步的，而目的
活动对生活世界的侵入以及由此造成的'生活世界的殖民化'则是倒退
的。"①吉登斯则认为，现代性之所以被人们诟病，其原因在于构成它的
主要项是"复杂的经济制度，特别是工业生产和市场经济。"②福柯彻底
撕开了启蒙运动以来现代性的面纱，指出，启蒙理性所宣扬的历史进步
观念其实只是控制和塑造人的权力机制和技术日臻完善，"理性的政治
力量"逐渐渗透到社会的各个角度，规范人们的日常生活；"人在规范
系统的范围使用它的暴力，然后从控制到控制"。也就是说，"理性求真
的精神将会带来历史进步和人的解放的现代性信条，其实名不符实，它
不过是异于前现代社会的另一种传统制度罢了。启蒙理性神话用'求全
求同'的虚妄来掩饰和压制多元性、差异性和增殖性。"③齐格蒙·鲍曼
则干脆通过对两次世界大战特别是"二战"中犹太人悲惨遭遇的文化剖
析，直接把现代性与大屠杀联系起来。他不无讽刺地说："在现代官僚
体系里，理性化趋势这种普遍的成就已经被顺理成章地法律化和制度
化。……我们可以看到使道德保持缄默是理性化趋势主要的关怀；准确
一点，是它作为行为的理性协作工具获得成功的基本条件。当它追求以
完美的理性方式来解决日常问题的时候，也显示出能够产生大屠杀式解

① 刘婵娟：《现代性研究中的两个问题》，《哲学研究》2007年第3期。
② 安东尼·吉登斯：《现代性：吉登斯访谈录》，新华出版社2001年版，第69页。
③ 佘碧平：《现代性的意义与局限》，上海三联书店2000年版，第79页。

决方式的能力。"于是我们发现，"现代性的惟一意义跟它的承诺和普遍的期望相反，它并没有能够磨平人类共处的公认的粗糙边缘，也没有能够给人对人的不人道划上一个明确的句号。现代性失败了。"①

总结和梳理西方学者的观点，我们不难发现，现代性对人的遮蔽依次表现在以下几个层面：第一个层面是，"合理性"或启蒙标榜的理性成为衡量现代化社会的经济、政治、法律等各方面的进步性标准，理性不仅被工具化，而且也被技术化了，人越来越沦为工具性和手段性的"单向度的人"。第二个层面是，理性在社会历史的实践中必然要与权力、规范和制度紧密结合，形成了严格的组织和科层体制，从而造成了"理性的狡计"与人的创造活力之间的矛盾。由此而来的第三个层面是人们对物质、权力和科技的盲目崇拜，功利主义、拜金主义、享乐主义盛行，人性中最本质的东西如审美、道德和人文精神沦落了。

三、全球化的文化本性

现代化和现代性问题对人类社会生活的巨大影响最为深远的是全球化。因为，现代化和现代性是在全球化的过程中实现和完成的。

何谓全球化？自 20 世纪 80 年代西方学界提出此概念并开始研究之后，迅速形成不同的理论学说和思想流派。我国学界的研究始于 90 年代，2000 年前后迅速成为不同领域跨学科研究的热点和前沿问题，至今不仅热度未减，而且越来越具有了一定的研究深度。就全球化的涵义和特征而言，大致有如下主要观点：

第一，全球化是指整个世界的联系日益密切，各国之间、各地区之间的相互依存度越来越高。全球化本质上是人的社会化和现代化的过

---

① 齐格蒙·鲍曼：《现代性与大屠杀》，译林出版社 2002 年版，第 39、119 页。

程，其结果是形成一种"全球性的文化"；尽管全球化的过程中充满了矛盾和冲突，但各民族、各国家之间有了越来越多的共同利益和共同特性。

第二，全球化可区分为广义和狭义。狭义的全球化是指从孤立的地区、国家走向国际社会的进程。而广义的全球化则是指在全球经济、文化交流日益频繁的情况下，世界各国之间的影响、合作、互动愈益加强，从而使得具有共性的文化样式逐渐普及推广成为全球通行标准的状态或趋势。持该观点的学者还进一步区分了"国际化"和"全球化"两个概念；认为"国际化"一词一般暗含着"民族国家"的意义，其相互主体是不同的政府；而"全球化"则用来指涉一些在全球各地普遍发生的事情，其主体不一定是政府，那些非政府组织、多边国际组织和跨国集团都在全球化中扮演着重要角色。所以，"全球化并不是一个全新的过程，它是一个在不同程度上塑造了整个现代的过程"，"全球化的权力结构并不是国家的权力结构，所以它的政治靶子是不恰当的。"①

第三，全球化是当代世界各种要素的流动、融合并构成超国家的全球体系的过程。全球化的基础是世界经济一体化。经济一体化是全球化的一个重要特征，但它不同于全球化本身。经济一体化的趋势既表现为地区或国家之间经济联系的加强，甚至从一般的经济合作转变为经济制度、法律政策等等的趋同，世界范围的贸易、金融、市场以及国际分工的一体化程度的加深。在这种观点基础上，许多学者认为全球化说透了就是经济全球化，不存在文化全球化，更不存在政治的全球化。

第四，从文化角度讲，全球化就是人类社会的整体化、互联化、依存化。所谓整体化是指全球作为同一个社会整体而存在；互联化是指所有国家和民族在信息、交往、利益方面的普遍相关性；依存性是指国际合作与协调已经成为任何国家和民族发展的基础与前提。在此基础上，

---

① C·卡尔霍恩、黄平：《全球化的思考与问题》，《新华文摘》2001 年第 9 期。

许多研究者坚持认为全球化的本质必然是文化全球化，全球化既是一种"复杂的联结"，也是一种"时空压缩"。"全球化处于现代文化的中心地位；文化实践处于全球化的中心地位。……我们这个时代所经历的、由全球化所描绘的巨大的转型式进程，除非从文化的概念性词汇去着手，否则就很难得到恰如其分的理解。同样，这些转型所改变的恰恰就是文化体验的构造。"①

第五，全球化就是资本主义化。认为全球化的实质就是资本主义模式的全球化、资本主义矛盾的全球化，一部资本主义发展史，就是"资本"风风火火闯全球的历史。这一观点又主要从两方面表现出来：一方面是把全球化和马克思的"世界历史"理论相贯通，认为资本的逻辑就是全球化的逻辑，正如《共产党宣言》所言："资产阶级，由于开拓了世界市场，使一切国家的生产和消费都成为世界性的了"。"它使未开化和半开化的国家从属于文明的国家，使农民的民族从属于资产阶级的民族，使东方从属于西方。"②另一方面是把全球化夸大为"美国化"，认为当今的全球化趋势是与美国 20 世纪 80 年代以来的"超越遏制战略"紧密相关的，特别是苏东剧变后，全球化成了以美国为首的发达资本主义国家推行所谓"自由民主制度"和"人权"的最有利的工具。这样，全球化就被看成了"工业国家一手策划的、不尊重人的赌博资本主义"，发展中国家应谨防全球化的陷阱。

综上五种观点，我们不难发现，全球化的成因虽然错综复杂，但商品市场、科学技术、资本逻辑的推动作用是至关重要的；不论对全球化作怎样的理解，这三方面的要素总是直接或间接地渗入其中。简要地说，全球化首先是市场经济发展的产物，通过世界市场的形成，跨国性经济、文化交流的日益加强，全球化使得一切国家的生产和消费都成为

---

① 约翰·汤姆林森：《全球化与文化》，南京大学出版社 2002 年版，第 1 页。
② 《马克思恩格斯选集》第 1 卷，人民出版社 1995 年版，第 276、277 页。

世界性的了。其次，全球化是现代科学技术的普及和广泛应用的结果，特别是随着微电子技术的不断推进和全球通讯网络的逐步形成，人类的生活模式和传播方式不仅发生了彻底的改变，而且愈来愈同质化和一体化了。最后，只要我们承认历史，认同马克思的"世界历史"理论，就一定会发现，全球化的进程是和资本主义的产生、发展历程同步的。时至今日，资本全球化的方式早已由武力扩张转变为经济、政治和文化的渗透，转变为整个人类"生活世界的殖民"。

可见，全球化从本质上讲必然是文化全球化。"在关于全球化的争论中，最为复杂的问题是全球化的文化内涵问题。……全球化对于各民族除了带来经济和政治上的利益纷争之外，所引起的最深刻的矛盾是现实的文化冲突和理论上的文化争论。"① 因为，在一个"复杂联结"和"时空压缩"的世界里，文化"把千百万人的无数微不足道的日常行为，与远方的、互不相识的它者的命运……连接在了一起。所有这些个体行为，都是在地方世俗生命世界的富有文化意义的语境中进行的。"② 更为重要的是，全球化与现代化不过是同一过程的两种向度而已：要讨论全球化，就必须研究现代化和现代性的话语；反之，要研究现代化和现代性问题，就必须置身于全球化的背景之中。人类自确立市场文明和进行工业革命以来，现代化的观念及其价值追求已经深深根植于人们对自身文化的理解之中，特别是对"后发型"或"外源性"的现代化的国家和地区而言，在接受全球化的观念时，"常常面临着两个层次的问题：一是为推进民族的'社会进步'必须参与到世界的现代化、全球化当中去；二是作为民族国家在参与世界化、全球化的过程中，在文化上的最大难题是如何使社会系统重新'结构化'——其实质就是既接纳现代性、又保持民族性的文化整合。"③

---

① 衣俊卿：《全球化的文化逻辑与中国的文化境遇》，《社会科学辑刊》2002 年第 1 期。
② 约翰·汤姆林森：《全球化与文化》，南京大学出版社 2002 年版，第 35 页。
③ 扈海鹏：《全球化与文化整合》，《哲学研究》2000 年第 1 期。

当然，说全球化的本质是文化全球化，是从文化哲学和现代化的深层意蕴上而言的。这里所说的"文化"，依然是泛指人类在实践基础上的生存和发展方式，正是这些以"社会交往"为中心的实践活动或文化活动，构成了人类世界全部的"生活叙事"，推动了人类历史的发展和人类文明的进步。需要指出的是，目前我们讨论的文化全球化只是一种带着诗意色彩和普世性质的文化现象，真正意义上的"全球文化"还远未形成也很难形成。"所谓的文化全球化或全球化的文化整合，表征的只是：在全球范围和现代化的背景下，不同民族和国家之间在社会实践特别是现代市场经济的基础上，通过各种各样的文化交流、文化冲突和文化融合，不断地突破本民族国家狭隘的地域界限、文化模式、行为方式等方面的局限而走向世界；并在世界文化的'大熔炉'和大评判中不断地取舍人类文化的精华与糟粕，从而获得多方面、多层次的文化认同，最终达到人类文化资源的共同享有和共同创新。"①

在说明全球化的文化本性的基础上，我们就集中讨论一下全球化与当今人类既相互对立又紧密联系的两大文明或两种文化模式之间的关系。

首先，是全球化与资本主义的关系。据前可知，马克思主义的全球化理论和马克思的"世界历史"理论一脉相承。人类社会由传统的民族与地方的区域性历史向全球的世界历史的转变，根本动因在于生产力的发展。地理大发现和18世纪末以机器大工业为主要特征的工业革命带来了欧洲资本主义国家生产力的迅速发展，这对世界历史的形成起了决定性的作用，随着生产力飞速发展的是广泛社会分工的出现，社会分工又促进了商品交换的进一步发展，商品交换逐渐扩展到世界范围就形成了世界市场。世界市场的形成大大促进了各民族和国家之间交往的频繁

---

① 李宏斌、江林：《文化全球化与西部文化创新》，《延安大学学报（社会科学版）》2003年第4期。

和扩大，整个世界越来越有了一体化或整体化的趋势。正如马克思恩格斯所指出的："各民族之间的相互关系取决于每一个民族的生产力、分工和内部交往的发展程度"，"人类之间各个相互影响的活动范围在这个发展进程中越是扩大，各民族的原始封闭状态则由于日益完善的生产方式、交往以及因交往而自然形成的不同民族之间的分工消灭的越是彻底，历史也就越是成为世界历史。"①照马克思主义看来，全球化的世界历史进程是由资本主义开始的，发展对外交往、开拓世界市场，既是资本主义生产方式确立的前提，又是它的结果。

尤为重要的是，资本的逻辑是现代化的，更是全球化的。资本主义生产方式在其发展过程中必然要把触角伸向全世界，它使每一个民族、国家以及这些民族、国家中的每一个人的需要的满足都依赖于整个世界。在一定意义上说，资本主义的发展使物质生产和精神生产都成为世界性的了，每个国家和民族甚至个人都深深卷到世界历史的洪流中。马克思指出："资本一方面具有创造越来越多的剩余劳动的趋势，同样，它也具有创造越来越多的交换地点的补充趋势……创造世界市场的趋势已经直接包含在资本的概念本身中。"②更何况，资本的全球化逻辑也是由资本的无限增值和扩张的本性决定的。马克思曾一针见血地指出，资本作为能够带来剩余价值的价值，其本性就是唯利是图。"资本害怕没有利润或利润太少，就像自然界害怕真空一样。一旦有适当的利润，资本就胆大起来。"③在全球化过程中，资本一方面要夺得整个地球作为它的市场，另一方面它又力求把商品从一个地方转移到另一个地方的时间缩减到最低限度。资本越发展，也就越是力求在空间上更加扩大市场，力求用时间去更多地消灭空间。而这正是文化全球化的"时空压缩"本性的真实写照。

---

① 《马克思恩格斯选集》第1卷，人民出版社1995年版，第68、88页。
② 《马克思恩格斯全集》第46卷上，人民出版社1995年版，第391页。
③ 马克思：《资本论》第1卷，人民出版社1975年版，第829页。

　　站在文化哲学的角度，全球化可视为生产社会化、社会现代化的一个新的阶段，但这绝不意味着全球化的过程都是风和日丽的。在资本的"推手"下，全球化并非仅仅是生产力和科学技术的全球发展过程，而且也是资本主义的生产方式以及由此而来的资本主义基本矛盾在全球范围展开的过程。如果说全球化必然会引发"全球问题"的话，我们要说，"全球问题"的根源在于资本主义矛盾的全球化。全球化"不可避免地带有资本主义的印记、局限和弊端，全球化的内在矛盾和风险不容忽视。"① 正如《共产党宣言》所揭示的："资产阶级的生产关系和交换关系，资产阶级的所有制关系，这个曾经仿佛用法术创造了如此庞大的生产资料和交换手段的现代资产阶级社会，现在像一个魔法师一样不能再支配自己用法术呼唤出来的魔鬼了。"②

　　早在全球化的第一阶段即资本主义原始积累阶段，欧洲列强就开始了资本主义矛盾的世界性转移，它们把自然分布在世界各地的金银贵金属经由贸易或战争集中到欧洲几个所谓"早发"或"内源"国家，使其迅速地确立了资本主义，走上了现代化道路。在全球化的第二个阶段即资本主义工业化大发展的阶段，资本更是通过对外围国家不平等的国际交往和对外围国家各种资源的掠夺性开发和剥削获得了迅速发展，还造就了德、美、日、俄等新的列强。时至今日的全球化已经是第三个阶段，它滥觞于 20 世纪 70 年代，到八九十年代形成强劲的全球现代化浪潮，"它是在新的科技革命、特别是信息革命的背景下，以技术创新和制度创新及扩散、资本在全球范围大规模流动和企业经营活动的国际化等为重要特征。"③ 但不可否认的是，全球化的资本主义仍然是建立在剥削国际资源、利用国际机遇、对欠发达国家进行国际剥削的基础之上的。问题的关键是，全球化为什么会导致资本主义基

---

① 　纪玉祥：《全球化与当代资本主义的新变化》，《马克思主义与现实》1998 年第 6 期。

② 　《马克思恩格斯选集》第 1 卷，人民出版社 1995 年版，第 277—278 页。

③ 　田丰：《全球化趋势与马克思的方法论》，《新华文摘》2001 年第 10 期。

本矛盾的全球化?

从表面看，全球化描述的是国际社会日益加深的相互依赖以及这种相互依赖日益被规范化、组织化、体制化的事实，描述的是一种由外在科技进步、经济发展与文化交往等构成的自发的和自然的过程，描述的是市场关系国际化及其隐藏在其后的市场规则、制度的价值中立性原则的普适化进程。然而，一当资本主义以其国家力量的对比和全球化结合在一起后，这种"价值中立"的全球化在现实中就会因其市场主体的资源禀赋、竞争实力等的差异而表现为事实上的不平等，资本主义矛盾在全球范围的出现在所难免。更为重要的是，资本全球化的文化本性说透了就是"资本增值关系"的全球化。因为，在一般意义上，商品经济发展的历程就是资本增值关系逐渐展开的过程，但在资本全球化的背景下，"世界市场的消费力既不取决于世界各国绝对的生产力，也不取决于世界各国绝对的消费力，而是取决于世界范围内以不平等的分配关系为基础的消费力。……于是当全球化的资本生产速度远远超过了市场的形成速度，而对产品有效需求的增长率赶不上产品的生产率，资本生产的无限扩大与有限的世界市场之间就存在着尖锐的矛盾，造成经济危机。"[1]具体到资本主义与生俱来的不平等的分配关系，在全球化时代，也不是缩小而是扩大了。因为全球化始终与科学技术、资本积累加速以及资本有机构成的提高紧密联系在一起。随着资本跨国流动的愈演愈烈，资本要挟的能力也越来越强，许多国家和地区为了留住或吸引资本而降低关税、取消管制、出台所谓优惠政策，而这在很大程度上是以牺牲劳工和社会中下层的利益为代价的。资本全球化的结果加剧了分配上的"马太效应"，世界范围内的贫富差距不断拉大。1960 年，世界上最富 20 ％人口的收入是最穷 20 ％人口收入的 30 倍，1991 年是 61 倍，

---

[1]　孙烽、尹於舜:《全球化进程中的资本主义新危机:经济学视角的思索》,《新华文摘》2001 年第 8 期。

1995 年是 82 倍。①

其次，是全球化与社会主义的关系。全球化不仅与资本主义文化模式紧密联系，而且与社会主义文化模式也是密切相关的。这一问题的提出和在当代的凸显主要基于以下两方面的原因：

一是从理论上看，社会主义思想的传播与实践过程本身就是一个文化全球化的过程，正是由于社会主义文化模式如影随形的存在，才遏制了资本主义文化负效应的进一步扩张。进一步说，社会主义作为一种理论和价值体系先天就是全球性的。社会主义的最终价值取向是人的解放即人的全面而自由的发展，这样的价值取向要求人与自然的和谐、各种社会不公正的消除，而这种"大同"式的美好图景正是对全球化的另一种重要认识。无论圣西门等空想社会主义理论家还是马克思等科学社会主义理论家，他们的观点不仅丰富了全球化的理论，而且极大地加强了人类同呼吸共命运的这一全球化主题。"正是由于这种关注人类不平等命运的内在本质，社会主义才能不断地唤起人们，尤其是具有社会良知群体和弱势群体的共鸣，并成为他们改造社会和争取平等权利的理论工具。"②

二是从实践上看，社会主义的文化模式是在全球化的过程中逐渐成熟和发展起来的。在人类思想史上，社会主义的思想、理论和学说最初是作为消除资本主义弊端的主张提出来的，最早可追溯到 1516 年英国学者莫尔发表的《关于最完美的国家制度和乌托邦新岛的既有益又有趣的全书》（简称《乌托邦》）中提出的空想社会主义思想。直到 1803 年，意大利传教士贾科莫·朱利安尼出版的《驳斥社会主义》一书，才明确使用"社会主义"和"社会主义者"的术语。真正意义上使用"社会主义"这一术语并赋予其内涵的是 1831 年法国的一份杂志。而且，社会

---

① 孙烽、尹於舜：《全球化进程中的资本主义新危机：经济学视角的思索》，《新华文摘》2001 年第 8 期。

② 杨冬雪：《全球化与社会主义的想象力》，重庆出版社 2009 年版，第 20 页。

主义概念出现后，也并没有立刻形成科学的理论体系，一直到 1848 年
《共产党宣言》的问世，才标志着马克思主义经典作家在唯物史观的指
导下，正式创立了科学社会主义理论。此后，在全球化的历程中，通过
俄国十月革命和中国的新民主主义革命及社会主义革命和建设的伟大实
践，科学社会主义思想和运动走向了世界。即使在 20 世纪 80 年代末的
苏东剧变，社会主义事业严重受挫以后，也没有使社会主义的全球化进
程中断，反而还激起了世界范围内的对社会主义的反思。这场反思与以
前的反思最大的不同是把社会主义置于全球化的背景之下，并在和资本
主义的比较中思考社会主义存在的价值、失败的经验以及未来的前景。
法国前总理利昂尔·若斯潘在 1998 年 9 月份的《新观察家》周刊上撰
文指出，尽管资本主义经历了不同发展阶段，现在正向全球化演变，但
它始终"保留了自己的致命弱点：一种为赚钱而赚钱的本性。""如果说
自 1989 年以来资本主义已经没有了它的对手和老竞争者，那它也并非
因此就万事大吉了。资本主义最坏的敌人可能就是资本主义本身。"① 英
国当代思想家艾瑞克·霍布斯鲍姆则从正面指出，"与全球化过程中出
现的极右翼、种族主义相比，社会主义代表着理性、进步的价值及伟大
革命的时代。"② 邓小平更是直言不讳地指出："一些国家出现严重曲折，
社会主义好像被削弱了，但人民经受锻炼，从中吸收教训，将促使社会
主义向着更加健康的方向发展"。③

　　回顾全球化和社会主义的漫长历程，我们大致可以得出的结论是，
全球化的每一个发展阶段都与社会主义联系在一起：第一次全球化浪潮
使社会主义由空想变为科学，第二次全球化浪潮使社会主义从理论走向
实践，第三次全球化浪潮将使社会主义进一步走向成熟。④ 我们完全有

① 纪玉祥：《全球化与当代资本主义的新变化》，《马克思主义与现实》1998 年第 6 期。
② 杨冬雪：《全球化与社会主义的想象力》，重庆出版社 2009 年版，第 19 页。
③ 《邓小平文选》第 3 卷，人民出版社 1993 年版，第 383 页。
④ 杨冬雪：《全球化与社会主义的想象力》，重庆出版社 2009 年版，第 76—77 页。

理由说，社会主义和资本主义不过是全球化过程中两种不同的现代化模式；而且，由于终极目标和核心价值取向的差异，社会主义对资本主义具有天然的优越性和超越性。在此，笔者不可能把全球化和社会主义的三个阶段一下子呈现出来，只想通过"典型案例"——中国现代化的探索历程、中国特色社会主义理论的形成以及社会主义核心价值体系和价值观的确立为线索，把我们的中心话题陈述下去。

四、中国现代化探索的文化理路

进入 20 世纪以后，伴随着全球化进程的人类社会的现代化终于突破了单一的资本主义模式，出现了另一类完全不同的创新型模式，即社会主义的现代化模式。近一个世纪的社会主义国家的现代化建设的伟大实践及其所取得的成果，既是整个 20 世纪乃至进入 21 世纪以来世界现代化进程的一个不可分割的重要组成部分，也是人们不断地反思全球化，重新认识现代化、现代性的结果。其中，中国社会对现代化道路的探索及其所展现出的文化理路最具代表性。

首先，从文化结构的角度看，中国现代化探索的文化理路是一个从表层的物质文化的学习，到中层的制度（行为）文化的变革，再到深层的精神（观念）文化的彻底更新的过程。

学界普遍认为，中国现代化的进程可以上溯到 1840 年。鸦片战争造成了中国历史 3000 年未有的大变局，使中国的文明秩序受到了空前的挑战，自此，中国社会开启了自己"外源型"现代化道路的探索。中国现代化探索的第一场运动是被"船坚炮利"震醒后的洋务运动，其主要内容是学习西方的物质文化，振兴中国的民族工业，达到"师夷长技以制夷"的目的。"到 1894 年，官督商办企业的资本为 3951 万元，商办企业的资本也达到 31717 万元。在这一时期新式工业总资本中，国家资本占 43.44 ％，外资借贷资本占 11.38 ％，买办和官僚资本占 18.34 ％，一般商人资本占 26.83 ％。"① 中国资本主义经济得到了迅速发展。但我们都知道，这场运动的文化理念是所谓的"中学为体、西学为用"，"体"是中国几千年来的文化价值观念及其封建的宗法体系和专制制度，"用"则是西方的科技和工商业。显然，这种"驴头不对马嘴"的嫁接既是对西方科技发展和工商业文明的误解，也很难使中国走向现代化的道路。甲午战争的失败、北洋水师的全军覆没彻底击碎了这样的现代化梦想。

　　继此而起的戊戌变法和十多年后的辛亥革命可以看作为中国现代化探索的第二场运动。如果说洋务运动只是理解到西方现代文明的"器物"层面，那么，戊戌变法和辛亥革命则是中国的仁人志士进入到了西方现代文明的"制度"层面，也即从物质文化的学习进到了制度文化的变革。只不过，康、梁戊戌变法是以"维新"的面目出现，追求的是与封建专制妥协的"君主立宪"，而孙中山的辛亥革命则是以"武装暴力"的面目出现，追求的是与封建专制决裂的"民主共和"。结果是我们都看到的：戊戌维新运动以其"跪着造反"的姿态被迅速淹没在中国封建专制的汪洋大海中，空留下"有心杀贼无力回天"的泣血长叹；辛亥革命则由于其推翻帝制和创建共和，成为了"中国一个划时代的事件，可以说是把中国由一'文明体国家'变为一个现代'民族国家'的起点。……可视为中国走向'现代'的征象。"② 然而，即使辛亥革命这样的资产阶级革命，也只是在中国推翻了"帝制"或者说赶跑了皇帝，并没有根本上动摇封建专制的根基，更不用说彻底铲除这一制度了。究其原因，就在于中国的"国民性"，在于中国几千年根深蒂固的宗法血缘文化和封建专制意识，在于由此而形成的"主—奴"文化心态。辛亥革命的成果

---

① 董四代：《科学社会主义中国化的文化解读》，天津人民出版社 2007 年版，第 23 页。
② 金耀基：《论中国的"现代化"与"现代性"》，选自《走向 21 世纪的中国文化》，山西教育出版社 1999 年版，第 212—213 页。

轻而易举地被袁世凯等军阀势力窃取，并在一次又一次的"复辟"闹剧中被蹂躏糟践，雄辩地说明了这一点。

要真正使中国走向并完成现代化，必须有一场较为彻底的思想解放运动。"五四"新文化运动成为了中国现代化探索历程中的第三场运动，也是最具深远影响的运动。这里需要说明的是，新文化运动和五四运动是前后紧密相连的两次运动，之所以把二者糅在一起，除了二者的发起者、组织者和主要参与者相同外，更因为二者在中国现代化探索的历程中所起的作用是相当的，即都是在深层上反对封建专制主义、蒙昧主义，追求人的个性独立和思想解放的运动，都具有"思想启蒙"的意义。只不过，新文化运动的口号是"民主"和"科学"，该运动的主将们反对封建礼教，反对封建专制和迷信盲从，认定只有"德赛"两先生，才可以扫除中国现代化道路上一切的黑暗与积弊，"国人而欲脱蒙昧时代，羞为浅化之民也，则急起直追，当以科学与人权并重。"[1] 就是说，新文化运动"在思想上一般还没有超出资产阶级民主主义的范围。"[2] 而五四运动发生在十月革命以后，这场运动既是新文化运动的成果又是对新文化运动的超越，因为它标志着中国的社会革命和社会运动逐渐摆脱了资产阶级的旧民主主义的巢穴，标志着中国的现代化道路注定会不同于西方资本主义模式的现代化道路。其理由有三：一是在五四运动中后期，中国工人阶级开始以独立的姿态登上政治舞台，"运动突破学生、知识分子的狭小范围，发展成为有工人阶级、小资产阶级和资产阶级参加的全国范围的群众性反帝爱国运动"；[3] 二是五四运动直接导致了马克思主义在中国的广泛传播，导致了具有初步共产主义思想的知识分子的成长，导致了中国社会革命和运动的优秀组织——中国共产党的创立；三是经过五四运动，中国人民的思想文化观念有了新的觉醒，无论是马克

---

[1] 陈独秀：敬告青年（1915 年 9 月 15 日），《青年杂志》第 1 卷第 1 号。

[2] 《中国共产党历史》第 1 卷上册，中共党史出版社 2011 年版，第 32 页。

[3] 《中国共产党历史》第 1 卷上册，中共党史出版社 2011 年版，第 41 页。

思主义还是其他不同的思想主张，中国的先进分子都能以救国救民、救治中国社会为己任，都能站在思想文化的高度忧虑中国的前途和命运，探求中国走向现代化的新方案。

其次，从文化模式的角度看，中国现代化探索的文化理路是一个从三民主义的价值取向，到新民主主义的价值取向，再到社会主义的价值取向的过程。

这一条现代化探索的文化理路和前一条是密切相关的，是从前一条文化理路中引申出来的。作为中国革命的先行者，孙中山的三民主义是中国现代化方案的第一次完整的表达。早在 1894 年兴中会成立之时，孙中山就提出了"驱除鞑房，恢复中国，创立合众政府"的誓词，其中已经包含了民族主义、民权主义。1905 年同盟会成立后发展为"驱除鞑房，恢复中华，创立民国，平均地权"，即在民族主义、民权主义之后加上了民生主义。那么，孙中山的三民主义有着怎样的文化内涵呢？笔者以为有二：一是以救亡图存、恢复和振兴民族精神为中心，融合了中西优秀传统文化的价值取向。用中山先生自己的话说，"三民主义就是救国主义"，"三民主义系促进中国之国际地位平等，政治地位平等，经济地位平等，使中国永久适存于世界。"[1] 特别是在阐发民生主义时，他既把传统儒家的"大同世界"看成是民生主义的归宿，又指出了民生主义的"最要之原则"是"平均地权"和"节制资本"，[2] 从而使古老的大同理想有了崭新的时代内容。二是以唤醒民众的现代化意识为主题，力图融合资本主义和社会主义的价值主张。"余致力国民革命凡四十年，其目的在求中国之自由平等。积四十年之经验，深知欲达到此目的，必须唤起民众及联合世界上以平等待我之民族，共同奋斗。"[3] 怎样唤起民众？无疑需站在民众的立场，替民众代言，为民众谋

---

① 《孙中山全集》第 9 卷，中华书局 1986 年版，第 184 页。

② 《孙中山选集》，人民出版社 1981 年版，第 593 页。

③ 《孙中山全集》第 11 卷，中华书局 1986 年版，第 639 页。

利。他不止一次地说："三大主义皆基本于民"，"简单地说，便是民有、民治、民享。……是要把全国的主权，都放在本民族人民手内；一国之政令，都是由人民所出；所得的国家利益，由人民共享。"① 更何况，欧美资本主义虽然强大，但难掩其侵略本性，难改其两极分化之弊端。中国的现代化进程"可举政治革命、社会革命毕其功于一役"，② 并把资产阶级的民主革命和社会主义的主张结合起来。因为"民生主义并非均平富主义，乃以国家之力，发达天然实利，防资本家之专制。……中国十年以后，必至有十万人以上之大资本家，此时杜渐防微，唯有提倡国家社会主义。"③

毛泽东的新民主主义理论是在抗日战争进入相持阶段后，为反对国民党在军事上和文化上的进攻，阐明共产党的政治文化主张而提出的。新民主主义理论汲取了三民主义特别是新三民主义中的合理内容，在很大程度上和三民主义有承继关系。因为，两种文化价值取向虽然对中国的现代化道路有不同的设想，但在救亡图存、寻求人民的自由和解放这一主要方面，中国当时的资产阶级与无产阶级的目标是一致的，1924年国民党一大上孙中山提出的新三民主义，更是直接符合了中国共产党的最低纲领。具体而言，其一，二者在对待帝国主义的态度上有共同之处。在国民党一大期间，孙中山明确指出："民族解放之斗争，对于多数之民众，其目标皆不外反帝国主义而已。"④ 中国共产党早在二大时期，就公开提出了反对帝国主义的纲领和口号，到抗战时期，毛泽东的新民主主义理论直接把反帝反封建确立为革命的主要任务。其二，二者在对待封建主义的态度和解决人民政治权利上有共同之处。三民主义在理论和实践上都坚定地反对封建主义，并对因此而来的民权主义进行了

① 《孙中山选集》，人民出版社1981年版，第75、563页。
② 《孙中山全集》第1卷，中华书局1981年版，第289页。
③ 《孙中山全集》第2卷，中华书局1982年版，第441—442页。
④ 《孙中山全集》第9卷，中华书局1986年版，第119页。

解释，认为民权主义"为一般平民所共有，非少数者所得而私也。"[1] 新民主主义的价值取向也是要"建立中华民主共和国"，"是在无产阶级领导下的一切反帝反封建的人们联合专政的民主共和国"。这种民主共和的国体"可以采取全国人民代表大会、省人民代表大会、县人民代表大会……这种制度即是民主集中制。"[2] 其三，二者在解决农民土地和对待资本主义的态度上有共同之处。作为三民主义的核心思想，民生主义的两个主要原则是"平均地权"和"节制资本"，孙中山后来对此阐述时又进一步提出了"耕者有其田"的主张，并认为节制资本既要做到防止出现影响国计民生的垄断资本，又要保护和奖励中小资本。毛泽东接过了三民主义思想中的文化火炬，在《新民主主义论》等著作中明确提出了"没收地主的土地，分配给无地或少地的农民，实现中山先生'耕者有其田'的口号。"[3] 并指出，中国的经济"绝不能是'少数人所得而私'，绝不能让少数资本家少数地主'操纵国民生计'。"[4] 到 1947 年 12 月所作的《目前的形势和我们的任务》的报告中，还进一步指出了保护民族工商业是新民主主义的三大经济纲领之一。

为什么三民主义和新民主主义有如此多的共同之处？其根本原因在于：无论三民主义中的民族主义、民权主义、民生主义，还是中国共产党新民主主义理论中"为人民谋利益"的价值取向，都体现了"人民主体论"的先进思想文化，"其闪光点在于探索一种趋向于人民主体论的中国现代化模式，以求超越资本主体论的西方现代化模式。"[5] 当然，新民主主义不能完全等同于三民主义，它完成了对三民主义理论

---

[1] 《孙中山全集》第 9 卷，中华书局 1986 年版，第 120 页。

[2] 《毛泽东选集》第 2 卷，人民出版社 1991 年版，第 675 页。

[3] 《毛泽东选集》第 2 卷，人民出版社 1991 年版，第 678 页。

[4] 《毛泽东选集》第 2 卷，人民出版社 1991 年版，第 678—679 页。

[5] 王东：《孙中山：中国现代化的伟大先行者》，《北京大学学报（哲学社会科学版）》1996 年第 5 期。

的发展和超越，因为，"中国共产党人是革命三民主义的最忠诚最彻底的实现者。"①

具体而言，在民族独立、人民解放的革命成为中国走向现代化的前提条件下，毛泽东认为，中国革命的领导阶级是无产阶级；地主阶级、带买办性的大资产阶级是革命的对象，但其中的开明人士，在抗日的情况下可以团结与合作；民族资产阶级、小资产阶级是革命的同盟军，但有其两面性和软弱性；只有劳苦的农民大众才是无产阶级最坚固的同盟军。而且，在第一次世界大战爆发和十月革命之后，中国革命的性质虽然还是资产阶级民主主义的，但已经不同于旧的资产阶级民主革命，而是新的无产阶级领导的新民主主义革命，是世界无产阶级革命的组成部分，其前途必然是社会主义。"中国革命的全部结果是：一方面有资本主义因素的发展，又一方面有社会主义因素的发展……加以国际环境的有利，便使中国资产阶级民主革命的最后结果，避免资本主义的前途，实现社会主义的前途，不能不具有极大的可能性了"。"民主主义革命是社会主义革命的必要准备，社会主义革命是民主主义革命的必然趋势。"②

再次，从文化的民族性与时代性的关系角度看，中国现代化探索的文化理路是一个始终伴随着文化激进主义、文化保守主义、文化创新主义争论的过程。

事实上，自近代以来，我国现代化过程中的文化争论一直是围绕着文化的民族性和时代性的关系展开的，这一"关系"又可以概括为"古今中西问题"。其中，有两种主张很具有代表性：一种是文化激进主义的观点，即自由主义的全盘西化论，其核心是"现代化＝西方化"，认为中国传统文化一无是处，与现代化水火难容；无论儒家还是道家和佛

① 《毛泽东选集》第3卷，人民出版社1991年版，第1061页。
② 《毛泽东选集》第2卷，人民出版社1991年版，第650、651页。

家，虽然其中的"人文精神"和社会使命感对现代化有一定的关照作用，但从中不可能直接生长出具有现代意义的民主、科学和法治来。所以，中国走向现代化的唯一出路就是全盘西化。另一种是文化保守主义的观点，即国粹主义或儒学复兴论，其核心是"中国的现代化＝儒学的现代复活"，认为中国传统文化特别是儒家文化具有天然的优越性，本质上高于任何外来文化，中国现代化的最佳选择就是复兴现代新儒学，以完成返本开新、内圣外王之道，这样，中国和世界才有希望。"亚洲四小"的崛起和发达资本主义国家的现代性的文化危机，似乎给这一观点提供了正反两方面的实证材料。

早在 20 世纪初，英国人罗素来中国考察后，就以其睿智的目光窥测到了中国现代化进程可能出现的文化难题。他指出：中国人如果能对西方的文明扬善弃恶，"再结合自身的传统文化，必将取得辉煌的成就。但在这个过程中要避免两个极端的危险：第一，全盘西化，抛弃有别于他国的传统。那样的话，徒增一个浮躁好斗、智力发达的工业化、军事化国家而已，而这些国家正折磨着这个不幸的星球；第二，在抵制外国侵略过程中，形成拒绝任何西方文明的强烈排外的保守主义。"[1] 我国现代化探索的文化理路从深层来看，正是一个从文化激进主义和文化保守主义的争论到文化创新主义的不断生成过程。在前述的两条文化理路中，我们可以发现，从洋务运动到戊戌维新，再到辛亥革命和五四运动，中国的现代化在一定意义上确实有刻意模仿西方现代化的痕迹，譬如新文化运动中的"打倒孔家店"、胡适等实用主义代表人物提出的"使中国充分世界化"，都有明显的"西化"特点。然而，在中国现代化的总体理路和实践层面，无数仁人志士的探索都始终没有砍断传统文化的"根"，没有照搬照抄西方的现代化之路。

1938 年，毛泽东指出："从孔夫子到孙中山，我们应当给以总结，

---

[1]　罗素：《中国问题》，学林出版社 1996 年版，第 4 页。

继承这一份珍贵遗产。"① 也就是20世纪30年代，张岱年明确提出了"综合创新"的文化主张，后来的几十年直到去世，除了张岱年自己发表了大量论文、专著和讲话，全面阐述中国现代化进程中"综合创新"文化理路的本质内涵及其重要意义外，研究中国现代化的大部分学者都融入到这一主张和思路之中。笔者以自己的粗浅认识，把"综合创新"的文化理路提炼出以下几个方面：

第一，"综合创新"表达了一种新文化的形成不能简单机械地采取"东拼西凑"的方式去构成，而必须在现实的社会实践中通过人们的创造性活动去铸成。在《不列颠在印度统治的未来结果》一文中，马克思就已经清醒地看到了不同文化模式的难以调和性以及在此基础上新文化产生的艰巨性，他指出："在印度人自己还没有强大到能够完全摆脱英国的枷锁以前，印度人是不会收获到不列颠资产阶级在他们中间播下的新的社会因素所结的果实的。"② 也就是说，只有人们创造性的活动，才能赋予中国的现代化进程以勃勃生机。一百多年来，我们持续不断的文化争论的失误，"正在于人们只是想着现成地搬用某一种或某几种文化模式，而不是把既有的文化（无论是古今中外的文化）当作一种资源，并结合社会实践和时代特征创造出新的中国现代文化。"③

第二，"综合创新"的文化观也不等同于简单或表面的"批判继承"，而是真正深入到文化模式和民族精神内部进行的文化创新，表现出一种积极、自主和健全的文化心态。在传统文化现代化的过程中，我们的文化学者总是容易陷入"文化身份"的认同之中，并往往表现出两种典型的"文化焦虑"的心态：一种是激情式的。即在剧烈社会转型面前失去了理性自持的自我认同和评价能力，表现出偏激的文化批判和自我否定；这种激进的文化观往往还能适合当时的社会文化心理，起痛快淋

① 《毛泽东选集》第2卷，人民出版社1991年版，第534页。
② 《马克思恩格斯选集》第1卷，人民出版社1995年版，第771—772页。
③ 李宏斌：《论我国社会主义现代化进程中的文化创新》，《理论月刊》2001年第2期。

漓、振聋发聩的作用。但当人们冷静下来或者接受了这种激情式的批判后，又觉得不是或不完全是那么一回事，并由此产生了心灵失落和文化失重的感觉，并直接引发了社会秩序和文化伦理的失范。另一种是学究式的。这是大部分传统文化学者共有的心态。他们中的一小部分人对急剧变化的社会现实反应迟钝，缺乏应有的紧迫感，在大讲"国粹"、对传统文化职业式的孤芳自赏中逐渐与时代脱节；他们中的大部分人以其固有的"批判继承"意识保持了作为学者的使命感和忧患意识，保持了对中国现代化的热切关注。但由于他们对现代化进程中的失范现象和负面效应异常敏感，好多时候难免"酸葡萄心理"的折磨和"叶公好龙"式的尴尬，最终还是退回到文化保守主义的怀抱。事实上，对传统文化的"批判继承"绝不能停留在简单的"内容"和"形式"上，而应当进入到思维方式、行为方式和价值观的深层。只有在"综合创新"的文化实践中实现人自身的脱胎换骨式的现代转型，才能最终实现我们的现代化目标。

第三，"综合创新"的文化观既是一种文化设计，也是一种制度设计，离开了制度创新，文化创新活动就不能正常进行，文化创新的成果也会因失去制度保障而化为乌有。从理论上讲，任何一种社会制度的建立，都是适应当时当地的社会经济的发展状况，在一定思想观念的支配下建立起来的，而这种制度一旦形成，就会反过来对人们的思想行为发生制约作用。从现实来看，我国的社会运作机制主要还是一种"多元混合秩序（结构）"，即社会的秩序结构仍然处在由传统社会向现代社会的转型之中。在这种社会秩序内，一方面，中国社会从主流上讲已经步入了现代社会行列，自由、民主、科学、和谐、法治等观念也已成为主流社会占主导地位的社会思潮。但另一方面，传统社会的"人治秩序"和愚昧落后观念依然在现实中发生影响。这种影响又以两种方式对社会发生作用：一是作为一种历史文化遗留，以观念的方式作用于现代社会的制度、体制和秩序；二是由于中国社会发展的长期不平衡性，在广大的

"乡村社会"即非主流社会，它还实际地发挥着维持社会秩序的规范作用。① 正因为我国社会传统与现代交织、法治与人治并存、和谐与失谐共在，才使得我们有理由在文化创新的同时提出制度创新。

五、中国特色社会主义：文化自觉与自信的表达

了解了中国现代化探索的文化理路后，接下来的问题是：中国现代化探索的最大成就是什么？回答是肯定的也是一致的，这就是中国特色社会主义。

如前所述，早在马克思主义科学社会主义传入中国之前，中国的仁人志士就开始了现代化的探求。他们批判封建专制，追求民主法制；反对社会封闭，追求工商业发展；以西方理性主义为参照，掀起了中国近代的启蒙思潮。然而，面对西方现代性分裂和现代化的负面效应，他们中的一些先进分子已经开始树立了一个比资本主义更高的社会目标。譬如，康有为认为，西方资本主义社会徒有文明之表，而不具文明之里，它使"富者愈富，贫者愈贫"② 因而，必须在现代文明发展的基础上实现世界"大同"，才能使人类摆脱苦难，达到生产高度发达的太平世界。

作为中国民主革命的先行者，孙中山在对西方资本主义社会进行了多方面的考察后，指出：西方所谓的"文明有善果，也有恶果，须要取那善果，避那恶果"；西方社会如果不进行社会革命，"享幸福的只有少数资本家，受苦痛尚有多数工人，自然不能相安无事。"③ 他把民生主义、社会革命与社会主义等同起来，进行中国社会现代化发展问题的研

① 刘作翔：《转型时期的中国社会秩序结构及其模式选择》，《新华文摘》1999 年第 2 期。
② 康有为：《大同书》，中州古籍出版社 1998 年版，第 235 页。
③ 《孙中山选集》，人民出版社 1981 年版，第 84、94 页。

究。认为，"今吾国之革命，乃为国利民福革命。拥护国利民福者，实社会主义"；而许多人以为的改造中国的社会革命，"不过是想将中国弄成一个极强大的国，与欧美诸国并驾齐驱罢了。"① 到晚年的国共合作中，孙中山不仅提出了平均地权的主张，而且把民生主义和节制资本直接结合起来。他指出："凡本国人及外国人之企业，或有独占的性质，或规模过大为私人之力所不能办者，如银行、铁道、航路之属，由国家经营管理之，使私有资本不能操纵国计民生，此则节制资本之要旨也"。因为，民生主义"是做全国大生利的事，……所得富足的利益，不归少数人，有穷人、富人的大分别，要归多数人，大家都可以平均受益"。"故民生主义就是社会主义，又名共产主义，即是大同主义。"②

　　可见，中国社会的现代化追求一开始就有着中国传统文化的色彩；而且，由于"世界历史"背景下的全球性的资本主义矛盾，又使得中国的现代化追求与西方的社会主义思潮相共鸣。当然，无论康有为的"大同"阐释还是孙中山的"民生"表达，都是在中国传统文化模式危机和转型的态势下，对中国现代化道路的主观性展望和规划。尽管这种"展望和规划"有着文化自觉的特点，都不能有效地解决中国现代化追求面临的最现实和最迫切的问题——民族独立和社会解放。真正形成对中国现代化道路的社会主义选择，是在十月革命炮声的回音里，是在五四新文化运动的持续发酵中，是在马克思主义广泛传入中国后，中国共产党人领导广大人民，把马克思主义的普遍原理与中国的具体实际相结合，在民族独立和社会解放的新民主主义革命、社会主义革命和建设中完成的。

　　辩证法大师黑格尔指出："只有一个民族用自己的语言掌握了一门科学，我们才能说这门科学属于这个民族了。"③ 马克思主义传入中国

① 《孙中山选集》，人民出版社 1981 年版，第 104、93 页。

② 《孙中山选集》，人民出版社 1981 年版，第 593、895、802 页。

③ 黑格尔：《哲学史讲演录》第 4 卷，商务印书馆 1981 年版，第 187 页。

后，经过思想文化领域中的多次激烈争论，中国的先进分子迅速运用唯物史观认识世界发展趋势和中国社会发展的前途，使中华大地上的社会主义思潮转向了更加的文化自觉。当然，这种转变已经不是一般意义上的新观念和新思路的产生，而是一种外来文化本土化过程中的真正创新。开启这种创新的典型代表是毛泽东。

早在20世纪三四十年代，毛泽东就通过对中国传统的"变易"思想、矛盾思想和实践思想的挖掘，把其和马克思主义的阶级分析法和阶级斗争理论结合起来，并在对中国"国情"和中国社会各阶级透彻分析的基础上，制定出了新民主主义革命的路线。他指出："中国的特点是：不是一个独立的民主国家，而是一个半殖民地的半封建的国家；在内部没有民主制度，而受封建制度压迫，在外部没有民族独立，而受帝国主义压迫。因此，无议会可以利用，无组织工人举行罢工的合法权利。在这里，共产党的任务，基本地不是经过长期合法斗争以进入起义和战争，也不是先占城市后取农村，而是走相反的道路"。"我们主张在彻底打败日本侵略者之后，建立一个以全国绝大多数人民为基础而在工人阶级领导之下的统一路线的民主联盟的国家制度，我们把这样的国家制度称之为新民主主义的国家制度。"[1] 可见，毛泽东认为，只有通过民族民主的新民主主义革命，才能切合"国情"或社会性质，实现中国社会发展中的"飞跃"；才能争取民族独立和国家统一，扫清中国现代化的障碍。

更为重要的是，毛泽东通过对马克思主义社会发展规律理论的解读，充分认识到了，中国反帝反封建的新民主主义革命不仅仅是对封建主义和资本主义的取代，而且也是从世界性的资本主义的霸权中解放出来，在自身基础还不足的情况下，通过新民主主义的革命和建设，必然要把现代化与社会主义联系起来。他认为，中国革命的任务在本质上就

---

[1] 《毛泽东选集》合订本，人民出版社1964年版，第507、957页。

是解放生产力，"生产力本身的要求，则是用革命方法解除这种旧有生产关系的束缚，推翻这种旧有生产关系，建立新的生产关系，因而使全国一切积极的生产力获得向上发展的可能，替未来的更进步的更能自由地发展生产力的社会主义社会准备条件。"[①]需要特别注意的是，毛泽东始终认为，中国的革命和建设都必须在改变广大农村存在的自然经济基础上才能成功，他的社会主义现代化思想正是在这一理论前提下展开的。其内容主要包括三个方面：

一是坚持社会主义工业化的目标，统筹兼顾，处理好各方面的关系。在1954年《关于中华人民共和国宪法草案》的讲话中，毛泽东明确提出："我们的总体目标，是……要实现社会主义工业化，要实现农业的社会主义化、机械化，要建成一个伟大的社会主义国家。"[②]这种工业化的追求又不能牺牲农业和农民的利益，因而，首要任务是处理好重工业、轻工业和农业的关系，做到工业和农业并举，通过发展农业实现社会主义工业化。他反对照搬照抄苏联模式，提出改变中央集权，给地方和企业适当的自主权力；处理好国家、集体和劳动者个人之间的关系，做到统筹兼顾。特别是在经历了"人民公社化"等极"左"思潮的取消价值规律的错误后，毛泽东已经清醒地觉悟到："商品生产不能与资本主义混为一谈"，而"要看它是同什么经济制度相联系，同资本主义制度相联系就是资本主义的商品生产，同社会主义制度相联系就是社会主义的商品生产"；"现在要利用商品生产、商品交换和价值法则，作为有用的工具，为社会主义服务。"[③]

二是发展社会主义民主，调动一切积极因素，为社会主义现代化服务。早在新民主主义革命时期，毛泽东就认识到，"只有工业社会才能

---

① 《毛泽东文集》第5卷，人民出版社1996年版，第61页。
② 《毛泽东文集》第6卷，人民出版社1999年版，329页。
③ 《毛泽东文集》第7卷，人民出版社1999年版，第439、435页。

是充分民主的社会。但为了发展工业，必须首先解决土地问题。"①"严重的问题是教育农民"，"没有农业社会化，就没有全部的巩固的社会主义。"②新中国建立后，根据毛泽东新民主主义的制度设计，建立了人民代表大会制度、共产党领导的多党合作和政治协商制度、民族区域自治制度等，初步形成了中国特色社会主义民主政治的基本框架。社会主义制度确立后，毛泽东在《关于正确处理人民内部矛盾的问题》中，提出了两类不同性质矛盾的解决方法，认为敌我矛盾需用专政的方法，而人民内部矛盾需用民主集中制的方法。为调动一切社会主义建设积极因素，他还提出了共产党与民主党派"长期共存、互相监督"的原则。而在1962年召开的扩大的中央工作会议上，毛泽东又对中国特色的民主政治作了进一步阐释："在我们国家，如果不充分发扬人民民主和党内民主，不充分实行无产阶级的民主制，就不可能有真正的无产阶级的集中制。没有高度的民主，不可能有高度的集中，而没有高度的集中，就不可能建立社会主义经济。"③

三是建设社会主义科学和文化，贯彻"双百"方针，为中国的社会主义现代化提供精神保障和智力支撑。1954年第一次全国人民代表大会的开幕词中，毛泽东就提出："准备在几个五年计划内，将我们现在这样一个经济上文化上落后的国家，建设成为一个工业化的具有现代文化程度的伟大的国家。"④之后，他在全国范围提出了普及教育、扫除文盲、改革文字的要求，并号召"全党努力学习科学知识，同党外知识分子团结一致，为迅速赶上世界科学先进水平而奋斗。"⑤1956年4月的中央政治局扩大会议上，毛泽东在先前"百花齐放，推陈出新"题词的

---

① 《毛泽东文集》第3卷，人民出版社1996年版，第184页。
② 《毛泽东选集》合订本，人民出版社1964年版，第1366页。
③ 《毛泽东文集》第8卷，人民出版社1999年版，第296—297页。
④ 《毛泽东文集》第6卷，人民出版社1999年版，第350页。
⑤ 《建国以来毛泽东文稿》第6册，人民出版社1992年版，第12页。

基础上，明确指出："艺术问题上的百花齐放，学术问题上的百家争鸣，我看应该成为我们的方针。"而在《关于正确处理人民内部矛盾的问题》中，他又把这一方针看做"是促进艺术发展和科学进步的方针，是促进我国的社会主义文化繁荣的方针。"①

总之，在中国现代化探索的历程中，从康有为、孙中山的超越资本主义的现代化到毛泽东的新民主主义和社会主义的现代化理论后，中国特色的社会主义现代化作为社会转型中的必然诉求，已经以文化自觉的方式得以较为完整的表达。正像有学者指出的那样："经由新民主主义到社会主义的反帝反封建当然是中国革命（在共产党领导下）的一种自觉选择，但它作为中国现代化国家基础的合法性本身来讲，其实也是唯一的选择。"②

当然，由于毛泽东晚年受苏联模式的影响，把不断提高公有化程度看做有效带动生产力发展的主要途径，把社会主义发展视为"六亿神州尽舜尧"的道德提高过程，忽视了生产力发展、社会变革与现代性成长的关系，从而造成了社会主义建设中的一系列失误，特别是造成了对自然经济的理想化理解和平均主义的盛行。"实践证明，社会主义现代化既不是工具理性主义的泛化，也不是把工具理性统摄于道德理想，而是使二者之间保持必要的张力。"③ 美国学者阿瑞夫·德里克评论说："在20世纪上半叶的几十年里，中国人跨入了一个辽阔的文化和知识空间，这个空间是由欧洲两个世纪的现代化所开拓的；同时又把中国的文化局面抛入了动荡的漩涡中，当时中国人正试图寻找一种与他们选择的现代性范式相应的文化。中国人与现代性的斗争体现在其历史人物的现代主义眼光中，体现在这种眼光所暴露出来的矛盾中""毛的马克思主义不

---

① 《毛泽东文集》第 7 卷，人民出版社 1999 年版，第 54、229 页。
② 孙津：《打开视域——比较现代化研究》，社会科学文献出版社 2004 年版，第 51—52 页。
③ 董四代：《科学社会主义中国化的文化解读》，天津人民出版社 2007 年版，第 6 页。

仅是从马克思主义的普遍视野出发对中国社会的反思，而且是从中国作为一个第三世界社会和民族出发而对马克思主义的反思。这两个过程也是对立的。它们充满矛盾地建构了一种语言，我们可以把它称之为中国的马克思主义。"①

这一评论无疑是深刻的，它一语道破了中国特色社会主义的真谛：马克思主义普遍真理与中国的具体实际相结合。只不过，这一"真谛"并非美国学者所说的是"对立的"、"充满矛盾地建构了一种语言"，而是波澜壮阔、可歌可泣的中国特色社会主义的实践探索过程！如果说毛泽东等人的探索达到了高度的文化自觉，那么，改革开放以来邓小平等人的探索则表达了高度的文化自信。

什么是文化自信？简单地说，文化自信"是一个国家、一个民族、一个政党对自身文化价值的充分肯定，对自身文化生命力的坚定信念。"②早在1982年中国共产党第十二次全国代表大会上，邓小平就高屋建瓴地指出："把马克思主义的普遍真理同我国的具体实际结合起来，走自己的路，建设有中国特色的社会主义，这就是我们总结长期历史经验得出的基本结论。"③而在2011年庆祝中国共产党成立90周年大会上，胡锦涛更是热情饱满地指出："经过90年的奋斗、创造、积累，党和人民必须倍加珍惜、长期坚持、不断发展的成就是：开辟了中国特色社会主义道路，形成了中国特色社会主义理论体系，确立了中国特色社会主义制度。"④30多年改革开放的风雨历程，"中国特色社会主义"已经深深融入到中国共产党和中国人民

---

① 萧延中主编：《外国学者评毛泽东》第1卷，中国工人出版社1997年版，第219—220页。

② 刘云山：《文化自觉文化自信文化自强——对繁荣发展中国特色社会主义文化的思考》，《红旗文稿》2010年第15期。

③ 《邓小平文选》第3卷，人民出版社1993年版，第1页。

④ 《学习胡锦涛在庆祝中国共产党成立九十周年大会上的讲话》，人民日报出版社2011年版，第5—6页。

的生活之中，成为了凝聚改革开放之人心、引领现代化之方向、振奋中华民族之精神的光辉旗帜，也成了中华民族复兴之路上文化自信的集中表达。

首先，是中国特色社会主义的理论自信。包括邓小平理论、"三个代表"重要思想和科学发展观在内的中国特色社会主义理论体系，是中国共产党人在新的历史时期所获得的最重要的理论成果。这一理论自信源于：一是立足改革开放的实践，创造性地回答了什么是社会主义、怎样建设社会主义等重大问题。二是在继承前人优秀思想文化特别是毛泽东思想的基础上，把"马克思主义中国化"推向了一个新的发展阶段和发展高度。马克思主义中国化的第一次飞跃，发生在帝国主义战争和无产阶级革命深入发展的时代，其社会实践解决的核心问题是，在半殖民地半封建的中国进行什么样的革命、怎样进行革命的问题。毛泽东思想作为这次飞跃的伟大成果，不仅成功地开辟了中国特色的新民主主义革命道路，而且初步探索了社会主义建设道路。马克思主义中国化的第二次飞跃，发生在世界格局发生重大变化、和平与发展的主题日渐形成并深入发展的时代，其社会实践的核心问题是，在社会主义初级阶段的中国建设什么样的社会主义、怎样建设社会主义以及建设什么样的党、怎样建设党，实现什么样的发展、怎样发展等重大问题。邓小平理论、"三个代表"重要思想和科学发展观作为这次飞跃的系列成果，成功地探索出了一条中国特色的社会主义道路。

其次，是中国特色社会主义的道路自信。民族复兴和人民幸福的中国梦的实现，关键在于道路的正确选择。早在20世纪50年代，我们在社会主义的实践中就已经认识到"苏联模式"的弊端，为此，毛泽东曾明确提出搞社会主义不一定照搬苏联的那套公式，不能教条主义地学习苏联经验。可惜的是由于"左"的思潮和路线的干扰，这一探索未能坚持下去，"其中一个根本原因，是没有选择好马克思主义基本原理同中国实际相结合的逻辑起点。"① 总结历史教训，邓小平提出重新恢复党的实事求是的思想路线，首先必须解放思想，只有坚持一切从实际出发，走自己的路，把实践作为"结合"的逻辑起点和根本依据，才是中国特色社会主义道路的本质和精髓。也正是立足这一起点，邓小平作出了"和平与发展是当今时代的主题"和"我国还处于并将长期处于社会主义初级阶段"两个重要结论。在此基础上，科学地确立了"中国式的现代化"的主题和目标，设计了战略目标"三步走"。到 20 世纪末，我们已经实现了第一、第二步战略目标，人们生活总体达到小康水平。2002年党的十六大又明确提出了"在本世纪头 20 年，集中力量，全面建设惠及十几亿人口的更高水平的小康社会"，并把"全面建设小康社会"看做是实现现代化战略目标的承上启下的关键阶段。党的十七大、十八大之后，"中国特色的社会主义道路"从经济、政治、文化、社会、生态五个方面都得到了进一步的阐发。经济方面，是坚持和发展社会主义市场经济，不断解放和发展生产力；政治方面，是坚持党的领导、人民当家作主和依法治国的有机统一；文化方面，是坚持社会主义先进文化的方向，发展面向现代化、面向世界、面向未来的民族的科学的大众的文化；社会方面，是在坚持以人为本的基础上实现社会的和谐发展；生态方面，是树立尊重自然、顺应自然、保护自然的生态文明理念，努力建设美丽中国，实现中华民族永续发展。

再次，是中国特色社会主义的制度自信。20 世纪七八十年代以来，世界社会主义运动面临严重挑战，不少"社会主义"制度的国家在国际风云变幻中迷失了方向。中国的社会主义现代化同样经历了前现代社会、现代社会、后现代社会的"三级两跳"的剧烈阵痛。因为"中国的现代化变迁是在现代性完全显示出自己的普世化特征之后才开始的，因

---

① 包心鉴：《论中国特色社会主义的当代价值》，《中国延安干部学院学报》2012年第 4 期。

此从文化哲学的视角来说，我们必然要经历一个历时性文化的共时性承受的发展阶段，民族传统文化、西方古典理性文化、西方现代文化、当代新文化实践等等，几乎都需要我们同时去面对。"① 而"中国特色社会主义制度所以能够形成和成功，这一社会制度所以对当代社会主义国家的制度改革与完善有普遍性的启迪意义，根本原因在于这一社会制度本身，蕴涵着具有普遍意义的内在规律。"② 具体有四个方面：一是坚持科学社会主义基本原则与一切从中国实际出发的有机统一；二是坚持人民当家作主的制度本质与选举民主、协商民主、直接民主、党内民主、经济民主等特色鲜明的"五大民主"制度的统一；三是坚持基本制度、基本要素的"稳定性"与改革体制和机制弊端的"变动性"的统一；四是坚持科学发展与实现社会公平正义的有机统一。

总之，中国特色社会主义的理论体系、发展道路和基本制度，是近代以来中国现代化探索和 30 多年改革开放、建设有中国特色社会主义的伟大实践孕育出的伟大成果，是中国特色社会主义历史地位和当代价值的深刻体现。特别是中国特色社会主义所取得的巨大成就，无疑增加了我们对中国特色社会主义的理论自信、道路自信、制度自信。

据权威统计，从 1979 年到 2009 年，30 多年的改革开放和中国特色社会主义道路，使中国的 GDP 增加了 18 倍，社会主义的中国一跃而成为世界第二大经济实体；并于 2009 年超越德国成为世界最大的出口国。30 年中，有 8000 多亿美元外资投资中国，使其成了世界经济增长的重要动力；到 2009 年，中国对世界经济和贸易增长的贡献率达 50% 左右。甚至在 2000 年左右，美国媒体还在指责中国银行系统坏账太多，而到了 2010 年，世界银行资产排名前五席的有三个都是中国的银行。

---

① 邹广文：《马克思的现代性视野及其当代启示》，《中国人民大学学报》2004 年第 5 期。

② 包心鉴：《论中国特色社会主义的当代价值》，《中国延安干部学院学报》2012 年第 4 期。

美国前财政部长劳伦斯·萨默斯作了这样一个估算：如果说英国工业革命期间，一个人的生活水平在自己生命周期里翻了 1 倍的话，那么在中国当今这场现代化大潮中，一个中国人的生活水平在自己的生命周期内可翻 7 倍。[①] 难怪张维为在《中国震撼》开篇就自信地指出，中国特色社会主义即中国模式形成于全球化的激荡和竞争之中，"所以这个模式不会走向崩溃，只会进一步完善而走向更大的辉煌。从更为长远的历史眼光来看，中国的崛起不是一个普通国家的崛起，而是一个五千年连绵不断的伟大文明的复兴，是一个人类历史上闻所未闻的超大规模的'文明型国家'的崛起。……这种'文明型国家'不需要别人认可也可以独立存在和发展，它的政治和经济模式在很多方面与别人不一样，过去不一样，现在也与众不同，今后也还是自成体系的。"[②]

---

① 张维为：《中国震撼》，上海人民出版社 2011 年版，第 7—8 页。
② 张维为：《中国震撼》，上海人民出版社 2011 年版，第 1—2 页。

第　五　章

文化哲学与社会主义核心价值的提出

一、社会主义核心价值体系的提出和基本内容

社会主义核心价值体系这一概念的明确提出，是在党的十六届六中全会通过的《中共中央关于构建社会主义和谐社会若干重大问题的决定》中，当时的表述是："社会主义核心价值体系是建设和谐文化的根本。必须坚持马克思主义在意识形态领域的指导地位，牢牢把握社会主义先进文化的前进方向，弘扬民族优秀文化传统，借鉴人类有益文明成果，倡导和谐理念，培育和谐精神，进一步形成全社会共同的理想信念和道德规范，打牢全党全国各族人民团结奋斗的思想道德基础。"①

这段表述的内涵十分丰富，至少有三方面值得重视：一是社会主义核心价值体系是在构建社会主义和谐社会背景下，为建设社会主义和谐文化提出的，代表和把握了社会主义先进文化的前进方向；二是要构建社会主义核心价值体系，就必须坚持马克思主义的指导地位，弘扬民族优秀文化传统，借鉴人类有益文明成果；三是构建社会主义核心价值体系的意义和目的是，形成全社会共同的理想信念和道德规范，巩固全党

---

① 《〈中共中央关于构建社会主义和谐社会若干重大问题的决定〉辅导读本》，人民出版社 2006 年版，第 22 页。

全国各族人民团结奋斗的思想道德基础，即胡锦涛在十七大报告中概括的"增强社会主义意识形态的吸引力和凝聚力。"① 可以说，提出和构建社会主义核心价值体系，是中国现代化历程中的又一次大的突破，是中国特色社会主义由文化自觉、文化自信走向文化自强的必然要求。

社会主义核心价值体系是一个内涵丰富、意蕴深厚的有机整体。从其基本内容来看，《中共中央关于构建社会主义和谐社会若干重大问题的决定》提出："马克思主义指导思想，中国特色社会主义共同理想，以爱国主义为核心的民族精神和以改革创新为核心的时代精神，社会主义荣辱观，构成社会主义核心价值体系的基本内容。"② 党的十七大报告进一步用"国家文化软实力"的概念来深化这一内容，指出："社会主义核心价值体系是社会主义意识形态的本质体现。要巩固马克思主义指导地位，坚持不懈地用马克思主义中国化最新成果武装全党、教育人民，用中国特色社会主义共同理想凝聚力量，用以爱国主义为核心的民族精神和以改革创新为核心的时代精神鼓舞斗志，用社会主义荣辱观引领风尚，巩固全党全国各族人民团结奋斗的共同思想基础。"③ 从中可见，社会主义核心价值体系的基本内容包含了不可分割的四个方面：

首先，社会主义核心价值体系的灵魂是马克思主义。马克思主义是由马克思恩格斯创立的，由其后各个时代、各个民族的马克思主义者不断丰富和发展的观点和学说体系。从其阶级属性讲，马克思主义是关于无产阶级和人类解放的科学理论，是无产阶级斗争的性质、目的和解放条件的学说；从其研究对象和研究的主要内容看，马克思主义是无产阶级的科学的世界观和方法论，是关于自然、社会和人类思维发展的一般规律的学说，也是关于资本主义发展及其转变为社会主义以及社会主义

---

① 《十七大报告辅导读本》，人民出版社 2007 年版，第 33 页。
② 《〈中共中央关于构建社会主义和谐社会若干重大问题的决定〉辅导读本》，人民出版社 2006 年版，第 22 页。
③ 《十七大报告辅导读本》，人民出版社 2007 年版，第 33 页。

和共产主义发展规律的学说。我国是经由新民主主义革命和社会主义革命，在对旧中国半殖民地半封建社会改造的基础上建立起来的社会主义国家，目前正在进行中国特色的社会主义现代化建设事业。我们的革命是在马克思主义指导下取得成功的，我们的社会主义建设也只有在马克思主义指导下才能完成。中国共产党作为革命和建设事业的领导核心，其本身的产生和成长就是一个马克思主义和中国具体实际相结合的过程，即马克思主义不断中国化的过程。所有这一切，都决定了马克思主义在社会主义核心价值体系中的统领地位。只有用马克思主义的立场、观点、方法来认识经济社会发展大势，认识社会思想意识中的主流与支流，才能在错综复杂的社会现象中看清本质、明确方向。特别是马克思主义的立场，表达了一种根本的价值取向，是马克思主义观察、分析和解决问题的根本点和出发点，这就是始终站在人民大众的立场上，一切为了人民，一切相信人民，一切依靠人民，全心全意为人民服务；而马克思主义的方法，是建立在辩证唯物主义和历史唯物主义世界观基础上的思想方法和工作方法，主要包括实事求是的方法、辩证分析的方法、历史分析的方法、阶级分析的方法、群众路线的方法等。

中国共产党坚持把马克思主义基本原理同中国具体实际相结合，在中国革命和中国社会主义建设过程中形成了毛泽东思想和邓小平理论、"三个代表"重要思想、科学发展观等中国特色的社会主义理论体系，这些理论成果是中国化的马克思主义。在当代中国，坚持马克思主义的指导地位，就是要用中国化的马克思主义理论成果统领经济社会发展全局，坚持用发展着的马克思主义指导改革开放和现代化建设实践。动摇马克思主义的指导地位，就会动摇中国特色社会主义的理论根基，社会主义核心价值体系也就会因为没有灵魂而丧失其凝聚和引领的功能，最终丧失其主流文化的地位。

其次，社会主义核心价值体系的主题是中国特色社会主义共同理想。如第四章所述，"中国特色社会主义"作为中国社会现代化的价值选择，是近代以来无数仁人志士艰难探索的结果，是马克思主义主旋律下中西文化碰撞与合奏的结晶，是整个中华民族浴火重生后的文化自觉和文化自信的总体表达。在中国共产党领导下，坚定地走中国特色社会主义道路，实现中华民族的伟大复兴，是现阶段中国各族人民的共同理想。这一共同理想，集中反映了全体人民对国家和民族未来发展美好前景的向往，代表了全体人民的根本利益，揭示了国家富强、民族振兴、人民幸福、社会和谐、生态文明的必由之路。中国特色社会主义共同理想作为社会主义核心价值体系的主题，具有令人信服的价值普适性和包容性，具有强大的价值感召力、亲和力和凝聚力，必然会成为全体中国人民团结奋斗的现实而又崇高的价值追求。

在社会主义初级阶段，要把我国建设成为富强、民主、文明、和谐的社会主义现代化国家，就必须坚持中国特色社会主义的理论自信、道路自信、制度自信。须知，我们所要建设的中国特色社会主义，是坚持生产资料公有制为主体，同时容纳一切有利于生产力发展的其他经济成分的社会主义；是坚持党的领导、坚持人民当家作主和坚持依法治国相统一的以实现高度民主为目标的社会主义；是坚持以人为本，以社会公平正义为价值目标，解放和发展生产力、消灭剥削、消除两极分化、最终达到共同富裕的社会主义；是坚持人的全面发展和社会全面进步的，诚信友爱、安定有序、人与自然和谐相处的社会主义。可以坚定地说，中国特色社会主义共同理想是社会主义核心价值体系的重中之重，它把党在社会主义初级阶段的战略目标、国家与社会的发展、中华民族的振兴以及个人的幸福追求都紧密联系在了一起，成为激励中华儿女为实现伟大的民族复兴的中国梦而团结奋斗的共同精神纽带。

再次，社会主义核心价值体系的精髓是民族精神和时代精神。民族精神是一个民族在长期的共同的社会实践中形成的民族意识、民族心理、民族品格、民族气质的总和，是一个民族生生不息、薪火相传的精神血脉。在5000多年的发展中，中华民族形成了以爱国主义为核心的伟大民族精神，这种精神从价值取向看主要表现在五个方面：一是国家民族立场上的统一意识；二是为政和治国理念上的民本要求；三是社会秩序建构上的和谐意愿；四是伦理关系处理上的仁义主张；五是人生事业态度上的自强与厚德的诉求。邓小平指出："必须发扬爱国主义精神，提高民族自尊心和民族自信心。否则我们就不可能建设社会主义，就会被种种资本主义势力所侵蚀腐化。"①时代精神是一定时代内容的本质特征的表现。时代内容是多方面的，包括时代的经济、政治、文化、科学和社会发展等多方面的状况。时代精神集中体现于时代内容中，但并不是所有的时代内容都表现着时代精神，只有那些代表时代发展潮流，对社会发展起着积极作用的时代内容才是时代精神的体现。以改革创新为核心的时代精神，是马克思主义与时俱进的理论品格、中华民族富于进取的思想品格与改革开放和现代化建设实践相结合的伟大成果，通过30多年改革开放的伟大实践，它已成为全党全国各民族人民建设中国特色社会主义事业进程中不断开拓进取的强大精神力量。

随着改革开放的不断深化和中国特色社会主义事业的不断深入，以爱国主义为核心的民族精神和以改革创新为核心的时代精神已经相互交织在一起，深深熔铸在中华民族的生命力、创造力和凝聚力之中，成为与社会主义核心价值体系水乳交融、不可分割的组成部分，并凝结成了中华民族共有精神家园的内核。"把民族精神和时代精神纳入社会主义核心价值体系之中，体现了我们党在把马克思主义中国化的过程中始终注意实践性、民族性和时代性。"②历久弥新的民族精神和生机蓬勃的时代精神，不仅使中华民族始终保持强大的凝聚力，而且使中华民族不断焕发出旺盛的创造力，推动着中华民族历经磨难而信念愈坚，饱尝艰辛而斗志更强，不断谱写民族奋进的新篇章，是中华民族最可宝贵的精神

① 《邓小平文选》第2卷，人民出版社1994年版，第369页。
② 田海舰、邹卫：《社会主义核心价值观论纲》，人民出版社2010年版，第48页。

品格，是中国人民开拓进取、创造崭新业绩的力量源泉。

最后，社会主义核心价值体系的伦理和道德基础是社会主义荣辱观。荣辱观是由"荣"与"辱"组合而成的道德观念，是伴随着人类物质生产活动和文化精神活动而不断形成与完善起来的。"荣"即荣誉，是个人或集体由于出色地担当责任和履行义务而获得的公认的赞许或奖励，以及与之相应的主观上的肯定感受；"辱"即耻辱，是社会对个人或集体的某些不良行为的贬抑和否定，以及与之相应的主观上的羞耻感。可见，所谓"荣辱包含着两方面的含义，一是指社会外在的道德评价，即履行道德行为或违反道德行为而得到的褒奖或谴责；二是指个人自身的道德意识，即主体对自身道德选择后产生的自我评价。"① 而所谓荣辱观，简单地说就是人们对荣辱感的根本观点和基本态度，它通过道德情感可以内化为人们最基本的道德素养和伦理品格，引导和推动人们的道德评价和道德反思。荣辱观离不开"义利观"的向度，"社会主义荣辱观不同于资本主义的以'个人利益'为中心的功利主义荣辱观，也不同于封建主义的以'仁义'为中心的泛道德主义荣辱观，而是在汲取二者合理成分后，建立在'义'、'利'两种价值取向高度一致基础上的，符合广大人民意愿和社会历史发展趋势的新型荣辱观。"②

以"八荣八耻"为主要内容的社会主义荣辱观，是对我国社会主义思想道德体系的全面、系统、准确和通俗的表达，它旗帜鲜明地指明了在我国尚处于初级阶段的社会主义社会里，什么是真善美，什么是假恶丑，应当坚持和提倡什么，必须反对和抵制什么，从而为全体社会成员判断其行为得失、做出其道德选择提供了稳定而可靠的价值标准。一方面，社会主义荣辱观是建立在社会主义市场经济基础上的价值规范，它不排斥个人利益和一切合法的逐利活动，那些诚实、合法、勤勉的趋利

---

① 杨明、张伟：《社会主义核心价值体系论纲》，南京大学出版社 2013 年版，第 224 页。

② 李宏斌：《论社会主义荣辱观的三个伦理向度》，《学术论坛》2006 年第 7 期。

行为，都具有扩大社会利益和人民福祉的功能，是新的历史条件下值得提倡的善行；另一方面，社会主义荣辱观又是以"道义"为根本价值取向的荣辱观，它在趋利过程中把更加广泛更加深刻的人性化的道义内容涵化于其中，把个人、集体、国家和民族的义与利、荣与辱高度地融为一体。社会主义荣辱观是对与社会主义市场经济相适应、与社会主义法律规范相协调、与中华民族传统美德相承接的社会主义思想道德体系的集中表达，它旗帜鲜明地指出了在社会主义市场经济条件下，应当坚持和提倡什么、反对和抵制什么，为全体社会成员判断行为得失、确定价值取向、提供了基本的价值准则和行为规范。

总之，社会主义核心价值体系的四个方面既相互联系又各有侧重。马克思主义是中国共产党和国家的根本指导思想，在社会主义核心价值体系中处于统摄和领导地位，是社会主义核心价值体系的灵魂；中国特色社会主义是全社会的共同理想，反映了全国各族人民的根本利益和共同意愿，揭示了民族振兴、国家富强、人民幸福、社会和谐的必由之路，是当代中国发展进步的伟大旗帜，是社会主义核心价值体系的主题；以爱国主义为核心的民族精神和以改革创新为核心的时代精神是中华民族生生不息、薪火相传的精神支撑，是中国人民开拓进取、创造崭新业绩的力量源泉，因而成为社会主义核心价值体系的精髓；社会主义荣辱观体现了中华民族传统美德、优秀革命道德与时代精神的完美融合，是全体社会成员判断其行为得失的价值规范和价值标准，因而是社会主义核心价值体系的伦理和道德基础。

这四个方面又各自具有其特殊的地位和作用：马克思主义指导思想作为社会主义核心价值体系的灵魂，解决的是举什么旗的问题，是整个社会主义核心价值体系的理论基础；中国特色社会主义共同理想作为社会主义核心价值体系的主题，解决的是走什么样的道路、实现什么样的发展目标的问题，坚持马克思主义指导思想、弘扬培育民族精神和时代精神、树立社会主义荣辱观，都是为了引导和激励全体人民努力实现中国特色社会主义共同理想；民族精神和时代精神作为社会主义核心价值体系的精髓，解决的是应当具备什么样的精神状态和精神风貌的问题，它是坚持马克思主义指导思想、树立中国特色社会主义共同理想、弘扬社会主义荣辱观的精神条件；社会主义荣辱观作为社会主义核心价值体系的基础，解决的是人们行为规范的问题，它以"八荣八耻"为基本价值规范和价值标准，使得社会主义核心价值体系其他三个方面的内容具体化、可操作化，从而让社会主义核心价值体系落到实处，人们的践行有了遵循。社会主义核心价值体系，是中国共产党汲取人类思想精华、适应时代发展要求创造性提出来的，拥有广泛而深厚的历史和现实基础，体现了马克思主义价值观与中国传统价值思想的有机统一，除具有一般核心价值所具有的特征外，还具有科学性、民族性、时代性和开放性等鲜明的特征。

二、社会主义核心价值体系与中国传统文化

每个民族都有自己优秀的文化传统和珍贵的文化遗产，继承优秀的传统文化是发展新文化的必要条件。正如毛泽东指出："中国的长期封建社会中，创造了灿烂的古代文化。清理古代文化的发展过程，剔除其封建性糟粕、吸收其民主性的精华，是发展民族新文化、提高民族自信心的必要条件。"[①] 作为中国特色社会主义先进文化的集中表达，社会主义核心价值体系有着深厚的中国传统文化底蕴，正是植根于中国传统文化的沃土，吸收了中国优秀传统文化的合理成分，社会主义核心价值体系才能在社会主义现代化和市场经济的激烈震荡、碰撞中提出并进一步确立。

---

① 《毛泽东选集》第 2 卷，人民出版社 1991 年版，第 707 页。

首先，从总体上看，由中国传统文化发展演变积淀出的文化传统，为社会主义核心价值体系的提出和构建提供了丰富而又坚实的文化基础。

如前所述，文化的核心是价值观。任何民族的文化价值观念，都会在社会实践的基础上，经过长期的历史积淀而形成一种真实的、感觉得到的生活方式或行为模式——文化传统，余英时把中国传统文化积淀出的"文化传统"分为"硬体"和"软体"两个部分，并指出："20世纪初叶中国'传统'的解体首先发生在'硬体'方面，最明显的如两千多年皇帝制度的废除。其他如社会、经济制度方面也有不少显而易见的变化。但价值系统是'传统'的'软体'部分，虽然'视之不见'、'听之不闻'、'博之不得'，但确实是存在的，而且直接规范着人的思想和行为。1911年以后，'传统'的'硬体'是崩溃了，但作为价值系统的'软体'则进入了一种'死而不亡'的状态。……到了'五四'，这个系统本身可以说已经'死了'。但'传统'中的个别价值和观念（包括正面的和负面的）从'传统'的系统中游离出来之后，并没有也不可能很快地消失。……它们和许多'现代'的价值与观念不但相激相荡，而且也相辅相成，于是构成了20世纪中国文化史上十分紧要然而也十分奇诡的一个向度。"①

事实也正是这样，从"五四"新文化运动到今天的改革开放，中国共产党领导全国各族人民在不同的历史阶段所提出的路线方针、执政理念虽然各有侧重，但其中所表现出的价值观的"软体"部分即中国的"文化传统"却是一致的，这就是爱国主义和民本主义。社会主义核心价值的提出，不能不立足在这样坚实的文化土壤上。而且，即使站在方法论的角度，社会主义核心价值体系的提出依然有着丰富的"文化传统"为其前提和基础。在《价值的历程》一书中，赵馥洁把中华民族价值观的

① 余英时：《文史传统与文化重建》，生活·读书·新知三联书店2004年版，第9页。

演变历程概括为"敬德"的提出、"人道"的争鸣、"纲常"的树立、"自然"的崇尚、"万善"的同归、"天理"的营造、"利欲"的萌动、"人权"的伸张、"个性"的解放等九个阶段后，提炼出了中华民族价值观演变的四大特征：一是价值观演变的"实质是民族主体性的演变"，"中华民族的主体性在历史上经过了一个由强到弱再由弱到强的变化过程，宋以前是强化过程，宋以后是弱化过程，辛亥革命以后是民族主体的振兴过程。"二是价值观演变的基点是"以人自身的价值为本位"，"中华民族不痴迷于宗教的彼岸价值，也不执著于物的价值。价值观演变历程上的每个环节都可视为对人的价值的某一侧面的认定和弘扬"。故"以人为本，既反对'神本'也反对'物本'，是中国传统价值观的基本特征。"三是价值观演变的主题基本上是围绕着"提高人的精神素质特别是道德素质"而展开，"总体上却存在着忽视物质财富价值、自然知识价值和科学技术价值的倾向。"四是价值观演变的方式"是在继承传统的前提下进行革新，在维护主体的前提下进行吸取"，"儒家所确立的价值观念核心如仁义、中和、自强等意识，不绝如缕地持续下来"，"这种核心价值观念的持续，对于中华民族的群体凝聚和民族生命力的维系起了极其重大的作用，使中华民族能够永立于世界民族之林而'其命维新'。"①

社会主义核心价值体系的提出正是这样一种文化传统的延续。其一，社会主义核心价值体系是为中华民族伟大复兴的中国梦而提出的，其"民族主体"是全体中华儿女，是中国共产党领导下的一切拥护社会主义的建设者和拥护祖国统一的爱国者的大联盟。其二，社会主义核心价值体系提出的价值基点是反对"神本"、批判"官本"、反思"物本"基础上的以人为本，其最大的价值取向是富强、民主、文明、和谐，最直接的价值目标是人民的幸福，即让改革开放的成果惠及广大人民群

---

① 赵馥洁：《价值的历程——中国传统价值观的历史演变》，中国社会科学出版社2006年版，第2—8页。

众。其三，社会主义核心价值提出的主题无疑是更好地建设有中国特色的社会主义，但它的切入点是社会主义文化的大发展和大繁荣，围绕的中心话题正是全民族精神素质和道德素质的提高。其四，社会主义核心价值体系是在市场经济确立、改革开放进入深水区、国内外环境复杂多变的背景下提出的，除继承社会主义的价值传统和资本主义的优秀文化成果外，还一以贯之地继承了"为天地立心，为生民立命，为往圣继绝学，为万世开太平"的中国人文传统，彰显了中国传统文化中"其命维新"的文化气质。

具体到中国传统文化中的最主要流派儒家来看，从西汉独尊儒术以来，"上至皇权，下至民间，经学都是维护社会稳定和发展的价值准则。无论历代的官方经籍、启蒙读本，还是民间村约乡规，思想观念都与儒家经学密不可分。"① 到唐代时，韩愈在批判佛、道两家思想的基础上第一次总结了儒家的文化传统，提出了著名的儒家"道统"观。他认为，"博爱之谓仁，行而宜之之谓义，由是而之之谓道，足乎己无待于外之为德。仁与义为定名，道与德为虚位。"（《原道》）也就是说，仁是人的内在道德，义是行为表现，遵行仁义即为道，对仁义有内在的自觉即为德。照韩愈看来，"老子之所谓道云者，去仁与义之也"，佛家之道也是"'必弃而君臣，去而父子，禁而相生养之道。'以求其所谓清净寂灭者。"（《原道》）更为重要的是，"古之所谓正心而诚意者，将以有为也。"（《原道》）《大学》"八条目"的落脚点在于"齐家治国平天下"，只有把内在的道德转化为外在的社会行为，才是儒家的价值要求。在此基础上，韩愈构建了一个儒家之"道"代代相传的"道统"系统：尧传舜，舜传禹，禹传汤，汤传文、武、周公，文、武、周公传孔子，孔子传孟轲，后不得其传。这些儒家之"道"的传人或者将道运用于社会政治实践，或者

① 杨豹：《中国传统文化：社会主义核心价值体系的民族基础》，《理论导刊》2010年第3期。

在人格和理论上修道弘道，从而使"道"代代相传。这种代代相传之"道"就是儒学的文化传统，它不是以董仲舒为代表的经学所鼓吹的"天人感应，君权神授"和"三纲五常"，也不是魏晋南北朝以来玄学和佛教所宣扬的精神自由或出世解脱，而是个人道德人格和社会责任的真正体现，说透了就是《大学》所倡导的"明明德"和"亲民"。

正像钱穆后来所讲到的："中国士人不管来自何方都有一个共同的文化"，"无论在哪里，'礼'是一样的"；"对中国人来说，文化是宇宙性的，所谓乡俗、风情和方言只代表某一地区。"① 作为先进文化的代表，中国共产党以厚重的文化传统为基础，在价值观复杂多元的情势下，统一了国家和全体人民的大"礼"，这就是社会主义核心价值体系的提出。可以说，社会主义核心价值体系是中国主流文化、精英文化和大众文化的高度融合，也是儒家文化传统在当代的集中体现，它所彰显的价值取向依然是：江山社稷永固，黎民百姓安康，道德人格高尚。

其次，从具体方面来看，社会主义核心价值体系的四个层面都同优秀传统文化的价值主张有着千丝万缕的联系。

第一，就马克思主义指导思想而言，马克思主义唯物辩证法中的许多观点和我国传统文化中的"阴阳五行说"、《易经》中的"变易"思想和"与时同进"思想以及不少朴素唯物主义思想家的"大势所趋"思想有着相通之处。特别是马克思主义唯物史观的两个根本点——生产力标准和人民群众是历史的创造者的观点，其所蕴含的价值主旨和人文精神，早已成为贯穿着中国优秀传统文化的主线。譬如，管子的"仓廪实而知礼节，衣食足而知荣辱"、《尚书》的"天视自我民视，天听自我民听"以及在此基础上被孟子等人发展出的"民本"思想等等。

第二，就中国特色社会主义共同理想而言，中国传统文化一直有"天下为公"的"大同"理想诉求。无论是儒家《礼记·礼运篇》提倡

① 邓尔麟：《钱穆与七房桥世界》，社会科学文献出版社 1998 年版，第 8 页。

的"选贤与能，讲信修睦"、孟子"老吾老以及人之老，幼吾幼以及人之幼"（《孟子·梁惠王上》），还是墨家主张的"天下之人皆相爱，强不执弱，众不劫寡，富不侮贫，贵不傲贱，诈不欺愚。"（《墨子·兼爱中》）这些都说明中国传统文化中的"大同"理想诉求与科学社会主义的理想追求有共通性。到近现代的社会思潮中，康有为、孙中山等人直接把"大同"理想和他们对未来社会的社会主义取向联系起来。最能说明中国特色社会主义共同理想与传统文化有"家族相似性"的是"小康"、"和谐"等概念的应用。《礼记·礼运篇》在描绘了"大同"社会的美好蓝图后，又非常现实地指出："今大道既隐，天下为家，各亲其亲，各子其子，货力为己……禹、汤、文、武、成王、周公……未有不谨于礼者也，以著其义，以考其信，著有过，刑仁讲让，示民有常。"可见，"小康"社会最大的特点是"天下为家"，为调整社会秩序，缓和社会矛盾，统治者制定礼仪规范及刑律法纪，它是走向"大同"社会的必经阶段。我国社会主义初级阶段和全面建设小康社会理论的提出，不能不说受此启发。更为重要的是，要完成社会主义初级阶段的任务，要全面建成小康社会，最终实现现代化的目标，首先就必须构建社会主义的和谐社会。也就是说，中国特色社会主义的价值目标和价值实践，都继承和发展了传统文化中的"和谐"思想，目前中国特色的社会主义实践就是一个"致中和"的过程。真可谓："中也者，天地之大本也；和也者，天下之达道也。致中和，天地位焉，万物育焉。"（《中庸》）

第三，就以爱国主义为核心的民族精神和以改革创新的时代精神而言，在中国传统文化中，爱国主义一直被视为是"大仁大义"养成的"大节气"。孟子认为，人有先天的"善端"，要扩而充之，其根本方法就是养"浩然之气"。何谓浩然之气？"其为气也，至大至刚，以直养而无害，则塞与天地之间。其为气也，配义与道；……是集义所生者，非义袭而取之也。"（《孟子·公孙丑上》）爱国主义正是这种浩然之正气和高尚之节操的集中表现。在先秦时代，人们就追求"廓然大公"的价值理想，重视社会成员奉公尽忠的"天下情怀"的养成。在后世的发展演变中，这种理想和信念在宋代被范仲淹概括为"先天下之忧而忧，后天下之乐而乐"，在明代被顾炎武表述为"天下兴亡，匹夫有责"。近代以来，中华民族的爱国主义集中表现为救亡图存、追求民族独立、谋求国富民强；在当下，爱国主义主要表现为热爱祖国、热爱人民、热爱中国共产党、拥护社会主义、维护祖国统一等。同时，在传统文化中，自强不息、锐意进取的改革创新精神一直为中国人所重视。"天行健，君子以自强不息"，(《周易·乾》)"胜人者力，自胜者强"，(《老子·第33章》)"苟日新，日日新，又日新。"(《礼记》)正是这种以"不息为体，以日新为道"，勇于自强，改革创新的精神激励着中华民族创造出了5000年璀璨而悠久的文明。今天，社会主义核心价值体系中以改革创新为核心的时代精神，彰显的正是"对现实社会的一种理性怀疑、对传统社会的一种批判、对未来社会的一种发展和建构"的文化向度，"在这种思维方式中蕴含着肯定与否定的辩证过程，也正是在这种怀疑、否定和批判的过程中，绽放出丰富的进取性和创新性。"① 它和我们的传统文化精神一脉相承。

第四，就社会主义荣辱观来看，在我国伦理文化传统中，"耻感"一直被视为最起码的道德情感和伦理基础，而"耻感"教育则被看成正确荣辱观形成的必经途径。继管子提出"礼义廉耻，国之四维"的政治伦理主张后，孔子更是巧妙地把"耻感"渗透于个人的道德修养之中。一方面，他把耻感与人的"三达德"紧密相连，认为"好学近乎智，力行近乎仁，知耻近乎勇"；(《中庸》)另一方面，他又把耻感贯彻于人的具体行动中，指出"行己有耻，使于四方，不辱君命，可谓士也。"(《论语·子路》)孟子进一步发挥了"行己有耻"的思想，把"羞恶之心"

---

① 杨豹：《中国传统文化：社会主义核心价值体系的民族基础》，《理论导刊》2010年第3期。

直接看作人本性之一的"义之端"，认为"人不可以无耻，无耻之耻，无耻矣。"（《孟子·告子上》）到荀子时，明确提出"先义而后利者荣，先利而后义者辱"（《荀子·荣辱》）的论题，并首次对"义荣"、"势荣"、"义辱"和"势辱"的进行了划分和解读，认为对个人而言，"势荣"不是真正的荣，"势辱"也不是真正的辱，它们都是外在环境强加给人的；只有"义荣"和"义辱"才是真正的荣、真正的辱，才是个人的耻感和内在品格的正确表露。

站在唯物史观的角度，我们不难发现，社会主义荣辱观的提出正是传统耻感教育的继承和发展，它首先要化解的难题就是义利关系以及由此而引发的荣辱问题。张岱年指出，从总体上看，传统文化中"儒家尚义，以为做事只须问此行为应当作与不应当作，而不必顾虑个人的利害。墨家尚利，以为一切行为，应以求人民之大利为目的。"[①] 其实，只要我们细加分析就会发现，儒墨两家的"义利—荣辱观"本质上是相通的：就个人而言，孔子虽然把重义轻利者视为君子，却不得不承认"食色，性也"的事实，并把"富民"、"养民"作为"教民"的前提，这种矛盾而幽默的表述无非是要告诉人们，人们对诸如衣食住行等等的利益性追求是自然的、本能的，只要不危害他人利益，无损于社会公理，就不应贬斥。就社会历史的发展而言，一个人如果追求的是国家、民族、人民之大利，其行为和价值取向本身就是一种大义。也正是在这个意义上，社会主义荣辱观才开宗明义地提出"热爱祖国为荣，危害祖国为耻"、"服务人民为荣，背离人民为耻"，充分显示了"大义"与"大利"相统一的时代风尚和价值取向。

当然，社会主义荣辱观在解决传统文化中"义利"和"荣辱"的难题时，也融入了社会主义市场经济的文化内涵。人类几千年的伦理实践反复证明，所谓的义利之辨并不是说在我们生活的每时每刻都一定

---

① 张岱年：《中国哲学大纲》，中国社会科学出版社 1982 年版，第 32 页。

得"扬义贬利",更不是说"仁义"者就是道德之偶像,"趋利"者就是邪恶之化身。特别是在社会主义市场经济条件下,"义"和"利"的追求已不具有内在的矛盾性。因为,社会主义市场经济首先是一种利益经济,但这样一种经济在逐利、趋利过程中并不放弃对"义"的彰显,也不放弃对"私利"的规范,更不放弃对"取利"手段、规模和程度的限制。不可否认的是,改革开放以来,资本主义的价值观和功利主义原则对我国主流意识带来了巨大冲击,而封建主义的官本位、贪污腐败和违法乱纪也沉渣泛起,表现在大众的荣辱观上,确实存在"义利相背离"的倾向。正是在这样的历史条件下,社会主义荣辱观所强调的"团结互助为荣,损人利己为耻"、"诚实守信为荣,见利忘义为耻"、"遵纪守法为荣,违法乱纪为耻"、"艰苦奋斗为荣,骄奢淫逸为耻",才真正把传统文化的荣辱内涵与社会主义市场经济的文化诉求统一起来,体现了以人为本,全面、协调、可持续发展的特点。

三、社会主义核心价值体系与当代社会思潮

社会主义核心价值体系的提出,除了有着深厚和丰富的传统文化资源背景外,还与改革开放和社会主义市场经济确立以来,中国意识形态领域出现的种种社会思潮的挑战密切相关。所谓社会思潮,是指在一定历史时期内、反映某一阶级和阶层利益要求,得到广泛传播并对社会生活产生较大影响的思想潮流;这些思想潮流错综复杂,它与国家主流意识形态不尽相同但却具有一定规模的知识群体,其价值观念和一定历史阶段的社会心态、大众心理有很大的趋同性,因而极具遮蔽性和诱惑力。在当代中国,形形色色的社会思潮已成为社会主义核心价值传播的思想障碍,其中,对主流意识形态和思想文化影响最大的要数新自由主义思潮、民主社会主义思潮和历史虚无主义思潮。

那么，当代中国社会思潮的实质和影响究竟是什么？

首先看新自由主义思潮。该思潮是改革开放以来，中国社会出现最早、流行最广、面目花样不断翻新的社会思潮。新自由主义兴起于 20世纪 70 年代后，是在西方经济出现严重滞涨局面，社会发展陷入新的危机，而主张加强国家干预和宏观调控的凯恩斯主义又拿不出有效对策的情况下产生的。其代表人物哈耶克、弗里德曼等以古典自由主义（通过市场这只"看不见的手"来解决经济社会发展中的所有问题）为依据，从理论和政策上全面批判了凯恩斯主义，认为要消除经济和社会危机，就必须削弱工会组织的力量，减少政府对生产和经济的干预，最大程度地压缩社会的福利开支。这些理论主张正好适应了当时垄断资产阶级稳定经济的需要，因而得到了西方特别是美国社会大财团、大资本家乃至国际货币基金组织（IMF）和世界银行等的大力支持，并迅速以"华盛顿共识"为中心，成为西方占统治地位的意识形态和内外政策。

经济上，新自由主义的主张是最大程度的自由化、私有化和市场化。而在政治上，新自由主义则提出了三个"否定"：一是否定公有制，认为"私有制社会是一个富人得势的社会，公有制社会是一个得了势的人才能致富的社会；而一个富人得势的世界要比一个只有得了势的人才能致富的世界更好些。"[1] 二是否定社会主义，认为社会主义就是对自由的限制和否定，其结果必然是集权主义。哈耶克公开把社会主义、封建主义和法西斯主义都归结为"集权主义"，并指出："这种'集权主义'表面上把理性推到至高无上的地位，实际最终只会毁灭理性，因为它没有弄清楚理性成长必经的过程"。[2] 三是否定国家干预，认为国家的价值在于为社会提供基础性的设施和政策，政府只能扮演仲裁者和制度制定者的角色，因此必须放松管制，减少可能影响利润的调控。发展战略

---

[1] 王永宁、王晓芳：《新自由主义思潮的国际影响及其在中国的渗透》，《南京社会科学》2010 年第 5 期。

[2] 哈耶克：《通往奴役之路》，中国社会科学出版社 1997 年版，第 82 页。

上，新自由主义极力推行私人跨国公司支配下的全球自由贸易和金融，大肆鼓吹超级大国为主导的全球经济、政治、文化一体化，甚至颂扬霸权主义和单边主义的"华盛顿共识"。

总体上看，我们得承认，新自由主义一些主张的施行，确实在一定程度上使国际垄断资本的利润有所回升，达到了西方国家统治集团的目标。但从根本上看，新自由主义的最终目的是扩大资本积累，在其政策下获利最多的是金融资本，损害最大的是社会弱势阶级，资本主义的基本矛盾并没有因此缓解，相反进一步激化了，2008 年以来爆发的席卷全球的金融危机、经济危机便是明证。"而对一些前社会主义国家和第三世界国家来说，接受新自由主义的'华盛顿共识'带来的影响，远不是一场'危机'所能概括了的。"① 在新自由主义的影响下，无论是俄罗斯在 20 世纪 90 年代的"休克疗法"，还是拉美地区从 80 年代就开始的"贝克计划"，都不同程度地加速了国家和地区金融危机和经济危机的爆发，致使通货膨胀率居高不下，失业率和贫困人口大幅提升。

在我国，新自由主义思潮一直和改革开放相伴随。特别是把私有制看作是市场经济的先决条件、迷信自由化、推崇全球化、反对国家对经济社会的干预等等，给社会主义现代化事业带来了相当大的损害。就经济社会而言，新自由主义的危害表现在三个方面：一是造成国有资产大量流失，损害了公有制的经济基础；二是导致了下岗、失业的大量出现，影响了社会稳定；三是导致了贫富不均，社会两极分化日益严重。就精神文化生活而言，新自由主义观念在中国学界和大学生中产生了持续的负面效应：社会主义的主流信仰淡化，价值取向多元，人生追求更加个人主义和实用主义。

其次是民主社会主义思潮。民主社会主义思潮是一种由来已久的国

---

① 左鹏：《意识形态领域挑战社会主义核心价值体系的几种主要社会思潮》，《思想理论导刊》2014 年第 4 期。

际性政治思潮，可追溯到 19 世纪上半叶的欧洲社会民主党。最初，它只是一些发达资本主义国家的工人组织中的改良主义派别，受到过马克思、恩格斯思想的影响。但在后来的发展演变中，逐渐与伯恩斯坦的修正主义合流，通过与第二国际中的左翼和第三国际的长期思想对立，到1951 年 6 月社会党国际成立，正式通过了《民主社会主义的目标与任务》的纲领性文件。在其"政治民主"部分中，民主社会主义把矛头直接指向共产党领导下的社会主义和共产主义运动，宣称："社会党人表示声援一切受独裁统治之苦的人民争取自由的努力，不论受到的是法西斯的独裁统治还是共产党的独裁统治"；"国际共产主义运动是新帝国主义的工具。不论在什么地方，只要它获得政权，它就破坏自由与获得自由的机会。它的基础是建立在军事官僚和警察恐怖之上的。"[1]

可见，民主社会主义并没有也不可能超出资本主义制度的范畴，"从其历史来源看，其中的'民主'实质上是针对共产党人坚持的社会主义政治制度而言，意在指责共产党人的政权'不民主'，而只有它才是'民主'的；其中的'社会主义'是排斥科学社会主义的一种资产阶级改良主义，是千百个非科学的社会主义思潮之一。"[2] 在经济领域，它主张以资本主义私有制为基础的所谓"混合所有制"，政治领域，它否定工人阶级的领导，主张多党轮流执政、议会民主和三权分立；而在思想文化领域，民主社会主义则反对马克思主义为指导，主张主导思想的多元化，声称："社会主义是一个国际性运动，它不要求对待事物的态度严格一律。不论社会党人把他们的信仰建立在马克思主义的或其他的分析社会的方法上，不论他们是受宗教的原则还是受人道主义原则的启示，他们都是为共同的目标，即为一个社会公正、生活美好、自由与世

---

[1] 《社会党国际文件集》，黑龙江人民出版社 1989 年版，第 5、3 页。
[2] 刘书林：《关于民主社会主义思潮在中国的若干问题的思考》，《青海社会科学》2007 年第 6 期。

界和平的制度而奋斗。"①

民主社会主义在一些西方国家的推行固然在一定程度上缓和了阶级矛盾，维护了社会稳定，改善了民众的生活，但总体上是资本主义的内部调整，没有也不可能触及资本主义的私有制。譬如，最让人迷恋的"高税收、高福利"的"瑞典模式"，不过是执政党为摆脱自由市场经济的弊端而采取的改良措施而已，它也和北欧国家的实际国情密切相关，其他国家和民族不可能复制。如果社会主义国家硬要按照民主社会主义的路子进行所谓的改革，就只能得到苏联亡党亡国的惨痛教训。

在我国，从"八九风波"至今，民主社会主义思潮的阴魂始终未散。主要表现是：其一，否定马克思主义基本原理，反对阶级观点和阶级分析方法；其二，攻击无产阶级专政，将共产党社会民主党化；其三，否定社会主义的本质特征和基本原则，鼓吹所谓的"普世价值"；其四，崇尚思想多元，用"趋同论"否定社会主义必然取代资本主义的规律。②面对民主社会主义思潮的持续泛滥，《人民日报》、《求是》等于2007年4月起发表一系列批评文章，指出了民主社会主义和中国特色社会主义在对待马克思主义的态度、对待生产资料所有制的态度、对待执政党的态度和对待民主政治的态度等问题上的不同，表明了中共中央的鲜明立场。到2007年10月15日的十七大报告中，胡锦涛进一步强调指出："中国特色社会主义道路之所以完全正确、之所以能够引领中国发展进步，关键在于我们既坚持了科学社会主义的基本原则，又根据我国实际和时代特征赋予其鲜明的中国特色。"③

再次是历史虚无主义思潮。从词源上看，"虚无主义"一词来源于

---

① 《社会党国际文件集》，黑龙江人民出版社1989年版，第3页。

② 周新城：《必须警惕民主社会主义思潮的泛滥》，《理论视野》2007年第5期。

③ 胡锦涛：《高举中国特色社会主义伟大旗帜 为夺取全面建设小康社会新胜利而奋斗——在中国共产党第十七次代表大会上的报告》，人民出版社2007年版，第11页。

拉丁语中的"nihil"，意为"什么都没有"；动词"虚无化"指的是完全毁灭和无的过程。雅柯比在 1799 年第一次使用该词，后经屠格涅夫的推广在西方流行开来。从文化哲学的角度看，深层意蕴的"虚无主义"比较准确地切中了西方现代性的命门。马克思、恩格斯在《共产党宣言》中就精辟地指出："生产的不断变革，一切社会状况不停的动荡，永远的不安定和变动，这就是资产阶级时代不同于过去一切时代的地方。一切固定的僵化的关系以及与之相适应的素被尊崇的观念和见解都被消除了，一切新形成的关系等不到固定下来就陈旧了。一切等级的和固定的东西都烟消云散了，一切神圣的东西都被亵渎了。"① 后来，尼采干脆用"上帝死了"、"价值重估"来概括虚无主义的本质："虚无主义意味着什么？——意味着最高价值的自行贬黜。没有目的。没有对目的的回答。"② 这就是说，伴随着资本主义文化模式的确立，以资本为主导的"物的世界"必然要取代传统建构的"价值世界"而成为人们趋之若鹜的对象，"超验"的意义世界坍塌了，历史步入了虚无主义的进程。

所谓历史虚无主义，顾名思义就是"虚无历史"主义。尽管虚无主义还有民族虚无主义、道德虚无主义、文化虚无主义等表现形式，但历史虚无主义无疑是最重要的表现形式，它在广义上甚至可以包含其他形式的虚无主义。在当代中国，历史虚无主义"是以唯心主义历史观为其哲学基础，适应国内外敌对势力反对共产党、反对社会主义的政治需要而泛起的一股政治思潮。"③"一些人以反思历史为名，歪曲'解放思想'的真意，从纠正'文化大革命''左'的错误，走到'纠正'社会主义；从纠正毛泽东晚年的错误，走到全盘否定毛泽东的历史地位和毛泽东思想；从丑化、妖魔化中国共产党领导中国革命和建设的历史，发展到贬

---

① 《马克思恩格斯选集》第 1 卷，人民出版社 1995 年版，第 275 页。

② 尼采：《权力意志——重估一切价值的尝试》，商务印书馆 1991 年版，第 280 页。

③ 梅荣政、杨瑞：《历史虚无主义思潮的泛起与危害》，《思想理论教育导刊》2010 年第 1 期。

损、否定近代中国一切进步的、革命的运动；从刻意渲染中国人的落后性，发展到否定五千年中华文明。"①

　　其实，中国当代的历史虚无主义和 20 世纪二三十年代的"全盘西化"的思潮如出一辙。只不过当时主张"全盘西化"的知识精英如陈序经、胡适等体现出的是对中国应该走什么路的深切思考，而当代的历史虚无主义除了继续贬损中华文化为保守、愚昧和专制文化，坚持"全盘西化"，无条件地融入"蓝色海洋文明"外，已经和新自由主义和民主社会主义相媾和，有了很强的政治目的和后现代主义的"解构"特征。一是"告别革命论"。指责"革命只有一种破坏性的力量"，是一些人"丧失理性"之行为；无论是辛亥革命还是新民主主义革命，都是激进主义的产物。而改良则"是一种能量积累"，但由于近代中国的主要问题是"救亡压倒了启蒙"，所以通过社会改良就可实现的现代化被耽误了，而目前的改革正是对社会主义的否定和对资本主义的"补课"。二是"殖民侵略有功论"。鼓吹没有西方的殖民征服，"东方民族所有的优秀才能就会永远沉沦，得不到发展"；近代以来中国人民的反侵略史，都是站在维护本民族封建传统的立场上，对世界资本主义历史趋势进行的本能反抗，"是以落后对先进，保守对进步"，如果没有这些所谓的"抗争"，"随便搭上哪一条顺风船，或许现在的中国会强得多。比如追随美国，可能我们今天就是日本。"② 三是"错误夸大论"。一方面无限夸大毛泽东的历史错误，恶意贬损毛泽东的个人形象；另一方面，把中国共产党历史上经历的曲折和错误上纲上线，从而否定共产党领导的人民革命和社会主义建设的历史成就，以达到所谓的"非毛"、"反毛"的目的。四是"后现代解构论"。主要表现"在历史价值观上，历史虚无主义打着

① 　左鹏：《意识形态领域挑战社会主义核心价值体系的几种主要社会思潮》，《思想理论导刊》2014 年第 4 期。
② 　转引自梁柱：《历史虚无主义思潮的泛起特点及其主要表现》，《北京教育·德育》2013 年第 9 期。

后现代主义旗号，对传统的历史观肆意解构。"[①]特别是在大众文化消费领域，历史虚无主义不仅随意"剪贴"历史，而且极尽庸俗、媚俗之能事，各种各样的"戏说"、"大话"、"恶搞"、"穿越"成了掩饰商业炒作的"时尚"：一些早有历史定论的统治者、叛徒、汉奸如慈禧、袁世凯、汪精卫之流成了国家和民族的功臣，而正面的英雄人物如黄继光挺身堵枪眼的壮举被改写成"摔倒后"的无奈之举，董存瑞舍身炸碉堡的英雄之举则被歪曲为手被双面胶粘住后的被迫行为。

需要特别指出的是，当代中国的社会思潮不只限于以上三股，另外还有"普世价值"思潮、民族主义思潮和"新左派"思潮等等。但笔者以为，"普世价值"思潮充其量只能算一种价值理论，它已渗透在新自由主义、民主社会主义和历史虚无主义思潮中了。而民族主义思潮和"新左派"思潮虽然有质疑改革开放的社会主义性质的倾向，"所提出的激进主张既没有对生活现实做出合理的解释，也未能提出解决现实问题的有效途径与方法。"[②]但二者本身就是在和新自由主义和历史虚无主义的争论中形成的，其中的大多数论者都接受共产党的领导和社会主义制度，对"弱势群体"表现了深切的关注和同情，对敌对势力西化、分化的图谋有着高度的警觉，所以，二者并没有对社会主义核心价值体系的构建形成正面挑战。

党的十六届六中全会通过的《中共中央关于构建社会主义和谐社会若干重大问题的决定》第一次鲜明地提出："坚持以社会主义核心价值体系引领社会思潮。"党的十八大报告也明确提出："用社会主义核心价值体系引领社会思潮，凝聚社会共识。"这是中国共产党基于对中国特色社会主义事业新的文化自觉而作出的一个重大决断，有助于凝聚起中华儿女面向未来开拓奋进的强大精神力量。

---

① 杨金华：《当代中国虚无主义思潮的多元透视》，《马克思主义研究》2011 年第 4 期。

② 罗国杰主编：《社会主义和谐社会核心价值体系研究》，中国人民大学出版社2012 年版，第 274 页。

　　以社会主义核心价值体系引领社会思潮，就必须坚定不移地批判新自由主义思潮、民主社会主义思潮和历史虚无主义思潮。

　　对新自由主义思潮，必须看清其热衷自由化、推崇私有化的目的和必然后果。有经济学家指出：私有化并不能够解决一切问题，"在相同经营环境下，一些国有企业也像一些私有企业经营的那样成功，甚至还更成功……条件是：这些国有企业是在一个竞争性环境中经营"；"如果把私有化不与建立和完善竞争性市场结合在一起的话，就不能取得市场效率。把国有企业的垄断变成私人垄断会比公共垄断的价格更高，而不是更低；经济效率更低，而不是更高"。"不管是贸易自由化还是经济的私有化，它们都只是达到目的的手段。不去关注竞争性市场的培育，不去注意市场的竞争性，只是关注私有化、自由化，其结果可想而知。"[①] 新自由主义的主张，既不符合现阶段我国经济发展的要求，也不符合广大人民群众的根本利益。我国的改革开放和社会主义市场经济，确实要发挥市场在资源配置中的基础性作用，但决不可以放弃国家、政府的干预，一切由着市场。无论加入全球化还是和国际接轨，都不能借口私有化、自由化、市场化"化"掉社会主义的性质，这样必然会"化"掉中华民族的根本利益。

　　对民主社会主义思潮，必须看清其反马克思主义、反社会主义的本质。"社会主义不是可以随意粘贴的标签，……作为一种与资本主义相对立的社会制度，具有它自身的本质特征和基本原则。这就是：政治上，工人阶级政党掌握政权，实行无产阶级专政；经济上，建立社会主义公有制，实行按劳分配原则，逐步实现共同富裕；思想上，工人阶级的意识形态——马克思主义占指导地位。……具备这些本质特征和基本原则，才能叫社会主义。"[②] 而民主社会主义全面挑战科学社会主义

---

① 于同申：《20 世纪末新自由主义经济思潮的沉浮》，《中国人民大学学报》2003年第 5 期。

② 周新城：《必然警惕民主社会主义思潮的泛滥》，《理论视野》2007 年第 5 期。

基本原理，不仅否定社会主义必然取代资本主义的结论，而且反对共产党的领导和无产阶级专政，鼓吹三权分立和"宪政民主"，主张用富裕、幸福、自由、公正等价值目标取代经济制度来界定社会主义。这就充分说明："民主社会主义不想触动资本主义的雇佣劳动制度和资产阶级统治制度，只是要求对资本主义制度作若干改良，因而它不是社会主义的一种模式，而是资本主义的一种模式，是资本主义的改良模式。"①

对历史虚无主义思潮，要充分认识到"灭人之国，必先去其史"的危险后果。历史虚无主义的炮制者们总是以"学术研究"和"文艺创作"的面目出现在公众面前，妄图从理论深层摧毁唯物史观关于历史规律性、中国走社会主义道路必然性的观点，这正好弥补了新自由主义和民主社会主义的不足，并自然而然地使三股思潮沆瀣一气。当然，历史虚无主义是有"深刻"理论依据的，他们把唯物史观污蔑为"革命史观"，轻而易举地用资本性质的"现代化史观"来代替；接着又恬不知耻地把唯物史观中的"历史选择论"无限度夸大，认为中国没有"选择"走西方资本主义的文明道路，完全是"革命史观"造成的，这种疯狂、幼稚的表现使得中国多次丧失了发展资本主义和现代工业文明的机缘。历史虚无主义也是有其方法论前提的，这就是以偏概全、恶意篡改、近乎"玩弄"的"随意拼凑法"。这些理论和手法对于不了解历史的人来说，无疑具有很大的迷惑性，而对于成长中的青少年儿童的世界观、人生观、价值观，更是颠覆性的。正像列宁所指出的那样："在社会现象领域，没有哪种方法比胡乱抽出一些个别事实和玩弄实例更普遍、更站不住脚的了……如果从事实的整体上、从它们的联系中去掌握事实，那么，事实不仅是'顽强的东西'，而且是绝对确凿的证据……如果事实是零碎的和随意挑出来的，那么它们就只能是一种儿戏，或者连儿戏也

---

① 周新城：《必然警惕民主社会主义思潮的泛滥》，《理论视野》2007 年第 5 期。

不如。"① 我们必须像习近平总书记要求的那样："牢牢把握党的历史发展的主题和主线、主流和本质，旗帜鲜明地揭示和宣传中国共产党在中国的领导地位和核心作用形成的历史必然性，揭示和宣传中国人民走上社会主义道路的历史必然性，揭示和宣传通过改革开放和社会主义现代化建设实现中华民族伟大复兴的历史必然性，揭示和宣传党在革命、建设、改革各个历史时期领导人民所取得的伟大胜利和辉煌成就，揭示和宣传党在长期奋斗中积累的宝贵经验、形成的光荣传统和优良作风，坚决反对任何歪曲和丑化党的历史的错误倾向。"②

四、社会主义核心价值体系与中国特色社会主义

党的十七届六中全会通过的《中共中央关于深化文化体制改革、推动社会主义文化大发展大繁荣若干重大问题的决定》指出："社会主义核心价值体系是兴国之魂，是社会主义先进文化的精髓，决定着中国特色社会主义发展方向。"这一重要论断，深刻揭示了社会主义核心价值体系在中国特色社会主义事业发展全局中的重要作用，体现了中国共产党和国家对文化建设规律认识的进一步深化。

首先，社会主义核心价值体系是中国特色社会主义的兴国之魂。

将社会主义核心价值体系视为"兴国之魂"，是继经济建设是"兴国之要"、四项基本原则是"立国之本"、改革开放是"强国之路"等重要论断后，党和国家提出的又一个具有重大历史意义和深远影响的论断。据前可知，走中国特色社会主义道路，是近代以来中国社会发展演变的必然选择，也是马克思主义中国化的必然结果，更是改革开放以来

① 《列宁全集》第28卷，人民出版社1990年版，第364页。

② 习近平：《以更大的政治勇气和智慧深化改革　朝着十八大指引的改革开放方向前进》，《人民日报》2013年1月2日。

党和国家对"什么是社会主义，怎样建设社会主义"这一根本问题的认识深化和切实践行。

简单地说，"兴国"，就是要实现民族的伟大复兴、国家的繁荣昌盛、社会的和谐稳定、人民的生活幸福。一国的兴盛，固然离不开物质文明建设，需要经济的繁荣和发展，但更离不开作为文化内核的价值观念的引领和支撑。缺乏价值观念的引领和支撑，经济建设不仅会失去强有力的精神支持，也会在发展中因外力而偏离原有的方向和价值目标。如果说经济是兴国之"体"的话，那么价值观就是兴国之"魂"。缺少精神文明的建设特别是价值观的引领和支撑，国家的发展和兴盛就是片面的，至少是不完整的。邓小平在改革开放之初就指出："经济建设这一手我们搞得相当有成绩，形势喜人，这是我们国家的成功。但风气如果坏下去，经济搞成功又有什么意义？会在另一方面变质，反过来影响整个经济变质，发展下去会形成贪污、盗窃、贿赂横行的世界。"①

而在改革开放之前的社会主义建设实践中，由于我们"对目的与手段、价值理想和现实途径之间关系的不恰当把握，导致社会主义价值的跌落。同时，由于受苏联模式以及科学社会主义思维方式的影响，在大多数人的心目中，社会主义又被制度化，忽略了社会主义的价值维度，又没能够形成合理的社会主义价值观，没有看清楚社会主义价值和价值观对社会主义的意义，从而没有搞清楚社会主义的真谛。"②甚至当时党和国家的主要领导人毛泽东，由于完全在计划经济的前提下认识社会主义，在现代化还没有充分展开的基础上追求社会公平，把人民群众的善良、无私和创造热情夸大到不适当的高度，把马克思列宁主义的无产阶级专政理论机械照搬应用到脱离中国社会主义实际的程度，结果导致了社会主义实践的严重失误。国外有学者分析毛泽东时代的社会主义思想

---

① 《邓小平文选》第3卷，人民出版社1993年版，第154页。
② 吴向东：《社会主义核心价值观的意义自觉》，《光明日报》2013年9月14日。

特点时指出，这一时期社会主义主要是一种社会制度和道德意义上的意识形态："中共执政前 30 年争论的焦点，是如何将社会主义的价值转化为政策，以迈向社会主义的高级阶段，而不是如何朝着一个现代化的社会发展。毛主义战略所珍视的，主要是平均分配，自力更生，扩大国家所有和集体所有单位的规模和消灭阶级剥削。"①

社会主义核心价值体系的提出，一方面彰显了社会主义的价值维度。改革开放以来，中国共产党和国家始终注重站在价值的高度认识和理解社会主义。从贫穷不是社会主义、平均主义不是社会主义、两极分化不是社会主义到没有民主和法制就没有社会主义，再到"社会主义的本质是解放生产力、发展生产力，消灭剥削，消除两极分化，最终达到共同富裕"的论断，作为改革开放总设计师的邓小平始终将社会主义的价值理念明确地引入社会主义的本质规定之中，已在矫正以往对社会主义的制度化和不切实际的道德化理解。至于江泽民、胡锦涛把"人的全面发展"、"社会公平和正义"、"社会和谐"、"以人为本的科学发展观"作为社会主义的本质属性和要求，则更是表明了党和国家对社会主义的价值性认识的不断深化。到社会主义核心价值体系提出后，已经充分反映了中国共产党和国家在社会主义的价值和社会主义的本质关系的理解上达到了一种真正的文化自觉。

另一方面，社会主义核心价值体系的提出，真正从价值层面上回答了"什么是社会主义、怎样建设社会主义"。只有坚持马克思主义的价值指导，将马克思主义与中国的具体国情和时代特征结合起来，不断推进马克思主义的中国化、时代化和大众化，中国特色社会主义事业才不会在复杂多变的国际国内环境中迷失方向和价值目标；只有坚持中国特色社会主义的价值理想，将党在社会主义初级阶段的路线、纲领、方针、政策与人民的幸福紧密联系在一起，把各阶层、各群体的共同愿望

---

① 《国外中共党史中国革命史研究译文集》，中共党史出版社 1999 年版，第 53 页。

有机结合在一起，中国特色社会主义事业才能凝聚各方力量，形成一股强大的合力，克服困难、创造未来；只有弘扬以爱国主义为核心的民族精神和以改革创新为核心的时代精神，用深厚的民族情感和鲜明的时代意识激励各族人民锐意进取、不断开拓、共同奋斗，中国特色社会主义事业的建设才能获得绵延不绝的价值动力；只有坚持"八荣八耻"为主要内容的社会主义荣辱观，使每个公民明确并践行最基本的价值规范，明确社会主义市场经济条件下应当坚持和提倡什么、反对和抵制什么，形成良好的社会风气和道德风尚，中国特色社会主义事业才能最大限度地获得一个民主法治、公平正义、诚信友爱、充满活力、安定和谐的社会环境。总之，社会主义核心价值体系是社会主义意识形态的本质体现，表达了中国特色社会主义特有的精神气质和生命之魂。

其次，社会主义核心价值体系是社会主义先进文化的精髓。

继党的十六届六中全会提出"社会主义核心价值体系是建设和谐文化的根本"之后，党的十七届六中全会又明确指出"社会主义核心价值体系是社会主义先进文化的精髓"。这一重要论断深刻地揭示了社会主义核心价值体系与社会主义先进文化之间的辩证关系，反映了中国共产党和国家对社会主义核心价值体系在社会主义先进文化建设中地位和作用的认识上升到了新的高度。

马克思主义认识论认为，衡量一种文化先进与否的标准有两个：一是发展的标准，即这种文化能否客观地反映事物本来的面貌和发展规律，能否促进生产力解放和发展，推动社会的不断进步以及人自身的不断完善；二是价值的标准，即这种文化能否反映最大多数人民群众的物质利益和精神需要，实现人的自由而全面发展。依据此标准，先进文化首先是一种优秀文化，是人类历史进程中人们按照自身的规律教化天下，追求真善美的智慧结晶；先进文化也是一种新型的动态文化，是符合时代要求和社会实践的发展，最终符合先进生产力发展要求的文化；先进文化更是一种符合广大人民群众利益的文化，在当代，它代表和反映了中国特色社会主义现代化的总体趋势。一句话,"先进文化之所以'先进',就是因为它能通过对古今中外优秀文化的内在吸收和辩证整合,构建人们新的生活方式和价值体系,从而提高广大人民群众的整体素质,应对国家、民族乃至整个人类所面临的种种问题。"① 这样的先进文化必然是以社会主义核心价值体系为中心的,面向现代化、面向世界、面向未来的民族的科学的大众的中国特色社会主义的文化。

也就是说,社会主义核心价值体系之所以是社会主义先进文化的精髓,在于它能在根本上体现社会主义先进文化的基本内涵和社会性质,并且通过马克思主义指导思想、中国特色社会主义共同理想、以爱国主义为核心的民族精神和以改革创新为核心的时代精神、社会主义荣辱观等四个层面,规定了社会主义先进文化建设的指导思想、总体目标、内在动力和基本规范。只有坚持马克思主义指导思想,才能在社会主义先进文化建设中正确把握文化的自身特性和发展规律,找准文化建设的方位和坐标,处理好主流文化与非主流文化、精英文化与大众文化之间的关系,在日益多元多样的思想变化中引领社会思潮;"才能在国际日益复杂的意识形态斗争中抵御各种腐朽文化的影响,从而避免迷失方向乃至掉入西化的陷阱,最终保持住社会主义文化的本性。"② 只有坚定中国特色社会主义的理想信念,坚持走富强、民主、文明、和谐的现代化道路,才能最大程度地适应当代中国经济、政治、社会发展的要求,不断满足全国各族人民精神文化生活的新需要,为社会主义先进文化建设打下牢固的思想文化基础。只有大力弘扬以爱国主义为核心的民族精神和以改革创新为核心的时代精神,把文化的传承与创新有机地结合起来,才能在全国各族人民中凝聚成奋发向上的文化氛围和精神力量,不断提

---

① 李宏斌、乔恩虎:《论先进文化的内涵及其创建》,《榆林高等专科学校学报》2003年第1期。

② 杨明、张伟:《社会主义核心价值体系论纲》,南京大学出版社2013年版,第100页。

升社会主义先进文化建设的主动性和自觉性，真正地促进社会主义文化的大发展和大繁荣。只有坚持不懈地用社会主义荣辱观引领社会风尚，用耻感教育构筑社会主义公民的道德防线，积极引导广大人民群众自觉遵守社会主义道德规范，社会主义先进文化建设才能拥有坚实的道德基础。

总之，社会主义核心价值体系以其增强民族凝聚力、培养国家认同感和提升中华文化影响力的功能而成为中国特色社会主义文化的精髓。"社会主义先进文化建设与社会主义核心价值体系之间具有内在一致性，前者是'形'，后者是'神'。社会主义先进文化建设的过程必将是社会主义核心价值体系不断深化推进的过程，离开了社会主义先进文化建设，社会主义核心价值体系建设也就失去了依托和载体；同样，社会主义核心价值体系的建设也必将促进社会主义文化的大发展大繁荣，离开了社会主义核心价值体系，社会主义先进文化建设也就失去了前进方向、总体目标、精神支撑和道德基础。"①

再次，社会主义核心价值体系决定着中国特色社会主义的发展方向。

从国内形势看，构建社会主义核心价值体系是在市场经济条件下加强主流意识、构建社会主义和谐社会、稳步实现伟大民族复兴的中国梦的需要。改革开放以来，处于传统和现代夹缝中的中国民众正在经历着文化价值观的剧烈冲突："一些人失去人生的目标和方向，内在心灵世界没有依归，出现了'价值真空'状态；不同时代的价值观并存，'价值多样'而导致无所适存的现象比较突出；社会对平民大众的价值取向缺乏有说服力的分析和引导，出现了'价值错位'；社会的宣传舆论与平民大众的实际观念存在断裂，出现了'价值悬置'。"② 社会主义核心价值体系，正是在由此而导致的"价值虚无主义"的背景下提出的，它

①　杨明、张伟：《社会主义核心价值体系论纲》，南京大学出版社 2013 年版，第102 页。
②　田海舰、邹卫：《社会主义核心价值观论纲》，人民出版社 2010 年版，第191 页。

不仅为中国特色的社会主义意识形态提供了主心骨，而且构成了引领中国特色社会主义发展方向的核心价值目标。

就国际文化大背景看，社会主义核心价值体系的提出，是抵御"文化帝国主义"渗透，保护中国特色社会主义不走邪路的需要。萨义德一针见血地指出，在当今的世界里，"文化成为了一个舞台，各种政治的、意识形态的力量都在这个舞台上较量。文化不但不是一个文雅平静的领地，它甚至可以成为一个战场，各种力量在上面亮相，互相角逐。"① 特别是关系到文化的灵魂——价值观问题时，这种角逐和渗透更为激烈。所谓"文化帝国主义"，是资本把世界"殖民化"的变种，即发达资本主义国家把自己"优越的"文化灌输给发展中国家的人民，是他们臣服在发达资本主义国家的话语霸权之下，其根本特征是以施加文化、价值观方面的影响作为推行侵略扩张政策的主要手段。譬如，美国中情局曾赤裸裸地提出了对华的《十条训令》，其核心就是要通过持久的文化宣传，将美国的价值观及生活方式灌输给中国民众尤其是青年一代，使其丧失爱国主义精神，丧失理想信念，最终沉溺于低俗的欲望满足和拜金、拜物的实用主义之中。塞缪尔·亨廷顿更是直言不讳地指出："西方，特别是一贯富有使命感的美国，认为非西方国家的人民应当认同西方的民主、自由市场、权力有限的政府、人权、个人主义和法制的价值观念，并将这些观念纳入他们的体制。"②

可见，对任何一个民族国家而言，举什么旗、走什么路，已经是关系国家和民族命运的一个根本性的问题。"旗帜，即一个国家在建立和发展过程中所遵循的基本指导思想和价值理念；道路，即一个国家在遵

① 爱德华·W.萨义德：《文化与帝国主义》，生活·读书·新知三联书店2003年版，第4页。
② 塞缪尔·亨廷顿：《文明的冲突与世界秩序的重建》，新华出版社1998年版，第200页。

循基本指导思想和价值理念下所展开的社会具体发展路径。"① 二者紧密联系，不可分割，但旗帜问题具有决定性的作用，没有旗帜的引领，一个国家或民族的发展就会失去不断前行的方向，社会、经济、政治、文化等领域的建设就会发生不可避免的混乱，社会成员的生活也会因此而陷入无所适从的境地。

社会主义核心价值体系的提出，如拨云见日，它不仅为社会转型期的广大中国民众提供了安身立命之所，为人的现代化提供了正确价值观的保障，而且真正地指明了中国特色社会主义的发展方向。其一，中国特色社会主义必须通过改革开放和社会转型来完成，这一过程中的价值冲突、道德滑坡、行为失范、精神困惑和信仰缺失引发的文化危机，使得人们普遍有"边缘化"和"丢失家园"的感觉。社会主义核心价值体系的提出，不仅为人们的实践活动提供了明确的价值目标、价值标准和价值手段，而且给人们的生活赋予了完整的意义和充实的价值，有助于人们消解因功利价值过度膨胀所带来的焦虑和压力，找回自己安身立命的精神家园。其二，人的现代化既是中国特色社会主义现代化的基本内容，又是其发展的必然结果，它包括了思想观念、思维方式、生活方式和内在人格品质的现代化，其中，价值观的现代化是最为核心的方面。在急剧的社会转型和复杂的国际文化背景下，社会主义核心价值的提出，可以起到荡涤和矫正人们的错误价值观念，促进人的现代化的作用。其三，从某种意义上说，中国特色社会主义现代化实现的过程，"实质上就是新的主导价值观念制度化、对象化的过程。"② 这更需要社会主义核心价值体系的积极引领，调整和提升人们的价值观念，只有这样，才能保证中国特色社会主义发展的正确方向。

① 杨明、张伟:《社会主义核心价值体系论纲》，南京大学出版社 2013 年版，第 102 页。
② 田海舰、邹卫:《社会主义核心价值观论纲》，人民出版社 2010 年版，第 193 页。

五、从社会主义核心价值体系到社会主义核心价值观

自社会主义核心价值体系提出后，从中凝练出社会主义核心价值观就几乎成了学界的共识。因为，"社会主义核心价值体系"是中国共产党和中国人民在中国特色的社会主义现代化的价值追求中逐渐形成的，说透了就是"中国特色社会主义价值观的体系"。本来，"价值"和"价值观"是既有联系又有区别的：价值是客观的东西，独立于人的意识，而价值观是主观的、观念层面的东西，与意识形态具有本质的一致性，二者不能混淆。然而，当"价值"之前加了"社会主义"的定语后，这样的"价值"就必然是一种"价值观"，这样的"核心价值体系"也必然是"核心价值观的体系"。因为，"社会主义"本来彰显的就是人类自身类似于"封建主义"和"资本主义"的一种更高的价值目标和价值追求，它是不可能独立于人的意识的，也不可能和意识形态在本质上割裂开来。正是在这样的意义上，由本章提出，本书后面一直使用的"社会主义核心价值"的概念，既可以理解为社会主义核心价值体系，也可以理解为社会主义核心价值观。简言之，"社会主义核心价值观与社会主义核心价值体系的关系并非价值观与价值的关系，而是内核与总体的关系，同属社会主义价值观的范畴。"①

我们回到刚才的话题。之所以提炼社会主义核心价值观成为学界的共识，不外乎以下两个方面：一是进一步明确价值目标的需要。作为社会主义核心价值体系，马克思主义指导思想和中国特色社会主义共同理想，只是为我们提出了构成社会主义核心价值体系的不可或缺的两大原则，并没有明确告诉我们这样的"指导思想"和"共同理想"下的价值目标究竟是什么；同时，以爱国主义为核心的民族精神和以

---

① 王勇：《提炼兴国之魂的核心价值观》，《中国社会科学报》2012 年 9 月 26 日。

改革创新为核心的时代精神中，除"爱国"外，似乎也没有明确告诉我们，这样的民族精神和时代精神所遵从的价值原则是什么？二是进一步凝聚价值共识的需要。"从价值和价值观的决定关系来看，核心价值观是核心价值体系在价值主体意识中长期积淀而成的，因此，相较于核心价值体系，核心价值观更加凝练，更具稳定性",[1]也更容易达成共识。譬如，社会主义荣辱观作为社会主义核心价值体系中最基础的层面，其"八荣八耻"给人们提供了最基本的价值规范，但无疑有些繁琐，还不是很凝练。

正是基于上述考虑，不少学者提出了提炼社会主义核心价值观所应遵从的基本原则。笔者通过研究和筛选，认为下述两种观点具有代表性：

第一种观点是"十原则说"。江畅根据马克思主义中国化、时代化、大众化的最新成果和社会主义核心价值体系的基本内容及精神实质，结合改革开放以来党所奉行的"一个中心，两个基本点"，概括出了提炼社会主义核心价值观所应遵从的十大原则，即"马克思主义原则、社会主义原则、爱国主义原则、共产党领导原则、依法治国原则、以人为本原则、科学发展原则、改革创新原则、公平正义原则、明荣知耻原则"。并进一步指出："上述十条基本原则中，马克思主义、社会主义、爱国主义和共产党的领导是中国特色社会主义信念层面的基本原则，具有前提性，它们既体现了社会主义的基本要求，也体现了中国特色的基本要求"；"依法治国和以人为本、科学发展是中国特色社会主义主体内容方面的基本原则，它体现了社会主义最新发展和时代内容的要求"；而"改革创新、公平正义和明荣知耻是中国特色社会主义操作层面的基本原则。它们所要解决的是中国特色社会主义事业发展动力和社会环境的问题，坚持这些原则可以使社会主义永葆活力，使社会主义社会有序、和

---

① 王勇：《提炼兴国之魂的核心价值观》，《中国社会科学报》2012年9月26日。

谐和美好。"①

第二种观点是"四原则说"。王勇撰文指出，提炼能够广泛认同的社会主义核心价值观，不仅需要实践的不断探索，而且应遵守四条原则：第一，普遍性原则。"要体现人类文明的共同成果，使之具有世界意义"，"要体现全中国人民共同的价值追求"。第二，时代性原则。"既要放眼世界，植根传统，更要立足现实，充分反映时代发展进步的积极成果"。第三，民族性原则。"我们所要提炼的核心价值观，必须具有鲜明的民族特性，符合民族心理，体现民族性格，反映民族的精神面貌和深层的价值追求，得到各民族的广泛认同"；"我们的核心价值观应能展示中华文化的独特魅力和国人的良好形象，让世人准确地认识中国，向往中国。"第四，大众性原则。"中国特色社会主义核心价值观作为中国特色社会主义理论的重要组成部分，要从深层次上回答什么是社会主义、要筑造全国人民共同的精神支柱，因此，必须抓住事物的根本，必须被群众所接受和掌握。这就要求我们的核心价值观在表述上通俗易懂、言简意赅、便于传诵。"②

显而易见，这两种观点不仅具有互补性，而且在本质上是相通的。如果说"十原则说"关注的是提炼社会主义核心价值观的"内容"和"各个层面"，"四原则说"侧重的则是提炼社会主义核心价值观的"基本要求"和"主要方法"。

正是在学界的持续酝酿下，结合中国特色社会主义现代化的伟大实践和马克思主义中国化的最新理论成果，党的十八大报告在社会主义核心价值体系的基础上进一步提出了社会主义核心价值观。这就是："加强社会主义核心价值体系建设。……倡导富强、民主、文明、和谐，倡

---

① 江畅：《社会主义核心价值理念研究》，北京师范大学出版社 2012 年版，第 12—14 页。

② 王勇：《提炼中国特色社会主义核心价值观的基本原则》，《中国社会科学报》 2012 年 8 月 29 日。

导自由、平等、公正、法治，倡导爱国、敬业、诚信、友善，积极培育社会主义核心价值观。牢牢掌握意识形态工作领导权和主导权，坚持正确导向，提高引导能力，壮大主流思想舆论。"至此，学界对社会主义核心价值的研究，就从社会主义核心价值体系的层面自然而然地进入社会主义核心价值观的层面。并高度一致地将社会主义核心价值观概括为三个层面的"三个倡导"，即国家层面，倡导富强、民主、文明、和谐；社会层面，倡导自由、平等、公正、法治；个人层面，倡导爱国、敬业、诚信、友善。

那么，社会主义核心价值体系和社会主义核心价值观的关系究竟怎样表达？对此学界、政界、社会大众层面都有着不少的看法，笔者不再一一列举。我们想着重申明的是：不能习惯地把社会主义核心价值观看成是对社会主义核心价值体系的超越，相反，党的十八大报告正是在"加强社会主义核心价值体系建设"的大背景下提出社会主义核心价值观的。正像中共中央办公厅印发的《关于培育和践行社会主义核心价值观的意见》指出：社会主义核心价值观是社会主义核心价值体系的内核，体现着社会主义核心价值体系的根本性质和基本特征，反映着社会主义核心价值体系的丰富内涵和实践要求，是社会主义核心价值体系的高度凝练和集中表达。这是对二者关系的一个基本定位。

如何把握好社会主义核心价值体系和社会主义核心价值观的关系？刘云山撰文表达了两方面的意思：一方面，充分认识二者的内在一致性。"核心价值观与核心价值体系方向一致，都体现了社会主义意识形态的本质要求，体现了社会主义制度在思想和精神层面的质的规定性，凝聚着社会主义先进文化的精髓，是中国特色社会主义道路、理论体系和制度的价值表达，是实现中华民族伟大复兴的中国梦的价值引领。核心价值观与核心价值体系都坚持重在建设，就是要弘扬共同理想、凝聚精神力量、建设道德风尚，都是为了形成全民族奋发向上、团结和睦的精神纽带，使我们的国家、民族、人民在思想和精神上强起来，更好地坚持中国道路、弘扬中国精神、凝聚中国力量。"① 另一方面，要看到社会主义核心价值观的鲜明特点："一是更加突出了核心要素"，即通过强调"三个倡导"，更清晰地揭示了社会主义核心价值体系的内核，"确立了当代中国最基本的价值观念"。"二是更加注重了凝练表达"，即它所"倡导的富强、民主、文明、和谐，自由、平等、公正、法治，爱国、敬业、诚信、友善，明确了国家、社会、公民三个层面的价值目标、价值取向、价值准则，是社会主义核心价值体系的凝练表达，符合大众化、通俗化的要求，便于阐发、便于传播"。"三是更加强化了实践导向"，即所"强调的'三个倡导'指向十分明确，每个层面都对人们有更具体的价值导向，是实实在在的要求，规范性和实践性都很强，便于遵循和践行。培育和践行核心价值观，为推进核心价值体系建设进一步明确了切入点和工作着力点，有利于更好地把各项任务落到实处。"②

具体而言，从社会主义核心价值体系到社会主义核心价值观，除了刘云山讲的"三个更加"外，还有中国特色社会主义意识形态自身演变的内在逻辑。我们知道，自"和平与发展"成为时代主题后，改革开放下的中国就要求建构一套与之相适应的核心价值体系来表达自己的意识形态，否则，"一旦核心价值观的理论表述不能反映现实世界的变化，不能表达时代精神和民心所向，就必然引发负面消极性的社会心态，影响自身的合法权威和主导地位。"③ 从社会主义核心价值体系到社会主义核心价值观，中国特色社会主义意识形态演变的内在逻辑清晰可辨：一是"鲜明地体现了'发展'这个时代主题。尤其是'和谐'观念的提出，是对'以阶级斗争为纲'的根本性颠覆"。二是"越来越自觉地从党的

---

① 刘云山：《着力培育和践行社会主义核心价值观》，《党建》2014 年第 2 期。
② 刘云山：《着力培育和践行社会主义核心价值观》，《党建》2014 年第 2 期。
③ 沈建波：《社会心态视域下的社会主义核心价值观大众化》，《思想理论教育》2013 年第 5 期。

意识形态转变为国家意识。如果说社会主义核心价值体系中坚持马克思主义指导思想，这还保留有党的意识形态的痕迹"的话，那么，到社会主义核心价值观，就更加自觉地定位为"国家意识形态"了。①

　　需要着重申明的是，社会主义核心价值体系作为一种社会价值体系或党和国家的意识形态，一般包括了三个基本的层次：终极价值目标、核心价值理念和基本价值原则。社会主义核心价值观的第一层面"富强、民主、文明、和谐"，是对"中国特色社会主义共同理想"的具体化，它集中表达了以"人民幸福"为福祉的终极价值目标。而社会主义核心价值观的第二层面"自由、平等、公正、法治"和第三层面"爱国、敬业、诚信、友善"，则都可以看成是一种核心价值理念。也就是说，在社会主义核心价值观中没有包含起码是没有明确包含诸如"马克思主义指导思想"、"改革创新"等基本价值原则。这说明了什么？一是说明社会主义核心价值观主要是由终极价值目标和核心价值理念构成，它更加凝练、更加明确，更凸显了国家意识形态，更具有形成共识的作用。二是说明中国共产党的意识形态和国家的意识形态不可分割，党内文化特别是党的价值追求和社会主义先进文化不可分割，社会主义核心价值观和社会主义核心价值体系不可分割。如果脱离社会主义核心价值体系的建设来奢谈社会主义核心价值观的培育和践行，不仅是无源之水无本之木，而且还可能背离方向，丧失动力。

　　此外，党的十八大也没有给出社会主义核心价值观的最终表述，而只是从国家、社会、个人的层面很慎重地讲了"三个倡导"，要求在倡导中培育，培育中践行。也就是说，无论是中国共产党的意识形态还是国家的意识形态，其宗旨都是"为人民服务"的，从社会主义核心价值体系到社会主义核心价值观，其中都隐含着一个不言而喻的价值主体，

---

① 沈卫星：《从社会主义核心价值体系到中国梦的内在逻辑》，《中国井冈山干部学院学报》2014 年第 1 期。

这就是人民。党的十八大报告对社会主义核心价值观"三个倡导"的表述，其实已经蕴含在"报告第二部分"强调的"八个坚持"中了。这就是：坚持人民主体地位，坚持解放和发展生产力，坚持推进改革开放，坚持维护社会公平正义，坚持走共同富裕道路，坚持促进社会和谐，坚持和平发展，坚持党的领导。

六、当代中国文化哲学的确立和最终形成

社会主义核心价值体系和社会主义核心价值观的提出，除了有着重大的现实意义外，还有着深远的历史意义和深刻的理论意义。一方面，自改革开放以来，中国社会的价值观变迁大致经历了：从一元价值观向一元价值观与多元价值观互动的变化；从整体价值观向整体价值观与个体价值观融合的变化；从理想价值观向理想价值观与世俗价值观共存的变化；从精神价值观向精神价值观与物质价值观并重的变化。① 社会主义核心价值体系和社会主义核心价值观以其引领思潮、凝聚共识、尊重差异、包容多样的人文旨趣，最大程度地适应了转型时期中国社会的价值观现状。

更为重要的是另一方面，从社会主义核心价值体系的形成到社会主义核心价值观的提炼，始终和中国文化哲学的研究探讨密切相关，我们在前面几章探讨的主要线索就是为了说明这一点。正像有学者指出的那样："哲学，特别是文化哲学的主要实践功能之一，便是张扬时代的核心价值观，因此，今天我们文化哲学的聚焦点应当是推动文化大发展大繁荣，建设文化强国，而关键的问题是提升以核心价值观为支撑的文化软

---

① 廖小平、成海鹰：《改革开放以来中国社会的价值观变迁》，《新华文摘》2006年第 6 期。

实力。"① 社会主义核心价值（包括社会主义核心价值体系和社会主义核心价值观）的提出，标志着当代中国文化哲学的正式确立和最终形成。

　　首先，社会主义核心价值的形成和提出，标志着当代中国哲学研究的真正转向和文化哲学范式的回归。在本书引论乃至第一章、第二章中，我们已经谈到了哲学的转向和文化哲学的彰显问题。简单地说，发端于古希腊的西方哲学在经历了长时期的"自然科学化"历程后，其追问世界的本源、始基、本质、理念、法则、规律，探寻世界的统一性、同一性、同质性、一般性、整体性、永恒性和必然性的理解范式，随着马克思主义哲学"实践范式"的提出和理论建构，已经成了真正的"旧哲学"；特别是随着20世纪以卡西尔为代表的新康德主义的文化哲学的兴起和持续繁荣，西方哲学在现代化、全球化、资本"殖民化"的号角声中完成了华丽而"悲壮"的转向，以往那种以关注自然为主的意识哲学、思辨哲学、理论哲学等统称为"传统形而上学"而逐渐被人淡忘。事实上，这一历程既是哲学的转向，也可以说成是文化哲学范式的回归。因为"西方哲学还有另一种同样发源于古希腊哲学、但在后来的哲学发展中被遮蔽而式微的哲学范式，其主要特征是以'认识人自己'为己任，把哲学的目光从关注'自然世界'转向人创造的'文化世界'，并聚焦在人类自身的现实生存活动上。"② 这种"苏格拉底式"的哲学思考虽然通过"知识即美德"、"知识就是力量"等自然而然地淹没在"传统形而上学"之中，但其关注文化的民族性、时代性、价值性、共通性，探寻人的行为的复杂性、多变性、微妙性，透过分析人的文化世界达到对人的把握的文化哲学特性，一直潜伏在西方哲学发展的深层，并通过20世纪现代化进程的持续发酵和对"启蒙理性"的深刻反思，达到了文化哲学范式的真正回归。

① 衣俊卿：《文化哲学的现实使命与文化软实力建设的实践方略》，《中国社会科学报》2012年10月31日。
② 陈树林：《当代文化哲学范式的回归》，《哲学研究》2011年第11期。

在中国，传统哲学一开始就是文化哲学性的，但在近代以后，随着"西学东渐"和新文化运动的深入进行，传统哲学中的文化哲学特性逐渐受到质疑、批判甚至排斥，就连中国哲学本身的"合法性"由于和西方"传统形而上学"的差异而遭到拷问。伴随着民族解放和社会革命与建设的进程，马克思主义的中国化无疑取得了巨大成功，但"落后就要挨打"的社会达尔文主义价值观也深深地渗入中国文化的血脉。理性主义、科技主义、单纯经济增长观的盛行，就是很好的说明。社会主义核心价值的形成和提出，是继科学发展观之后，中国共产党和国家的又一次大的文化自觉的结果，它把社会发展和人的现代化紧密结合起来，在各种文化资源的整合中特别凸显了现代中国文化要素——中国特色社会主义的先进文化，并以"足够清醒的理论穿透力去澄明全球化时代中国文化软实力建设的价值定位"，[①] 不仅标志着当代中国哲学研究的真正转向，而且也标志着中国文化哲学范式的回归。

其次，社会主义核心价值的形成和提出，标志着当代中国文化哲学的研究已经走出了理论和现实的困境。在第四章中，我们谈到中国文化哲学的讨论主要是围绕着"中国向何处去"的时代课题而展开的，其基本内容是对中西文化的论释、比较、评价和选择，以重建中国的现代文化，进而为重建新的社会模式提供一种内在而深层的结构性规定。由于社会的急剧变化，使文化哲学问题的不同侧面得以凸显，人们对文化哲学问题的思考和回答也有所侧重，从五四时期的"文化热"到20世纪八九十年代的文化争论，文化哲学的探讨以社会思潮的形式呈现在对中国现代化的强烈关怀上，虽然这些研究和争论提供了中国现当代文化哲学研究的基本范式，但文化哲学作为一门学科并未得到确立。相反，随着新世纪文化问题的进一步复杂化，我国文化哲学的研究越来越陷入了

---

① 衣俊卿：《文化哲学的现实使命与文化软实力建设的实践方略》，《中国社会科学报》2012年10月31日。

理论和现实的困境：一是"对作为文化哲学研究对象而存在的'文化'，缺乏既经得起严格学术推敲，又有现实针对性和理论解释力的定义"；二是"没有建立起既符合马克思实践哲学的基本精神、又适合作为其研究对象的文化活动和文化现象之本质特征的哲学研究框架、基本立场和方法论视角"；三是"没有能力对一些具有至关重要意义的现实问题做出兼具理论意义和现实意义的解答"。①

社会主义核心价值的形成和提出，使得这三方面的困境迎刃而解。就"文化"的定义和内涵而言，社会主义核心价值视野中的"文化"一刻也没有离开"人化"的基本内涵和"实践生成"的本质界定，相反，社会主义核心价值本身就是近代以来中国人民艰难困苦的革命实践和社会主义建设实践的产物，它必将成为中国人民的基本"生存和发展模式"，成为中华民族的"大群集体的公共人生"。就文化哲学的研究对象和基本框架而言，社会主义核心价值的形成和提出，不仅进一步表明了文化哲学的研究对象是实践基础形成的文化模式及其文化精神，而且还表明文化模式和文化精神是以价值观的形式呈现出来的，文化的灵魂就是价值观。当代中国文化哲学的基本框架按照"文化动力学"、"文化形态学"、"文化交往学"的思路，② 可做这样的设想：产生并应用于社会实践的"马克思主义指导思想和中国特色社会主义共同理想"，以及由整个中国历史发展演变和社会变革积淀而成的"爱国主义的民族精神和改革创新的时代精神"，属于"文化动力学"的内容；"三个倡导"十二个价值理念所展现出的"富强、民主、文明、和谐，自由、平等、公正、法治，爱国、敬业、诚信、友善"，属于"文化形态学"的范畴；而根据传统文化、中国国情和社会主义本质要求提炼出的，以"八荣八耻"为主要内容的"社会主义荣辱观"，则属于"文化交往学"的范畴。就

---

① 霍桂桓：《当前中国文化哲学研究的问题和出路》，《西北师范大学学报（社会科学版）》2007年第1期。

② 李鹏程：《我的文化哲学观》，《哲学原理（复印报刊资料）》2011年第6期。

文化哲学的理论和现实的解释功能而言，社会主义核心价值的形成和提出不仅在理论上解决了"中国向何处去"的时代课题，回击了新自由主义、民主社会主义和历史虚无主义等思潮的种种诘难，而且在中国社会现实的发展上进一步明确了"举什么旗"、"走什么路"、"怎么样走"等问题。我们完全有理由说，社会主义核心价值体系及其在此基础上提炼出的社会主义核心价值观，是中国特色社会主义文化养育生成的文化哲学，它"使得哲学的原点问题和动力学问题，无论在因果论维度上还是在目的论维度上，都可以获得名正言顺的起源和圆满的归结"，"对中国文化具有全部的'精神有效性'，……合法性完全可以以中国文化的全部事实和思想成果予以'证实'"。①

再次，社会主义核心价值的形成和提出，标志着当代中国文化哲学的研究已经找到了文化走向大发展大繁荣的出路。一个民族的历史进步往往表现为文化的发展和繁荣。"文化没有掩匿真理。文化是真理的工具。我们不仅不能逃离文化，我们也不应该逃离，因为在文化之外我们发现不了意义，并且因此发现不了真理。"②党的十七届六中全会通过的《中共中央关于深化文化体制改革 推动社会主义文化大发展大繁荣若干重大问题的决定》指出："物质贫乏不是社会主义，精神空虚也不是社会主义。没有社会主义文化繁荣发展，就没有社会主义现代化。"并进一步提出了"社会主义核心价值体系是兴国之魂，是社会主义先进文化的精髓，决定着中国特色社会主义的发展方向。"

从总体上看，中国共产党和国家的文化自觉是伴随着中国100多年的现代化进程而逐步完成的。"当历史走进20世纪80年代，当中国主动对外开放步入世界并被卷入全球化浪潮而成为地球村一员时，当我们的传统文化裸露在光怪陆离的文化舞台上，特别是我们全方位与西方的

---

① 李鹏程：《我的文化哲学观》，《哲学原理（复印报刊资料）》2011年第6期。
② 卡洪：《现代性的困境——哲学、文化和反文化》，商务印书馆2008年版，第351页。

强势文化'短兵相接'时，……透过商品贸易、管理经验引进、艺术交流、宗教传播、跨国婚姻、互派留学生、国际旅游等诸多手段和形式的全方位'文化交流'……人们终于清醒地认识到，中国的现代化是一个对传统文化批判和文化转型过程；现代化要解决的深层问题是如何对待民族传统文化和外来文化问题，是一个用什么文化观或文化哲学指导社会发展进化的问题。"[①] 社会主义核心价值的形成和提出，以党和国家"总体文化观"的形态向人们指明了中国特色社会主义文化走向大发展大繁荣的根本出路：一方面，人是一种自在自为的文化存在，人的活动既受外在客观条件的制约，也受内在价值取向的规定。社会主义核心价值体系和核心价值观，以人的自由而全面发展为价值观主线，以消灭剥削、消除两极分化、实现共同富裕为价值观导向，以马克思主义和中国特色社会主义为价值原则，把党和人民坚持和建立起来的社会主义价值观念中基本的、核心的内容进一步作为"文化软实力"建设的目标明确地提了出来，这就抓住了我国文化走向大发展大繁荣的主题。

另一方面，我国的文化建设面临的最大问题是全球化进程中多种复杂的文化资源"同时在场"，"本应以历时的形态依次更替的农业文明、工业文明和后工业文明及其基本的文化精神在中国的嬗变和演进，转化为共时的存在形态，不同的文化精神和价值观念同时影响着中华民族。"[②] 社会主义核心价值体系和核心价值观的提出，要求我们在文化建设上坚持从实际出发，既要鼓励先进，又要照顾多数，把先进性要求同广泛性要求结合起来，支持有益的，允许无害的，改造落后的，抵制腐朽的。以建设社会主义和谐文化为路径建设社会主义先进文化，不断汲取中华民族优秀传统文化，不断吸收世界优秀文明成果，不断在实践中创新、发展和繁荣我们的文化。

---

① 陈树林：《当下国内文化哲学研究的困境》，《思想战线》2010 年第 2 期。

② 衣俊卿：《文化哲学的现实使命与文化软实力建设的实践方略》，《中国社会科学报》2012 年 10 月 31 日。

第 六 章
文化哲学与社会主义核心价值的理论空间

一、文化哲学的基本问题：实然与应然

据前可知，文化哲学的研究对象是文化模式及其文化精神，文化精神的基本内核是社会价值观，因此，特定社会的价值观或价值观体系构成该社会文化的灵魂，社会主义核心价值体系和社会主义核心价值观的形成和提出，标志着当代中国文化哲学的确立和最终形成。那么，文化哲学的基本问题又是什么？我们的回答是：实然和应然的关系问题。

首先，实然和应然的关系问题是引发哲学转向文化哲学的关键。

我们在本书"第一章"中就已经指出，由于"休谟问题"特别是在对其中第二方面问题即"事实与价值"关系的解答中，传统哲学发生了转向，走向了文化哲学。不少学者把"休谟问题"的第二方面问题概括为"是—应当"问题，依据主要是休谟《人性论》中的一段论述："在我所遇到的每一个道德学体系中，我一向注意到，作者在一个时期中是照平常的推理方式进行的，确定了上帝的存在，或是对人事做了一番议论；可是突然之间，我却大吃一惊地发现，我所遇到的不再是命题中通常的'是'与'不是'等联系词，而是没有一个命题不是由一个'应该'或一个'不应该'联系起来的。这个变化虽是不知不觉的，确实有极其重大关系的。因为这个应该或不应该既然表示一种新的关系或肯定，所

以就必须加以论述和说明；同时对于这种似乎完全不可思议的事情，即这个新关系如何能由完全不同的另外一些关系推出来的，也应当举出理由加以说明。不过作者们通常既然不是这样谨慎从事，所以我倒想向读者们建议要留神提防；而且我相信，这样一点点的注意就会推翻一切通俗的道德学体系，并使我们看到，恶和德的区别不是单单建立在对象的关系上，也不是被理性所察知的。"①

表面看起来，休谟想探讨的是道德哲学中"道德判断"形成的内在逻辑，但由于道德问题是文化问题的重心，道德判断本质上是一种价值判断，所以休谟这一"是—应当"的大段表述，已经触及了哲学的根基和其最敏感的神经。

按照恩格斯《费尔巴哈论》中的观点，"全部哲学，特别是近代哲学的重大的基本问题，是思维和存在的关系问题"。"这个问题，只是在欧洲人从基督教中世纪的长期冬眠中觉醒以后，才被十分清楚地提了出来，才获得了它的完全的意义。思维对存在的地位问题，这个在中世纪的经院哲学中也起过巨大作用的问题：什么是本原的，是精神，还是自然界？——这个问题以尖锐的形式针对着教会提了出来：世界是神创的呢，还是从来就有的？"②显然，如果我们按照西方哲学自古希腊以来的传统，把恩格斯的"存在"概念等同于"是"（be），那么，他所提出的哲学基本问题就可以简化为"是—思维"问题。只不过，恩格斯的哲学基本问题在清晰了本体论即"是"的问题（划分出了唯物主义和唯心主义）后，把思维对"是"（存在）的关系即认识论问题有完全"知识化"的倾向："我们关于我们周围世界的思想对这个世界本身的关系是怎样的？我们的思维能不能认识现实世界？我们能不能在我们关于现实世界的表现和概念中正确地反映现实？"就是说，在这有逻辑递进的三句追问中，

---

① 休谟：《人性论》，商务印书馆 1980 年版，第 509—510 页。
② 《马克思恩格斯选集》第 4 卷，人民出版社 1995 年版，第 223、225 页。

我们看到的几乎都是思维对"是"（存在）的"真理性"关系，看不到二者之间的"价值性"关系。

有趣的是，休谟问题也是针对西方传统哲学的"神学目的论"和近代以来的"理性直观主义"伦理学的观点提出的。因为，照神学目的论看来，整个世界由于确定了"神"或上帝的存在而充斥着意义，每一项物体的存在都有它存在的目的和功能。与此相联系，近代理性直观主义如笛卡尔、斯宾诺莎等人认为，每一个事物都由"神"规定了它的一个本性，并由此而建立了事物之间一定的关系；事物具有永久的合适与不合适性，道德的真理同数学上的真理一样具有自明性，即善恶之间完全是先在的关系，它独立于人们的意志，理性只能发现它们并遵照它们而行动。休谟不同意这些解说，指出了以此形成的道德哲学的两个致命缺陷：一是把"是与不是"的问题混同于"应该与不应该"的问题，即把"是"和"应当"、实然和应然完全搞混了；二是把善和恶的区别"单单建立在对象的关系上"，而忘记了人们的"道德感"才是做出道德判断的根源。

事实上，无论是源自古希腊而经中世纪的"上帝全能"的形而上学传统，还是近代理性直观主义以"上帝至善"作为自明的前提，都在寻求一种普遍主义的价值原则，都必然要把"是"和"应当"、事实与价值等同起来，"在这种目的论的宇宙观下，由于每项东西都是由它的功能来给予界定的，因此，事实与价值之间也就没有一道鸿沟。"[①] 这与休谟为代表的情感主义伦理学形成鲜明的对立。因为，按照理性直观主义伦理学"上帝是仁慈的"（God is benevolent）这一预设，"虽然用的是 is（be），但实际上却也是一种价值陈述，包含一种对人们行为应然（Ought to be）设定……因为上帝比人无限优越，所以人应当遵从上帝。上帝使万物普遍向善、让好人得福，这比让万物遭受苦难更合适。效法

---

① 石元康：《从中国文化到现代性：典范转移?》，生活·读书·新知三联书店2000年版，第159—160页。

于此，人更应当努力促进他人的善和幸福，避免对他人福祉的破坏。"①
休谟批判的正是这种"目的论演绎体系"：说某物在理念上"是什么"，
实际上就蕴涵着某物"所应趋向的理想本质"，这样，命题中的"是"
与"不是"转变成了"应该"与"不应该"。正因此，他才敏锐地察觉
并指出："这个变化虽是不知不觉的，确实有极其重大关系的"，"这样
一点点的注意就会推翻一切通俗的道德学体系"。

可见，恩格斯阐述的"是—思维"问题作为哲学基本问题，解决的
只是人从自然界分化独立出来后的"物质世界"和"精神世界"的关系
问题，并没有能从思维对"是"（存在）的把握中引申出"是—应当"问题，
即事实和价值、实然和应然的关系问题。他看到了休谟和康德哲学的与
众不同，但却不理解至少不完全理解这种哲学在解决"是—应当"关系
问题时所引发的哲学转向，也没有看到由此而走向文化哲学的必要性和
可能性，而是在"知识论"意义上把休谟和康德这两位文化哲学的始祖
统称为"不可知论"或怀疑主义者。

确实，我们不能否认，休谟"把事实判断与价值判断的内在关联以
及道德科学的可能性都置于一个需要说明的境地"，② 走向了不折不扣的
怀疑主义，陷入了自身的逻辑矛盾中：一方面，他认为道德判断的基础
是人类的情感，如果没有情感，即使能感受到与道德相关的事实，也无
法对行为或品格的善、恶做出道德判断。另一方面，休谟又认为事实陈
述与道德判断分属于两个不同的领域，仅仅由道德事实是不可能直接得
出某种道德判断或道德陈述结论的。然而，无论如何，休谟问题是基于
"是"和"应当"、实然和应然、事实判断和道德判断（价值判断）的解
释和讨论形成的，它结束了西方发端于古希腊柏拉图主义的传统形而上
学，并通过康德的批判哲学，导致了哲学史上"哥白尼式的革命"，由

---

① 殷霞：《"是"蕴涵"应该"吗？——从"Being"的考察看伦理学中的"休谟问
　题"》，《东岳论丛》2007 年第 6 期。
② 刘隽：《"休谟问题"与休谟道德哲学的关系》，《哲学动态》2008 年第 3 期。

此开启了走向文化哲学的进程。这一点，本书的第一章讲得很详细了，在此不再赘述。

总之一句话，在传统哲学转向文化哲学的过程中，"是—应当"问题、事实判断与道德（价值）判断的分析和讨论起了至关重要的作用，实然与应然的关系问题理应成为文化哲学的基本问题。

其次，实然与应然的关系问题是文化哲学在当代凸显的重要原因。

20 世纪，伴随着"是—应当"意义的变化，人们对事实判断与道德（价值）判断的关系认识也发生了巨大的转变。现代性的世界通过工商业化、世俗化和技术化的"祛魅"（马克斯·韦伯语，一译"解咒"），进入了麦金太尔所说的"德性之后"。由于"事实"内涵的不断丰富和"应当"内涵的逐渐丧失，世界不再是一个充斥意义的场所，它本身没有任何目的和价值可言。拿"后发现代化"的中国来说，伴随着市场经济的确立和工商业化程度的加深，由资本异化和科技异化引发的功利化、世俗化、网络化甚嚣尘上，对文化的"当下性"消费似乎成了人们特别是年轻人的唯一选择。什么是文化的"当下性"消费？是说没有历史厚度和未来意识的文化吸收和接受，即只看到"事实"而没有"价值感"的文化理解和消费。这种文化消费的本质是只有"实然"的东西而没有"应然"的东西，即放弃了实然与应然关系的讨论。其后果从理论上看正像有学者指出的："解咒后的世界只剩下事实，价值本身不再存在于世界中。""人们不再认为理性能够处理目的世界的事情，理性的功能只是推论及计算，它所能处理的是经验世界以及工具世界的东西。……接受工具理性之后的结果是，理性只能在我们确定了某一个目的之后，告诉我们什么是达成这个目的的最有效的手段。至于我们人生的目的应该是什么这个问题，理性就完全无能为力了。"[①]

---

① 石元康：《从中国文化到现代性：典范转移?》，生活·读书·新知三联书店 2000年版，第 162 页。

从现实角度看，"当下性"文化消费的后果是人们的价值取向完全地功利化、实用化和"当下化"了。由于文化消费中没有了历史厚度和未来意识，放弃了实然与应然关系的探讨，人们的"时空观"也被遮蔽了，"德性"也被解构成了一些"碎片化"的东西：现代性文化模式下的人几乎没有了历史、没有了未来，甚至也无暇真正地顾及和理解他人和社会！剩下的只有"当下的"自己，只有自己的眼前利益和自然欲望的满足。所谓"德性"，它是一种有社会历史担当的、有未来意识的、充满着使命感和忧患意识的稳定的文化人格，而不是短暂的、零散的道德释放，更不是别有用心的"道德作秀"。麦金太尔"德性之后"的论述向我们表明，并不是说现代人没有了一点点的道德，而是说"德性"作为一种文化传统被我们丢失了，我们的道德呈现为短暂的、零散的"碎片化"状态。所谓"一个人做点好事并不难，难的是一辈子做好事而不做坏事"。当前，我国的文化消费也具有很大的"当下性"特征，拿不少影响力很大的电视栏目来说，其中，有一些青年男女赤裸裸的拜金，有一些青年男女无厘头的卖弄，还有一些青年男女自比为"吃货"、"二货"、"女汉子"……对此，我们只能感叹"德性"之后"新新人类"的直率！但感叹之余，我们又不能不说，"当下性"的文化消费对人们价值观的影响是根本性的，所谓"新新人类"，本质上不过是一种文化"当下性"了的"当下"人！

文化哲学在当代的凸显，正是对现代性背景中的"当下性"文化消费及其后果的一种回应。它以对工具理性的批判为切入点，还原哲学以人为本的本性，打通了文化和"人化"的关系，并通过对"是—应当"关系、事实和价值关系的探讨和解决，把人类的历史活动和文化的生成，理解成了不断从"实然"走向"应然"的过程。特别是马克思主义哲学，由于把人的活动理解为"合目的性"（应然）和"合规律性"（实然）统一，因而所谓社会历史不过是人类的实践活动在"时空"中的展开和延伸，这样的人类文化活动必然是一方面追求真理（实然），另一方面实现价值（应然）的过程。这样的表述，我们在前述马克思的"巴黎手稿"和《共产党宣言》中看得已经很清楚了。即使在《费尔巴哈论》中，恩格斯在把休谟和康德指称为"不可知论"后，依然指出了对于他们的观点，"最令人信服的驳斥是实践，……既然我们自己能够制造出某一自然过程，按照它的条件把它生产出来，并使它为我们的目的服务，从而证明我们对这一过程的理解是正确的，那么康德的不可捉摸的'自在之物'就完结了。"① 不难发现，这里隐藏的内在逻辑依然是实践基础上的"合目的性"（应然）和"合规律性"（实然）统一。

再次，实然和应然的关系问题是文化哲学探讨价值问题的中心线索。

按照马克思主义文化哲学的观点，价值问题归根结底还是实践问题。价值既非"天赋人权"和"永恒正义"，也非"客观善行"或"客体属性"，更非"情感意志"和"欲望兴趣"，而是现实的人及其实践活动的产物和结果。正是在文化生成的实践活动中，才出现了人类所独有的"价值"问题，出现了所谓的"事实"与"价值"、实然与应然的关系问题。

如前所述，文化哲学视野中的"事实"，就是一个客观"实然"的问题，属于"存在"范畴，"概念指向对象是什么，重点在于揭示现实状况怎样，其实质是一个客体描述问题"；而文化哲学视野中的"价值"问题，则是一个主体"应然"的问题，属于"人文"范畴，"意指人应当如何，表现为理想追求，其实质是一个主体表达问题"。② 但从根本上说，文化就是由宏大的社会历史这一"实然"凝聚、积淀而成的"应然"——文化传统，这一文化传统的主要内容就是价值观念。"文化的真正内容是投射、凝聚在劳动及其产品中的人的行为方式和价值观

---

① 《马克思恩格斯选集》第 4 卷，人民出版社 1995 年版，第 225—226 页。
② 崔秋锁：《价值与事实否定统一的研究方法》，《光明日报》2013 年 9 月 17 日。

念。……只有抓住价值观念，才是抓住了文化的根本。"① 可见，文化哲学探讨和研究价值问题的中心就是实然和应然的关系问题。

更为重要的是，"价值"与"事实"之间存在着"否定统一性"的关系，即二者之间并非简单的矛盾和依存关系，而是通过"价值"对"事实"的扬弃和转化，完成"实然"和"应然"之间的辩证联结，"其基础和中介，则是人作为评价主体所面临的事实矛盾和现实困境"。这里，所谓的事实矛盾，"是指客观事实不能满足人的需求，因而与人处在某种异己关系之中"；所谓的现实困境，"则是指现实环境束缚人的发展，人无法在此境遇中实现自己的理想"。而"无论是事实矛盾，还是现实困境，本身都是相对于人而言，都具有事实性和价值性之双重意义"。② 这就充分说明：第一，价值指向或道德判断并不能直接解决"应然"问题，"应当"、"应如何"的问题只能由价值或道德规范来回答。"人总是生活在一定的文化规范场内，从其出生开始，文化就作为行为规范影响、制约、浸润着他。全部文化教育都在传递规范，按照社会理想和科学知识塑造新人，因此一切文化都潜在着规范的功能。"③ 规范的形成和接受最终依赖于社会实践、科学认知和理想信念，而这正是一个从"是"到"应当"、从实然到应然，或者"价值"对"事实"的扬弃和转化过程。正如马斯洛讲到的，从"是"到"应当"，"我们在生活中时时刻刻都在这样做。切开一只火鸡能够弄得很容易，只要我们知道关节在哪里，怎样掌握刀和叉，即对有关事实有充分了解。假如事实已被充分了解，它们就会引导我们、告诉我们该做什么。"④ 第二，价值是人类在实践基础上的从"是"到"应当"、从实然到应然的中介。人和环境间的价值关联和评价关系本质上是一种实践关系，离开了实践，就不存在纯粹的

———————

① 袁贵仁：《价值观的理论和实践》，北京师范大学出版社 2006 年版，第 144 页。

② 崔秋锁：《价值与事实否定统一的研究方法》，《光明日报》2013 年 9 月 17 日。

③ 袁贵仁：《价值观的理论和实践》，北京师范大学出版社 2006 年版，第 83 页。

④ 马斯洛：《人性能达到的境界》，云南人民出版社 1987 年版，第 126 页。

"是",也不存在纯粹的"应当"。在文化哲学的视野中,"应当"以"是"为前提,"是"又是在许多的"应当"条件下形成的。正是这种矛盾和张力,揭示了价值与事实之间"否定统一性"的奥秘所在,也才进一步证明了实然与应然的关系问题是文化哲学的基本问题。

对文化哲学基本问题的探讨,有助于彰显人类价值追求的本质。价值作为人所追求的目标和理想,彰显着"应然"对"实然"的超越和否定。"这种价值及其追求,不仅是人之区别于动物的实践活动的内在规定,而且是人之为人的生命及其生活的本质特征。"① 作为文化的人,我们都被预先设定在社会共同体中,并且必须服从其价值规范。这种价值规范是一个复杂的意识形态系统,大体可分为基础价值、中间价值和终极价值三个层面,它们自下而上地渗透着从"是"到"应当"、从"实然"到"应然"的辩证转换。

具体而言,"基础价值"处理人与物(钱)的关系,一般"与货币真理或身体真理对接……用以指导或填写个人的日常生活"。"中间价值"处理人与人、人与社会的关系,具有强烈的伦理色彩,往往跟集体主义真理发生对接;特别是"民族国家在自我辨认和圈定的同时,总是形成国家、民族和人民的三位一体",并"以三足鼎立的形态,托起政治领袖的伟大造型"。但"一旦进入后威权时代,三位一体结构就会发生分裂:国家主义要以国家至上的立场出发,倡导国家利益为最高本体,……民族主义要大力推销'爱国主义'信念,并且藉此修正或干扰国家外交策略。民粹主义则指望由平民大众的价值和理想来主宰整个世界。"② 而"终极价值"表达人与神的关系,对应着人内在的和最高的精神关注。美国神学家蒂利希认为,人对自身存在及意义的极度关怀就是终极关怀,所有在这关怀中诞生的价值汇聚成了终极价值,"神"通常

---

① 崔秋锁:《价值与事实否定统一的研究方法》,《光明日报》2013 年 9 月 17 日。
② 朱大可:《文化价值及其民族样态》,《文化研究(复印报刊资料)》2010 年第 6 期。

是终极价值的顶点，在他看来，"上帝"不过是人的"自身存在的隐喻"。有学者指出，就文化哲学而言，信任、信念和信仰构成了从实然到应然的托起整个价值系统的三大鼎足："基础价值跟信任密切相关，它所指涉的市场、财富和日常交往，需要用信任加以维系；中间价值跟信念有关，要求人把国家、民族和人民（集体）的利益当作自己的行为准则，而这种信念会促使人放弃私权和牺牲'小我'；终极价值跟信仰有关，它要求我们拥有强大的精神信仰，并在神的凝视下满含希望地生活。"①

对文化哲学基本问题的探讨，还有助于我们把社会主义核心价值的研究纳入文化哲学的视域中。譬如，通过深刻了解和准确把握当代中国社会发展所面临的主要矛盾和根本问题，作为我们价值选择和构建的客观根源和现实基础；通过分析矛盾根源，把握问题实质，找准困境症结，获得未来发展的某种价值意向和意识观念，以此作为价值追求及其理想观念生成的时代根据和文化基础；"通过科学与人文、认知与表达、反思与追求、批判与建构的有机结合，实现对中国社会发展及其民族复兴之希望、梦想和远景的综合表达，从而构建和确立自身所需要的价值理想及其核心价值。"②所有这些结合性的研究，我们在前面都尽了最大的努力，在后面的论述中，我们将会进一步展开。

二、先进文化与中国共产党的价值追求

上一章中，我们论及马克思主义衡量先进文化的两个标准：一是这种文化能否客观地反映事物本来的面貌和发展规律，能否促进生产力解放和发展，推动社会的不断进步；二是这种文化能否反映最大多数人民

---

① 朱大可：《文化价值及其民族样态》，《文化研究（复印报刊资料）》2010年第6期。
② 崔秋锁：《价值与事实否定统一的研究方法》，《光明日报》2013年9月17日。

群众的物质利益和精神需要，实现人的自由而全面发展。前一个标准是事实标准，讲的是"实然"；后一个标准是价值标准，讲的是"应然"。先进文化的形成和发展，就是一个从实然到应然，价值与事实的否定性统一过程。据此，我们得出三个基本判断：先进文化是一种优秀文化，是人类历史进程中人们按照其自身的规律教化天下，追求真善美的智慧结晶；先进文化是一种新型的动态文化，是符合时代要求和社会实践的发展，最终符合先进生产力发展要求的文化；先进文化是一种符合广大人民群众利益的文化，代表和反映了中国特色社会主义现代化的总体趋势。在整个中国社会近代以来的革命和建设中，先进文化的形成和发展，是与中国共产党的理想信念及其价值追求密切联系在一起的。

首先，中国共产党的产生，是和当时马克思主义为代表的西方先进文化对中国社会的巨大影响分不开的。

鸦片战争后，无数中国的仁人志士感觉到了"三千年未有之大变局"，企图通过对当时西方先进文化的学习挽救民族危亡。在十月革命和五四新文化运动的持续发酵下，马克思主义经由列宁主义在中国知识阶层中得到了广泛的传播，产生在这一当时中国最为先进的文化背景下的中国共产党，从一开始，其价值追求就不同于旧的党派和文化派别，就能够把"实然"和"应然"辩证地统一起来。早在中国共产党的第一次代表大会通过的纲领中，"表明中国共产党从建党开始就旗帜鲜明地把实现社会主义、共产主义作为自己的奋斗目标"。[①] 这种当时对中国社会来说可谓"石破天惊"的"应然"价值追求，很快就和中国社会的"实然"结合了起来。从党的二大到党的四大，中国共产党在革命斗争的实践中逐渐认识到：在半殖民地半封建的中国，必须把反对帝国主义、反对封建军阀的"民族民主革命"同消灭一切剥削、消灭私有制的"社会主义革命"既区别开来，又紧密地联系起来，这样革命才有可能成功。

---

① 《中国共产党历史》第一卷上册，中共党史出版社 2011 年版，第 68 页。

正是基于这一认识，党的二大提出的党的最低纲领是："消除内乱，打倒军阀，建设国内和平；推翻国际帝国主义的压迫，达到中华民族完全独立；统一中国为真正的民主共和国。"而最高纲领依然是"组织无产阶级，用阶级斗争的手段，建立劳农专政的政治，铲除私有财产制度，渐次达到一个共产主义的社会。"① 在这样的价值理念和价值追求的引领下，党的三大、四大乃至五大及其后的一些重要会议，酝酿并促成了第一次国共合作，推进了大革命的高潮，逐渐认识到工农联盟、土地革命的重要性，并以血的教训认识到了保持中国共产党在中国民主革命中的独立性、领导权和武装斗争的重要性。一句话，中国共产党以其先进的文化理念和价值追求，成为了孙中山辛亥革命的真正继承者，成为了中国近现代社会从文化危机到文化转型的中流砥柱。

其次，中国共产党的发展壮大，是和马克思主义中国化过程中红色文化对中国社会的巨大影响分不开的。

学术界普遍认为，所谓红色文化，是中国近现代社会剧烈转型过程中，中国共产党领导工农等劳苦大众，把马克思主义普遍原理和中国优秀传统文化相结合，在中国革命和建设的火热实践中形成先进文化。从结构看，它包括物态文化、行为文化、制度文化和心态文化等；就其特征而言，坚定的政治性、广泛的民众性、不屈的拼搏性和顽强的开拓性是红色文化的主要特征。红色文化萌芽于第一次国共合作的后期和大革命失败的血腥中，形成于中国共产党独立领导民主革命开始武装斗争的土地革命战争时期，成熟于第二次国共合作即全民族抗日战争时期，完善发展于新民主主义革命后期和社会主义革命与建设初期。其中，延安红色文化及其延安精神是红色文化的中心，代表了中国共产党发展壮大时期的核心价值追求。具体而言：第一，延安红色文化是红色文化的成熟和定型，它的形成和中国共产党及其领导的革命人民壮大成熟的社会

---

① 《中国共产党历史》第一卷上册，中共党史出版社 2011 年版，第 79 页。

历史密切相关，它上承革命文化，下启建设文化，并辐射到了当时所有的红色根据地、解放区甚至全国和全世界。第二，延安红色文化承载了中华民族生死存亡和中国社会光明与黑暗选择的历史，这一文化模式下凝练成的文化精神——延安精神，是所有红色精神诸如井冈山精神、长征精神、西柏坡精神、大庆精神、雷锋精神中内涵最全面、特征最完整的文化精神。第三，延安红色文化是在当时火热革命实践的基础上，马克思主义先进文化和中国优秀传统文化精神相结合的产物，以毛泽东为核心的中共领导者及其马克思主义传播者的文化自觉起到了至关重要的作用。

需要特别指出的是，由延安红色文化凝练而成的红色文化精神——延安精神之所以成为中国共产党发展壮大时期的核心价值追求，是因为延安精神中包含了相互联系的四个方面的内容：一是坚定不移的政治方向和共产主义理想信念；二是"全心全意为人民服务"的价值宗旨；三是坚持真理，"实事求是"的思想路线；四是自力更生，艰苦奋斗的精神品格。其中，前两个方面侧重于价值取向和价值追求，第三个方面侧重于真理探求，第四个方面则是把真理探求和价值追求结合起来的、不可或缺的实践品格。也就是说，延安精神集中表达了中国共产党在实践基础上的从"实然"到"应然"的文化品格和价值追求。

当然，延安精神作为中国共产党发展壮大时期的核心价值追求，最主要的体现在"全心全意为人民服务"的价值宗旨上。原生态"为人民服务"的提出是毛泽东参加张思德追悼会的即兴讲话，时间是 1944 年 9 月 8 日下午，地点是延安枣园村西山脚下的一个小操场。这个讲话之所以成为中国共产党的宗旨，是因为它真正在革命的实践中，把马克思主义先进文化的价值追求和中国优秀传统文化精神中的"民本"价值取向辩证地统一起来。在《为人民服务》的第一段，毛泽东开宗明义地讲清了中国共产党的文化理念——"是"与"应当"的关系：因为共产党是革命的队伍，所以就必须"完全"、"彻底"地为人民服务，"除了这件事共产党没有任何自己的私利可图，离开了这件事，共产党就失去了产生、存在和发展的必要性和价值了。"① 在第二段，毛泽东借用司马迁"或重于泰山或轻于鸿毛"的生死观，进一步升华了中国共产党的价值观："为人民利益而死，就比泰山还重；替法西斯卖力，替剥削人民和压迫人民的人去死，就比鸿毛还轻。张思德同志是为人民利益而死的，他的死是比泰山还要重的。"② 而在第三段，毛泽东更是讲清了中国共产党人怎样践行自己的价值观问题。党的"为人民服务"宗旨绝不是一个束之高阁的口号，而是从实实在在的行动中体现出来的；这样的价值追求也绝非只有"大人物"和政治组织才能有的，而是每个普通的党员干部都应该从身边的"小事"和本职工作兢兢业业做起的。"因为我们是为人民服务的，所以，我们如果有缺点，就不怕别人批评指出"；"为人民的利益坚持好的，为人民的利益改正错的，我们这个队伍就一定会兴旺起来。"

正像有学者所指出的，以为人民服务为根本价值取向的"延安精神是马克思主义的'基本原理'、是毛泽东思想的立体化、生动化、现象化和具体化，是共产党性质、宗旨、作风及人格魅力的集中体现，是共产党加强自身建设的不竭动力和源泉。"③ 正是这样的文化理念和价值追求，不仅凝聚了广大的工农劳苦大众，而且最大程度地吸引了社会各阶层的有识之士和爱国人士，参加到全民族的抗日战争和新民主主义革命的人民解放的事业中。

再次，中国共产党进一步地走向成熟，是和改革开放以来在中国化的马克思主义理论基础上产生的社会主义和谐文化的巨大影响紧密联系在一起的。

新中国成立后，无论是过渡时期对生产资料私有制的社会主义改

---

① 李世民：《延安精神》，中共党史出版社 2013 年修订版，第 64 页。
② 《毛泽东选集》第 3 卷，人民出版社 1991 年版，第 1004 页。
③ 李世民：《延安精神》，中共党史出版社 2013 年修订版，第 5 页。

造，还是社会主义建设的全面展开和探索，中国共产党坚定的共产主义理想信念和为人民服务的价值宗旨始终如一。然而，由于对社会主义过渡到共产主义的长期性、艰巨性认识不足，对社会主义条件下怎样更好地为人民服务认识不足，因而导致了盲目冒进、"阶级斗争扩大化"和"文化大革命"的错误。惨痛的事实告诉我们，脱离真理性探索（实然）的单纯价值性实践（应然）也会给党和人民的事业带来严重危害。党的十一届三中全会以"真理问题的大讨论"扭转了这一趋势。改革开放以来，随着实践中对"什么是社会主义，怎样建设社会主义"这一实然和应然及其辩证关系的探讨，随着对党情、国情、世情的深入研究，中国共产党逐渐认清了社会主义的本质是解放和发展生产力，消灭剥削，消除两极分化，最终实现共同富裕；认清了我国的社会主义还处在"初级阶段"，必须领导和团结全国各族人民，坚持以经济建设为中心，坚持"四项基本原则"和改革开放，力争把我国建设成为富强、民主、文明、和谐的社会主义现代化国家。可以说，从邓小平理论到"三个代表"重要思想，再到科学发展观、社会主义核心价值体系和核心价值观，都是马克思主义中国化的优秀理论成果，都渗透着"中国特色社会主义"的文化理念，都彰显着社会主义和谐文化的精神。

什么是和谐文化？这得先从"和谐"讲起。按照马克思主义的观点，"和谐是矛盾的一种特殊表现形式，体现着矛盾双方相互依存、相互促进、共同发展"；和谐体现了矛盾的同一性的属性，因而"是相对的有条件的，只有在矛盾双方处于平衡、协调、合作的情况下，事物才展现出和谐状态。"① 这一理解和中国传统文化中的和谐思想有着天然的共通性。传统文化从西周史伯的"和实生物，同则不继"开始，各家各派都认为和谐的达成是一个"尚和去同"的过程。儒家孔子的"君子和而不同，小人同而不和"，"和为贵"、"和无寡"，荀子的"和则一，一则多力"，

① 《马克思主义基本原理概论》，高等教育出版社 2013 年修订版，第 49 页。

道家老子的"万物负阴而抱阳，冲气以为和"，分别从人与自然、人与社会、人与人的关系角度揭示了和谐的内涵及其价值。从本质上看，和谐存在于事物的联系和发展之中，是事物之间和事物内部各要素之间协调一致的一种肯定意义上的价值，"它包括四个方面的内涵，即多样化的统一、关系的协调、力量的平衡和功能的优化。"[①] 和谐文化概念的提出，正是建立在对和谐内涵的充分理解和把握的基础之上。党的十六届六中全会总结历史经验，分析国际国内形势，站在新的时代高度，不仅强调了和谐社会是中国特色社会主义的本质属性，是国家富强、民族振兴、人民幸福的重要保证，而且明确提出建设和谐文化是构建社会主义和谐社会的重要任务，第一次把"和谐文化"写进党的决议。刘云山指出："和谐文化以崇尚和谐、追求和谐为价值取向，融思想观念、思维方式、行为规范、社会风尚为一体，反映着人们对和谐社会的总体认识、基本理念和理想追求，是中国特色社会主义文化的重要组成部分。"[②]

可以说，和谐文化的提出，把社会主义先进文化和中国共产党的价值追求完美地统一了起来。

第一，和谐文化的提出，是中国共产党在改革开放以来中国社会转型的背景下，对中国特色社会主义文化的一种自我认知和认同的表达。回顾中国社会主义的历程，党和国家经历了从革命走向建设和改革，从计划经济走向社会主义市场经济，从传统农业社会向社会主义现代化的剧烈转型，人们的思想状态、精神面貌、文化观念、思维方式等都发生了巨大变化。人活动的独立性及其思想价值观念的选择性、多变性、差异性日益增强，传统与现代纠结，社会价值与个体价值冲撞，边缘化、

---

① 钱伟：《和谐文化的哲学考量与理性建构》，《首都师范大学学报（社会科学版）》2012 年第 2 期。

② 《〈中共中央关于构建社会主义和谐社会若干重大问题的决定〉辅导读本》，人民出版社 2006 年版，第 40 页。

碎片化、迷失化加深，正是在这样的历史背景和文化现状下，中国共产党提出了构建社会主义和谐社会和建设社会主义和谐文化的主张。从深层的历史和文化方位看，和谐文化的建设无非是要解决两方面的问题：一是继承传统基础上的文化创新问题，即传统的农业文化如何转向工商业文化，如何才能开启民智，促进人的自由而全面的发展，实现人的现代化；二是"处于文化核心地位的社会意识形态，如何从'革命文化'向'建设文化、发展文化'转型的问题，如何在现代化背景下发展社会主义文化的问题。"[1] 可见，从红色文化到和谐文化，文化的先进性没有变，当代中国特色社会主义文化的性质没有变，隐含在社会主义和谐文化中的党的马克思主义指导思想、民族科学大众的文化立场、"为人民服务"的价值宗旨、实事求是的思想内核没有变，凡是能够促进社会和谐、有利于建设社会主义和谐社会的文化，都可以统称为和谐文化。和谐文化理念和中国共产党的价值追求达成了高度的统一。

第二，和谐文化的提出，是中国共产党在文化全球化的背景下对中国特色社会主义文化的一种文化自觉和自信的表达。当前，从经济全球化到文化全球化，从经济政治的多极化到世界范围内文化的多元碰撞，国际环境风起云涌，复杂多变，不仅使得综合国力的竞争日趋激烈，而且，影响和平与发展的不稳定因素也在大大增多。对于中国和中国共产党而言，"全球化的时代意义绝不仅仅停留于一种新的交往方式与全球经济交往活动，而是愈发成为中国现代化进程中人们所无法离弃的具有现代性意义与价值的生存方式与发展方式，是标识当今时代特征的'时代话语'与'时代意识'，它给传统社会的生存和发展方式带来了革命性的改变。"[2] 更为重要的是，文化全球化既是一种"时空压缩"，也是一种"复杂联结"基础上的不同文化之间的"商谈"、协调、动态平衡

---

① 杨宝忠、郭凤志：《和谐文化基本理论问题研究》，《思想教育研究》2013 年第 9 期。

② 林滨：《全球化时代的价值教育》，人民出版社 2011 年版，第 3 页。

乃至优化重组的过程，其直接后果是形成了与民族文化的多元共生的"文化价值场域"："它既在碎化也在整合，它引入了世界相互依赖的新形式，在这些新形式中，'他人'又一次不存在了。"① 任何民族国家要想适应这种文化机制，就必须有高度的文化自觉和文化自信。

如前所述，和谐是中国文化传统中最为核心的精神价值，而崇尚和谐、追求和谐，以保证富强、民主、文明的真正实现，一直都是中国共产党人的重要思想理念。"在共产党人的思想观念中，有许多寻求和谐、追求和谐的思想观念。这种观念，在主客观条件具备时，又会转化为党的政治理念和治国理念。"② 自2005年以来，中国共产党和国家领导人多次在国际场合阐述和谐的思想，阐述多元文化的平等和包容，阐述我们坚持走和平发展的道路，建设持久和平、共同繁荣的和谐世界的文化理念；就在2014年11月北京召开的亚太经合组织22国首脑非正式会议上，习近平通过"一花不是春，孤雁难成行"的比喻传达了中国人民建设"和谐亚太"的真诚意愿。在国内，中国共产党也提出了构建社会主义和谐社会的治国方略，并把社会和谐作为全面实现小康社会的党和国家不懈奋斗的目标。

在文化全球化的背景下，一个政党能够自觉自愿地追寻文化之根，有意识地努力接续历史和传统，这是文化自觉的突出表现。而"一个政党自身的指导思想、价值观念、奋斗目标、纲领路线、思维方式、制度习惯等等……其实都属于文化的范畴。这种文化，来自于社会实际生活，来自于这个政党的实践活动。但一旦形成，就对这个党的全部行为起着非常重要的指导作用。作为一种标志，它直接反映着这个党的基本性质、政治倾向、健康程度和进步水准。一个先进的党、革命的党，必然也是在思想文化上进步的党。只有这样的党，才能在社会政治生活

① 乌·贝克、哈贝马斯：《全球化与政治》，中央编译出版社2000年版，第152页。
② 张绵厘：《什么是和谐文化》，《中国文化报》2007年1月4日。

中发挥进步作用。"① 当然,中国共产党在先进文化引导下的和谐价值追求,也是基础价值、中间价值和终极价值的辩证统一,是个人之间的信任、中国特色社会主义共同的理想信念和崇高的共产主义理想信仰之间的完美统一。从个人角度讲,和谐思维中已经融入了进取创新和爱国为民的意识,所谓和谐,也就是一种德性、优雅、充满正能量的生活方式,追求和谐的过程就是一个挑战自我、完善自我、超越自我的过程;而从国家和社会的角度看,和谐文化价值追求的是民主法治、公平正义、诚信友爱、充满活力、安定有序、人与自然和谐相处的社会主义社会。

总之,和谐文化的形成,及其在此基础上社会主义核心价值体系和社会主义核心价值观的提出,标志着中国共产党的价值追求真正从较为单纯的"为人民服务"转向了先进生产力的发展方向、先进文化的前进方向和广大人民群众的根本利益的辩证统一的"三个代表"的追求;标志着中国共产党对人类历史发展规律、社会主义发展规律、党的执政规律有了较为深入的认识和把握;标志着中国共产党有了高度的文化自觉,达到了高度的文化自信。至于和谐文化中如何蕴涵了社会主义核心价值体系、社会主义核心价值观、科学发展观,以及它们之间的关系是怎样的? 我们将在接下来的两个问题中详加探讨。

三、和谐文化与社会主义核心价值

党的十六届六中全会提出:"建设和谐文化,是构建社会主义和谐社会的重要任务。社会主义核心价值体系是建设和谐文化的根本。必须坚持马克思主义在意识形态领域的指导地位,牢牢把握社会主义先进文

---

① 李忠杰:《论建设先进的党内文化》,《党建研究内参》第 7 期。

化的前进方向，弘扬民族优秀文化传统，借鉴人类有益文明成果，倡导和谐理念，培育和谐精神，进一步形成全社会共同的理想信念和道德规范，打牢全党全国各族人民团结奋斗的思想道德基础。"① 这段话高屋建瓴、内涵丰富，是理解和谐文化和社会主义核心价值之间关系的理论前提，也是理解如何建设和谐文化，如何构建社会主义核心价值的理论前提。

马克思主义的创始人并没有提出过"和谐文化"的概念，但在其博大的理论体系和丰富的思想宝库中蕴含对文化和谐的追求。马克思恩格斯立足于对"资本文化逻辑"即资本的"嗜血性"和"扩张性"的深刻揭示，对资本主义这一总体上腐朽了的文化模式以及一切旧的腐朽文化进行了猛烈而无情的批判。他们通过对空想社会主义的批判和继承，建立了科学社会主义的理论体系；他们旨在实现的"每个人自由而全面发展"的共产主义本质上就是一个高度和谐的社会；他们对既往文化的批判也是为了建设一种科学的、人民大众的和谐文化。正如列宁所说："马克思主义这一革命无产阶级的思想体系赢得了世界历史性的意义，是因为它并没有抛弃资产阶级时代最宝贵的成就，相反却吸收和改造了两千多年来人类思想和文化发展中一切有价值的东西。"② 他还明确指出："只有确切地了解人类全部发展过程所创造的文化，只有对这种文化加以改造，才能建设无产阶级的文化。"③ 有学者指出，和谐文化具有广义和狭义之分。"广义的和谐文化，指称人类最高级别的文化形态，是融合世界各种文明，世界各民族文化、各文化形式的高度有机统一的文化共同体"；"狭义的和谐文化，在当代中国就是指社会主义和谐文

---

① 《〈中共中央关于构建社会主义和谐社会若干重大问题的决定〉辅导读本》，人民出版社 2006 年版，第 21—22 页。

② 《列宁选集》第 4 卷，人民出版社 1995 年版，第 229 页。

③ 《列宁选集》第 3 卷，人民出版社 1995 年版，第 48 页。

化，是作为一种以社会主义意识形态为核心的先进文化"。① 可见，我们讨论的和谐文化是从狭义角度而言的，它以崇尚和谐、追求和谐为价值取向，融思想观念、思维方式、行为规范、社会风尚为一体，反映了当代中国主流文化对和谐社会的总体理解、把握和追求。正是在狭义的角度上，社会主义和谐文化和社会主义核心价值有着本质的、不可分割的联系。

首先，社会主义和谐文化是以社会主义核心价值为本质内容的文化体系。

从一般意义上看，和谐文化是以和谐精神为核心理念的价值取向的文化，社会主义和谐文化当然也应当是以和谐精神为核心理念和价值取向。但这只是社会主义和谐文化的一般特性而不是特有本质。社会主义和谐文化的特有本质应当是社会主义的本质在文化领域的集中表现，是社会主义意识形态本质的展现。社会主义的本质是解放生产力、发展生产力，消灭剥削、消除两极分化，最终实现共同富裕；社会主义核心价值体系中的"中国特色社会主义共同理想"、社会主义核心价值观中的"富强、民主、文明、和谐"、"自由、平等、公正、法治"集中地体现了这一本质。社会主义意识形态是与社会主义本质一致的以马克思主义为指导的意识形态占主导地位的意识形态，而无论社会主义核心价值体系还是社会主义核心价值观，其根本的指导思想都是马克思主义，因而也必然是社会主义意识形态的集中体现。

而从深层角度讲，和谐文化是通过社会主义核心价值，实现了对和谐社会的观念再现、精神承诺和价值前瞻。文化是社会的存在方式，社会总是在某种文化的价值观念下得以组建的。社会主义核心价值以对中国社会的发展提出种种期待、价值前瞻、理想模式的方式，能动地支撑

---

① 邱仁富、王结发：《从共生到和谐：和谐文化建设新论》，《学术论坛》2009 年第 7 期。

着社会主义和谐社会的构建。拿社会主义核心价值体系来说，马克思主义指导思想、中国特色社会主义共同理想、以爱国主义为核心的民族精神和以改革创新为核心的时代精神、社会主义荣辱观四个方面，既坚持了社会主义意识形态的性质，又牢牢把握住了先进文化的前进方向，真正融民族性与时代性、思想建设与道德建设为一体，达成了对和谐社会的精神承诺和价值前瞻。再拿社会主义核心价值观来说，国家层面的"富强、民主、文明、和谐"显然是对"中国特色社会主义共同理想"的具体展开，也是对"什么是社会主义和谐社会"的准确回答；而社会层面的"自由、平等、公正、法治"和个人层面的"爱国、敬业、诚信、友善"则主要是一种精神承诺和价值前瞻，集中回答了"怎样才能构建社会主义和谐社会"。可见，和谐文化通过社会主义核心价值体系和核心价值观，倡导了和谐理念，培育了和谐精神，为实现民主法治、公平正义、诚信友爱、充满活力、安定有序、人与自然和谐相处的社会主义和谐社会提供了一个现实可行的价值模式。

其次，社会主义核心价值是和谐文化建设的灵魂和导向。

任何社会文化的建设，都需要有一定的核心价值体系或核心价值观的有力支撑；这种支撑关系到国家的兴衰成败，关系到社会的进退治乱，关系到社会共识的凝聚和社会公共精神的弘扬。社会主义核心价值体系和社会主义核心价值观是立足于中国特色社会主义经济基础之上的价值认同系统，它涉及政治、经济、文化、思想等社会生活的各方面，集中体现了社会主义意识形态的本质属性，是激励中国人民奋发向上的精神力量和维系中华民族团结和睦的精神纽带，也是进行社会主义思想道德建设的指导方针。就社会主义核心价值体系而言，其中的社会主义荣辱观是基础价值，中国特色社会主义共同理想、以爱国主义为核心的民族精神和以改革创新为核心的时代精神是中间价值，马克思主义的理想和信仰是终极价值（这种终极价值不是指向"神"，而是唯物史观意义上的合规律性与合目的性的统一），它和后来提炼出的社会主义核心价值观一起，构成了逻辑结构严谨的、"知行合一"的社会主义核心价值的基本框架，也构成了和谐文化建设的灵魂和导向。具体而言：

第一，社会主义核心价值是和谐文化建设的内在要求。前面反复强调，和谐文化是一种以和谐为内核，崇尚和谐、追求和谐，融思想观念、理想信仰、社会风尚、行为规范、制度体制于一体的思想文化形态。"对个体而言，和谐文化起着潜移默化的教育作用，影响着人们的思想和行为准则；对全社会而言，和谐文化具有明确的价值导向作用，内含着人们高度认同的共同价值观念。"[①] 社会主义核心价值正是和谐文化发挥其作用的内在要求。一方面，社会主义核心价值体系的提出和核心价值观的提炼，真正把和谐文化建设中"必须坚持马克思主义在意识形态领域的指导地位，牢牢把握社会主义先进文化的前进方向，弘扬民族优秀文化传统，借鉴人类有益文明成果，倡导和谐理念，培育和谐精神，进一步形成全社会共同的理想信念和道德规范，打牢全党全国各族人民团结奋斗的思想道德基础"的总体要求落到了实处。其中，"马克思主义指导思想"是社会主义核心价值体系和核心价值观首先必须坚持的，它保证了"中国特色"的社会主义性质；"富强、民主、文明、和谐"的中国特色社会主义共同理想，牢牢把握了社会主义先进文化的前进方向；"自由、平等、公正、法治"以及"爱国、敬业、诚信、友善"，既是民族精神和时代精神的展开，又是对"八荣八耻"社会主义荣辱观的提炼，也是对民族优秀文化传统的弘扬和人类有益文明成果的借鉴。一句话，社会主义核心价值以其和谐的思维和价值取向，构筑起了全社会共同的理想信念和道德规范，打牢全党全国各族人民团结奋斗的思想道德基础。另一方面，社会主义核心价值体系的提出和核心价值观的提炼，是化解社会矛盾、激发社会活力、团结和鼓舞中华民族奋发向上的精神源泉和精神纽带。不可否认，改革开放背景下的价值观念多元化是

---

① 季明：《论建设社会主义和谐文化》，《学习与实践》2007 年第 1 期。

当代中国社会最鲜明的特征，它有利于解放思想，促进人们在社会实践中突破陈规，大胆创新。但必须确立一种核心价值体系或核心价值观的主导和统领地位，使其和多元价值取向之间保持必要的张力，这样才能更好地统一人们的思想和行为，进一步巩固构建社会主义和谐社会的思想道德基础。社会主义核心价值体系和核心价值观为和谐文化注入了高度的凝聚力和感召力，有助于激发全社会的创造活力，有助于取得社会民众广泛而深刻的思想和价值认同，最大限度地超越具体利益关系、化解复杂社会矛盾，不断地推动中华民族向着"富强、民主、文明、和谐"的现代化目标前进。

第二，社会主义核心价值对和谐文化建设有价值导向作用。一方面，社会主义核心价值体系及其核心价值观，是认识和评判中国特色社会主义的根本价值标准和价值取向，它对于整合目前中国社会多样化的价值观，建设社会主义和谐文化具有重要的指导意义。改革开放以来，我国社会价值观的嬗变和多样化的现状表明，现代化过程中的社会价值体系存在着一定的盲目性、逆反性和无序性。要化解社会矛盾，维护社会稳定，扎实推进和谐社会的构建与和谐文化的建设，就必须用社会主义核心价值体系和核心价值观来引领、统摄、整合多样化的价值观，通过倡导积极的、支持有益的、改造落后的、抵制腐朽的，来实现社会主义核心价值主导下的社会思想文化的和谐。这种核心价值体系及核心价值观"与多样化价值观之间既有'一元统领'、'协调有序'，又有'兼容共生'、'和而不同'的一元性与多样性的统一、主导性与宽容性的统一，恰恰是与社会主义和谐文化建设的实质是相一致的。"[①] 另一方面，社会主义核心价值体系及其核心价值观对社会主义和谐社会的形成和谐文化的建设具有重大的协调导向作用。社会主义核心价值体系及核心价值观，将以其吐故纳新的气度不断地在实践中创新发展，它的最基本的

---

① 何颖：《以社会主义核心价值体系指导和谐文化建设》，《学术交流》2007年第7期。

要求是立足当前中国社会的实际，从全体社会成员的思想和道德的实际出发，把先进性要求和层次性状况结合起来，发挥协调导向的作用。譬如，在大力提倡马克思主义的理想信念和中国特色社会主义共同理想的同时，也特别注重民族精神和时代精神的弘扬，并积极推行适用于普通劳动者、爱国者的思想道德和规范；在广泛进行爱国主义、社会主义、集体主义教育的同时，也特别重视基础的社会公德、职业道德和家庭美德的建设。这就必然决定了社会主义核心价值有着很强的包容性与感召力。只有以社会主义核心价值为指导，才能保证社会的精神文化沿着正确的方向前进，才能保证和谐文化建设取得实际成效。

第三，社会主义核心价值对和谐文化建设有价值引领作用。一方面，当代中国社会思潮的状况和特征决定了价值引领的必要性。无论是新自由主义、民主社会主义还是历史虚无主义等社会思潮，"我国当前的社会思潮在社会性、群体性、政治倾向性、时代性、复杂性等一般特征之外还表现出其他一些突出特点，即多样化、结构失衡和混乱无序。"① 如果任其自由发展而不以社会主义核心价值体系和核心价值观来引领，就会破坏全社会的凝聚力和中华民族的向心力，严重危害和谐文化的建设。另一方面，社会主义核心价值的特征又决定了其价值引领的可能性。从社会主义核心价值体系到社会主义核心价值观，所具有的五个方面的特征符合引领社会思潮的条件，这就是文化主旨的先进性、价值取向的理想性、文化精神的"民族—时代性"、道德规范的现实性、总体模式的包容性。正是由于社会主义核心价值体系和社会主义核心价值观确立了社会主义和谐文化建设的思想基础（马克思主义指导思想、中国特色社会主义共同理想），提供了社会主义和谐文化建设强大的精神动力（以爱国主义为核心的民族精神和以改革创新为核心的时代精

---

① 鲁春霞：《论社会主义和谐文化建设中的价值引领》，《思想教育研究》2011年第6期。

神），规范了社会主义和谐文化建设的道德准则（"八荣八耻"的社会主义荣辱观），反映并提炼了社会主义和谐文化建设的根本价值理念（富强、民主、文明、和谐，自由、平等、公正、法治，爱国、敬业、诚信、友善），因而才成为了构建和谐社会，建设和谐文化的价值引领。

四、科学发展观与社会主义核心价值

对中国特色的社会主义现代化进程而言，"和谐"和"发展"是二而为一的两种根本的价值追求。如果在改革开放初期，由于"人口多、底子薄、生产力极其落后"而提出"发展就是硬道理"，那么在经济总量跃居世界第二位，但却面临着很大的资源、环境和贫富差距压力的今天，我们应该理直气壮地说："和谐发展才是硬道理"。也就是说，写进《党章》，成为党的十七大、十八大报告重要内容的科学发展观，已经成了构建社会主义和谐社会的切入点，成了社会主义和谐文化的不可分割的组成部分。

其实，早在党的十六届三中全会上，就提出了"坚持以人为本，树立全面、协调、可持续的发展观，促进经济社会和人的全面发展。"党的十七大报告在揭示新世纪新阶段我国发展所呈现的一系列"阶段性特征"的基础上，进一步指明了科学发展观的内涵："科学发展观，第一要义是发展，核心是以人为本，基本要求是全面协调可持续，根本方法是统筹兼顾。"[①]在党的十八大报告中，一方面高度评价科学发展观的时代地位，指出："科学发展观是马克思主义同当代中国实际和时代特征相结合的产物，是马克思主义关于发展的世界观和方法论的集中体现，对新形势下实现什么样的发展、怎样发展等重大问题作出了新的科学回

---

① 《十七大报告辅导读本》，人民出版社 2007 年版，第 15 页。

答，把我们对中国特色社会主义规律的认识提高到新的水平"；"科学发展观同马克思列宁主义、毛泽东思想、邓小平理论、"三个代表"重要思想一道，是党必须长期坚持的指导思想。"①另一方面，又着重强调了社会主义核心价值体系在建设社会主义文化强国中的重要性："社会主义核心价值体系是兴国之魂，决定着中国特色社会主义发展方向"；并在此基础上提出了"倡导富强、民主、文明、和谐，倡导自由、平等、公正、法治，倡导爱国、敬业、诚信、友善，积极培育社会主义核心价值观"的主张。②

可以说，科学发展观和社会主义核心价值理论是当代中国化马克思主义理论的重大成果，二者之间有着内在的不可分割的联系。

首先，从总体上看，科学发展观和社会主义核心价值体系及核心价值观同属于中国特色社会主义理论中的观念形态体系，有着内在的一致性。

科学发展观是立足社会主义初级阶段基本国情，总结我国发展实践，借鉴国外发展经验，适应新的发展要求提出的重大战略思想，是中国特色社会主义理论体系的重要组成部分。而社会主义核心价值体系和核心价值观，则是社会主义意识形态的本质体现，是中国特色社会主义的精神之魂，是全党全国各族人民团结奋斗的共同思想基础，它反映着中国特色社会主义的基本价值追求，在我国现有的价值系统中处于统摄和支配地位。二者的内在一致性表现在：

第一，都坚持马克思主义的指导思想。从新民主主义革命时期到社

---

① 胡锦涛：《坚定不移沿着中国特色社会主义道路前进 为全面建成小康社会而奋斗——在中国共产党第十八次全国代表大会上的报告》，《人民日报》2012 年 11 月 18 日。

② 胡锦涛：《坚定不移沿着中国特色社会主义道路前进 为全面建成小康社会而奋斗——在中国共产党第十八次全国代表大会上的报告》，《人民日报》2012 年 11 月 18 日。

会主义建设时期，中国共产党和人民"都是在马克思主义的指引下，在新中国的理想、社会主义的理想和共产主义的理想感召下进行艰苦卓绝地创造和奉献"。① 马克思主义是中国共产党立党立国的根本指导思想，中国特色社会主义的理论自信、道路自信和制度自信，就是在马克思主义中国化、大众化的过程中，随着中国化马克思主义理论的创新成果的不断出现而建立起来的。作为中国特色社会主义理论体系的重要组成部分，科学发展观和社会主义核心价值体系及核心价值观产生的理论前提必然都是坚持马克思主义的指导思想。

第二，都把"以人为本"作为价值实践的核心。科学发展观的内容十分丰富，其第一要义是发展，核心却是以人为本。按照党的十七大报告理解，以人为本中的"人"主要是指广大人民群众，在当代中国，就是以工人、农民、知识分子等劳动者主体，包括社会各阶层在内的最广大人民群众；而以人为本的"本"，就是根本、出发点、落脚点的意思，坚持以人为本，就是要坚持人民在建设中国特色社会主义事业中的主体地位，坚持以实现人的全面发展为目标，从人民群众的根本利益出发谋发展、促发展，不断满足人民群众日益增长的物质文化需要，切实保障人民群众的经济、政治和文化权益，让发展的成果惠及全体人民。与此相同，无论社会主义核心价值体系的构建，还是社会主义核心价值观的培育和践行，其核心都离不开以人为本。人是社会发展的主体，是建设中国特色社会主义的开拓者、创造者。"价值的主体性，就是人在自己对象性行为中的权利和责任。人类有权按照自己的需要和能力去认识世界和改造世界，以此，人就有责任承担自己这些行为的一切后果。"② 中国特色社会主义事业是全中国人民的事业，是人民群众为了实现自己的

① 龚群：《以科学发展观指导社会主义核心价值体系建设》，《南京师大学报（社会科学版）》2010年第4期。

② 李德顺：《价值研究与价值观建设》，《烟台大学学报（哲学社会科学版）》2013年第2期。

利益，创造美好生活而广泛参与的创造性的伟大事业，所以人民群众积极性、主动性、创造性的充分发挥是我们事业成功的保证，也是培育和践行社会主义核心价值观的保证。价值、价值体系、价值观本身就是以人为主体的、站在人的角度、用人的眼光看问题的一些概念；而马克思主义发展观所强调的"社会发展从根本上看是人的发展"，"都是围绕着如何使人摆脱剥削和压迫，实现人的自由、解放和发展来展开"。① 所以，科学发展观和社会主义核心价值体系及核心价值观，都离不开"文化即人化"的文化哲学视野，都可视为发展观和价值观的统一，其价值实践的核心都必然是以人为本。

第三，都体现了真理尺度和价值尺度的辩证统一。马克思主义认为，人类的实践活动有两种尺度，即真理尺度和价值尺度。真理尺度又叫物的尺度或外在的尺度，是指人的实践活动所应遵循的自然和社会发展的客观规律，主要通过反复的实践活动获取关于外部世界的科学认识；价值尺度也叫人的尺度或内在尺度，是指社会实践中是否把人当作主体，是否坚持以人为本，它是实践追求的根本目标。通俗地说，遵循真理尺度就是"按科学规律办事"，遵循价值尺度就是要"满足人的需要"，只有把二者结合，才是"合规律性"（实然）与"合目的性"（应然）的统一，才是成功的实践活动。

科学发展观和社会主义核心价值体系及核心价值观正体现了真理尺度和价值尺度的辩证统一。二者的提出，"使人们既从价值的导向上看发展，又从科学发展观中凸显发展主体人的价值意义"。② 科学发展观以对自然和社会发展规律的正确认识和把握为前提，着眼于思考"什么是科学的发展"、"如何实现科学的发展"的问题，因而既要尊重自然和

---

① 龚群：《以科学发展观指导社会主义核心价值体系建设》，《南京师大学报（社会科学版）》2010 年第 4 期。

② 郑明珍：《科学发展观与社会主义核心价值体系对唯物史观的丰富和发展》，"科学发展观与安徽崛起"论坛论文集，2008 年 12 月。

社会规律，又要坚持以人为本，重视人与自然、人与社会、人与人的和谐，实现经济社会的发展和人口、资源、环境的全面协调可持续发展，坚持物质文明、精神文明、政治文明、社会文明、生态文明的"五位一体"；而社会主义核心价值体系及价值观在着眼于思考社会发展对于人的全面发展的价值意义问题的同时，也为实现中国社会全面协调可持续的发展提供了正确的价值导向和精神动力。拿社会主义核心价值体系来说，其"基本内容概括为'三树立一弘扬'：树立马克思主义指导思想、树立中国特色社会主义理想和信念、树立社会主义荣辱观，弘扬以爱国主义为核心的民族精神和以改革创新为核心的时代精神。这些都是对社会意识内容的丰富和升华，抓住了这些就抓住了社会意识形态的本质，也就把握了先进的社会意识，把握了真理。"① 再拿社会主义核心价值观来说，"富强民主文明和谐"无疑有崇高的价值性，但如何以科学的手段（真理性）保证它的顺利实现呢？这就必然诉诸社会层面的"自由平等公正法治"；而且就这一层面来说，也既是一种价值追求，也是一种真理要求。因为，自由是获取真理的前提和人类存在的先决性条件，"唯有自由才能无限接近真理，唯有自由才能创造最大效率"，但由于人与人之间的学识、能力、素质、机会和种种条件的不同，必然在一定的实践过程后出现事实上的不平等，从而导致平等与自由的悖论："自由具有反平等倾向，平等具有压制自由倾向"，而这又要"求助公正出面调节"。"当一个社会效率低下时，宜以效率优先，兼顾公平；当一个社会财富涌流而不平等凸显时，宜以公平优先，兼顾效率。这才是公正。"② 最后，如何才能保证公正的实现？根本之道在于实行法治。马克思指出："法律是肯定的、明确的、普遍的规范，在这些规范中自由获

---

① 郑明珍：《科学发展观与社会主义核心价值体系对唯物史观的丰富和发展》，"科学发展观与安徽崛起"论坛论文集，2008 年 12 月。

② 沈卫星：《从社会主义核心价值体系到中国梦的内在逻辑》，《中国井冈山干部学院学报》2014 年第 1 期。

得了一种与个人无关的、理论的、不取决于个别人的任性的存在。法典就是人民自由的圣经。"①党的十六届六中全会在提出构建和谐社会、建设和谐文化的同时,深刻指出:"加强社会主义民主政治建设,发展社会主义民主,实施依法治国基本方略,建设社会主义法治国家,树立社会主义法治理念,增强全社会法律意识,推进国家经济、政治、文化、社会生活法制化、规范化,逐步形成社会公平保障体系,促进社会公平正义。"②可见,不仅科学发展观中的"全面协调可持续"、"统筹兼顾"深得公正之意,而且社会主义核心价值观所彰显的法治保障公正,在构建社会主义和谐社会,建设社会主义和谐文化时,就已经被党和国家充分地认识到了。科学发展观和社会主义核心价值体系及核心价值观体现了党和国家的真理性追求和价值性追求的统一。

其次,从具体的操作层面看,构建社会主义核心价值体系,培育和践行社会主义核心价值观,必须以科学发展观为指导。

第一,科学发展观中的"发展"是推进社会主义核心价值体系及核心价值观建设的实践基础。发展是科学发展观的第一要义,"中国解决所有问题的关键是要靠自己的发展。"③我们要实现全面建设小康社会的宏伟目标,进一步提高人民的物质文化生活水平,要靠发展;要不断增强我国的综合国力,实现中华民族的伟大复兴,要靠发展;解决人们的思想认识问题,坚定人们对中国特色社会主义的信心和信念,也要靠发展。而按照唯物史观的观点,社会发展并不是单纯的经济发展的孤立进程,必须同时注意经济、政治、文化的协调发展。对于全面意义上的社会发展而言,核心价值体系和核心价值观既是其应有之义和重要内容,又是最能反映和影响一个社会发展模式与发展道路的精神文化因素。特

---

① 《马克思恩格斯全集》第1卷(上),人民出版社1995年版,第176页。

② 《〈中共中央关于构建社会主义和谐社会若干重大问题的决定〉辅导读本》,人民出版社2006年版,第7页。

③ 《邓小平文选》第3卷,人民出版社1994年版,第265页。

别是随着改革开放和社会主义市场经济的进一步发展，随着中外文化交流和碰撞的进一步扩大，随着人们思想活动的独立性、选择性、多变性和差异性的进一步增强，对社会主义核心价值体系和社会主义核心价值观的构建、培育、践行做出清晰的界定，显得越来越迫切。必须以科学发展观为指导，以"富强、民主、文明、和谐"为发展目标、以社会主义和谐文化为前进方向，在实践中自觉推进社会主义核心价值体系及核心价值观的建设，更好地发挥其促进社会发展的功能。

第二，科学发展观中的"以人为本"是推进社会主义核心价值体系及核心价值观建设的基本原则和根本要求。科学发展观的核心和基本原则是以人为本，要求处理好发展的手段与目的之间的关系，解决的是"人本"与"民本"的关系以及人的全面发展的问题。追求人的自由而全面发展是马克思主义的崇高理想，为人民服务是中国共产党的立党宗旨。以人为本诠释了"立党为公、执政为民"的深刻内涵，体现了维护最广大人民根本利益的宗旨，包含了尊重劳动、尊重知识、尊重人才、尊重创造，最广泛调动人的积极性的应有之义，涵盖了提供发展动力与人才支撑、加强能力建设等许多重要内容，也提出了执政者是否树立正确的政绩观、在为民执政方面能力与水平是否合格等严肃课题。目前，推进社会主义核心价值体系和核心价值观建设，要求我们始终坚持以人为本的原则，因为"思想根本不能实现什么东西。为了实现思想，就要有使用实践力量的人。"① 从具体现实来看，要更加有效地推进社会主义核心价值体系大众化，培育和践行社会主义核心价值观，就必须时刻把人民利益作为自己工作的理论根基和价值目标，不断满足社会各阶层、各群体的愿望和要求。诚如马克思所告诫的："'思想'一旦离开'利益'，就一定会使自己出丑。"② 社会主义核心价值体系和核心价值观"只有同

---

① 《马克思恩格斯选集》第 2 卷，人民出版社 1995 年版，第 152 页。

② 《马克思恩格斯全集》第 2 卷，人民出版社 1957 年版，第 103 页。

人民生活保持血肉联系，只有集中关注和真正解答现实问题，认真倾听和努力解决人民群众的心声和要求，只有始终坚持发展为了人民、发展依靠人民、发展成果由人民共享，才会被广大人民群众所理解和接受，才会显示出强大的理论威力。"[1]

第三，科学发展观中的"全面协调可持续"是推进社会主义核心价值体系及核心价值观建设的主要路径。改革开放以来，我们国家所走的是"非均衡发展"的道路，这在总体上符合我国的国情，因为，作为起步于贫弱的发展中大国，均衡发展是不可能、不现实的，否则就会丧失宝贵的发展机遇。但非均衡发展是有度的，过度的非均衡会带来严重的经济、政治、社会风险。在经济社会发展取得重大成就，国家实力明显有所增强的基础上，必须适时提出"全面协调可持续"发展的理念。建设社会主义核心价值体系和核心价值观，既是一项长期艰巨的战略任务，更是一项复杂的社会系统工程，必须以"全面协调可持续"发展为指引，制定长远规划、完善建设机制，将社会主义核心价值体系建设融入经济、政治、文化和社会建设的方方面面。所谓"全面"，就是既要树立"五位一体"的理念，又要充分调动社会各方面的力量参与到社会主义核心价值的建设中。所谓"协调"，本质上是要求处理好"快"和"好"的关系、"加快"与"协调"的关系：一方面要处理好社会主义核心价值与其他各项建设事业的关系，另一方面要协调好社会主义核心价值体系内部四个组成部分的关系，协调好社会主义核心价值观三个层面的关系；此外，还要努力协调社会主义核心价值和当代中国社会思潮的关系，"既尊重差异、包容多样，又有力抵制各种错误和腐朽思想的影响。"[2] 所谓"可持续"，需要处理好发展与人口、资源、环境之间的关系，当前发展与长远、持续发展的关系，当代人的发展与后代人发展的

---

① 陆静：《科学发展观对社会主义核心价值体系建设的实践指导》，《山西高等学校社会科学学报》2013 年第 7 期。

② 《十七大报告辅导读本》，人民出版社 2007 年版，第 33 页。

关系。社会主义核心价值体系的建设、社会主义核心价值观的培育和践行，不可能一蹴而就，也不可能在一朝一夕就取得显著成效，必须常抓不懈，持之以恒，为社会的可持续发展服务。

第四，科学发展观中的"统筹兼顾"是推进社会主义核心价值体系及核心价值观建设的重要方法。作为科学发展观的根本方法，"统筹兼顾"历来是中国共产党进行革命和建设的重要工作方法，毛泽东形象地喻之为"弹钢琴"。[①] 在新的历史时期，党和国家坚持统筹兼顾，包括了统筹城乡发展、统筹区域发展、统筹社会经济发展、统筹人与自然和谐发展、统筹国内发展和对外开放五个方面。这五个统筹囊括了我国改革和发展所要解决的一系列战略性、全局性的重大问题，反映了中国特色社会主义现代化建设的客观规律，是贯彻落实科学发展观的现实途径，也是推进社会主义核心价值体系及核心价值观建设的重要方法。其一，就以人为本，促进人的全面发展而言，社会主义核心价值体系和核心价值观的建设，其出发点、落脚点、建设主体都是广大人民群众，都是"以促进人的自由全面发展为根本，以符合人性的方式最大限度地实现人的价值为根本。经济与社会的协调发展，各个地区各种产业的协调发展，社会与自然的协调发展，物质文明与精神文明的协调发展，个人与社会的协调发展，等等，都是围绕着以符合人性的方式最大限度地实现人的价值为根本目标"，[②] 都是"人本"与"民本"的统筹兼顾。其二，就建设和谐文化而言，既是贯彻落实科学发展观的关键，又是构建社会主义核心价值体系和培育、践行社会主义核心价值观的根本任务。必须融思想观念、理想信仰、社会风尚、行为规范为一体，统筹对社会发展的总体认知与基本评价、实践取向与制度构建，只有这样，才能创造出面向现代化、面向世界、面向未来的民族的科学的大众的社会主义先进文化。

---

① 《毛泽东选集》第 4 卷，人民出版社 1991 年版，第 1442 页。
② 马俊峰：《社会主义核心价值体系与科学发展观》，《教学与研究》2009 年第 3 期。

五、从社会主义核心价值到"中国梦"

社会主义核心价值研究，是一个具有极强时代性和现实性的重大课题。我们面临的首要问题始终是这样三个方面：

第一，是什么？即什么是社会主义核心价值？从社会主义核心价值体系到社会主义核心价值观，虽然学界观点不一，众说纷纭，但总体上人们是接受党和国家提出的"四个层面"和"三个倡导"的观点的；并且，人们也在总体上认识到了，所谓社会主义核心价值体系，就是"社会主义核心价值观"的体系，所谓社会主义核心价值观，是从社会主义核心价值体系中凝练出的价值观，二者根本不可能分割开来理解。所以，本书中反复使用到的"社会主义核心价值"的概念或范畴，就是社会主义核心价值体系和社会主义核心价值观的合体，这一点，相信大家通过我们前面的表述都已经看得够清楚了。

第二，为什么？即为什么要提出社会主义核心价值研究？可以说，前面各章特别是第三、四、五章中，这个问题都已经通过文化哲学的视野，在"宏大的历史叙事"中渗透地讲到了。这里我们做一简要概括：社会主义核心价值研究，是在中国社会剧烈转型和文化危机加深的背景下，为回答中国特色社会主义现代化的思想道德建设等深层问题而提出的，它是在中国经历近现代化的艰难历程，经历了改革开放 30 多年的社会实践，在社会生活发生重大变化，意识形态亟须自我调整以适应这一系列重大变化，整个社会层面亟须自我整合以形成系统发展理念的历史时刻所提出的重大课题。"这一课题的核心是主流意识形态的自我调整和自我整合，而调整和整合的关键是为了民族复兴的价值重建。"[1]

第三，怎么样？即怎样进行社会主义核心价值的研究？怎样才能使

---

[1] 冯平：《价值重建的切入点》，《光明日报》2013 年 4 月 1 日。

社会主义核心价值的内容和精神得到人们的普遍认同，并贯彻落实到党和国家的各项工作之中？这既是一个艰辛的理论工程，更是一个错综复杂的实践工程，必须找好恰当的切入点。按照学术界普遍的观点，这种切入点的确立有三：其一，认清当下中国的处境。无疑，当下中国正处于"现代化运动与中华民族复兴"、"社会主义与资本主义"、"民族国家与全球化趋势"的三大张力之中，这样的结论从前面的论述也完全可以得出。这三大张力及其所产生的难题，"从根本上规定了中国社会的当下境况，同时也在很大程度上左右着中国社会未来发展方向。要真正掌握中华民族复兴的命运，就必须从本质上把握这三大张力。"[1] 其二，反思中国社会主义探索发展历程中的经验和教训。特别是反思革命年代即红色文化背景下的核心价值观与和平建设年代即和谐文化背景下的核心价值观的联系与区别，从而引申出对社会主义核心价值理解和研究的话语体系。其三，完成对中国历史与现实的文化哲学描述。要求我们真正深入对形成中国历史与现实即中国文化的机理性层面——制度原因、思维方式、价值观念的研究，以探求真理（实然）的方式达成对社会主义核心价值实现途径（应然）的指向，使人们从"可信"上升为"确信"，并由此使社会主义核心价值"由人们精神上的拳拳服膺上升到行为上的孜孜以求"。[2]

显然，目前我们在前两个方面即"是什么"和"为什么"的问题上做了很大努力，工作很充分，问题也基本上全面、系统地回答清楚了。然而，第三方面"怎么样"的问题远未解决，其原因除了问题本身的复杂性和艰巨性外，主要在于我们的理论研究者和文化工作者在研究和宣传过程中走向两个误区：误区之一，还没有完全明确社会主义核心价值主体属性、终极价值目标和最核心的价值理念。因而，当有学者提出社

---

[1] 冯平：《价值重建的切入点》，《光明日报》2013 年 4 月 1 日。

[2] 陈新汉：《社会主义核心价值体系研究中的问题意识》，《光明日报》2013 年 4 月 1 日。

会主义核心价值的主体属性是"人民主体"、最核心的价值理念是"公平正义"①；当有学者指出在民族解放和振兴、国家富强、人民幸福三个价值目标中，人民幸福具有更终极的意义，"因为民族解放和振兴也好、国家富强也好，最终都是为了让作为国家主人的人民普遍过上幸福生活"。② 这些闪烁着真知灼见光芒的观点并未引起足够的重视。误区之二，还没有走出"高深"的理论研究和"抽象"的话语体系，没有真正理解"怎么样"的问题既是一个理论问题，更是一个生活、实践的问题，没有"日常生活世界"的文化养成，没有简洁、通俗和平实的语言表达，社会主义核心价值的研究很难进行下去，社会主义核心价值观的培育和践行也将是一句空话。

正是在这样的背景下，在 2012 年党的十八大召开之前和会议期间，主流媒体在中国社会各阶层人群中，就"你幸福吗"和"什么是幸福"的问题展开了广泛而深入的调研，其目的是要了解广大民众普遍的价值取向和对社会主义核心价值的理解和认同度。十八大闭幕后不久，习近平在 2012 年 11 月 29 日参观《复兴之路》展览时，第一次以"中华民族伟大复兴的中国梦"的话题，事实上对社会主义核心价值的内涵进行了通俗易懂的诠释。他表示，《复兴之路》展览"回顾了中华民族的昨天，展示了中华民族的今天，宣示了中华民族的明天，给人以深刻教育和启示。中华民族的昨天，可以说是'雄关漫道真如铁'。近代以后，中华民族遭受的苦难之重、付出的牺牲之大，在世界历史上都是罕见的。但是，中国人民从不屈服，不断奋起抗争，终于掌握了自己的命运，开始了建设自己国家的伟大进程，充分展示了以爱国主义为核心的伟大民族精神。中华民族的今天，正可谓'人间正道是沧桑'。改革开放以来，我们总结历史经验，不断艰辛探索，终于找到了实现中华民族

---

① 李德顺：《价值研究与价值观建设》，《烟台大学学报（哲学社会科学版）》2013年第 2 期。

② 江畅：《社会主义核心价值理念研究》，北京师范大学出版社 2012 年版，第 5 页。

伟大复兴的正确道路，取得了举世瞩目的成就。这条道路就是中国特色社会主义。中华民族的明天，可以说是'长风破浪会有时'。经过鸦片战争以来 170 多年的持续奋斗，中华民族伟大复兴展现出光明的前景。现在，我们比历史上任何时期都更接近中华民族伟大复兴的目标，比历史上任何时期都更有信心、有能力实现这个目标。"[1]2013 年 3 月 17 日，在十二届全国人大一次会议的闭幕会上，习近平进一步全面系统地阐释了中国梦。指出："实现中华民族伟大复兴的中国梦，就是要实现国家富强、民族振兴、人民幸福。"[2]他还强调，实现中国梦必须走中国道路，这就是中国特色社会主义道路；必须弘扬中国精神，这就是以爱国主义为核心的民族精神和以改革创新为核心的时代精神；必须凝聚中国力量，这就是中国各族人民大团结的力量。可以说，"实现中国梦实际上就是新一届中央领导集体对全体人民的庄重承诺，是我们党和国家未来发展的政治宣言。……提出实现中华民族伟大复兴的中国梦，是时代的召唤，是人民的期盼，是历史的必然"。[3]站在文化哲学的高度，我们不难发现，中国梦的提出，真正解决了社会主义核心价值研究和贯彻落实过程中的"怎么样"的问题，既为理论工作者今后深入进行社会主义核心价值的研究找准了切入点，也为在全社会建设社会主义核心价值体系，培育和践行社会主义核心价值观指明了方向。

首先，中国梦的论述真正认清了"中华民族的伟大复兴"与人类现代化运动、中国特色社会主义道路、全球化发展趋势是紧密相连的。中国梦的简明主题就是"中华民族的伟大复兴"，它和整个人类的现代化运动是不可分割的。中华民族有着 5000 年的灿烂文明，直到封建社会后期还创造了"康乾盛世"这样的当时世界一流的农业文明，但由于闭关锁国，我们错过了工业革命，错过了主动融入农业文明向工商业文明

---

① 《习近平总书记系列讲话精神学习读本》，中共中央党校出版社 2013 年版，第 7 页。
② 《习近平总书记系列讲话精神学习读本》，中共中央党校出版社 2013 年版，第 8 页。
③ 刘云山：《推动形成实现中国梦的强大精神力量》，《党建》2013 年第 6 期。

迈进的机会。鸦片战争后的 170 多年，既是中华民族探寻民族复兴之路的 170 多年，也是中华民族"被迫"走向现代化，并不断地理解和探索现代化的 170 多年，可谓"雄关漫道真如铁"。中国梦的核心要义就是在中国特色社会主义道路上实现中华民族伟大复兴，这和社会主义核心价值体系的宗旨——"中国特色社会主义共同理想"完全一致，也和社会主义核心价值观中国家层面的价值追求——"富强、民主、文明、和谐"完全一致。中国梦说透了就是建设中国特色社会主义现代化国家的伟大梦想，实际上是一个"新三步走"战略，即到中国共产党成立 100 年时全面建成小康社会；到新中国成立 100 年时建成富强民主文明和谐的社会主义现代化国家；在此基础上，实现中华民族伟大复兴。"到第三步战略目标实现时，也就是中国梦实现之时，我们的中国……应当是一个强盛的中国、文明的中国、和谐的中国、美丽的中国"。① 更为重要的是，中国梦是全球化发展趋势中的梦，它以自身高度开放和包容的文化价值，达成了和世界各国人民梦的相通。"中国梦倡导与世界分享，倡导人类命运共同体意识，在追求本国利益时兼顾他国合理关切，在谋求本国发展中促进各国共同发展，……以更加积极的姿态参与国际事务，共同应对全球性挑战，共同破解人类发展难题。② 可以说，实现中国梦给世界带来的是和平而不是动荡，是机遇而不是威胁；中国梦的论说，为世界各国树立了一个追求和实现国家梦想的新的价值范式。

其次，中国梦的论述真正完成了对中国历史与现实的文化哲学描述，以探求真理（实然）的方式达成了对社会主义核心价值实现途径（应然）的指向。中国梦是波澜壮阔的中国历史画卷在现时代的折射：5000年文明的滋养，170 多年苦难的砥砺，90 多年艰苦卓绝的追寻，60 多年艰难曲折的探索，30 多年改革开放的积淀，共同构成了"中国特色

---

① 刘云山：《推动形成实现中国梦的强大精神力量》，《党建》2013 年第 6 期。
② 洪向华等：《多维度中的中国梦》，《光明日报》2013 年 10 月 20 日。

社会主义"的合法性根基，也构成了理解和阐释中国梦的历史之维。从现实来看，中华民族已站在一个新的历史起点，进入一个新的历史时期，比以往任何时候都更加接近"富强、民主、文明、和谐"的民族复兴的价值目标；然而"胜利在望不等于胜利在握"，越是接近目标，越会遇到更大的困难和挑战。譬如，在现阶段，我国社会生活中的矛盾明显增多，无论是教育、就业、医疗、住房，还是社会保障、社会治安、生态环境、食品药品安全等关系群众切身利益的问题还比较多，贫富两极的差距依然较大。这就从"实然"的角度雄辩地证明了，"富强、民主、文明、和谐"这一"应然"价值目标的真正实现，必须有社会层面的"自由、平等、公正、法治"和个人层面的"爱国、敬业、诚信、友善"等价值理念的支撑。也正是在这个意义上，我们说，中国梦的实现途径和建设社会主义核心价值体系、培育和践行社会主义核心价值观的途径完全是一致的，这就是坚持中国特色社会主义道路，弘扬以爱国主义为核心的民族精神和以改革创新为核心的时代精神，凝聚中国社会各阶层和各族人民大团结的力量。由于中国梦的论说将中国的昨天、今天、明天联系起来，将国家富强、民族振兴、人民幸福联系起来，将社会主义核心价值中的"实然"和"应然"联系起来，因而真正完成了对中国历史与现实的文化哲学描述，体现了党和国家高瞻远瞩、继往开来的文化气度。

再次，中国梦的论述真正走出了"高深"的理论研究和"抽象"的话语体系，用简洁、通俗和平实的语言，表达出了社会主义核心价值的人民主体属性和终极价值目标。任何一种梦想都有价值观的支撑，不同的价值观决定了梦的不同色彩。中华民族伟大复兴的中国梦必须依赖于一定主体——国家、社会、个人的担当，与此相适应，社会主义核心价值功能的发挥，也必须通过作用于这三重主体得以彰显："富强、民主、文明、和谐，确立了中国梦的国家价值目标，明确了我们要建设什么样的国家；自由、平等、公正、法治，确立了中国梦的社会价值目标，明确了我们要发展什么样的社会；爱国、敬业、诚信、友善，确立了中国梦的个人价值目标，明确了我们要塑造什么样的个人。民族复兴的总体目标，实体化为三重主体的协调共进、有序发展，最终体现为国家富强、社会发展（民族振兴）和人民幸福。"① 需要着重指出的是，目前不少学者拘泥于国家、社会、个人三个层面的区分，拘泥于基础价值、中间价值和终极价值的不同，因而总是模糊社会主义核心价值体系的价值主体，并最终陷入"社会主义核心价值究竟是党的终极价值观、国家或社会的中间价值观还是公民个人的基础价值"的困惑之中。这样的质疑对规范概念范畴、严谨学术探究无疑是有益的，但如果过分地执着于这样的研究，很容易走向极端，从根本上不利于社会主义核心价值观的培育和践行。事实上，中国共产党是人民最忠实的代表，国家、社会是人民构成的，人民是由无数的个人组合而成的。中国梦论说的最大特点，就是通过"人民幸福"的终极价值观，把国家、民族、社会和个人作为一个"价值共同体"，从而使国家利益、民族利益和每个人的具体利益紧密联系在一起，并充分说明社会主义核心价值的主体是人民，它是中国人民的"共同体价值观"或"最大公约数"。更为重要的是，中国梦的论说，真正使社会主义核心价值的研究，走出了"高深"和"抽象"的话语体系，它用中国人喜闻乐见的语言表达风格，"打开了政治话语、学术话语和日常话语之间的通道；重置了历史与现实、中国与外国、当下与未来之间的联接逻辑；聚合了改革新动力，拓展了发展新空间，展示了未来新希望，为我们在更高起点上坚持和发展中国特色社会主义提供了新视角、新思路、新前景"。② 四川大学冯宪光指出："从符号学角度看，中国梦是以一个词语为标志的话语系统，它的意指功能首先是政

---

① 王淑芹：《国家、社会、个人：中国梦的价值主体》，《光明日报》2013 年 4 月 10 日。

② 梁言顺：《中国梦的思想资源、制度保障和路径选择研究》，《光明日报》2013 年 7 月 10 日。

治价值，表述十八大以后的党中央领导实现中华民族伟大复兴的决心和完成这一伟大任务的战略思想。而它的本体则是文化，是中国百年来历史和现实的文化载体的意义主题，是中国百年来各种文化关系聚集的焦点问题，是中国人民百年来心中强烈的期盼。它已经构成为中国人民日常生活生存方式中特定的文化心理模式，是在有形文化载体和无形文化心理中持续存在的文化理念。"①

　　简言之，中国梦是中华民族伟大复兴的梦，是中国传统文化在中国特色社会主义道路引领下完成创造性转化的梦，是全体中华儿女不断培育和践行社会主义核心价值观，从而形成新的文化精神以适应时代要求的梦。

---

① 张纪：《对话专家学者：中华文化的世界坐标》，《党建》2014 年第 1 期。

第 七 章

文化哲学与社会主义核心价值观教育

一、价值观教育的本质是文化育人

在西方，虽然第二次世界大战以来人们一度受相对主义价值观所谓"价值中立"的影响，不赞成价值观的教育活动，但从古希腊苏格拉底的道德哲学传统，一直到当代塞缪尔·亨廷顿等人的政治秩序哲学，西方主流社会是非常重视价值观教育的。他们一般从以下三个方面界定价值观教育：

第一，认为价值观教育是一种"指导性的活动"，是改造国家和社会的主要手段。受教育者藉此认识到对自己和他人福祉更有意义的价值观及其相应行为的重要性，并通过教育过程不断地明晰、评判、反思、重构这些价值观。譬如，从 17 世纪英国资产阶级革命开始到 20 世纪第一次世界大战结束，在近 300 年的历史中，资本主义文明模式的形成、巩固和发展成了西方社会价值观教育的主题；如果说马克斯·韦伯的《新教伦理和资本主义精神》是资本主义价值观教育的宏大叙事的话，那么，塞缪尔·亨廷顿的《文明的冲突与世界秩序的重建》就为以美国为首的西方国家提供了价值观教育的蓝本。

第二，认为价值观教育是以人的和谐发展为目的的教育活动，它与个人的精神、道德、自我完善和发展紧密联系，是一种以德育为核心的包括意志品格、审美情趣、健全心智、是非评判等教育在内的"统摄性教育"。这种理解发端于古希腊的传统。生活在伯罗奔尼撒战争时代的苏格拉底，渴望通过价值教育及其实践解决希腊的文化危机，重建社会秩序和人们的道德价值。他以其"美德即知识"的命题，阐释了价值观教育的任务就是培养具有高尚智慧和治国安邦的人才，人应该具有理智、正义、勇敢和虔诚的美德。在他看来，"生存世界的和谐与秩序在于善的目的性安排，人求知的目的就是实践这种善，人的求善也是知识化的过程，这就是人的应然生活。"[①] 可惜的是，这样的理解在西方近代的思想启蒙中，伴随着"知识就是力量"的价值观的彰显，逐渐被工具或技术理性主义遮蔽了。

第三，认为价值观教育是一整套深思熟虑的目标和活动，旨在鼓励人们更清楚地了解自己的价值观和社会的总体价值趋向，并培养起客观地评价和实践这些价值观的能力。这种理解虽然已经成为当代西方价值观问题研究的主流，但无论在理论层面还是实践层面都充满了矛盾。苏东剧变后，美国联邦储备委员会主席艾伦·格林斯潘认定，在价值观层面，"人人都是天生的资本主义者"，共产主义崩溃后人们"会自然而然地建立自由市场的企业制度"；一位叫罗伯特·埃杰顿的学者在参加"价值观与社会进步"的讨论时指出："不同社会里的人，不论是城里人还是乡下人，都能够有同情心，慈善心，甚至是爱心……可是他们在处理自己彼此间的关系以及与别的社会和自然环境的关系中，所保持的一些信念、价值观和社会体制，也可能是源自于毫无意义的残酷、无谓的虐待以及十足的愚蠢"。[②] 劳伦斯·哈里森则对价值观教育所能产生的"共识性"及其对社会进步的影响持悲观态度。他的论据是，联合国《世界人权宣言》有许多普适性的价值条文，如人人享有生活、自由和人身安

---

① 林滨：《全球化时代的价值教育》，人民出版社 2011 年版，第 59 页。
② 塞缪尔·亨廷顿、劳伦斯·哈里森主编：《文化的重要作用——价值观如何影响人类进步》，新华出版社 2002 年版，第 11—13 页。

全的权利；人们应享有言论和信仰的自由；法律面前人人平等，人人有权得到无任何歧视的同等保护；人人有权直接地或通过自由选择的代表参与自己国家的治理；人人有权得到相当的生活水平，以保证其本人及其家人的健康和福祉，包括食、衣、住房和医疗照顾及必需的社会服务；人人享有教育的权利等等。但 1947 年，美国人类学联合会的执行委员会却决定不赞成这一宣言，认为它是一个种族主义的文件。尽管"世界上绝大多数人都会同意：活比死好。健康比疾病好。自由比受奴役好。富裕比贫穷好。教育比无知好。正义比非正义好。"①

在我国，传统社会价值观教育的精髓是以儒家倡导的讲仁爱、重民本、守诚信、崇正义、尚和合、求大同为主要内容，力求把政治诉求和伦理规范、齐家治国和个人修身、道德良知和道德实践（知和行）内在地统一起来，始终把价值观教育看成是文化化育的过程，看成是"自强不息"和"厚德载物"等文化品格潜移默化的生成过程。其实，近现代 170 多年的艰难岁月，也可以看作是中国传统文化、西方文化和马克思主义先进文化中各自所主张的价值观的激烈碰撞过程。经过不懈的探索，虽然我们把马克思主义普遍原理与中国具体实际相结合，在借鉴西方优秀文化成果的基础上找到了中国特色的社会主义道路，并取得了举世瞩目的成就，但在价值观的教育上，我们的理解却很不到位，而且总是在事实上自觉不自觉地陷入"儒学复兴"或"全盘西化"的二难价值观的选择之中。

进入新世纪以来，随着社会主义核心价值研究的持续升温，不少学者开始了对价值观教育的初步探索。譬如，学者王逢贤指出，价值观教育是促进人的价值素质，包括价值观念、价值能力、价值体验等要素发展的高级社会活动；吴亚林则认为，价值观教育是"旨在发现人、寻找

① 塞缪尔·亨廷顿、劳伦斯·哈里森主编：《文化的重要作用——价值观如何影响人类进步》，新华出版社 2002 年版，第 14 页。

人的归属和提升人的生命意义与人生境界的教育""是在追求事实真理的前提下，教人追求价值真理的教育"；从价值观教育的外延来看，有学者认为价值观教育的范围很广，既"包括公民教育、爱国主义教育、思想政治教育等这些德育范畴的教育，也包括审美教育"等内容；也有学者认为，价值观教育"是一种完整教育活动的组成部分"，它一方面区别于科学教育、知识教育、职业教育等教育形式，另一方面又渗透在这些教育形式之中。价值观教育"所关注的不是学生有关事实性知识、程序性知识、或与职业活动直接相关的知识和技能的获得，而是学生价值观念和价值态度的形成、价值理性的提升、价值信念的建立以及基于正确价值原则的生活方式的形成。"①

综上中西方对价值观教育的理解，笔者认为，价值观教育是一种以德育为核心的，以形成对事物的"价值共识"为目标的渗透性、导向性和统摄性的教育活动；价值观教育的主旨不在于事实性知识、程序性知识、职业知识或技能的获得，而在于通过受教育者总体价值理念和价值态度的形成，引导主体建立起基于正确价值原则的生活方式，从而不断地激发人们的精神动力，传递时代气息，斟定人生意义与价值，推动社会文明与人的现代化的发展。

与一般的教育相比，价值观教育的本质是文化育人。理由如下：

首先，就文化与教育的关系而言，二者二而为一，"文化育人"在人类文明进步过程中起着至关重要的作用。在《反杜林论》中，恩格斯深刻地指出："人来源于动物界这一事实已经决定人类永远不能摆脱兽性，所以问题永远只能在于摆脱的多些或少些，在于兽性和人性的程度上的差异。"② 文化即"人化"，人类社会的发展演变，就是人通过不断的文化创造与传承，使自身逐渐地摆脱"兽性"而趋于"人性"的过程，

---

① 林滨：《全球化时代的价值教育》，人民出版社 2011 年版，第 85 页。
② 《马克思恩格斯选集》第 3 卷，人民出版社 1995 年版，第 442 页。

在这其中，教育起着至关重要的作用。正如康德所说："人是唯一必须受教育的被造物。人只有通过教育才能成为人，除了教育从人身上所造就出的一切外，人什么也不是。"①作为中国传统价值观教育的经典之一，《中庸》开篇便申明了文化育人的宗旨："天命之谓性，率性之谓道，修道之谓教"。"性"，即人性，是先天基因所赋予的先天素质；"教"，即教化、教育；而"道"即"正道、规律"。这三句话的现代诠释是，"先天基因所赋予的就是先天素质，循乎先天素质而开发出其所蕴含且至少不危害外在世界的潜能的就是规律"，使人能修明此"道"、明白这一规律即"人间正道"的只能是教育。②说透了，"率性"的过程就是一个文化或"人化"的过程，就是一个合于道的过程；而要"率性"，必须"修道"，即教化、教育。从人类社会的传承与发展来看，文化和教育存在着天然的内在联系，是二而为一的："人类社会的存在与延续靠文化的传承，人类社会的发展与进步则靠文化的创新；而文化传承的主要形式是教育，文化创新的必要前提也是教育。"③

正是在这样理解的基础之上，有学者进一步指出，文化育人内含着"文明的教育化"和"教育的文明化"两个维度，前一个维度表征"文化育人应始终坚守促使人不断地反省和觉悟，祛除人类本性中的野蛮性和动物性，以塑造出文明化的社会人"，后一个维度则表明"文化育人就是始终以人为目的，尊重人的自然需要，引导人的社会需要，提升人的精神需要，……在坚持促使人的社会化的过程中全面推进人的自由及其个性的发展。"④从更深的层次上看，文化育人是一个"学思结合"、"知行合一"、"外在给与"和"内在生成"不断地相统一的过程。其中，"合于道"，即正确价值观的养成始终处于核心地位。诚如雅斯贝尔斯所言，

① 康德：《论教育学》，上海人民出版社 2005 年版，第 5 页。
② 杨叔子：《素质·文化·教育》，《高等教育研究》2012 年第 10 期。
③ 杨叔子：《素质·文化·教育》，《高等教育研究》2012 年第 10 期。
④ 李建国：《文化育人的哲学省思》，《高等教育研究》2014 年第 4 期。

文化育人关注的是"人的潜力如何最大限度地调动起来并加以实现，以及人的内部灵性与可能性如何充分生成"，它"是人的灵魂教育，而非理智知识和认识的堆积"，通过文化育人，能"使具有天资的人，自己选择成为什么样的人以及自己把握安身立命之根。"①

其次，就价值观与文化精神的关系而言，价值观教育在本质上必然是一个文化育人的过程。在本书第三章中，我们就明确指出，人之为人的标志之一是其价值观。在社会的生产和生活实践中，一定的价值观决定了人的存在方式、思维方式、生活方式和行为方式；同时，一定的文化模式及其文化精神，可以说是人的价值观的放大和升华，是人的一定的价值观经过社会实践的锤炼后所采取的表现形式，是一种符号化了的价值观。价值观的直接表达是价值评价，而无论什么样的价值评价，都离不开一定的社会文化背景，都有根深蒂固的文化精神为支撑。具体到现实生活中，由于价值评价的主体是具体而复杂的，这些不同的主体在需要或要求方面总是存在不同程度的差异或矛盾，因而，价值评价往往就成了文化认同的过程，成了不折不扣的价值观的"商谈"或教育过程。在这一宏大的文化叙事——人化的过程中，"价值取向性"与"价值导向性"的矛盾统一始终处于中心地位。价值取向性是不同的个体在特定时空背景下所采取的能够满足自身需要的价值倾向，它来自个体自身不同的价值观念、价值意识和价值体系，表现为物欲取向、功利取向、政治取向、道德取向、审美取向等方面。从根本上说，价值取向性是和马斯洛的"人的需求层次"理论紧密相关的，是以个体需要的自我满足和自我实现为指向的，具有现实、功利和"短视"的特点；简言之，价值取向性的文化本性是"实然"。而价值导向性则是针对一定国家和社会历史发展的总体而言的，是政治上层在确定国家和社会"大政方针"引领的基础上，为调节不同阶级、阶层和集团以及个体之间的利益关系而

———————
① 雅斯贝尔斯：《什么是教育》，生活·读书·新知三联书店1991年版，第4页。

倡导的一种价值指向，它"是社会的定位器和指示仪"，"表征着一个社会价值体系的根本特征和最高价值目标"，为人们的生活"提供共同的信念和行为指南"。① 总体上说，价值导向性一般都是以民族国家的富强、社会的和谐和全体民众的幸福为指向的，具有理想、道德和"长远"的特点；说透了，价值导向性的文化本性是"应然"。价值取向性和价值导向性是辩证统一的：一方面，价值导向性决定着价值取向性的内容、形式和性质。从这个意义上说，人的社会化就是个人的价值取向不断地调整、更新，以适应主流社会价值导向性的过程，其中，父母的言传身教、耳濡目染，社会的道德、法律、宗教、文学艺术的熏陶和教化，起着至关重要的作用。另一方面，价值取向性是价值导向性的前提和基础。价值观教育本质上是一个文化整合和文化认同的过程，其最核心的内容反映了文化哲学的基本问题——从"实然"到"应然"，实然以应然为指向和引领，应然以实然为前提和基础：对于特定的社会个体来说，价值观教育就是其接受知识传承、思想教育和文化熏陶，获得生存和发展的知识，形成人生态度和信仰，从而形成相对稳定的世界观、人生观、价值观的过程。对于特定的文化而言，价值观教育就是该社会的文化模式和文化精神所倡导的核心价值观在延伸为种种社会规范和基本政治制度的同时，不断内化为社会成员的文化心理，积淀为社会成员深层的文化构造——"大群集体的公共人生"。但不管怎样，都说明价值观教育的过程是一个文化育人的过程。

再次，就价值观教育的目标而言，国家"文化软实力"的形成看似是文化建设和文化创新，但从根本上还是依赖于主导核心价值观的培育和践行。不难发现，无论中国还是西方，当代价值观教育的讨论还没有达成深刻的哲学反思和全面的文化自觉，人们的"注意力都是集中在道德原则或规则这个概念上。与这点成为对比的是，他们很少谈到德性

---

① 　陈章龙：《论主导价值观》，江苏人民出版社 2006 年版，第 181 页。

(virtues) 以及它在人类道德生活及整个人生中所据有的位置。"① 而事实是，道德规范或价值准则的熟知并不能表明一个人的德性高低，更不能证明人们树立起了主流社会所要求的价值观。因为，人们的价值观是文化化成的结果，而绝对不可能像规则一样被制定出来。在这一点上，"文化软实力"概念的提出以及党的十七大明确把这一概念写进党的报告，是有着深远意义的。其实，早在 20 世纪 90 年代初，美国哈佛大学教授小约瑟夫·奈就提出了"文化软实力"的概念，虽然他本人并没有专门系统地讨论此概念，但透过美国此前此后的一系列国际思维和文化战略政策，我们还是可以大体把握到，文化软实力即文化本身所具有或产生出的实力，主要是指与经济力、军事力、科技力相对应的，通过文化载体和文化方式表现的影响和能力。按照中国社会科学院霍桂桓的观点，所谓文化软实力，指的是"一个民族国家的传统文化和现代文化所具有的、由于体现了鲜明的民族精神特质（ethos）及其发展态势而对其他民族国家的受众产生的精神魅力。"② 在此之上，他还指明了文化软实力和主导价值观的关系，并进一步论证了国家文化软实力的形成从根本上依赖于主导核心价值观的培育和践行。因为价值观教育的重心是从个体的价值取向性到国家和主流社会的价值导向性，而作为社会个体而存在的现实主体，总是在其价值取向性基本达成即"在其基本物质性生存需要得到相对满足的情况下，为了追求和享受更加高级、更加完满"的自由而接受价值观教育。所以，"能够作为文化软实力发挥作用的文化的吸引力，必然包含着特定的民族国家的主流意识形态和基本价值取向"，必然会"以潜移默化的方式体现出独具特色的'征服'意味，并以其特定的精神魅力而为这样的民族国家参与国际竞争服务"。也正因此，"这样的主流意识形态、基本价值取向和'征服'意味，都不是以

① 石元康：《从中国文化到现代性：典范转移?》，生活·读书·新知三联书店 2000 年版，第 106 页。
② 霍桂桓：《文化软实力的哲学反思》，《学术研究》2011 年第 3 期。

其本来面目直截了当地表现出来的"，而是经过国家或主流社会所倡导的价值观教育，并且"经过特定的、作为个体而存在的社会主体的情感体验活动，亦即经过这样的现实社会主体的主观情感世界的折射，以作为文化的饱含情感的符号、以特定社会个体通过文化活动追求和享受更加高级和完满的精神性自由的方式曲折地表现出来的"。①

二、社会主义核心价值观育人的模式与路径

社会主义核心价值观是中国共产党和国家在现代化和全球化的背景下，对中国社会剧烈转型和中国特色社会主义道路的宏大历史叙事。特别是从社会主义核心价值体系的提出到社会主义核心价值观的初步凝练，包含着十分丰富的价值观内容。现阶段，我们要真正地培育和践行社会主义核心价值观，就不能仅仅停留在"三个层面二十四字"的简单的解读上，也不能满足于机械、僵化的"知识性"的灌输上，更不能局限于一哄而起的"思想政治总动员"上。而必须按照价值观教育本质上是文化育人的要求，认真而深入地探究社会主义核心价值观育人的模式，找到切合实际的育人路径。

就社会主义核心价值观的育人模式而言，笔者以为应该从三方面着手：

首先，全面而深入地进行马克思主义先进文化的教育活动，时刻把握社会主义核心价值观育人的灵魂。

马克思主义是由马克思、恩格斯创立的，为他们的后继者所发展的，在现代化和全球化背景下提出的，以批判资本主义工商业文明的负面效应为主题，以建设社会主义和实现人的自由而全面发展为目标的科

---

① 霍桂桓：《文化软实力的哲学反思》，《学术研究》2011 年第 3 期。

学理论体系。马克思主义指导思想之所以成为建设社会主义核心价值体系的价值原则，成为社会主义核心价值观育人的灵魂，是因为马克思主义是人类优秀思想文化宝库中最具先进性和人民性的部分。马克思主义的核心"就是追求人类的自由平等和人类解放的美好理想，即包含着以人为本和人类社会公平正义的价值观。"①目前，要真正开展社会主义核心价值观的教育活动，就必须首先加强马克思主义理论的学习，全面而深入地进行马克思主义先进文化的教育活动。

第一，马克思主义先进文化的教育活动必须真正理解马克思主义的立场、观点和方法，找到用马克思主义解读社会主义核心价值观的最佳通道。马克思主义的立场就是无产阶级和广大人民群众的根本利益，为此，它在对资本主义"不合理性"的批判和揭露的基础上，把实现人的解放、追求人的自由全面发展作为最高的价值理想。虽然马克思确认"任何一种解放都是把人的世界和人的关系还给人自己"，②并在《资本论》中进一步分析、批判了资本主义经济生活中的物役性特征，即"物的世界的增殖以人的世界的贬值为代价"，"物质财富的增长以牺牲大多数人的全面发展为代价"，但是，以辩证唯物主义的方法论为支撑的马克思主义，并没有由此而陷入抽象的人性论和人本主义。相反，关注社会发展的经济根源，关注广大人民群众的利益诉求，始终是马克思主义理解和解剖社会历史发展的主线；甚至人自由而全面发展的共产主义社会的到来，也是以"物质财富的极大丰富"为其前提的。有了这样的认识，我们就不难理解中国共产党和国家为实现"中国梦"，为追求人民的幸福，把经济上的"富强"作为社会主义核心价值观的首要价值目标了，也不难理解"民主"、"自由"、"平等""公正"作为"富强"之后的核心价值理念的重要性了。目前，党和国家的共识是：我国正处于并

① 龚群：《当代中国社会价值观调查研究》，北京师范大学出版社2012年版，第3页。
② 《马克思恩格斯全集》第3卷，人民出版社2002年版，第174页。

将长期处于社会主义初级阶段，必须以经济建设为中心，以人民的普遍富裕为价值旨归；但不可否认，"我国社会同时又处于一个经济高速发展的历史时期，这一时期的社会利益分化日趋明显与深化，利益分化以及社会两极分化反映在人们的价值观上，是对社会公平的期待。"① 而这正是我们进行价值观教育和建设的社会前提。

第二，马克思主义先进文化的教育活动必须真正理解马克思主义中国化的文化机理，不断梳理出马克思主义和中国优秀传统文化的契合点和共通性。中国特色社会主义道路探索和理论形成的过程，既是马克思主义不断地中国化的过程，也是中国化的马克思主义理论不断形成并且与时俱进的过程。在这一过程中，除了我们常常讲到的"中国的具体的社会历史实际"外，中国文化传统中固有的优秀成分，成了马克思主义中国化和中国化马克思主义形成的内在文化机理。一方面，从表层看，马克思主义和中国优秀传统文化有着诸多的契合点。马克思主义唯物辩证法中的许多观点和我国传统文化中的"阴阳五行说"，《易经》中的"变易"、"对立统一"思想，《道德经》中的"相反相成"思想等等，都有着很大的相同之处。特别是马克思主义唯物史观的两个根本点，即生产力标准和人民群众是历史的创造者的观点，其所蕴含的价值主旨和文化精神，也一直是贯穿中国优秀文化传统的主线。譬如，《管子》的"仓廪实而知礼节，衣食足而知荣辱"、《尚书》的"天视自我民视，天听自我民听"、孟子讲的"民为本，社稷次之，君为轻"、墨子提出的"原察百姓耳目之实"和"发以为刑政，观其中国家百姓人民之利"等等。另一方面，从深层来看，马克思主义和中国优秀传统文化有着很大的价值共通性，表现在：一是在对未来社会的构想上，马克思主义中有关"自由人联合体"的共产主义理想信念和中国传统文化中的"大同社会"构

---

① 龚群：《当代中国社会价值观调查研究》，北京师范大学出版社 2012 年版，第 3—4 页。

想有很大的价值共同性；二是在人与外部世界的关系上，马克思主义所奉行的"实践"原则和彰显的"实践"精神与中国传统文化中的"体悟"、"躬行践履"、"制天命而用之"等亦有很大的价值共通性。正是这样的契合点和共通性，成了马克思主义中国化和中国化马克思主义理论形成的内在文化机理，成了社会主义核心价值观教育过程中不可逾越、不可割裂的文化根基。

正像有学者指出，"马克思主义在中国的传播和指导地位的确立，不仅是中国社会发展的内在需要，也是中西文化交流、碰撞的结果。"① 然而，由于近代以来我们的社会转型在很长时期和很大程度上是"救亡压倒了启蒙"，政治异化了生活，我们对马克思主义和中国优秀文化的契合点和共通性的梳理工作做得很不够，甚至导致了"传统被打倒，西方被驱逐，马克思主义被政治化，整个民族陷入了主体价值体系极度扭曲的状态"。而"改革开放以来，传统逐渐被复活了，但是精华与糟粕并存；西方卷土重来了，但是新知与阴谋同在；马克思主义极端政治化的状况被纠正，但却又面临着被边缘化的危机。"② 这一文化现状进一步证明了进行马克思主义先进文化的教育，真正深入地理解马克思主义中国化的文化机理的极端重要性。

第三，马克思主义先进文化的教育活动必须真正实现马克思主义大众化，使马克思主义成为中国特色社会主义文化的灵魂，成为中国人民实现社会主义现代化的文化血液。马克思主义最根本的特性是其实践性，与此紧密相关的是，大众化是马克思主义的本质要求。早在《〈黑格尔法哲学批判〉导言》中，马克思就以其"理论一旦掌握群众，就会变成强大的物质力量"③ 的名言，向人们昭告了马克思主义大众化的必

---

① 张琳：《马克思主义中国化研究的深化与拓展》，《光明日报》2013 年 5 月 15 日。
② 李飞、刘卓红：《文化哲学视域下马克思主义哲学与先秦儒家思想的融通性建构》，《中国特色社会主义研究》2010 年第 1 期。
③ 《马克思恩格斯选集》第 1 卷，人民出版社 1995 年版，第 9 页。

要性和必然性。在推进马克思主义大众化的过程中，以毛泽东、邓小平为代表的中国共产党人无疑作出了卓越的贡献，其积累的基本经验是："坚持马克思主义大众化与本国化、民族化、时代化、实践化的统一；坚持灌输与吸收、理论与实践、研究与宣传、示范与普及相结合；坚持把马克思主义大众化作为一项艰巨复杂的社会系统工程来推进。"[1] 这些成功的经验对当前马克思主义的大众化有着极为重要的指导意义。然而，不可否认的是，长期以来，我们在总体上习惯于"从宣传与启蒙的维度来理解大众化，把它当成一种简单的解释技术，一种语言符号的转换方法。于是，通俗化就成了大众化的代名词。"[2] 事实上，所谓马克思主义大众化，简单地说是指马克思主义基本原理由抽象到具体、由被少数人理解掌握到被绝大多数民众理解掌握的过程。马克思主义大众化离不开理论的宣传和普及，其"通俗化"是必然的，只有这样，老百姓才喜闻乐见，才易于为广大人民群众所理解接受，成为认识世界和改造世界的思想武器。

我们理解的大众化是在此基础上的进一步深化。一方面，必须把马克思主义大众化看作是一个深刻的政治社会化过程。"政治社会化的最基本的特征是政治文化的传播和延续"，[3] 目前，马克思主义无疑已成为中国共产党和国家政治文化的最重要的组成部分，成为形塑中国民众价值观的灵魂。因而，我们必须把马克思主义大众化和政治社会化结合起来，不断通过对广大社会成员的思想政治教育和政治文化熏陶，使其获得丰富而鲜活的马克思主义理论知识，树立坚定的马克思主义政治信仰，使马克思主义政治文化扎根于社会成员的心理结构之中，消除"政治冷漠"，找到社会归属感，为社会主义核心价值观的培育和践行提供

[1] 邱乘光：《中国共产党推进马克思主义大众化的基本经验》，《中国井冈山干部学院学报》2012 年第 4 期。
[2] 林国标：《多维视野中的马克思主义哲学大众化》，《湖南社会科学》2009 年第 4 期。
[3] 刘吉发：《政治学新论》，中国人民大学出版社 2008 年版，第 170 页。

持久的文化动力。另一方面，必须在实践基础上把马克思主义大众化和马克思主义中国化、时代化结合起来。早在延安整风时期，毛泽东、张闻天等中共领导人就多次倡导马克思主义中国化和大众化的结合，并批评党内一些同志"言必称希腊"，提议废除脱离实际和脱离人民大众的马克思主义研究方法。到1942年2月，毛泽东在中央宣传部和中央出版局召开的党内外高级干部会议上，明确提出了研究和宣传马克思主义必须走"民族化、科学化、大众化"的路子，还强调指出，这个"化"是"彻头彻尾彻里彻外"，而不是"少许"，如果脱离实际，不老老实实地跟老百姓去学，是"化"不了的。质言之，目前，马克思主义大众化至少应包含两个层面的深刻的文化育人过程：一是"以马克思主义'化'中国传统，促成中国文化传统的现代转化"；二是"把马克思主义转化为现代中国传统"，转化为新的"人间正道"。① 只有这样，马克思主义才能在中国广大的民众中生成自己的"肉身"，成为中国特色社会主义文化的灵魂，成为培育和践行社会主义核心价值观的文化血液。

其次，广泛而细致地开展社会主义和谐社会和社会主义和谐文化的构建和教育活动，牢牢把握社会主义核心价值观育人的主题和精神实质。

社会主义核心价值观教育和"中国梦"的实现是不可分割的。要实现中华民族伟大复兴的"中国梦"，就必须坚持中国道路，弘扬中国精神，只有这样，才能更好地凝聚中国力量。所谓"中国道路"，就是中国特色社会主义道路，这条道路在社会主义核心价值体系中被表述为"中国特色社会主义共同理想"，并进一步凝练为"富强、民主、文明、和谐、公正、法治"的社会主义核心价值观；所谓"中国精神"，就是社会主义核心价值体系表述的"以爱国主义为核心的民族精神和以改革创新为核心的时代精神"，在社会主义核心价值观中简化为"自由、平

①　邹诗鹏：《中国道路与中国实践哲学》，《马克思主义与现实》2012年第6期。

等、爱国、敬业"等。事实上，从文化哲学的视野看，坚持中国道路、弘扬中国精神的过程本质上就是构建社会主义和谐社会，建设社会主义和谐文化的过程。在当下，只有广泛细致地开展社会主义和谐社会和社会主义和谐文化的构建和教育活动，才能牢牢把握社会主义核心价值观育人的主题和精神实质。

第一，社会主义核心价值观中的一系列价值理念都是从构建社会主义和谐社会的战略目标中引申和提炼出来的，充分反映了"中国梦"或中国特色社会主义共同理想的主题。社会主义和谐社会理论是对中国特色社会主义理论的深化和具体化，其中的"和谐"无疑是对"中国特色"的明确解答。构建社会主义和谐社会，是在把握新世纪我国经济社会发展新变化的基础上，为适应经济市场化、政治民主化、文化多样化而提出的新型社会治理模式。其基本内涵和要求是：民主法治、公平正义、诚信友爱、充满活力、安定有序、人与自然和谐相处。显然，这些内涵和要求在社会主义核心价值观中都被提炼和升华了，民主、法治、和谐自不必说，"公平正义"凝练成公正，"诚信友爱"分解为诚信、友善，而"充满活力、安定有序"则提炼和升华为自由、平等。那么，社会主义核心价值观中好像就剩下富强、文明、爱国、敬业四个价值理念在社会主义和谐社会理论中找不到对应点。其实，在社会主义核心价值观的教育上，有两个方面值得我们理解和把握：其一，被通俗化为"中国梦"的社会主义核心价值观，是中国近代以来特别是改革开放以来的宏大历史叙事，除了和社会主义和谐社会理论有直接的关系外，它和全部中国特色社会主义理论不可分割地联系在一起。因此，我们不难发现，在社会主义和谐理论提出之前，富强、民主、文明就一直是中国特色社会主义的价值目标，社会主义和谐理论只不过是对中国社会如何解决经济利益矛盾和贫富两极分化的正面回答，是对当时社会上盛行的"单纯经济增长观"的纠偏，是对中国特色社会主义理论中"中国特色"这一比较模糊概念的明确、合理而又科学的界定。至于"爱国"和"敬业"这两个价值理念,一直作为中国传统美德和中国特色社会主义文化的应有之义,渗透在中国人的精神世界和中国社会的方方面面,而且,在和社会主义核心价值观二而为一的社会主义核心价值体系中,通过民族精神、时代精神、社会主义荣辱观的解读,其核心价值观的地位早已得到了确立。其二,必须时刻清醒地认识到,目前,中国共产党和国家提出建设社会主义核心价值体系,倡导社会主义核心价值观,只是理论上的"价值应当","怎样实现和建设社会主义核心价值体系,则要以日常生活中的价值观为基础,即要从日常生活价值观的实然状况出发。"①有学者直言不讳地指出,"当前我国文化价值观的现状令人忧虑:传统与现代、'中'与'西'、'左'与'右'等多元价值观并存共处,强调革命、奉献、牺牲服务的价值理想与追求物欲满足、追求感官享受的世俗价值观相互交织;封建主义价值体系的'权本位'和资本主义价值体系的'钱本位'均有相当大的影响;中国特色社会主义的具有普遍号召力的具体价值信念、信仰、理想尚待确立。"②只有从构建社会主义和谐社会的战略目标出发来理解和提炼一系列社会主义核心价值的理念,才能真正把握"中国梦"或中国特色社会主义共同理想的主题。

第二,社会主义核心价值观和科学发展观是并行不悖的,其所提倡的全部价值理念和所表达的价值宗旨是"以人为本"与"和谐发展",集中反映了和谐文化的精神实质。科学发展观,第一要义是发展,核心是以人为本,基本要求是全面协调可持续,根本方法是统筹兼顾。社会主义核心价值观和科学发展观是并行不悖的,其根本原因就在于二者所倡导的价值观和发展观是相通的,深刻地表达了中国共产党和国家"以人为本"与"和谐发展"的价值宗旨。马克思指出:"社会生活在本质上是实践的。凡是把理论导致神秘主义的神秘东西,都能在人的实践中

---

① 龚群:《当代中国社会价值观调查研究》,北京师范大学出版社2012年版,第4页。
② 孙伟平:《论中国特色社会主义核心价值理念》,《哲学原理(复印报刊资料)》2011年第11期。

以及对这个实践的理解中得到合理的解决。"① 站在现实的角度，无论是
社会主义核心价值观还是科学发展观，其最终目标无疑是"中国梦"中
的"人民幸福"，而幸福生活总是需要具备一定的物质基础和物质条件，
要具备这样的基础和条件又首先必须是一定时期内社会经济的持续发
展，因而，国家的富强、人民的富裕，就成了科学发展观和社会主义核
心价值观共通的价值指向。根据国外学者舍勒、哈特曼的观点，物质生
活的富裕虽然是低层次的价值，但却是强度最大的价值，如果"这种价
值得不到实现，一个人就会努力地甚至不遗余力地去追求它。"② 国内学
者江畅根据恩格尔系数，以及社会生活的实际情况，把当代家庭或个人
的物质生活条件从低到高划分了 6 个档次：贫困型、温饱型、小康型、
富裕型、富豪型、巨富型，并指证富裕型"最适合成为幸福生活的物
质条件"。因为，这种物质条件类型的人"生活宽绰从容，没有后顾之
忧"；"工作高效轻松，不必勤扒苦做"；"有足够的财力和时间发展个人
的个性和从事自己喜爱的活动"；"虽然富裕，但并不拥有大量的财富，
因而他们不会被别人眼红，不必为自己及其财富安全担忧"。更为重要
的是，富裕型和富豪型、巨富型不同，"只要一个国家进入现代文明，
生活在这种国家的普通人在正常情况下都可以通过自己的努力过上富
裕生活"。③

显然，这样的个人"富裕"生活和国家层面追求的"富强"是一致的，
它既反映了"中国梦"中"人民幸福"的根本要求，又生动表达了"以
人为本"与"和谐发展"的价值宗旨，更是对中国特色社会主义和谐文
化精神的集中体现。作为一种优秀文化精神，和谐是一种德性而优雅的
生存和发展状态。这种"德性而优雅的状态"固然离不开富裕的物质生

---

① 《马克思恩格斯选集》第 1 卷，人民出版社 1995 年版，第 60 页。
② 江畅：《社会主义核心价值理念研究》，北京师范大学出版社 2012 年版，第 17 页。
③ 江畅：《社会主义核心价值理念研究》，北京师范大学出版社 2012 年版，第
25—26 页。

活，但如果在富裕基础上进一步追逐富豪或巨富的目标，就会物极必反，既背离和谐发展，又会走向"以物为本"，陷入拜金主义。列夫·托尔斯泰说，"幸福的家庭大致相似，不幸的家庭各有各的不幸"，现在看来，这"大致相似的幸福"就是和谐而来的富裕，或者说是建立在和谐基础之上的富裕。纵观人类历史的长河，我们所奉行的发展观总体上是以物质财富的积累和经济指标的增长为目的的，这样的目的所需要的手段在很多时候必然是以牺牲环境、破坏资源为代价的粗放型增长方式，这样的粗放型增长方式一旦与狭隘的个人主义、地方保护主义、民族主义等结合起来后，就必然会出现人类实践生活中"手段伤害目的"的现象，最终导致实践的异化或人类文化精神的扭曲。难能可贵的是，人类在几经磨难特别是饱尝了科技负效应的种种苦果后，认识到了传统实践模式及其在此基础之上旧的发展观的缺陷。从 20 世纪 80—90 年代起，国际范围内无论是可持续发展观的提出，还是以人为中心的发展观的讨论，与其说是对旧的发展观进行扬弃，不如说是对现代社会生活应具备什么样的实践模式及其文化精神进行了有益的探索。从文化哲学的角度看，全部中国特色社会主义先进文化都是以和谐文化的建设为基本模式的，可以毫不夸张地说，中国共产党和国家所倡导的科学发展观和社会主义和谐文化建设，是人类发展观和幸福观的一次彻底的变革，它所彰显出的和谐文化精神必然要求我们在社会生活的实践中，既坚持"以人为本"又保证"和谐发展"，只有这样，才能从根本上破解人类文化模式中发展的难题，培育和践行社会主义核心价值观。

再次，坚持落实社会主义荣辱观的教育活动，切实把握社会主义核心价值观"德育"育人的特点。

社会主义核心价值观在个人层面倡导"爱国、敬业、诚信、友善"，这和社会主义荣辱观所确立的"八荣八耻"的道德标杆是一脉相承的。价值观教育本质上是一种文化育人的过程，这种文化育人的过程又是以道德教育即"德育"为切入点的。目前，我们要切实培育和践行社会主义核心价值观，就必须回归中国民众的"日常生活世界"，从公民个人的基础道德即荣辱观的教育着手。

第一，深入理解社会主义荣辱观和社会主义核心价值观中各项道德标杆的价值取向和文化精神内涵。荣与辱是道德领域的一对最基础的价值范畴，"荣是社会对人们行为的道德价值的肯定、赞扬、奖励和自我内心的自豪感；辱是社会对人们行为的道德价值的否定、谴责、批评和自我内心的羞愧感。"① 有学者指出，社会主义荣辱观中各项道德标杆有着鲜明的价值取向和深刻的文化精神内涵："以热爱祖国为荣、以危害祖国为耻"是"对爱国主义传统美德与民族精神的本质概括"，因为千百年来"爱国"是中华民族"道德传统的至高原则"，爱国与否"是对一个人进行道德评判和价值衡量的重要标准"；"以服务人民为荣、以背离人民为耻"是对社会主义道德的核心——为人民服务思想的精辟总结，"是否服务人民、是否一切从人民的根本利益出发，是判别不同个人、团体和政党先进与落后的根本标准，也是一切社会势力在历史潮流中荣辱进退的分水岭"；"以崇尚科学为荣、以愚昧无知为耻"是"社会主义公民道德与时代要求相适应的对待科学问题的基本要求"，必须坚持"在广大人民群众特别是青少年中树立科学思想，倡导科学方法，弘扬科学精神"；"以辛勤劳动为荣、以好逸恶劳为耻"是对"人的本质活动"即社会劳动的根本看法，"揭示了社会主义劳动观的核心精神和根本要求"，"在社会主义大家庭里，劳动是创造财富的手段，也是获取和享有财富的前提"；"以团结互助为荣、以损人利己为耻"既是"对社会主义社会人们所应当具备的集体主义思想的揭示，也是对社会主义的人道主义人际关系的概括"，"崇尚集体主义、注重团结互助、贬斥损人利己，是与社会主义基本特征相联系的根本道德原则和基本行为要求"；

---

① 王玉樑：《荣辱观颠倒与价值观多元化》，《河南师范大学学报（哲学社会科学版）》2007 年第 6 期。

"以诚实守信为荣、以见利忘义为耻"是对"社会主义诚信道德的主体内容和基本原则的概括与发挥","在当代中国，诚实守信是市场经济社会的道德支柱，是人们之间相互信任的道德凭借"；"以遵纪守法为荣、以违法乱纪为耻"是对"社会主义社会公民法治观念和守法意识的要求"，当前，社会正处于持续发展的关键期，人们的思维方式、交往方式、价值观念和道德水准也"处于不断变化和调整中"，"需要树立起良好的遵纪守法意识，建立起协调统一的道德秩序和法律秩序"；"以艰苦奋斗为荣、以骄奢淫逸为耻"概括了中华民族勤劳、俭朴的传统美德，"是对近代以来中国革命和建设事业中艰苦奋斗精神的发扬光大"。①

到社会主义核心价值观提出时，社会主义荣辱观中"八荣八耻"的道德要求被集中地凝练为爱国、敬业、诚信、友善、法治等价值理念。这里，"爱国"价值理念的文化精神内涵不再赘述。"敬业"理念传达的文化精神关键在对"敬"的解读上："作为价值理念的'敬'，它的内涵并不是对他人而言，而是指一个人的自我，指他的个体生命的自性与庄严。"② 也就是说，敬业是一个人"本我"的内在、持久和坚定的品格，是一个人对自己职业、工作的恒常态度和内在庄严。"诚信"理念传达的文化精神理念在社会主义市场经济条件下显得弥足珍贵：在中国传统文化中，"诚"是"五常之本，百行之源"，是人们追求的最高道德本体，《中庸》和《孟子》都讲，"诚者，天之道也"；朱熹则曰，"凡人所以立身行己，应事接物，莫大于诚敬"，"道之浩浩，惟立诚才有可居之处"。可见，"诚是人类追求的道德实在，是人类的道德信仰"，"人类只有以诚信为美德，才能真正成其为人"。③ 更为重要的是，"诚于中"当"形于外"，只有内有"诚"，外才可能有"信"，诚信的另一面是要相信他人，人类之间要互相信任。只有这样，才能从根本上降低人际交往的成

① 鄢本凤：《社会主义和谐文化建设研究》，人民出版社2010年版，第263—267页。
② 刘梦溪：《中国传统价值理念在今天的意义》，《党建》2014年第5期。
③ 曹义孙：《诚：实与信》，《光明日报》2013年6月25日。

本，有效地化解当代社会的种种风险。"友善"理念，是和中国传统的"仁爱"、"宽恕"、"温良恭俭让"等联系在一起的。至于"法治"理念，是对自由、平等、公正等价值目标的保障，它是社会主义市场经济的内在诉求；社会主义核心价值观意义上的"法治"，侧重的是中国民众法治观念、法治意识的确立，侧重的是法治文化的形成。这种"法治"的价值理念彰显的文化精神是：对"契约"和法律的自觉遵从和慎重态度；相信法治能够比人治提供更加直接、可靠、恒常的公平正义；充分认识到政府和任何官员都不能凌驾于法律之上，坚信"权力是人们给予的"，纠正政府及官员犯错和腐败的最好办法是"权力监督"与"权力制约"。

第二，深刻领会社会主义荣辱观教育或"德育"是耻感教育的特质，引导人们树立正确的义利观。通过上述对"八荣八耻"和社会主义核心价值观中个人道德理念的文化精神解读，我们不难发现，我们目前畅言的"德育"或社会主义荣辱观教育在本质上应该是从耻感教育抓起的。在我国的伦理文化传统中，"耻感"作为一种正确的荣辱观念和起码的道德情感，可简单表述为"有耻"或"知耻"。继管子提出"礼义廉耻，国之四维"的政治伦理主张后，孔子又巧妙地把耻感渗透在个人的道德修养之中：一方面，它把耻感与人的"三达德"紧密相连，"好学近乎智，力行近乎仁，知耻近乎勇"；另一方面，他要求把耻感贯彻于人的具体行动中，指出"行己有耻，使于四方，不辱君命，可谓士矣"。孟子把"四善端"中的"羞恶之心"即"耻感"直接看作"义之端"，并强调"人不可以无耻，无耻之耻，无耻矣"。到宋明理学后，耻感不仅被明确为人之为人的伦理道德底线，而且上升到了"人格本体"的高度。朱熹指出："耻者……存之则近于圣贤，失之则入于禽兽"，陆九渊也认为，"人之患莫大乎无耻，人而无耻，果何以为人哉？"顾炎武则专门论证了耻感之于人格的内在性，指出："人之不廉而至于悖礼犯义，其原皆生于无耻"，"士而不先言耻，则为无本之人"。在西方，其伦理文化传统虽然以"罪感"为主脉，但并没有否定"耻感"对于人们道德行为的重要性。德谟克利特坦言，"对可耻行为的追悔是对生命的拯救"，"做了一件可耻事的人，应该首先对自己觉得惭愧"。① 到近代，经过思想启蒙和新教伦理的洗礼后，康德提出了著名的"道德自律"律令，这种"自律"之所以可能，就是因为有"耻感"这一隐形的道德人格机理；而马克思更是站在人的自由和解放的高度，深刻地指出："耻辱是一种内向的愤怒"，"耻辱本身已经是一种革命"。②

由上可知，耻感教育之所以成为"德育"或社会主义荣辱观教育的抓手，是因为：其一，耻感是人之为人的内在精神活动和道德力量，是"主体将自我呈现在善、本质面前，且通过自我评价所形成的一种特殊的情感感受"，③ 它是个体对自身精神世界的"欠缺"或不完善做出的心理判定，必然要通过一系列羞愧、不安甚至恐惧等道德情感的痛苦体验表露出来，也必然会通过道德的自律和自觉潜移默化地约束和影响人们的行为。其二，耻感教育是一种启发性、示范性和疏导性的养成教育，有利于引导人们树立正确的义利观。把荣辱问题与"义利"取向相联系，这是人们进行道德评价的文化本能。在我国，传统的耻感教育一直把二者内在地结合在一起，"仓廪实而知礼节，衣食足而知荣辱"，管子通过朴素的唯物主义思想，表达了物质利益对荣辱观形成的基础性作用；而孟子"仁则荣，不仁则辱"的论证和荀子"先义而后利者荣，先利而后义者辱"的论证，则集中表征了儒家荣辱观的"仁义"内涵。其实，耻感教育的核心内容是义利观教育，义利关系简单地说就是道德和利益的关系，它大致有两方面的含义：一是从个人的品格修养看，是义高于利还是利高于义？由此便有了孔子"君子喻于义，小人喻于利"的感慨；二是从个人与社会的利益关系看，是个人利益高于国家、集体利益还是国家、集体利益高于个人利益？由此便有了墨子"发以为行政，观其中

① 周辅成：《西方伦理学名著选辑》上卷，商务印书馆 1984 年版，第 74、76 页。

② 《马克思恩格斯全集》第 1 卷，人民出版社 1956 年版，第 407 页。

③ 高兆明：《耻感与自由能力》，《光明日报》2006 年 7 月 31 日。

国家百姓人民之利"的宏愿。目前，耻感教育的目的就在于通过对社会主义荣辱观内涵和本质特征的揭示，引导人们树立正确的义利观。因为，社会主义荣辱观既不同于资本主义的以"个人利益"为中心的功利主义荣辱观，也不同于封建主义的以"仁义"为中心的泛道德主义荣辱观，而是在汲取二者的合理成分后，建立在义、利两种价值取向高度一致基础上的，符合广大人民意愿和社会历史发展趋势的新型荣辱观。所以，只要我们立足改革开放和中国特色社会主义的伟大实践，遵循社会主义市场经济的规则，正确处理好"义"与"利"以及与此相关的"公"与"私"、"集体"与"个人"、"奉献"与"索取"的关系，真正做到以义致利，以公导私，以广大人民群众的根本利益为最终动力，新型的社会主义伦理道德就会在市场经济条件下应时而生，社会主义荣辱观和社会主义核心价值观也就会真正深入人心。

就社会主义核心价值观教育的具体路径而言，党的十六届六中全会在首次提出社会主义核心价值体系的基本内容后，就明确提出"坚持把社会主义核心价值体系融入国民教育和精神文明建设全过程、贯穿现代化建设各方面"。[1] 党的十七大则进一步要求，"切实把社会主义核心价值体系融入国民教育和精神文明建设全过程，转化为人民的自觉追求。积极探索用社会主义核心价值体系引领社会思潮的有效途径，主动做好意识形态工作，既尊重差异、包容多样，又有力抵制各种错误和腐朽思想的影响"。[2] 到党的十七届六中全会通过的《中共中央关于深化文化体制改革 推动社会主义文化大发展大繁荣若干重大问题的决定》中，则对社会主义核心价值观教育的路径做了重要补充和完善："必须强化教育引导，增进社会共识，创新方式方法，健全制度保障，把社会主义核心价值体系融入国民教育、精神文明建设和党的建设全过程，贯穿改

---

① 《〈中共中央关于构建社会主义和谐社会若干重大问题的决定〉辅导读本》，人民出版社 2006 年版，第 22 页。

② 《十七大报告辅导读本》，人民出版社 2007 年版，第 33 页。

革开放和社会主义现代化建设各领域，体现到精神文化产品创作生产传播各方面，坚持用社会主义核心价值体系引领社会思潮，在全党全社会形成统一指导思想、共同理想信念、强大精神力量、基本道德规范"。至此，通过融入国民教育、精神文明建设和党的建设全过程的"三大路径"，成为了理论界和全社会公认的社会主义核心价值观教育的基本路径。在后面的三个部分，笔者将分别展开深入的讨论。

三、社会主义核心价值观与国民教育

所谓国民教育，其概念内涵一般从三个方面来揭示：一是 1990 年出版的《教育大辞典》的定义及其后来延伸出的相关界定。《教育大辞典》指出："国民教育亦称公共教育。指国家为本国国民（或公民）举办的学校教育。一般为小学和初中教育，有的国家还包括幼儿教育和高等教育。"[①] 党的十六大报告提出"形成比较完善的现代国民教育体系"的教育发展目标，使得"国民教育"上升为"全面建设小康社会"的宏观战略性发展目标之一。而后，《国家中长期教育改革和发展规划纲要(2010—2020)》也将"现代国民教育体系更加完善，终身教育体系基本形成"作为教育发展的重要战略目标。可见，"现代国民教育体系"的提出，赋予了原有"国民教育"一词改革、创新的深刻内涵，国民教育已经与"终身教育"、"学习型社会"紧密关联。在此意义下，"可以将国民教育定义为基于终身教育思想，面向全体国民，以学习型社会为目标，由不同教育层次、阶段和类型构成的教育体系。这一体系大体包括：普通教育与职业教育两翼，初等教育、中等教育、高等教育三个层次，成长教育与继续教育两个阶段，义务教育、基础教育、高等教育、

---

① 顾明远、季啸风等：《教育大辞典》，上海教育出版社 1990 年版，第 71 页。

职业教育和成人教育五个方面。"①

二是通过"国民"与"公民"概念的比较研究，从中揭示"国民教育"的概念内涵。《辞海》解释国民的首要含义为"本国人民"，是与国家相伴产生的地域性集体名词，只要有国家，就有国民存在，历史上不同社会形态的社会成员都可称之为国民。"这种'国民'身份的产生赋予了社会成员'我们'（祖国）而非'他们'（他国）的感受，是一种对其同胞共同体、历史命运共同体的关注和认同"。而"国民的第二种含义，是指具有本国国籍之人"，"但无论第一种含义还是第二种含义，都体现出国民对国家的依附性特点。"②《辞海》对公民的释义是"具有本国国籍，并依据宪法或法律的规定，享受权利和承担义务的人"。从中可见，国民比公民的范畴更加宽泛。公民仅仅是法律和政治意义上的国家成员，其核心是个体和国家间的关系，主要代表着一种主体身份，即宪法和法律所规定的权利和义务主体；而国民却是一个"集体"概念，一个社会学意义上的称谓，特指主权国家所管辖下的一切社会成员。这样，"国民教育就是对全体社会成员实施的提升国民素质、培养合格劳动者、优化人力资源的一种教育活动，主要包括学校教育、社会教育和家庭教育。"③

三是从"国民性"塑造的角度，剖析"国民教育"的深层内涵。本来，自近代起，反思"国民性"成为国人文化主体意识觉醒的标志，但伴随着以鲁迅为代表的一大批学者的影响，"国民性"被等同于"劣根性"，甚至有人不惜以民族"自侮"、"自丑"的文章来吸引眼球或寻找卖点。事实上，"国民性"并无优劣之分，它只有在和特定的时代背景、历史

---

① 蒋菲、高地：《社会主义核心价值体系融入国民教育全过程的衔接问题研究》，《思想政治教育研究》2014 年第 2 期。

② 秦秋霞：《国民教育和公民教育关系之辩——兼论公民教育的时代价值》，《教育科学研究》2014 年第 11 期。

③ 周庆芬、李斌：《社会主义核心价值体系融入国民教育的方法与路径》，《党政干部学刊》2012 年第 10 期。

进程、社会发展联系起来评判时，才会分出优劣的。故此，有学者指出，"国民性是指在一定时代背景中，某一国族，包括民众、国家、民族等族群在遭遇特定生存境遇时在其身心上自然或自觉地形成的相对稳定的心性结构、人格形象、精神状态、社会意识等的统一体。"① 国民教育是重塑国民性和促成其转变的重要因素，它有三重依附关系，即社会变革、民众自觉与文化惯性，它们是决定国民教育的"三条底线"，制约着国民教育的"可能范围与效能半径"：相对于社会体制，国民教育总是处于依附地位，"国民教育能否适应社会变革的需要，顺应社会变革的态势，是决定其国民性效能转变空间大小的首要因素"；相对于民众自觉，国民教育是一种柔性的力量，"它只有通过说服、诱导、呼吁、启蒙、劝导等方式才可能赢得国民的认同与接收，产生现实的国民教育效果"；相对于文化惯性，国民教育不可能摆脱隐形的"文化传统场域"，其"各个方面都受制于文化惯性的台后控制"。②

正是在对"国民教育"全方位、多层面深入理解的基础上，探讨社会主义核心价值观与国民教育的关系，也即研究如何把社会主义核心价值体系融入国民教育全过程，才显示出迫切的现实性和深远的社会历史意义。

首先，就"融入"和"全过程"本身的内涵而言，虽然二者的侧重点不同，但都体现了社会主义核心价值观教育本质上是文化育人的特性。

对社会主义核心价值体系融入国民教育全过程中的"融入"的理解，目前学界的观点大体有：一是认为"融入"就是要将社会主义核心价值体系贯穿到各级各类学校当中去，渗透到国民教育的各个方面，为在国民教育中牢牢把握正确的方向提供理论指导。二是认为"融入"意味着

---

① 龙宝新：《论面向国民性重塑的现代国民教育》，《南京社会科学》2014 年第 6 期。
② 龙宝新：《论面向国民性重塑的现代国民教育》，《南京社会科学》2014 年第 6 期。

有机结合和渗透，不应该是"两张皮"，只有把社会主义核心价值体系和核心价值观与国民教育有机地结合在一起，互相渗透，才能使教育内容有更强的可接受性。三是认为"融入"过程的实质是马克思主义的大众化，就是要将以马克思主义为灵魂的科学理论变成通俗的群众语言，使之适合人民群众的精神文化需要，这样才能提升可接受性。① 四是认为"融入"国民教育就是为了将社会主义核心价值体系转化为每一个国民的价值信仰和现实行为，其实质"是一个内在逻辑性的外在认定与外在规定性的内在实现相统一的过程"，必然要经历"从'理论'到'教育'、从'教育'到'头脑'两个阶段的转化"过程。②

笔者认为，上述前三种观点虽然抓住了"融入"的"贯穿"、"渗透"、"有机结合"、"大众化"等特点，但并没有领悟社会主义核心价值体系和核心价值观"融入"国民教育的实质。笔者比较认同第四种观点，因为社会主义核心价值体系和核心价值观融入国民教育意义下的"融入"，侧重的是价值观教育的"方法"特别是"实效性"问题，而价值观教育本质上是文化育人，我们不否认传统的"知识性灌输"和社会性的"思想政治总动员"在价值观教育中的意义，但文化化育、潜移默化、润物无声文化养成、文化认同和文化自觉，才真正理解到了社会主义核心价值体系和核心价值观"融入"国民教育的精髓。正像有学者最近指出的那样，"'融入'的过程实质上是单维渗透和双向互动的统一，静态构成和动态跃进的统一，观念转化与实践提升的统一，价值规范和精神追求的统一。"③

① 汪洋、余卫国：《把社会主义核心价值体系融入国民教育全过程问题研究综述》，《理论观察》2013年第4期。
② 杨晓慧：《社会主义核心价值体系融入大学生思想政治教育全过程的基本问题研究》，人民出版社2011年版，第8—9页。
③ 蒋菲、高地：《社会主义核心价值体系融入国民教育全过程的衔接问题研究》，《思想政治教育研究》2014年第2期。

对社会主义核心价值体系融入国民教育全过程中的"全过程"的理解，目前学术界的观点比较趋同。都认为所谓"全过程"，就是不能将社会主义核心价值体系和核心价值观的教育局限在学校教育，虽然学校教育是国民教育的主体，但必须把学校教育和家庭教育、社会教育结合起来。江泽民曾指出："一个人的一生，要接受家庭教育、学校教育、社会教育，这些教育都很重要，对于自己世界观、人生观、价值观的形成和巩固都会起重要作用。"[①] 笔者认为，社会主义核心价值体系和核心价值观融入国民教育意义下的"全过程"，侧重的是"受教育者的广度"问题，因而，只有真正从终身教育、学习型社会的角度把握住整个现代国民教育体系，把家庭教育、学校教育、社会教育紧密地结合起来，把握住不同阶段受教育者的接受能力、心理特征和思维方式，并把价值观教育理解为对"国民性"塑造的重心，才能深入理解和领会社会主义核心价值体系和核心价值观融入国民教育"全过程"的文化育人的本质。更为重要的是，社会主义核心价值体系和核心价值观视野下的"国民教育"是狭义的国民教育，即专指学校教育。因为，学校是进行社会主义核心价值体系和核心价值观教育的重要阵地。早在明清之际，黄宗羲就对当时学校"成为科举嚣争、富贵熏心、'唯朝廷之势利是趋'"的恶劣风气进行了抨击，要求"学校恢复养士和评议朝政的功能"。[②] 党的十八大明确提出，要使社会主义核心价值体系进教材、进课堂、进头脑。中共中央办公厅印发的《关于培育和践行社会主义核心价值观的意见》进一步强调指出："培育和践行社会主义核心价值观要从小抓起、从学校抓起。坚持育人为本、德育为先，围绕立德树人的根本任务，把社会主义核心价值观纳入国民教育总体规划，贯穿于基础教育、高等教育、职业技术教育、成人教育各领域，落实到教育教学和管理服务各环

---

① 《江泽民文选》第 2 卷，人民出版社 2006 年版，第 302 页。

② 王处辉主编：《中国社会思想史》，中国人民大学出版社 2009 年版，第 470 页。

节，覆盖到所有学校和受教育者，形成课堂教学、社会实践、校园文化多位一体的育人平台，不断完善中华优秀传统文化教育，形成爱学校、爱劳动、爱祖国活动的有效形式和长效机制，努力培养德智体美全面发展的社会主义建设者和接班人。"

据此，我们根据自己的粗浅理解和能力所及，把社会主义核心价值体系和核心价值观视野下的国民教育大致分为家庭和小学教育阶段、中学教育阶段、大学及社会教育阶段，并在下面的论述中，按照中共中央《关于培育和践行社会主义核心价值观的意见》中"融入国民教育"的总体思路，谈谈自己的看法。

其次，就社会主义核心价值体系和价值观融入国民教育全过程的各个阶段的具体内容而言，必须时时刻刻体现"文化育人"的本性。

第一个阶段：家庭和小学教育阶段。社会主义核心价值观教育的主要内容是社会主义荣辱观系统下的"仁爱"教育、"孝敬"教育、"诚信"教育和"爱国"主义教育。在我国现行的国民教育体系下，家庭教育和小学教育很难严格地区分开来。因为，小学教育一般是在和家庭的同一村落或同一社区完成的；从价值观教育的角度看，小学生在学校一般接受的都是最基础的科学文化知识，很少有系统的、自觉的价值观教育；更为重要的是，小学生的年龄段根本摆脱不了对家庭的依附性，很少有对家庭的叛逆和对父母的逆反，其基本的价值观是在家庭教育中完成的。早在古希腊，柏拉图就认为国民教育要从人的幼年及早开始，因为人的幼年时期是可塑性最强的时期，也是国民教育的最佳时期。"凡事开头最重要。特别是生物。在幼小柔嫩的阶段，最容易接受陶冶，你要把它塑成什么样式，就能塑成什么样式"；"一个儿童从小受了好的教育，节奏与和谐浸入了他的心灵深处，在那里牢牢地生了根，他就会变得温文有礼；如果受了坏的教育，结果就会相反"。① 在我国传统社会，

---

① 柏拉图：《理想国》，商务印书馆 2002 年版，第 71、35 页。

一直重视启蒙教育，编写出了类似《三字经》《千字文》《百家姓》《孝经》《菜根谭》等"蒙学"读物。新中国成立以来，我们设置和编写的一系列"看图识字"的读物、一系列寓教于乐的动画片、科幻片、历史片，对家庭教育起了十分重要的作用。但不可否认的是，由于受"左"的思潮和应试教育模式的影响，我们在家庭教育阶段，一些价值观教育内容的设置以及价值观教育的方法存在很大问题。

　　笔者以为，我国目前家庭教育中社会主义核心价值观教育的内容应从"仁爱"教育抓起。《说文解字》对"仁"的释义是："仁，亲也，从人二"。就是说，仁的本质内涵是"意识到有他人存在"，要有"他人意识"，这样的人才是真正的社会学意义上的人，所以，孟子直言"仁者，人也"。从这样的理解出发，才引申出了"仁"的三层含义：一是仁者爱人。我们的家庭教育的首要任务就是培养起自己孩子的博大的"仁爱"之心，就像2005年春节联欢晚会的一个节目《千手观音》所表达的，我们要使孩子们懂得，只要有爱心，就会有一千双手来帮助你；只要有爱心，就恨不能伸出一千双手来帮助别人。二是"克己复礼"为仁。"礼"是表示社会伦理、社会制度和社会行为准则的规范，克己复礼是人的社会化的必然要求。我们的家庭教育在培养孩子的爱心时，一定要注重培养孩子尊重社会的伦理、道德和制度规范，使孩子懂得规范自己的行为。三是"推己及人"为仁。这是"仁爱"之心在人际交往中的放大和体现。我们的家庭教育在培养孩子的爱心时，一定要培养孩子的"他人意识"，这样才能从根本上拒绝"冷漠"，使自己的"爱心"落到实处，真正做到"幼吾幼以及人之幼，老吾老以及人之老"，"己所不欲勿施于人"。在"仁爱"教育的基础上，通过"他人意识"，自然就延伸到"孝敬"教育。对孩子来说，懂得孝敬既是"他人意识"的强化，又是"责任意识"的初步养成。特别是对中国优秀文化传统而言，"孝"和"敬"是相通的，"孔子认为孝的精神内核是'敬'。对自己亲长的尊爱，主要表现在'敬'上，所以中国历来讲敬老。'敬'包括外在的礼貌和内心的诚敬。"① 在"仁爱"教育、"孝敬"教育之后,家庭教育中的价值观教育自然地落到"诚信"教育和"爱国"主义教育上,而这也正是社会主义核心价值体系和核心价值观融入国民教育特别是融入家庭教育所迫切需要的。关于"诚信"教育,在本章第二部分谈的已很充分,在此,我们只想强调,"诚"作为中国文化追求的道德本体,有着类似宗教信仰的意义和地位,"诚"与"信"是相通的。我们要在家庭教育中培养孩子对"诚实"这一道德本体的敬意、敬畏和信仰之心,教会孩子最起码的"诚信"品格:言谈真诚,不撒谎;表里如一,不伪善;心意自信,不自欺。至于"爱国主义"教育,笔者觉得我们的国民教育特别是家庭教育在这方面是比较成功的。需要重点指出的是,今后我们的爱国主义教育要置身于全球化和现代化的宏大背景,除了近现代史的教育之外,还要进行中华民族上下五千年的历史回顾,特别是中国优秀文化传统的梳理和教育,国民教育特别是家庭教育在这方面的目标不是要培养狭隘的民族主义,更不是"民族仇视",而是要从小培养起孩子们的民族自尊、自信和自强的意识。而这也许是目前对国民进行爱国主义教育最迫切需要解决的问题。

第二个阶段:中学教育阶段。这一阶段社会主义核心价值观的教育依然应以社会主义荣辱观的培育和践行为主,并结合"国情"教育,加强集体主义、社会主义和爱国主义教育,结合素质教育,注重培养学生的主体独立意识、友善合作意识、勤奋吃苦精神、民主法治观念。具体而言,要把社会主义荣辱观所要求的内容,结合各地各校的具体实际,转变成中学生喜闻乐见的基本道德规范、日常行为准则。在"国情"教育,集体主义、社会主义和爱国主义教育中,教师一定要有宏大的叙事背景和深厚的文史哲底蕴,结合中华五千年的文明史、中国近现代史,以及全球化和现代化的背景,深入浅出、通俗易懂地讲清讲透"中国社

① 刘梦溪:《中国传统价值理念在今天的意义》,《党建》2014 年第 5 期。

会的历史方位"，讲清讲透中国特色社会主义的必然性、对资本主义的超越性以及它作为"中国道路"或"中国模式"对人类社会的意义，这样，就可以自然地激发中学生的爱国主义情怀，初步树立共产主义的理想信念。同时，在社会主义核心价值观引领中学生的素质教育方面，要首先注重培养其主体独立意识。"少年强则国强"。主体性是西方文艺复兴和思想启蒙最重要的成果之一，它通过笛卡尔的"我思故我在"的阐释和传播，成为西方优秀文化的重要组成部分，也成为西方资产阶级自由、平等、民主、法治等价值理念的真正文化根基。社会主义核心价值观中的民主、自由、平等、法治等理念无疑是对西方优秀文化成分的借鉴、吸收和超越。所以，要使我们的中学生能初步理解和认同自由、平等、民主、法治等价值理念，就必须从培养其主体独立意识抓起。其实，"主体性"的实质是对"人身依附性"的否定，是人的自主性和独立性的张扬。"我思故我在"中的"我思"，就是个人独立的人格、尊严和独立的身心，如果没有了这些，"我"何在？所谓的主体性也就谈不上了。目前，我们最迫切地是要培养中学生的独立意识、自主和自强意识，特别是要使其尽快摆脱对家庭、对父母的依赖性，摆脱由此而形成的"惰性"和游手好闲，初步养成独立思考问题和独立处理事情的能力。只有这样，中学生才有可能真正科学地理解和认同社会主义意义上的自由、平等、民主、法治等价值理念。

需要专门指出的是：第一，主体性张扬个人自由而全面发展，但主体性不等于个人主义特别是不等于极端个人主义。所以，我们在培养中学生的主体独立意识的同时，一定不要忘记"友善"合作意识的培养，对社会主义的一系列核心价值理念来说，后者比前者更重要。第二，主体性在强调独立性，彰显个人的自主、自立、自强的同时，最为看重的是个人的自我选择和自我负责，也即个人的"责任和担当"意识。我们在培养中学生的自主、自立、自强精神的同时，一定不要忘记"责任和担当"意识的养成，否则，我们可能培养的是一群信誓旦旦、空谈阔论的家庭和社会的"叛逆者",看起来很有个性、很"另类",但在真正的人生困难和社会竞争面前却异常怯懦、毫无作为,甚至又退回到对家庭、父母的依附性或"啃老"的境地。如果真是这样,对中学生的勤奋吃苦精神教育就无从谈起,我们的主体性教育就走偏了,失败了。

第三个阶段:大学及社会教育阶段。这一阶段的社会主义核心价值观教育应全方位展开,因为大学是社会思想文化的高地,大学思想文化对整个社会思想文化起着重要的塑造和引领作用。又由于大学生价值观受社会现实和社会思潮的影响很大,大学教育和社会教育联系紧密且有交叉性,所以,我们根据论述的需要把大学教育阶段和社会教育阶段放在一起,当然,限于笔者的职业身份,我们将以大学教育的论述为主。谈到大学阶段的社会主义核心价值体系和核心价值观教育,近年来,有关的文章、专著多得难以计数,观点也形形色色,五花八门。在此,笔者不想借"梳理"之名重复他人观点,而是从根本上觉得,对大学生的社会主义核心价值观教育必须和大学精神的重塑结合起来。因为严格说来,中国目前几乎没有"大学"而只有"高校",且不说行政化、功利化、同质化这所谓的高校"三化"积弊难改,而且传统意义上的大学功能也遗失殆尽,各种资格证书的考取,各种培训机构的林立,各种迎合就业的"热门"专业的设置……这一切都在说明,大学精神在严重堕落,大学正在沦为就业指导中心和岗前培训中心!所以,不恢复"高校"的"大学"功能,不重塑大学精神,大学阶段的社会主义核心价值观教育就很难深入而有效地进行。基于此,我们认为,大学阶段的社会主义核心价值观教育虽然要全方位展开,但中心工作有如下数项:

第一,以马克思主义先进文化教育为灵魂,加强科学精神和人文精神的培育和塑造。马克思主义是在回答"资本主义向何处去"的背景下产生的,它从剖析和批判资本的"嗜血性"和"扩张性"出发,全面而深入地批判了资本主义工商业文明的负面效应,批判了资本主义社会的不合理性、不公正性,并通过无产阶级和广大人民群众利益的实现,提出了实现人的解放、追求人的自由而全面发展的最高的价值理想。可见，马克思主义作为先进文化，既充溢着科学精神，又充满了人文关怀；马克思主义之所以成为社会主义核心价值观育人的灵魂，也正是缘于此。目前，对大学生的社会主义核心价值观教育就应该以马克思主义先进文化教育为灵魂，加强大学生科学精神和人文精神的培育和塑造。

所谓科学精神，简单地说就是理性主义基础上的求真务实精神，它包括"敢于怀疑一切既定权威的求是态度；对理性的真诚信仰和对知识的渴求，以及对可操作程序的执著追求；对真理的热爱和一切虚假行为的排斥和憎恶；对公正、普遍、创新等准则的严格遵循。"① 而关于人文精神，学界争论比较激烈，季羡林生前把人文精神和人的"德性"相联系，指出，对人与自然、人与人、人与自身这三重关系，"谁处理的好，谁的道德境界就高，就有人文精神"；包心鉴则认为人文精神的定位应突出"现代文化属性"，"人文精神即自觉、自主、自由的精神"。② 总体上看，人们对人文精神还是有比较共识性的理解的，认为人文精神就是对人自身价值的深刻反思，是尊重人格独立、平等和人自身权利，重视个人和广大人民群众的幸福，重视人的生命的价值和意义的文化精神。目前，加强对大学生科学精神和人文精神的培育和塑造有正反两方面的原因。从正面看，大学精神的重塑离不开科学精神和人文精神的培育和塑造，而一所高校只有具备了大学精神，才真正具备了社会主义核心价值观教育的坚实的思想文化根基。从反面看，由于大学精神的失落，大学阶段的国民教育存在着科学精神和人文精神的"双重不足与缺失"，这从目前高校科层化的行政管理和愈演愈烈的学术腐败中就已经看得很清楚了。值得深思的是，我们国家"文化传统的人文取向一直强于科学取向"，甚至从五四以来人们对科学的理解，都"更多是停留

---

① 徐雁、蒋广学等：《科学精神与东西方文化——科学与人文对话》，《新华文摘》1999 年第 2 期。

② 刘京希：《"人文精神与现代化"学术研讨会综述》，《文史哲》2001 年第 4 期。

在手段、器物的层面，而非文化精神的层面"，[①] 科学精神的培育一直先天不足。改革开放和社会主义市场经济体制确立以来，我们在具体发展中受到单纯经济增长观的严重影响，人与自然、人与人、人与自身的关系严重失谐，人文传统之"根"有被砍断的危险，人文精神教育也陷入了不足与缺失之中。也正因此，对大学生的社会主义核心价值观教育必须始终以马克思主义先进文化教育为灵魂，加强科学精神和人文精神的培育和塑造。要使我们的大学生懂得，科学精神和人文精神对社会进步和个人的自由而全面发展是缺一不可的，"一味强调功利、效率、操作和增长，忽视人文精神的并行发展，势必会使社会和人的发展片面化"，"导致精神危机和人生意义的失落"；而"以抑制科学精神来弘扬人文精神，势必矫枉过正地导致非科学甚至反科学因素的回潮，影响现代化建设的顺利进行，使我国的社会现代化进程付出更大的代价"。[②]

第二，以中国特色社会主义共同理想教育为主题，加强理想信念教育，激发大学生的历史感、使命感、忧患意识和奋斗精神。中国特色社会主义共同理想是我们在大学阶段进行社会主义核心价值观教育的重心和主题，也是我们加强理想信念教育，引导大学生辨别和自觉抵制各种不良社会思潮的最有力的武器。邓小平曾明确提出："我们一定要经常教育我们的人民，尤其是我们的青年，要有理想。"[③]2008年胡锦涛在北京大学师生代表座谈会上指出，大学生要"坚持爱国主义与社会主义的高度统一，时刻心系民族命运、心系国家发展、心系人民福祉……要不断深化对我国历史和国情的认识、对改革开放30年伟大进程的认识，进一步增强民族自尊心、自信心和自豪感，进一步坚定跟党走中国特色社会主义道路、实现中华民族伟大复兴的信念。要切实强化社会责任感和历史使命感，把个人的成长进步融入到推动国家发展、民族振兴的时

---

① 鄂本凤：《社会主义和谐文化建设研究》，人民出版社2010年版，第247—248页。
② 鄂本凤：《社会主义和谐文化建设研究》，人民出版社2010年版，第248页。
③ 《邓小平文选》第3卷，人民出版社1993年版，第110页。

代洪流中去，矢志为实现远大理想而不懈奋斗。"①

　　社会主义核心价值观教育是一种育心、育德、育人的文化活动过程，要充分考虑大学生的"接受度"和文化认同机制。"接受度"即对于特定教育信息的认可和接纳程度，它是"由个人既有的生活态度、接受能力以及发展需求所决定。特定教育信息如果超出或低于或远离人的接受度，人就会排斥、抗拒教育信息，使教育的过程和目的无法实现。"② 目前，通过对社会主义理论的深入研究以及对社会主义实践的历史把握，特别是改革开放30多年的艰辛探索，中国共产党和中国人民已经初步形成了对中国特色社会主义高度的理论自信、道路自信和制度自信，并通过社会主义核心价值观中的"富强、民主、文明、和谐"和"中国梦"的通俗表达，成为了中国特色社会主义的共同价值理想。我们有理由说，以中国特色社会主义共同理想作为当代大学生社会主义核心价值观教育的主题，不存在"超出、低于或远离"的问题，完全契合其各方面的"接受度"。更为重要的是，价值观教育从本质上讲是文化认同的教育。所谓文化认同，"是人们对某种文化在观念上、心理上和行为上的认可、接受和融入"，是人们"选择特定文化理念、思维模式和行为规范的过程"。③ 当前，我国文化的总体态势是一元主导、多样并存，这为社会主义核心价值观教育中的中国特色社会主义共同理想和信念教育提供了必要性和可能性。尽管大学生中有不少人表现出了对中国传统文化的疏离，表现出了对马克思主义的怀疑和淡漠，表现出了对社会主义文化模式及其所倡导的价值理念选择时的困惑和迷茫，但大学生在总体上是有强烈的民族自尊和民族自信的，是认同和拥护社会主义

---

① 胡锦涛：在北京大学师生代表座谈会上的讲话，《人民日报》2008年5月4日。
② 房玫：《社会主义核心价值体系教育须着力把握大学生的接受度》，《思想理论教育导刊》2009年第3期。
③ 罗迪：《文化认同视角下的大学生社会主义核心价值观教育》，《思想教育研究》2014年第2期。

的，只要我们坚定中国特色社会主义的理想信念，尊重差异、包容多样，在与资本主义的历史和现实的比较中揭示社会主义的文化本性，在社会主义市场经济的实践中把集体主义和个人主义、道德主义和功利主义辩证统一起来，并不断厘清中国优秀传统文化和马克思主义的契合点和共通性，就一定能在有中国特色社会主义先进文化的背景下，完成大学生对社会主义核心价值观的文化认同，从而更好地坚定大学生的社会主义和共产主义的理想信念。

第三，以民族精神和时代精神的培育为抓手，力争形成当代大学生的新型文化精神。能否准确把握民族精神和时代精神，并在此基础上培育出适合当代大学生的新型文化精神，是把社会主义核心价值体系和核心价值观真正融入大学和社会教育阶段的关键环节。"一个民族国家的核心价值观念，尽管离不开思想家们的加工提炼和国家意识形态的宣传教育，但从根本上说，它并不是思想家们从自己头脑中想象出来的东西，也不是把各种美好的观念加以搜罗予以综合的结果，它是这个民族、国家的历史文化发展的结果，是这个民族、国家当时的生产方式和交往方式的基础上各个民族、各个阶层的价值诉求的集中反映。"① 进一步说，一种新的文化精神的形成既是文化认同的过程，也是以文化的民族性和时代性为主线，整合不同文化资源，融汇多种优秀文化精神的过程。拿社会主义核心价值观的具体内容来看，既包含了富强、文明、和谐、诚信、友善等中国特色的传统价值理念，又融入了民主、自由、平等、法治等西方特点的价值诉求，而且还加入了两种文化整合、融汇后的新的创新性的文化价值理念，譬如爱国、敬业、公正、幸福等等。所以，正像有学者指出的，在现代化和全球化的背景下，社会主义核心价值观表达了中国文化的新境遇："它不可能是文化的彻底'西方化'，而

---

① 马俊峰：《富裕、民主、公正、和谐：中国特色社会主义的核心价值理念》，《哲学原理（复印报刊资料）》2011 年第 11 期。

是多种文化通过冲突和对话而形成的新的文化格局"，① 它是对资本主义价值理念的超越，是爱国主义的民族精神和改革创新的中国特色社会主义的时代精神的高度统一。

目前，对大学生的社会主义核心价值观教育就应以民族精神和时代精神的培育为抓手，力争形成大学生新型的文化精神。譬如，集体主义是马克思主义重要的价值诉求，也是社会主义核心价值观的一条中心线索，其他诸如民主、和谐、平等、公正、敬业等一系列价值理念，都是在此基础上提炼出来的。马克思主义视域下的"传统的集体主义"，是"指以人类、国家、民族、整体即群体利益为根本出发点的思想和行为，它要求从最广大人民的根本利益出发，坚持集体利益高于个人利益。当两者发生矛盾时，个人利益服从集体利益，有时甚至要牺牲个人利益。"② 这和中国传统文化中儒家的义利观不谋而合。随着改革开放特别是社会主义市场经济的确立，对大学生的社会主义核心价值观教育不能也不可能再一味地要求个体为群体无条件地牺牲自己的利益，相反，市场经济正是以承认和保护个人的合法权益为前提；那种"把维护群体利益误读为抛弃个人利益"，"把维护个人利益误读为抛弃群体和他人利益"③ 的价值观教育思维是完全错误的，它不利于社会主义核心价值观的培育和践行，也不利于大学生新型的文化精神的形成。大学生新型文化精神，是集体主义和个人主义的高度一致，是以"人本"为前提和基础的"民本"与以"民本"为归宿和价值指向的"人本"的完美结合，是中国传统"和谐文化精神"和西方"竞争文化精神"在各自进行扬弃

---

① 衣俊卿：《全球化的文化逻辑与中国的文化境遇》，《社会科学家辑刊》2002 年第 1 期。

② 侯西安：《集体主义是高校意识形态教育的价值观前提》，《中国社会科学报》2012 年 9 月 19 日。

③ 侯西安：《集体主义是高校意识形态教育的价值观前提》，《中国社会科学报》2012 年 9 月 19 日。

后的辩证统一。只有形成了这样的新型文化精神，我们才找到了对大学生进行社会主义核心价值观教育的真实而可靠的路径。

最后，需要着重强调的是，在社会主义核心价值体系和核心价值观融入国民教育全过程的价值观教育中，有两点是必不可少的：一是教育者本人的素质。打铁还需自身硬，教育者本人的文化自觉和正确的价值认同是"融入"的直接通道；二是"必须重视家庭、学校和社会在教育价值目标上的协同一致，确保国民社会主义核心价值体系教育的连续性、统一性和连贯性"。① 如果我们的家庭教育、社会教育与学校教育的价值目标不一致或者释放"负能量"，就会消解学校教育的作用力，进而直接影响社会主义核心价值观的教育效果。

四、社会主义核心价值观与精神文明建设

一谈到精神文明建设，人们很可能产生的第一个错觉就是"老生常谈"。其实，任何人在任何时期，想把这一问题谈清楚都是十分不容易的，因为，"精神"也好，"文明"也罢，已经是很大的哲学和文化的概念了。"文明"与"文化"概念相应，是文化中积极的、进步的和优秀的成分。而"精神"则与"物质"概念相对，属于人的主观世界的领域，一般表现为人们的观念和思想，以及"主观见之于客观"过程中的一系列"精神文化性的东西"。正是基于这样的理解，马克思主义才把精神文明界定为人类在改造客观世界和主观世界过程中所取得的精神成果的总和，表现在思想道德素养和科学文化素质两个方面。前者包括社会的风尚、政治思想、道德面貌和人们的世界观、人生观、价值观，理想信

---

① 罗国杰主编：《社会主义和谐社会核心价值体系研究》，中国人民大学出版社2012年版，第329页。

念、道德情操、文化觉悟以及对规范、纪律的遵从状况；后者包括社会的文化、科学、知识的状况和教育、科学、文艺、卫生、体育等项事业的发展规模和发展水平。马克思主义哲学坚持认为，物质决定精神，精神反作用于物质；引申到社会历史领域，马克思主义的唯物史观在承认社会存在决定社会意识的同时，从来没有否认社会意识的相对独立性以及巨大的反作用，这也许正是"精神"的意义和力量之所在。按照黑格尔的理解，"'精神'的真髓在于自决，或者称为'自由'。在'精神'已经达到成熟的生长的时候，当一个人承认'良心'的制裁为绝对合法的时候，'个人'对于自己便是法律，这种'自由'也便算是实现了。"①

　　社会主义核心价值观视野中的精神文明当然是中国特色社会主义的精神文明，它是以马克思主义为指导，在中国特色社会主义经济、政治制度的基础上形成的以实现中国特色的社会主义现代化(也即"中国梦")为目标的新型精神文明。社会主义精神文明建设的意义在于，为物质文明的发展提供精神动力、思想保证和智力支持。早在改革开放之初，邓小平就提出了"两个文明"协调发展的思想，指出："我们要在建设高度物质文明的同时，提高全民族的科学文化水平，发展高尚的丰富多彩的文化生活，建设高度的社会主义精神文明。"②党的十六大进一步明确要"坚持物质文明和精神文明两手抓"，指出："社会主义精神文明是中国特色社会主义的重要特征。必须立足中国现实，继承民族文化优秀传统，吸取外国文化有益成果，建设社会主义精神文明，不断提高全民族的思想道德素质和科学文化素质，为现代化建设提供强大的精神动力和智力支持。"③党的十六届六中全会在明确提出社会主义核心价值体系的基本内容后，紧接着就提出要"坚持把社会主义核心价值体系融入国民

---

①　黑格尔：《历史哲学》，上海书店出版社 2001 年版，第 112 页。

②　《邓小平文选》第 3 卷，人民出版社 1993 年版，第 306 页。

③　江泽民：《全面建设小康社会，开创中国特色社会主义事业新局面》，《十六大报告辅导读本》，人民出版社 2002 年版，第 8 页。

教育和精神文明建设全过程"，特别是在精神文明建设的问题上，全会通过的《决定》上升到了构建社会主义和谐社会的高度，认为主要应从三个方面着手："树立社会主义荣辱观，培育文明道德风尚"；"坚持正确导向，营造积极健康的思想舆论氛围"；"广泛开展和谐创建活动，形成人人促进和谐的局面"。①

此后，中国共产党和国家凡是牵扯到"精神文明建设"的报告和文件，都是在新的历史条件下，对此前精神文明建设的总体思路的补充、升华和进一步展开。先看党的十七大报告，在社会主义核心价值体系融入精神文明建设方面，提出的总体要求是"建设和谐文化，培育文明风尚"，"弘扬中华文化，建设中华民族共有精神家园"，"推进文化创新，增强文化发展活力"；②报告的新亮点在于把"推动当代中国马克思主义大众化"和精神文明建设结合了起来。再看《中共中央关于深化文化体制改革 推动社会主义文化大发展大繁荣若干重大问题的决定》，更是全面阐述了社会主义核心价值体系与文化的发展繁荣以及精神文明建设之间的不可分割的关系，从"为人民提供更好更多的精神食粮"的目标出发，提出了坚持正确创作方向、繁荣发展哲学社会科学、加强和改进新闻舆论工作、推出更多优秀文艺作品、发展健康向上的网络文化等等的要求；从"发展公益性文化事业，保障人民基本文化权益"的目标出发，提出了构建公共文化服务体系、发展现代传播体系、建设优秀传统文化传承体系、加快城乡文化一体化发展等等的要求。但该《决定》最大的闪光点在于明确提出"物质贫乏不是社会主义，精神空虚也不是社会主义"的社会主义文化建设的核心论点，并在此基础上提出了"以科学的理论武装人，以正确的舆论引导人，以高尚的精神塑造人，以优秀的作品鼓舞人，在全社会形成积极向上的精神追求和健康文明的生活方式"，

---

① 《〈中共中央关于构建社会主义和谐社会若干重大问题的决定〉辅导读本》，人民出版社 2006 年版，第 23—24 页。
② 《十七大报告辅导读本》，人民出版社 2007 年版，第 34—35 页。

"建设中华民族共有精神家园"的宏伟的社会主义精神文明建设的设想。最后，我们落脚到党的十八大以后中共中央办公厅印发的《关于培育和践行社会主义核心价值观的意见》上。可以说，该《意见》在重申了社会主义核心价值观的宣传教育在社会主义精神文明建设中的"引领思潮、凝聚共识"的作用后，重点放在"社会主义核心价值观的实践活动"的开展上，提出了广泛开展道德实践活动、深化学雷锋志愿服务活动、深化群众性精神文明创建活动、发挥重要节庆日传播的独特优势、建设网上传播阵地等等的实践性要求，其宗旨是，在社会主义核心价值观教育以及精神文明建设过程中，应把培育和践行紧密结合起来，以践行带动培育，促成化育。更为重要的是，《意见》在明确提出"使社会主义核心价值观融入人们生产生活和精神世界"的指导方针后，进一步提出了这种"融入"应把握的原则是：第一，以人为本，尊重群众的主体地位，关注人们利益诉求和价值愿望，促进人的全面发展；第二，以理想信念为核心，抓住"三观"总开关，在全社会牢固树立中国特色社会主义共同理想，铸牢人们的精神支柱；第三，联系实际，区分层次对象，找准与人们思想的共鸣点和群众利益的交汇点，做到贴近性、对象化、接地气；第四，改进创新，运用群众喜闻乐见的方式，搭建参与平台、开辟参与渠道，增强精神文明建设工作的吸引力感染力。

笔者之所以不厌其烦地罗列党和国家报告、文件和决议，就是因为在这些报告、文件和决议中，有关社会主义核心价值体系和核心价值观与精神文明建设的关系讲的够全面、够清楚了，有关社会主义核心价值观教育融入社会主义精神文明建设全过程的指导思想、主要原则、基本方法和根本途径也讲的够完整、够理论化和系统化了。我们透过这种清楚、完整、全面、系统化和理论化，想传达的主要意思是：目前学界和主流社会"高产"出的数以千计的有关社会主义核心价值观和精神文明建设方面的文章、著作，都没有超出党和国家的这些报告、文件和决议的"限定范围"，许多的研究停留在"梳理"、"复述"或"综合"的层面。

譬如，在罗国杰主编的《社会主义和谐社会核心价值体系研究》一书的第九章第二节，专门讲到了把社会主义核心价值体系融入到精神文明建设的问题，提出的主要观点是："社会主义核心价值体系是精神文明建设的核心和精髓，社会主义精神文明建设必须集中体现社会主义核心价值体系的精神实质、主要内容和基本要求；我们不仅要用精神文明建设来引导、促进社会主义核心价值观念的逐步形成，还要以社会主义核心价值体系的落实和贯彻作为检验社会主义精神文明建设效果的标准。"[①] 提出的主要举措是：第一，"充分挖掘我国传统文化中有利于社会主义核心价值体系建设的积极因素"；第二，"注重以群众性精神文明创建活动为载体"；第三，"重视大众传媒在建设中的重要作用"；第四，"加大马克思主义大众化精品力作的生产"。[②] 尽管类似的论述在探讨社会主义核心价值观和精神文明建设的关系时起了不可替代的作用，但如果仅仅满足于此，很难使我们的研究深入下去。而要扭转这一尴尬局面，笔者以为重点应做好以下几方面的事情：

首先，抓住目前社会主义精神文明建设的"重大关注点"，从理论上说明如何解决经济发展和道德建设关系的难题。

毋庸置疑，随着改革开放的不断深化和社会主义市场经济的深入发展，社会主义精神文明建设的关注点越来越聚焦到"道德滑坡"上。由于一些失德和败德现象的层出不穷和屡见不鲜，使得有良知和正义的学者不断惊呼："中国社会正面临严峻的道德困境，这主要表现为社会分配不公、诚信下降、信仰匮乏等。不正视和改变这种局面，将会危及中国特色社会主义现代化事业"。"经济强大不是国家强大的全部，如果没

---

① 罗国杰主编：《社会主义和谐社会核心价值体系研究》，中国人民大学出版社2012 年版，第 338 页。
② 罗国杰主编：《社会主义和谐社会核心价值体系研究》，中国人民大学出版社2012 年版，第 338—343 页。

有……精神文明的强大，物质文明的发展最终也会受到制约"。① 那么，经济和道德的关系究竟是怎样的？经济发展就一定会影响到道德的建设甚至会导致道德滑坡吗？

这是一个古老而又一直萦绕于人类文明发展史中的问题。我国先秦儒、法思想家的相关论述一直是既重视经济又重视道德。当管子讲"仓廪实而知礼节，衣食足而知荣辱"时，并没有忘记"礼义廉耻，国之四维，四维不张，国乃灭亡"的道理；孔子则一方面赞赏"足食足兵，民信之矣"的强国方略，另一方面又强调"去兵、去食，自古皆有死，民无信不立"的德治理念。早在民国时期，著名学者贺麟通过对这些类似观点的梳理、分析和研究，得出了"经济的贫乏与道德的好坏间无必然的函数关系"的论断，并进一步指出，经济富裕的人不一定道德就高尚，经济贫穷的人不一定道德就败坏，反之亦然，因此，"我们不能以经济的贫富作道德的好坏的标准"。如果"一个人只是经济富时道德好，经济一旦贫乏，立即为非作歹，则他当初的道德好绝不是真正的道德好"；"一个人只是经济贫乏时方铤而走险，有不道德行为"，"而当年丰时靖的时候，却是安居乐业的良民，则他的行为绝不是真正的道德坏"。他的结论是："真正有道德的人或真正不道德的人，不但不受经济的支配，且反能利用甚或创造自己的经济力量以作为善或为恶的工具"。②

其实，道德建设和经济发展的关系，说透了就是精神文明建设中的最为核心的义利观问题。人类几千年的伦理实践已经证明并且将继续证明，所谓的义利之辨，并不是说在我们社会生活的每时每刻都一定得张扬道义，贬损利益，更不是说"仁义"者就是道德之偶像，"趋利"者就是邪恶的化身。特别是社会主义市场经济条件下，"义"和"利"的追求已经不再具有内在的矛盾性，相反，那种所谓"毫不利己，专门利

① 万俊人：《道德的力量》，《光明日报》2013年12月19日。
② 贺麟：《文化与人生》，商务印书馆1996年版，第27页。

人"的价值取向在现实的市场利益的驱动下，无论在逻辑上讲还是从具体的人际关系的处理中都已经成为不可能。① 在这样的历史背景下，我们的社会主义核心价值观教育要真正融入精神文明建设之中，首先就必须使广大民众从思想上认识到"经济发展"和"道德建设"并不矛盾，所谓"君子爱财，取之有道"，勤劳、合法的致富是"上帝也嘉许的美德"。同时，必须使广大民众从思想上认识到"市场经济"和"社会主义"的兼容性，使其懂得，社会主义市场经济固然也是一种以利益为中心的经济，但这种经济在趋利、逐利的过程中并没有也不能够丢弃"社会主义的本真"，即集体主义的价值观；就是说，这种经济既不放弃对"道义"的彰显，也不放弃对"私利"的规范，更不放弃对"取利"手段、规模和程度的限制。只有这样，社会主义荣辱观所强调的"团结互助为荣、见利忘义为耻"，"遵纪守法为荣、违法乱纪为耻"，"艰苦奋斗为荣、骄奢淫逸为耻"才能真正内化为人们的自觉行为。

更为重要的是，社会主义精神文明建设既是一种思想建设，也是一种道德建设，而道德建设的根本是对道德力量的感悟和对道德价值的认同。只要我们深刻地观察和理解生活，就会发现，生活在社会中的每一个人，不论其贫富贵贱，都是非常在意自己的面子和声望的，这就是孟子讲的"善端"，也是我们前面反复提到的"耻感"，而这也正是道德形成的最直接的心理基础和伦理前提。正因此，我们的社会主义核心价值观融入精神文明建设的过程才首先是一个耻感教育的过程，这一过程注重从"底线伦理"出发，注重日常生活中的人格塑造和文化养成，而不看重脱离现实生活的"道德说教"和"把道德问题知识化"的一味的灌输。譬如，我们的中小学语文课本总喜欢让学生"解释带点词"的意思，如"见贤思齐，见不贤而内省"、"学而不思则罔，思而不学则殆"，我们一般给"思齐"、"内省"、"罔"、"殆"加上着重号，学生一般把这些"带

---

① 茅于轼：《中国人的道德前景》，暨南大学出版社 2003 年版，第 7 页。

点词"解释得很准确，考试满分，但他们真的就具有了"见贤思齐，见不贤而内省"、"学和思结合"的品格吗？更何况，无论"底线道德"的坚守还是生活中最起码的荣辱观的养成和落实，都是需要"公正"的社会制度及其运行机制做保证的。特别是在文化价值观念多元、网络传媒发达、各种社会思潮错综复杂的今天，如果没有合理的制度安排，缺乏相对完善的社会运行机制，是很难形成健康而完备的道德力量和道德价值认同的。正像有学者指出的："现代社会是一个日趋公共化的开放社会。传统的家庭式、地方性或特殊群体性的'熟人型'道德伦理，已不足以应对和料理日益开放的公共道德问题。只有基于健全的现代法制秩序和现代社会的公共价值理念或信念，公共道德才能获得其广泛的价值认同和社会引领力量。"①

　　面对社会转型期"历时态文化的共时性承受"，特别是目前道德呈现出的"感天动地"与"触目惊心"或"大善与大恶并存的两极状态"，②我们再也不能沉溺于"高尚是高尚者的墓志铭，卑鄙是卑鄙者的通行证"的感慨，而应该真正行动起来，做好社会主义核心价值观教育融入社会主义精神文明建设特别是思想道德建设的工作。一方面，要真正澄清道德教育的特性。首先要懂得道德教育是属于价值认知而非科学认知的范畴，人的道德是文化化育的结果。我国传统的德育典籍《大学》，通过格物、致知、诚意、正心、修身、齐家、治国、平天下等八个步骤，把个人的成人成才之路和其德性的生成、人格的养成紧密地结合了起来，其中，"格物、致知"是德性生成和人格养成的前提，"诚意、正心、修身"是其重心，"齐家、治国、平天下"则是其目标。《大学》八条目把握了道德教育的特性，是知行合一、培育和践行一体的文化育人模式。同时，还要明白道德教育属于实践理性而非纯粹理性范畴。康德通过

① 万俊人：《道德的力量》，《光明日报》2013年12月19日。
② 万俊人：《道德的力量》，《光明日报》2013年12月19日。

"实践理性"的研究，提出了和星空媲美的绝对"道德律令"。在我国，传统伦理文化讲的"实践"主要是"道德践履"；如果只有空洞的理论说教而没有教育工作者身体力行的榜样力量，是很难唤起人们的"道德感"的。另一方面，要真正认识道德的层次性，关注德育的可接受性和发展性。道德的层次性是指道德要求的高低差别性和实践表现的程度差异性。在现实生活中，由于我们习惯于把道德的超越性看作是道德的唯一特性，特别是习惯于把"终极道德"的理想信仰作为现实的道德标准，从而使我们的德育脱离了可接受性和发展性，陷入了表层化、单一化的道德说教。这样，由于"崇高"教育和"优雅"教育的脱节，就使得不少人满口仁义道德，实际生活中却见利忘义、损人利己。有学者就此提出批评：忽视道德主体的层次性、差异性，"用一个统一的标准要求所有人，且一步到位，令人高不可攀，是导致当代中国道德生活'问题'的一个重要因素。"[①] 只有从社会各阶层不同的道德需求的实际出发，着眼于人们道德情感和道德修养的培育，并有效地把"崇高"教育和"优雅"教育统一起来，我们的德育才能更上一个台阶，社会主义核心价值观教育也才能扎扎实实地融入精神文明建设的全过程。

其次，抓住目前社会主义精神文明建设的"主要着力点"，从理论上说明如何解决社会生活中的精神空虚的难题。

前面已经讲到，党的十七届六中全会通过的《中共中央关于深化文化体制改革 推动社会主义文化大发展大繁荣若干重大问题的决定》提出了一个发人深思的命题："物质贫乏不是社会主义，精神空虚也不是社会主义"。这既是对社会主义精神文明建设"主要着力点"的明确表达，也是对当前我国社会生活中日益严峻的道德情操滑坡、理想信仰缺失、人生价值混乱等"精神空虚"问题的积极回应，它表明，现实中的

---

① 魏英敏：《儒家伦理、道德层次性的启迪》，《苏州科技学院学报（社会科学版）》2003 年第 4 期。

精神空虚问题已经引起了党中央的高度重视，并将其上升到事关社会主义国家生死存亡的高度。那么，究竟什么是"精神空虚"？有学者指出，精神空虚的实质是"人们的心灵没有依托，没有理想，没有信仰，心无处安放"。① 更多的学者提出，精神空虚有宏观层面和微观层面的区分："宏观层面的精神空虚主要表现为一个国家、一个民族、一个社会在共同理想、奋斗目标和核心价值上的缺失，微观层面的精神空虚主要表现为一个人的精神世界苍白无力，没有兴趣爱好，没有奋斗目标，没有信仰，没有寄托"；因此，就宏观层面而言，"当前中国不存在精神空虚问题"，"但是具体到微观和个人，形势就不容乐观"；"如果任由精神空虚从个体蔓延到局部，从局部蔓延到整体……势必会影响到我们建设社会主义的斗志、信心和凝聚力"。② 从对学界观点的梳理中，笔者得出的基本结论是：精神空虚的本质是理想信仰缺失、奋斗目标模糊、人生价值混乱、未来寄托渺茫；如果说"人之为人"的本体是"精神"而不是"物质"，人类社会之为人类社会的本体是"文化"而不是"物欲"，那么精神空虚由于其蔓延性而表征了人和社会受到"无根状态"的威胁。

精神空虚的根源何在？在社会现实中的表现是怎样的？学界的观点可谓五花八门，众说纷纭，其中也不乏真知灼见。笔者通过深入的思考和研究，认为精神空虚的"根源"和"表现"具有内在的一致性和因果关联性：无论精神空虚以什么样的状态"表现"出来，如浮躁、冷漠、拜金、炫富、卖萌、玩心跳、网络谩骂等等，都掩盖不了"物质埋没精神"、"网络错位生活"的真实"根源"。多少年来，我们似乎只知道"物质决定精神"是马克思主义唯物主义的观点，而不知起码是忽视了"精神对物质的能动反作用"是马克思主义文化哲学更为重要的观点，是更为"人本"、更为"社会生活"的观点。就是说，我们的文化价值观教

① 董建萍：《论"精神空虚不是社会主义"》，《观察与思考》2012 年第 5 期。
② 王军、杨玉华：《论"精神空虚也不是社会主义"对思想政治教育的启示》，《忻州师范学院学报》2012 年第 5 期。

育走偏了，在经济总量跃居世界第二，人民物质生活普遍提升但两极分化异常严重、各种社会保障机制还未健全和完善的今天，各种各样的精神空虚也就是必然的了。拿"浮躁"来说，其主要表现是不踏实、急于求成和内心焦躁不安，其主要特点是冲动、偏执、情绪化和盲目性，这在当代青少年人群（80后、90后甚至00后）中表现得淋漓尽致。根本原因就在于我们的物质普遍富裕后，精神人格的养成没有随之跟上。由于物质生活有了保证，甚至小康了，我们对子女的培养陷入了"过分满足"、"过分关注"和"过度迁就"的怪圈之中，① 这样，绝大部分青少年的"精神自由"被扭曲了，主体意识没有真正形成，何谈自立、自信、自强的独立和担当精神？加之就业的压力，快节奏、高消费生活的压迫，青少年的浮躁也就顺理成章了。再拿"炫富"来说，它是拜物和拜金主义在当代中国社会的变种或翻版。有学者一针见血地指出，炫富不等于"求富"，且和"歧视贫穷"结合在一起，因为"求富有道即合德"，但"炫富并不是一种正常的追求和享受财富的行为，而是以展演的方式片面夸大财富的'晕轮效应'"；炫富族对被炫耀的贫穷对象"往往带有挑逗、歧视和轻蔑的倾向，客观上损害了社会公众的尊严和情感，激发了仇富情绪和社会阶层之间的矛盾"。② 早在资本主义的前期，亚当·斯密就对这种拜物式的炫富进行了揭示，指出："人们总是不顾一切地追求财富、权力、地位，大肆挥霍、追求奢侈，以满足自己那可怜的虚荣心。那些吃山珍海味、穿华丽衣裳、住高级别墅的人也会刻意地慷慨解囊以博取荣誉。他们之所以这样做是因为他们自己是被关注和赞扬的对象"。他还说，"虚荣的人常常表现出一种放荡的时髦，也许他自己心里也并不认同，但他却不会因此而内疚。他们用豪华的生活方式来装点自己的生活，根本不考虑应与其地位和财富相匹配的美德和礼仪。"③ 可

① 杨金云：《当代大学生浮躁心理成因及对策研究》，《中国青年研究》2010年第9期。
② 蒋建国：《网络炫富：精神贫困与价值迷失》，《现代传播》2013年第2期。
③ 亚当·斯密：《道德情操论》，北京出版社2008年版，第20、25页。

见，浮躁也好，炫富也罢，都是精神空虚的表现，其根源是物质对精神的埋没和侵占。

精神空虚的另一重要根源是"网络对生活的错位"。众所周知，互联网和电子信息正在很大程度上改变着我们的生活方式。网络信息的正面效应是丰富、便捷了人们交流、交往及其精神文化生活；但网络信息、特别是网络游戏的负面效应从目前精神文明建设的角度看却更值得关注。在这方面，无数有良知的学者和专家呼吁的够多了，国家也正在出台政策、制定法律，规范网络行为，优化信息平台。所以笔者无意再做过多的渲染，只想强调一点：网络信息只是人走向自由而全面发展过程中的手段或工具之一，一旦把其转变成人们的生活方式和社会习惯，就必然会使人们发生对现实生活的严重错位，并进一步引发各种各样的"精神空虚症"。症状之一是"冷漠"。人与人之间真情实感的交流少了，敷衍了事的网络寒暄和短信问候多了；隔着计算机屏幕，沉溺于各种各样的网络游戏，人们很难感受到人间温情以及与自己相关的利益，"这种非人性化的交往中介，使人们逐渐患上'精神麻木症'"。惊险、刺激、暴力、恐怖一类的游戏更是使人将正义感和道德感置之度外，"在这样的虚拟空间里，信息的组合依据的只是几条冷冰冰的'科学规则'，人所具有的精神感情底蕴丧失殆尽"。[①] 症状之二是"不接地气"。由于网络信息对现实生活的侵占，不少青少年甚至成年人都喜欢"宅"在家中或迷恋于网吧，他们错把网络虚拟的东西当作现实的生活，其言行扮酷、搞怪、玩心跳，本来已经和现实社会发生严重的错位脱节，但还不自知，甚至公然以"另类"或"新新"人类自居。"网络对生活的错位"所导致的精神空虚是科技异化的极端表现，马克思主义经典作家早就对此向人类提出过警示。20 世纪中叶，马尔库塞更是对这种所谓"技术合理性"而导致的"对人的统治的合理性"进行了无情的批判，认为其

---

① 鄢本凤：《社会主义和谐文化建设研究》，人民出版社 2010 年版，第 346 页。

后果必然是造就出只有"物欲"和物质享乐而没有"精神内涵"的"单向度的人"。

显然，无论"物质埋没精神"还是"网络错位生活"，其最终根源都在于我们现代人的生活模式，在于由资本或资本运营支撑起来的现代工商业文明。和马尔库塞同时代，美国出现了所谓"垮掉的一代"，其中有一位叫金斯堡的诗人写了一首题为《落日》的诗："当整个世界 / 满是烟和卷曲的钢 / 充满了火车车厢我的头 / 而我的思想 / 正穿过铁锈 / 漫游于未来 / 我看到 / 一个利欲熏心的原始世界上 / 太阳在缓缓落下 / 让黑夜掩埋了我的火车 / 因为世界的另一半 / 正等待着黎明的到来！"这首诗的意象几乎都是现代工商业文明的"成果"——烟、卷曲的钢、火车车厢、铁锈，这些物质组合成的强大世界把精神世界淹没了，人们利欲熏心以致利令智昏，精神的太阳缓缓落下，人类掩埋于物质的黑夜。但就是这样被巨大悲观情绪笼罩的"垮掉"派诗人，也没有绝望，他坚信世界的另一半即精神世界一定会复归，它"正等待着黎明的到来"。

自然，在资本主义的强大物质文明面前，无论哲人马尔库塞还是诗人金斯堡，都不会找到精神文明的真正出路，因为资本主义的私有制、个人主义、垄断、竞争和极其发达的技术手段所引发的不公正和种种社会矛盾，是无法从根本上消除的，因而资本主义是不可能在全社会形成或建设普遍的精神文明的。正如马克思所指出的："贪欲以及贪欲者之间的战争及竞争，是国民经济学家所推动的仅有的车轮"。"资产阶级的生产关系和交换关系，资产阶级的所有制关系，这个曾经仿佛用法术创造了如此庞大的生产资料和交换手段的现代资产阶级社会，现在像一个魔法师一样不能再支配自己用法术呼唤出来的魔鬼了"。[①] 社会主义的公有制、集体主义、人民当家作主、和谐以及追求公平正义的价值取向，为社会主义精神文明建设提供了坚实的基础和广阔的前景。笔者认

---

① 《马克思恩格斯选集》第 1 卷，人民出版社 1995 年版，第 40、277—278 页。

为，在中国特色社会主义和社会主义核心价值观的视野下，精神文明建设迎来了真正的春天，我们应站在文化哲学的高度全面地历史地审视精神文明的现状，把"主要着力点"放在解决精神空虚的问题上。只要我们深入理解了社会主义核心价值观中的每一个价值理念及其相互之间的内在联系，就不难发现其所彰显的科学精神与人文精神、民族精神与时代精神、个人主义与集体主义、功利主义与道德主义等多重文化精神相统一的特点。而如果我们真的把握住了这一特点，也就自然会领悟，社会主义精神文明建设一刻也离不开科学发展观和社会主义和谐文化的背景，我们也许就会逐渐认识到：现代工商业文明是有其与生俱来的"文化痼疾"的，它必须适度地回归或汲取农业文明的养料，解决"接地气"和种种关系的和谐问题；在中国特色社会主义背景下，必须把和谐文化精神和竞争文化精神辩证统一起来，在和谐中讲究竞争，在竞争中追求和谐。只有这样，才能从根本上解决精神空虚问题。

再次，抓住目前社会主义精神文明建设的"关键切入点"，从理论上说明如何才能建设好中华民族共有的精神家园。

从解决精神空虚和精神空虚蔓延的着力点出发，必然引申到建设中华民族共有的精神家园。那么，如何才能建设好我们"共有的精神家园"，抓住目前精神文明建设的"关键切入点"呢？结合中国共产党和国家的一系列号召、宣传、规划、政策及其法规，结合有识之士的一系列观点和看法，笔者从宏观上勾勒如下：

一是认真读书学习，坚定理想信仰。读书、读好书是提升人的思想道德、精神境界和科学文化素质的重要途径，也是充实个人生活、解决精神空虚的最有效的办法。读书要读经典，特别是读那些充满正能量、改变人类精神世界、推动人类文明不断进步的好书。而这样的好书读到一定程度，你会发现，它们所传达的优秀思想文化和所彰显的优秀文化精神具有很大的"共通性"。目前，不少人对马克思主义指手画脚、评头论足甚至产生严重误解，是因为他们根本不懂马克思主义，根本没有认真踏实地学习马克思主义的经典著作。须知，对社会规律的揭示，特别是对资本主义工商业文明的揭示和批判，以及对人的自由而全面发展的共产主义的合理预测，是马克思主义中最精华的东西，截至目前，没有一个思想家超越了马克思，这也是连西方思想界都不得不承认的事实。目前，我们已经进入了学习型社会，终身学习是建设精神文明的最大前提，也是解决精神空虚的必由之路。我们一定要用马克思主义中国化的最新成果武装全党、教育人民，不断创造出贴近群众生活、深受群众欢迎的马克思主义普及读物和精品力作，更加客观有效地解决人民群众的理想信仰问题。

二是传承优秀文化，陶冶道德情操。文化是民族的血脉，是人民群众最不可或缺的精神家园。党的十八大以来，习近平在一系列重要讲话中，多次强调，"实现中国梦必须弘扬中国精神"，"培育和弘扬社会主义核心价值观必须立足中华优秀传统文化"。因为，"中华文化积淀着中华民族最深沉的精神追求，是中华民族生生不息、发展壮大的丰厚滋养"。① 他把中华优秀传统文化概括为"讲仁爱、重民本、守诚信、崇正义、尚和合、求大同"六个主要方面，要求我们挖掘其时代价值，实现传统文化的创造性转化和创新性发展。以笔者的拙见，以儒家为代表的中国优秀传统文化是一种"德性"文化，这种"德性"绝不只是源于孝道的尊尊和亲亲，也不只是发端于"仁爱"和"忠恕"的"温良恭俭让"或"仁义礼智信"，而是由"内圣"到"外王"的大德和大智的统一。早在周代开始，我们的文化就把"天意"、"民意"和"德性"做了相一致的理解，要想符合天意，就必须符合民意，最大程度地满足和实现广大人民群众的利益要求，这是国家和社会治理者的最高德性，所谓"民为邦本，本固邦宁"、"民为贵，社稷次之，君为轻"讲的就是这种最高德性的重大价值意义。更为重要的是，这种以"仁爱"为本体，以

---

① 《习近平论中国传统文化——十八大以来重要论述选编》，《党建》2014 年第 3 期。

"和谐"为方略的"德性"也是个人自我陶冶情操，成就自己生命价值的必然追求。牟宗三指出，中国人的"德性"观念是一种对自己生命的关心，这种关心自己的生命，并不是生物学的关心，也不是知识论态度的关照，而是属于实践论的关心。"仁这个观念完全是个道德理性的观念，是属于实践的问题。了解仁是要了解如何使人类的生命实践地顺适调畅，并不是了解几个细胞系统。"①简单地说，中国优秀传统文化是政治文化与伦理文化、自强不息与厚德载物的统一，其核心或者说价值诉求是：江山社稷永固，黎民百姓安康，道德人格高尚。而这又正好和社会主义核心价值观"三个层面"的倡导有着文化精神上的共通性。懂得了这些，就懂得了中国特色社会主义先进文化的来龙去脉，就能够在全球化的"文化软实力"竞争中不失语，不"他者"化，也就能真正引导人民群众讲道德、尊道德、守道德，建设中华民族共有的精神家园。

三是树立文明风尚，净化社会风气。令人欣喜的是，近年来，作为社会主义精神文明建设的重要载体，我国的群众性精神文明创建活动蓬勃发展、呈现出良好发展势头。从学雷锋日到最美教师和医生的寻找，从青年志愿者到文化下乡活动，从星光大道到各种公益性活动，这些群众性的精神文明创建活动陶冶了人们的情操、净化了社会风气，大大提高了人民群众的文化素质，为改革开放和社会主义现代化建设创造了良好的社会环境。党的十八大进一步强调，要深化群众性精神文明创建活动，把社会主义核心价值体系建设融入精神文明建设之中，力求通过内容丰富、形式多样的创建活动，培育和践行社会主义核心价值观，最大程度地增强人民群众的认同感和亲近感。目前，我们还可以进一步做好以下几方面的工作：其一，以制度、规范和常态化的群众性精神文明创建活动为载体，为社会主义核心价值观的培育和践行提供稳定持久的制度保证。其二，以"我"为主，包容多样，在大力弘扬中华传统优秀文

---

① 牟宗三：《中国哲学十九讲》，上海古籍出版社2005年版，第37页。

化和社会主义先进文化的基础上，兼容并蓄多种优秀文化成分。譬如，"国学热"不能彻底否定"西学"，春节、清明节、端午节、中秋节等传统节日中文化活动的开展也不要贬斥和限定人们在圣诞节、情人节的一些文明举止，"洋装穿在身，我心是中国心"就好。其三，要特别注重在全社会树立践行社会主义核心价值观的典范。须知，榜样的力量是无穷的。雷锋是 50 多年前伟大领袖毛泽东给全体中国人民树立的榜样，凝结着几代中国人的道德记忆，具有历久弥新的示范效应。近年来，通过"感动中国"的道德楷模的评选，诞生了一个个来自基层、来自群众的精神典范，这些凡人善举引起了巨大的社会反响并带来了群体效仿的社会效应。"如果说政治的指令只能指挥人甚至强迫人，那么，榜样则能吸引人、打动人，榜样让抽象、理论化的社会主义核心价值体系变得具体化、通俗化，它是人民群众看得见的价值体系。"[1]

五、社会主义核心价值观与党的建设

从近现代发展史看，中国共产党的每一次发展壮大都和党自身的建设密切相关，这种建设不仅表现在政治和组织方面，更重要的是体现在思想文化方面。党的每一次大的思想文化建设，本质上都是核心价值理念和价值追求的大洗礼，或者可看作是对党自身的核心价值观的大教育。新民主主义革命时期，党通过延安时期的思想文化建设，形成了当时中国社会最先进的文化精神——延安精神。坚定的共产主义政治理想信念、全心全意为人民服务的价值宗旨、实事求是的思想路线以及艰苦奋斗的工作作风，是延安精神的主要价值内涵。延安红色文化精神的形

---

① 罗国杰主编：《社会主义和谐社会核心价值体系研究》，中国人民大学出版社 2012 年版，第 335 页。

成，是和中国共产党及其领导的革命人民壮大成熟的社会历史密切相关的，它承载了中华民族生死存亡和中国社会光明与黑暗选择的历史，它是所有红色文化精神诸如井冈山精神、长征精神、西柏坡精神、大庆精神、雷锋精神中内涵最全面、特征最完整的文化精神，集中反映了中国共产党在新民主主义革命时期文化建设上或价值观教育上的重大成果。进入改革开放的社会主义建设新时期后，党的文化建设及其价值观教育更显迫切和重要。剧烈的社会转型、复杂的社会矛盾、深层的文化危机、诡谲的国际风云，这一切都在考验着中国共产党人的文化胆略和价值选择。"在更深一层意义上说，这不只是消极抵御腐朽意识的侵蚀，更意味着共产党人要以博大的胸怀、恢宏的气势吸取人类文明的一切精神成果，构筑自己充分体现时代精神、足以站在当代人类思想文化高地的先进价值观念和道德境界，使中国共产党始终成为走在时代前列的先进政党。"①从社会主义市场经济的确立到科学发展观的提出，从社会主义和谐文化建设到社会主义核心价值观的凝练，中国共产党以思想文化建设的实际行动，向世人证明了自己的精神气度和先进性。

　　然而，必须清醒地看到，在新的历史条件下，中国整个社会的思想文化呈现出纷繁复杂状态，党的精神生活领域，也不可避免地遇到了许多新问题，面临着许多新挑战。其中最大的挑战是胡锦涛在中国共产党建党九十周年大会上提出的"精神懈怠"的挑战。我们的社会主义核心价值观教育要很好地融入党的建设，就必须首先从解决精神懈怠入手。

　　何谓精神懈怠？从目前学界的研究现状看，一般都从两方面剖析其内涵：一是党员干部个人的"精神懈怠"，即个人的"意识、思维活动和自觉的心理状态产生松弛，缺乏积极主动的心理状态，出现不思进取，情绪、意志、精力和活力开始下降，道德品质开始出现滑坡甚至蜕变的情况"；二是党组织的"精神懈怠"，即"党的思想理论活动的活力

---

① 蔡霞：《全球化与中国共产党人价值观》，四川人民出版社2002年版，第71页。

发生递减，产生保守、迟钝、停滞或禁锢的状况，党组织的凝聚力和向心力开始弱化，体现党的性质的精神面貌和工作作风出现退化甚至败坏的情况"。① 当然，两者之间不是彼此独立、毫无关系的，而是存在着内在的不可分割的联系。"一方面，党组织的'精神懈怠'既以全局性的方式反映和体现党员个人的'精神懈怠'，同时又对党员个人有着总体的消极导向和传染性影响；另一方面，党员个人的精神懈怠既以党组织的精神状态为形成背景，同时又因其扩散和蔓延对整个党组织的精神懈怠产生负面影响。"②

精神懈怠是中外历代执政者都没有绕开的问题，黄炎培和毛泽东的枣园"窑洞对话"，谈的就是精神懈怠的问题，其"初时聚精会神，没有一事不用心，没有一人不卖力"，"继而环境渐渐好转了，精神也渐渐放下了"所导致的"其兴也勃焉，其亡也忽焉"的惨痛教训，给后人留下了所谓"历史周期律"的探究。在中国共产党历史上，精神懈怠在不同的历史时期确实都不同程度地存在过。早在新中国成立之前的七届二中全会上，毛泽东就指出党内有"四种情绪"的精神懈怠："因为胜利，党内的骄傲情绪，以功臣自居的情绪，停顿起来不求进步的情绪，贪图享乐不愿再过艰苦生活的情绪，可能生长。"因而告诫党员干部"务必使同志们继续地保持谦虚、谨慎、不骄、不躁的作风，务必使同志们继续地保持艰苦奋斗的作风"。③ 目前，党内精神懈怠现象出现的主要根源在于：第一，所取成就遮蔽了视野，既定格局束缚了手脚。特别是改革开放以来，随着经济社会全面快速地发展，"中国模式"、"中国道路"逐渐为世人所公认，不少党员干部滋生了"盛世心态"和自满情绪；更为主要的是，我们长时期僵化的、缺乏活力的干部用人机制也在助长精

---

① 黄百炼：《精神懈怠与执政危险》，《当代世界与社会主义》2011 年第 6 期。

② 刘维春、李新生：《"精神懈怠"现象的深度耕犁与化解》，《天水行政学院学报》2013 年第 5 期。

③ 《毛泽东选集》第 4 卷，人民出版社 1991 年版，第 1438—1439 页。

神懈怠，当拉帮结派、论资排辈、"干好干坏一个样"定格为常态，人们自我价值和社会价值的预期就会严重受挫，精神懈怠也就是必然的了。第二，对社会转型背景下的"国情"和"世情"认识不足。就国情的认识看，不少党员干部对"社会主义初级阶段"的理解处在表面的层次，认为就是生产力落后，就是要抓经济，因而当社会制度和政治文化并没有因为经济的发展而变得更加健全和有效时，他们有些气馁了；还有不少党员干部借口"中国特色"而几乎忘记了"社会主义"的本真，或者，把这种理解和做法所引发的种种社会矛盾归结于马克思主义或社会主义本身，于是，对国情的认识不足导致了深层的思想和信仰危机。就世情的认识看，不少党员干部被全球化、现代化和急剧的社会转型搞得头昏眼花，特别是对西方国家的文化渗透和一系列新挑战认识不足，加之各种复杂的社会思潮的影响，其精神活力有被钝化的趋势。第三，主观方面的"四信"动摇和"三政"蔓延。所谓"四信"动摇，即在思想层面上对共产主义信念、马克思主义信仰、中国特色社会主义信心、中国共产党的信任发生了动摇。所谓"三政"蔓延，是指作风层面的"庸政"（宗旨意识淡薄）、"懒政"（责任心使命感不强）、"散政"（组织制度松懈及纪律不严）的影响和蔓延。这种动摇和蔓延既是精神懈怠的主观方面的原因，又必然会通过各种各样的精神懈怠表现出来。譬如，目前封建主义的"官场文化"在党内就有滋长蔓延的趋势。我们不难发现，"有些干部，权欲熏心，整天琢磨着向上爬，溜须拍马，阿谀奉承，拉帮结派，欺上瞒下。有些干部，不是潜心于工作，立足于做人、做事，而是琢磨、学习政客们谋官图财的所谓学问"。于是，干部任用和评判标准发生了变异，那些"坚持原则、有能力、有魄力的，往往被说成'不善于团结人'；有比较深刻的洞察力、能够发现问题、提出主张、敢讲真话实话的，往往被说成是'不成熟'；那些正派的、干事的，真正有能力、有贡献的干部，因为不屑于'套磁'拉关系，往往受到不公正的待遇；提拔晋升，要看关系，靠幕后功夫。用人上的失误诱导人们去琢磨'官场文化','官场文化'又进一步导致用人上的失误,两者形成恶性循环,严重败坏了党内风气"。① 这种"官场文化"如果任其蔓延,不仅将严重腐蚀党的先进性和纯洁性,而且会进一步加剧党员干部和党组织的精神懈怠。

那么,如何才能解决精神懈怠的问题? 笔者以为,总体上就是要把社会主义核心价值观教育与党的建设相结合,形成适应党情、国情、世情的党的文化。具体应从以下几方面着手:

首先,要不断强化党的各级组织和党员干部的宗旨意识。邓小平曾深刻地指出:"共产党的领导够不够格,决定于我们党的思想和作风。"② 加强对党的各级组织和党员干部的社会主义核心价值观教育的最重要也是最根本的途径,莫过于把党的思想建设和作风建设结合起来,而这种"结合"的最直接入口就是时时刻刻践行党的"为人民服务"的宗旨。因为无论是马克思主义的思想教育还是中国特色社会主义共同理想的教育,都必须通过真抓实干、求真务实的"为人民服务"的作风体现出来。在这个意义上,"为人民服务"的宗旨是中国共产党人的根脉、路向和旗帜。东汉许慎《说文解字》对"宗旨"的释义是:"宗,尊祖庙也";"旨,美也"。所谓宗旨,"就是应该奉行的、不可亵渎的、不可违背的、美好的意图指向"。"我们党从建党那天起,就是为了人民的……它的底蕴在于'人民'二字,它的力量也在于'人民'二字",其"底蕴之深厚,力量之强大,远远超过了反动统治阶级所拥有的全部金钱与武器"。③

自1944年9月8日毛泽东在张思德追悼会上发表"为人民服务"的演讲以来,"为人民服务"已经成为中国共产党进行党建工作的一块"基石"。在党的七大上,"为人民服务"明确成为党的宗旨,毛泽东在

---

① 李忠杰:《论建设先进的党内文化》,《党建研究内参》2002年第7期。
② 《邓小平文选》第2卷,人民出版社1994年版,第368页。
③ 高占祥:《十论党的宗旨——重读〈为人民服务〉》,北京时代华文书局、安徽人民出版社2013年版,第2—3页。

报告中有大段的讲话都是阐述这一宗旨的："我们共产党区别于其他任何政党的又一个显著的标志，就是和最广大人民群众取得最密切的联系。全心全意为人民服务，一刻也不脱离群众；一切从人民的利益出发，而不是从个人或小集团的利益出发；向人民负责和向党的领导机关负责的一致性；这些就是我们的出发点。共产党人必须随时准备坚持真理，因为任何真理都是符合于人民利益的；共产党人必须随时准备修正错误，因为任何错误都是不符合于人民利益的。……总之，应该使每个同志明了，共产党人的一切言论行动，必须以合乎最广大人民群众的最大利益，为最广大人民群众所拥护为最高标准。应该使每一个同志懂得，只要我们依靠人民，坚决地相信人民群众……和人民打成一片，那就任何困难也能克服，任何敌人也不能压倒我们，而只会被我们所压倒。"①毛泽东的这段讲话，不仅明确了中国共产党区别于其他政党的显著标志是"和最广大的人民群众取得最密切的联系"，而且指明了中国共产党办事的出发点是"一切从人民的利益出发"，"全心全意为人民服务"，更为重要的是，还论及了共产党人一切言论和行动的"最高标准"，就是"必须以合乎最广大人民群众的最大利益，为最广大人民群众所拥护为最高标准"。可以说，毛泽东是中国共产党"为人民服务"宗旨和群众路线的最主要的缔造者。正是因此，党的十一届六中全会通过的"关于历史问题的若干决议"中，把"群众路线"看作是毛泽东思想的灵魂；党的十三届六中全会又明确把"群众路线"规定为党的根本工作路线，并指出这是"中国共产党的优良传统和政治优势"。进入新世纪以来，中国共产党开展的每一次大的自身建设活动，都和党的"为人民服务"的宗旨密不可分：从保持共产党员先进性教育，到科学发展观教育，再到群众路线教育实践活动，这一切都在昭示着，中国共产党是中国人民的党，是中华民族的历史发展和文明演进中选择和锤炼出的党，

① 《毛泽东著作选读》下册，人民出版社 1986 年版，第 591—592 页。

其政治生命和文化生命都不容许和广大人民群众割舍开来。

把社会主义核心价值观教育和党的建设结合起来，这是培育和践行社会主义核心价值观的首要任务，也是目前在全党深入开展群众路线教育实践活动的必然举措。作为党员，我们对十八大以来党的群众路线教育实践活动和声势浩大的反腐败工作坚决拥护，对所取得的成就颇感欣慰，同时对未来的党建工作充满期待。在此，我们结合社会主义核心价值观教育，在强化党的宗旨意识上仅谈三点看法以供参考：一是坚定理想信念，汲取和融汇各种优秀文化精神的营养。毛泽东有一个著名论断："人是要有一点精神的"。① 这和中国古代圣贤们讲的"人之为人者"的观点不谋而合。作为一个政党，坚定理想信念和政治信仰是使其成其为"伟大"的最重要的精神力量，对此，邓小平曾十分肯定地指出："如果我们不是马克思主义者，没有对马克思主义的充分信仰，或者不是把马克思主义同中国自己的实际相结合，走自己的道路，中国革命就搞不成功，……对马克思主义的信仰，是中国革命胜利的一种精神动力。"② 坚定的理想信念和政治信仰和党的为人民服务的宗旨在文化精神上是完全相通的，马克思主义、中国特色社会主义，其价值主体都是"人民"，其最终价值目标都是广大人民群众的利益需要。在技术和物质异常发达和繁华的今天，中国共产党的各级组织和每一个党员干部都必须"有一点精神"，都必须坚定我们的理想信念，这样我们的心灵才不至于为"物欲"和"私利"所充塞，不至于从生活状态的精神空虚走向为政状态的精神懈怠。同时，要懂得和学会汲取、融汇各种优秀文化精神的营养。作为一个学习型的政党，我们要在学习和比较中坚定我们的理想信念，马克思主义是人类优秀文化成果的结晶，中国特色社会主义更是在现代化的伟大实践中对马克思主义的坚持和发展。没有学习精神和包容气

① 《毛泽东文集》第 7 卷，人民出版社 1999 年版，第 162 页。
② 《邓小平文选》第 3 卷，人民出版社 1993 年版，第 67 页。

度，一个党既不可能有坚定的理想信念，更不可能长期地执政。二是反对形式主义，老老实实地融入人民群众的生活世界中去。社会主义核心价值观的教育和党的群众路线是高度一致的，没有从群众中来到群众中去的"接地气"的工作作风，就谈不上社会主义核心价值观的培育和践行。形式主义的大话、空话、套话讲的多了，就会引起人民群众的反感和失望，并在事实上沦为毫无价值的假话。只有体察民情、关注民生，老老实实地为人民群众办实事、办好事，才会得到广大人民群众的认可和拥护，才能夯实党长期执政的根基。三是反对官僚主义，真正在实践行动中把"为人民服务"和"替人民作主"区分开来。官僚主义在现实生活中有种种表现，其中，最突出最本质的表现是把"为人民服务"理解和异化为"替人民作主"，前者是"公仆意识"，后者是封建的集权和"官本位"意识。由于我国传统政治文化的血缘和伦理色彩，使得我们的政治生活和体制、机制运作总是受到"家国一体"、"情大于法"的困扰，不少党员干部即使为人民做了一些好事和实事，更多时候也是在封建的"家长制"的作祟下完成的，并且往往会居功自傲，或作为"政绩"向上级组织或领导邀功邀宠，仿佛自己真的就成了一方的"父母官"或"青天大老爷"。须知，人民群众是真正的英雄和历史的创造者，而我们个人往往是幼稚可笑的，"从群众中来到群众中去"的前提是"一切相信群众，一切依靠群众"，没有"立党为公、执政为民"的情怀，没有甘当人民的小学生和勤务兵的胸襟，是不可能将党"为人民服务"的宗旨转化为一种文化自觉的。

其次，要使党员干部深入理解社会主义民主的文化价值。在中国共产党和国家提出的社会主义核心价值观中，"民主"是仅次于"富强"的价值追求，没有民主的富强，是不可能达到真正的"文明"和社会"和谐"的。社会主义民主政治是克服封建官僚主义和集权政治的良方，也是杜绝资本主义式的金钱政治、"资本"民主的锐利武器。邓小平曾一针见血地指出过封建性的文化残余在党内政治生活中的种种表现："从党和国家的领导制度、干部制度方面来说，主要的弊端就是官僚主义现象，权力过分集中的现象，干部领导职务终身制现象和形形色色的特权现象。"[①] 这些现象是社会主义民主政治的天敌，不仅严重影响着党的建设和社会主义核心价值观的培育与践行，还严重阻碍着社会主义和谐文化的生成。

事实上，民主是一个历史范畴，民主及其制度所蕴含的文化价值始终代表着人类历史前进的方向。"古希腊精神对后世影响最大的就是它的民主精神，其集中表现为雅典城邦的奴隶主阶级民主政治。"[②] 中国古代的民本思想中也不能不说蕴含着某些"民"主的萌芽，如"天视自我民视，天听自我民听"、"民之所欲，天必从之"。欧美在近代较早进行了资产阶级革命，也较早进行了现代民主政治的尝试，相比于古代的民主，特别是相比于等级依附和终身制、世袭制，现代民主政治具有很大的历史进步性，其所包含的精神价值无疑代表了人类历史前进的方向。然而，正像国内有学者指出的一样，"资产阶级民主仍然是民主的阶段性形态"，"远没有实现真正的人民民主"；相反，"西方民主越来越劣质化，成为金钱和资本运作的遮羞布；这种民主也越来越窄化，似乎民主仅仅是投票权而已，一旦投票结束，政治就成为政客们的天下；这种民主也越来越片面化，在工作岗位以及经济、社会和文化生活方面，普通人民缺少权利；这种民主在不顾条件地推行到发展中国家时，不是让社会落入无序的混乱，就是因无尽的争斗让国家陷入内战而后出现新的独裁秩序"。[③] 可见，在"文化软实力"竞争愈演愈烈的今天，借口"普世价值"而照搬照抄西方的民主制度，就真的会落入一些发达资本主义国家设计好的"全球化陷阱"之中。但我们也绝不能因噎废食，回避或无视民主的价值。没有民主就没有社会主义的所有价值追求。用唯物史

---

① 《邓小平文选》第 2 卷，人民出版社 1994 年版，第 327 页。
② 李小三主编：《中国共产党人精神研究》，中央文献出版社 2008 年版，第 33 页。
③ 韩震：《人民民主是中国特色社会主义的基本价值追求》，《党建》2014 年第 2 期。

观的眼光看，人类社会应该是越来越民主的社会，"每个人自由而全面的发展"，从来都是马克思主义的信念和追求。中国共产党自成立之日起，就以争取和实现人民民主为己任。新民主主义革命时期，中国共产党团结全国各族人民为实现自由民主的新中国浴血奋战，毛泽东回答黄炎培跳出所谓"历史周期律"的根本途径就是：实现人民民主。在中国特色社会主义的实践中，"我们不仅有民主，而且我们的民主探索更具实际意义和实质内容。我们不仅有中国特色的选举民主，而且创新发展了协商民主；我们不仅有人民代表大会制度，而且有各党派团体之间的政治协商制度；我们不仅在国家政治治理层面有民主的制度安排，而且在经济、文化和社会任何领域以及基层都有民主参与和民主监督。"① 那种只标榜西方资本主义国家的民主，而否认我们国家有民主、有人权存在的人，不仅是对中国特色社会主义的否定，甚至根本没有理解民主的真正内涵，根本不懂得民主的社会历史特性。

需要特别强调的是，在中国共产党党内，民主就是在党的政治生活中，全体党员一律平等地表达意愿和自己的主张，直接或间接地参与管理党内事务的制度。这样的民主能促进党员与党员、党员与组织、党员与干部之间在思想情感上的沟通与理解，形成一种诚信友爱、团结向上的党内文化氛围。但必须清醒地认识到，这样的民主是民主集中制下的民主，即民主是集中的前提和基础，集中是民主发展的必然要求和结果："没有民主，就没有正确的集中；没有集中，就不能形成正确的路线方针政策，不能形成全党的统一意志。"② 在社会主义核心价值观教育的背景下，要真正深入理解和切实落实民主集中制，就必须坚决杜绝两种错误倾向：一是以所谓的"大民主"、"全民民主"来否认必要的集中，甚至放弃集中。这样的民主不仅不利于集中力量干大事、干实事，而且

① 韩震：《人民民主是中国特色社会主义的基本价值追求》，《党建》2014年第2期。
② 汪洋：《党内文化新论》，中共中央党校出版社2006年版，第212页。

极有可能形成"多数人对少数人的暴政"。二是把民主集中制作庸俗化的理解和落实。我们不难发现,有些党员干部、特别是一些单位的"一把手"们,已经把党的"民主集中制原则"严重地扭曲、变味了:当需要推诿工作、推卸责任时,他们口若悬河,一腔"民心民意",大谈特谈"民主",当需要营私舞弊、耍权弄术时,他们又满腹原则,一脸"正气凛然",大讲特讲"集中"。这样的"民主"和"集中"都离开了"制"的约束,是对历史上奴隶的、封建的和资本主义的腐朽政治文化的翻版,也是对社会主义民主政治的彻底否定。只有坚决反对和杜绝上述两种错误倾向,以增强党的团结与活力为核心,以提高党的执政能力为重点,以保障党员群众的基本权利为基础,才能做到:"既要解决集中不够的分散主义导致'有令不行、有禁不止'的问题,又要解决过度集中的集权主义引发官僚主义、个人专断和家长作风问题;既要解决民主不够导致侵犯党员民主权利的问题,又要防止极端民主化导致党组织软弱涣散的问题;既要解决批评和自我批评难的问题,又要解决'一团和气'的问题。"[①] 也只有这样,民主监督和民主政治协商的社会主义政治文化生态才能形成,在中国共产党的建设中,社会主义核心价值观的培育和践行也才是真实可信的。

再次,要坚定不移地将党风廉政建设进行到底。把社会主义核心价值观教育和党的建设结合起来的落脚点是党风廉政建设,这也是中国共产党对人类社会发展规律、社会主义发展规律和执政党执政规律的深刻理解和把握后,所得出的共识和所做出的必然抉择。"要想警车不响,必先警钟长鸣",社会风气的好坏源于政治风气的好坏,而政治风气的好坏又直接要看执政党的党风廉政建设。在中国共产党的历史上,对党风廉政建设从来都是十分重视的。党的十八大报告在重申"为人民服务"的宗旨后,再次把党风廉政建设摆在十分突出的位置,要求各级党组织

---

① 汪洋:《党内文化新论》,中共中央党校出版社 2006 年版,第 214 页。

和党员干部都"坚持实干富民、实干兴邦，敢于开拓，勇于担当，多干让人民满意的好事实事。坚持艰苦奋斗、勤俭节约，下决心改进文风会风，着力整治庸懒散奢等不良风气，坚决克服形式主义、官僚主义，以优良党风凝聚党心民心，带动政风民风。"①

党的十八大后，反腐败和党风廉政建设进入了新的历史时期，达到了新的历史高度，而这也正是培育和践行社会主义核心价值观的必然举措。国内有学者深刻地指出："建国初期，人们刚刚翻身当家做主人，只这一条，就会让他们山呼万岁。……今天的人民大众多是与新中国一起长大或建国后出生的，他们对生活，对主人的地位，对执政党、人民政府都有新的要求，而不只满足于物质上的丰足，而是更要求社会公正、公平。"②所以，反腐败和党风廉政建设的首要任务就是在党内乃至全社会培育和践行自由、平等、公正、法治的社会主义核心价值观，要真正用社会的公正赢得广大人民群众的信任和拥护。

同时，加强党风廉政建设也是中国共产党党内文化建设的必然举措，必须注重从中华优秀传统文化中吸取营养。顾炎武指出，"士大夫无耻，是为国耻"。中华优秀政治文化的用人标准从来都是德才兼备，德为先。唐代韩愈在批判道教和佛教所造成的时弊的基础上，曾构建了一个儒家政治文化传承的"道统"谱系，即尧传舜、舜传禹、禹传汤、汤传文武周公、文武周公传孔子、孔子传孟轲。所谓"轲之死，不得其传也。"他讲的实质上是后世的封建统治者以"权力意识"和"官本位"来解读和遮蔽儒家的"天意"和"民本"的历史文化现象。其实，儒家的优秀政治文化传统是腐朽的封建统治者遮蔽不了的。就在和韩愈同时

---

① 胡锦涛：《坚定不移沿着中国特色社会主义道路前进，为全面建成小康社会而奋斗——在中国共产党第十八次全国代表大会上的报告》，人民出版社 2012 年版，第 51 页。

② 高占祥：《十论党的宗旨——重读〈为人民服务〉》，北京时代华文书局、安徽人民出版社 2013 年版，第 82—83 页。

代的柳宗元那里，又提出了"德绍者嗣，道怠者夺"的儒学政治主张。到宋明理学的周敦颐那里，儒学政治文化的优秀传统在兼容道、佛两家后，熔成了一种"出淤泥而不染"的"莲花情结"，并被后来的朱熹以"天理"和"人欲"之辩赋予了现实的内涵。照朱熹看来，"天理"和"人欲"是相通的，区别只在于一个人是否具备了起码的德性，并在此基础上理解"中庸之道"，与时俱进地把握适度原则。譬如"饮食男女"是人欲，也是天理，但如果吃山珍海味，娶三妻四妾就是背离天理的人欲了。特别是对统治阶层而言，儒家的"贵贱尊卑"伦理已经保证了其显赫的地位和充分的利益，照此"天理"的"人欲"本来是无可厚非的，但如果不思进取，不顾国家民族安危，不管广大人民群众的疾苦，不满足人民群众谋取起码的利益要求，只顾个人和少数统治者的骄奢淫逸，就必然会"出淤泥而染"，就是地地道道彻头彻尾的"人欲"了。目前，在反腐败和党风廉政建设中，社会主义核心价值观教育必须汲取儒家政治文化的营养，这就是我们在前面反复提到的优秀文化精神，即江山社稷永固，黎民百姓安康，道德人格高尚。

党的十八大标志着中国社会"后当官时期"的来临，十八大后的反腐败和党风廉政建设也已经取得了重大的阶段性成果。对一个拥有着5000年悠久文明的民族和7800多万党员的社会主义执政党来说，这还远远不够，反腐败和党风廉政建设"正在路上"。可以肯定的是，民族伟大复兴的"中国梦"犹如一幅壮美的历史画卷，越来越清晰地展现在中国人民面前，它是理想、信念，更是不屈不挠的实践和奋斗，相信我们一定会美梦成真！

参 考 文 献

一、文献与著作

1.《马克思恩格斯选集》第 1—4 卷，人民出版社 1995 年版。

2.《马克思恩格斯文集》第 1—10 卷，人民出版社 2009 年版。

3.《列宁选集》第 1—4 卷，人民出版社 1995 年版。

4.《列宁专题文集》第 5 卷，人民出版社 2009 年版。

5.《毛泽东选集》第 1—4 卷，人民出版社 1991 年版。

6.《毛泽东文集》第 1—8 卷，人民出版社 1993—1999 年版。

7.《毛泽东著作选读》（上、下册），人民出版社 1986 年版。

8.《邓小平文选》第 1—3 卷，人民出版社 1993—1994 年版。

9.《孙中山选集》，人民出版社 1981 年版。

10.《孙中山全集》第 1—11 卷，中华书局 1981—1986 年版。

11.《〈中共中央关于构建社会主义和谐社会若干重大问题的决定〉辅导读本》，人民出版社 2006 年版。

12.《十六大报告辅导读本》，人民出版社 2002 年版。

13.《十七大报告辅导读本》，人民出版社 2007 年版。

14.《坚定不移沿着中国特色社会主义道路前进　为全面建成小康社会而奋斗——在中国共产党第十八次全国代表大会上的报告》，《人民日报》2012 年 11 月 18 日。

15.《中国共产党历史》第 1 卷上、下册，中共党史出版社 2011 年版。

16.《建国以来毛泽东文稿》第 6 册，人民出版社 1992 年版。

17.《学习胡锦涛在庆祝中国共产党成立九十周年大会上的讲话》，人民日报出版社 2011 年版。

18.《社会党国际文件集》，黑龙江人民出版社 1989 年版。

19.《国外中共党史中国革命史研究译文集》，中共党史出版社 1999 年版。

20.《习近平总书记系列讲话精神学习读本》，中共中央党校出版社 2013 年版。

21.《习近平论中国传统文化——十八大以来重要论述选编》，《党建》2014 年第 3 期。

22.《中共中央关于深化文化体制改革 推动社会主义文化大发展大繁荣若干重大问题的决定》，《中国教育报》2011 年 10 月 26 日。

23.《关于培育和践行社会主义核心价值观的意见》，《光明日报》2013 年 12 月 24 日。

24. 休谟：《人性论》，商务印书馆 1980 版。

25. 休谟：《人类理智研究》，商务印书馆 1999 年版。

26. 康德：《道德形而上学原理》，上海人民出版社 1986 年版。

27. 康德：《论教育学》，上海人民出版社 2005 年版。

28. 黑格尔：《小逻辑》，商务印书馆 1982 年版。

29. 黑格尔：《哲学史讲演录》第 1—4 卷，商务印书馆 1981 年版。

30. 黑格尔：《历史哲学》，上海书店出版社 2001 年版。

31. 柏拉图：《理想国》，商务印书馆 2002 年版。

32. 张志伟、冯俊等：《西方哲学问题研究》，中国人民大学出版社 1999 年版。

33. 孙正聿：《哲学导论》，中国人民大学出版社 2000 年版。

34. 石元康：《从中国文化到现代性：典范转移?》，三联书店 2000 年版。

35. 李泽厚：《李泽厚哲学文存》（上、下），安徽文艺出版社 1999 年版。

36. 范进：《康德的文化哲学》，社会科学文献出版社 1996 年版。

37. 卡西尔：《人论》，上海译文出版社 2007 年版。

38. 卡西尔：《符号·神话·文化》，东方出版社 1988 年版。

39. 成云雷：《趣味哲学》，上海古籍出版社 2001 年版。

40. 雅斯贝尔斯：《智慧之路》，中国国际广播出版社 1988 年版。

41. 雅斯贝尔斯：《历史的起源和目标》，华夏出版社 1989 年版。

42. 文德尔班：《哲学史教程》，商务印书馆 1993 年版。

43.亚当・斯密:《道德情操论》,北京出版社 2008 年版。

44.冯友兰:《中国哲学简史》,北京大学出版社 1996 年版。

45.冯友兰:《中国哲学史》上、下册,华东师范大学出版社 2000 年版。

46.张岱年:《中国哲学大纲》,中国社会科学出版社 1982 年版。

47.张岱年:《文化与哲学》,中国人民大学出版社 2006 年版。

48.钱穆:《中国文化精神》,九州出版社 2012 年版。

49.梁漱溟:《东西文化及其哲学》,商务印书馆 1999 年版。

50.牟宗三:《中国哲学十九讲》,上海古籍出版社 2005 年版。

51.贺麟:《文化与人生》,商务印书馆 1996 年版。

52.唐君毅:《中国文化之精神价值》,江苏教育出版社 2006 年版。

53.韦政通:《中国文化与现代生活》,中国人民大学出版社 2005 年版。

54.朱谦之:《文化哲学》,商务印书馆 1990 年版。

55.洪晓楠:《哲学的文化转向》,人民出版社 2009 年版。

56.许啸天:《老子》,光明日报出版社 1995 年版。

57.莫里斯・戈兰:《科学与反科学》,中国国际广播出版社 1988 年版。

58.马尔库塞:《单向度的人》,上海译文出版社 1989 年版。

59.周晓亮:《休谟哲学研究》,人民出版社 1999 年版。

60.黄力之:《马克思主义文化哲学与现代性》,上海三联书店 2006 年版。

61.冯友兰:《哲学的精神》,陕西师范大学出版社 2010 年版。

62.衣俊卿:《文化哲学十五讲》,北京大学出版社 2004 年版。

63.邹广文:《当代中国大众文化论》,辽宁大学出版社 2000 年版。

64.斯宾格勒:《西方的没落》上卷,商务印书馆 1963 年版,1995 年印本。

65.杜威:《经验与自然》,商务印书馆 1960 年版。

66.库恩:《必要的张力》,福建人民出版社 1981 年版。

67.本尼迪克特:《文化模式》,三联书店(北京)1988 年版。

68.克利福德・格尔茨:《文化的解释》,译林出版社 1999 年版。

69.汤因比:《历史研究》下卷,上海人民出版社 1997 年版。

70.西美尔:《现代人与宗教》,中国人民大学出版社 2003 年版。

71.西美尔:《金钱、性别、现代生活风格》,学林出版社 2000 年版。

72.麦金太尔:《德性之后》,中国社会科学出版社 1995 年版。

73.卢卡奇:《理性的毁灭》,江苏教育出版社 2005 年版。

74.丹尼尔・贝尔:《后工业社会的来临》,商务印书馆 1984 年版。

75. 塞缪尔·亨廷顿：《文明的冲突与世界秩序的重建》，新华出版社 1998 年版。

76. 塞缪尔·亨廷顿、劳伦斯·哈里森主编：《文化的重要作用——价值观如何影响人类进步》，新华出版社 2002 年版。

77. 王玉樑：《价值哲学新探》，陕西人民教育出版社 1993 年版。

78. 王玉樑：《21 世纪价值哲学：从自发到自觉》，人民出版社 2006 年版。

79. 李连科：《价值哲学引论》，商务印书馆 1999 年版。

80. 袁贵仁：《价值观的理论与实践》，北京师范大学出版社 2006 年版。

81.《马克思主义基本原理概论》，高等教育出版社 2013 年版。

82. 任仲文主编：《文化自觉十八讲》，人民日报出版社 2011 年版。

83. 陶东风：《破镜与碎影》，云南人民出版社 2001 年版。

84. 黄凯锋主编：《当代中国价值观研究新取向》，学林出版社 2007 年版。

85. 陈筠泉、刘奔主编：《哲学与文化》，中国社会科学出版社 1996 年版。

86. 李从军：《价值体系的历史选择》，人民出版社 2008 年版。

87. 田海舰、邹卫：《社会主义核心价值观论纲》，人民出版社 2010 年版。

88. 陈章龙、周莉：《价值观研究》，南京师范大学出版社 2004 年版。

89. 陈章龙：《论主导价值观》，江苏人民出版社 2006 年版。

90. 韩震：《社会主义核心价值观凝练研究》，北京师范大学出版社 2012 年版。

91. 江畅：《社会主义核心价值理念研究》，北京师范大学出版社 2012 年版。

92. 龚群：《当代中国社会价值观调查研究》，北京师范大学出版社 2012 年版。

93. 宋惠昌：《当代意识形态研究》，中共中央党校出版社 1999 年版。

94. 杨明、张伟：《社会主义核心价值体系论纲》，南京大学出版社 2013 年版。

95. 赵馥洁：《价值的历程——中国传统价值观的历史演变》，中国社会科学出版社 2006 年版。

96. 鄢本凤：《社会主义和谐文化建设研究》，人民出版社 2010 年版。

97. 马蒂亚斯·霍尔茨：《未来宣言：我们应如何为 21 世纪做准备》，云南人民出版社 2001 年版。

98. 孙立平：《社会现代化》，华夏出版社 1988 年版。

99. 罗荣渠：《现代化新论——世界与中国的现代化过程》，北京大学出版社

1993 年版。

100.余英时：《文史传统与文化重建》，生活·读书·新知三联书店 2004 年版。

101.安东尼·吉登斯：《现代性与自我认同》，生活·读书·新知三联书店 1998 年版。

102.齐格蒙·鲍曼：《现代性与大屠杀》，译林出版社 2002 年版。

103.佘碧平：《现代性的意义与局限》，上海三联书店 2000 年版。

104.约翰·汤姆林森：《全球化与文化》，南京大学出版社 2002 年版。

105.乌·贝克、哈贝马斯：《全球化与政治》，中央编译出版社 2000 年版。

106.杨冬雪：《全球化与社会主义的想象力》，重庆出版社 2009 年版。

107.童星：《发展社会学与中国现代化》，社会科学文献出版社 2005 年版。

108.董四代：《科学社会主义中国化的文化解读》，天津人民出版社 2007 年版。

109.萧延中主编：《外国学者评毛泽东》第 1 卷，中国工人出版社 1997 年版。

110.罗素：《中国问题》，学林出版社 1996 年版。

111.康有为：《大同书》，中州古籍出版社 1998 年版。

112.张维为：《中国震撼》，上海人民出版社 2011 年版。

113.哈耶克：《通往奴役之路》，中国社会科学出版社 1997 年版。

114.尼采：《权力意志——重估一切价值的尝试》，商务印书馆 1991 年版。

115.爱德华·W.萨义德：《文化与帝国主义》，生活·读书·新知三联书店 2003 年版。

116.罗国杰主编：《社会主义和谐社会核心价值体系研究》，中国人民大学出版社 2012 年版。

117.卡洪：《现代性的困境——哲学、文化和反文化》，商务印书馆 2008 年版。

118.李宏斌：《中西文化散论》，陕西人民出版社 2005 年版。

119.林滨：《全球化时代的价值教育》，人民出版社 2011 年版。

120.周辅成：《西方伦理学名著选辑》上、下卷，商务印书馆 1984 年版。

121.茅于轼：《中国人的道德前景》，暨南大学出版社 2003 版。

122.肖群忠：《中国道德智慧十五讲》，北京大学出版社 2008 年版。

123.刘吉发：《政治学新论》，中国人民大学出版社 2008 年版。

124.杨亮才：《发展的选择》，东方出版社 2001 年版。

125. 杨晓慧：《社会主义核心价值体系融入大学生思想政治教育全过程的基本问题研究》，人民出版社 2011 年版。

126. 王处辉主编：《中国社会思想史》，中国人民大学出版社 2009 年版。

127. 蔡霞：《全球化与中国共产党人价值观》，四川人民出版社 2002 年版。

128. 李小三主编：《中国共产党人精神研究》，中央文献出版社 2008 年版。

129. 李世民：《延安精神》，中共党史出版社 2013 年修订版。

130. 汪洋：《党内文化新论》，中共中央党校出版社 2006 年版。

131. 高占祥：《十论党的宗旨——重读〈为人民服务〉》，北京时代华文书局、安徽人民出版社 2013 年版。

132. 余秋雨：《寻觅中华》，作家出版社 2009 年版。

二、学术论文

1. 贺来：《哲学的"中道"与思想风险的规避》，《哲学研究》2012 年第 7 期。

2. 曹小华：《关于文化的定义》，《学习时报》2004 年 2 月 23 日，第 6 版。

3. R.W.Sperry：《科学与价值的桥梁》，《世界科学》1982 年第 5 期。

4. 张志刚：《从理性批判到文化批判——论卡西尔的思想转折》，《德国哲学论集》1992 年第 12 期。

5. 周旭、郑伯红：《文化哲学研究的现实转型》，《求索》2010 年第 3 期。

6. 苗伟：面向文化哲学本身：《从何谓到何为》，《哈尔滨工业大学学报（社会科学版)》2010 年第 2 期。

7. 刘振怡：《文化哲学的合法性探究——从卡西尔的符号文化哲学说起》，《求是学刊》2010 年第 5 期。

8. 邹广文：《文化哲学视野中哲学与人的关系》，《社会科学战线》2005 年第 3 期。

9. 庞晓光：《科学与价值关系研究述评》，《哲学动态》2008 年第 3 期。

10. 燕连福、李重：《文化发展与文化哲学的使命》，《光明日报》2013 年 11 月 12 日，第 11 版。

11. 常晋芳、李成旺：《文化哲学研究的当代走向》，《学习论坛》2010 年第 9 期。

12. 李霞：《文化哲学研究的回顾与思考》，《西安交通大学学报（社会科学版）》2008 年第 2 期。

13. 衣俊卿：《论文化哲学的理论定位》，《求是学刊》2006 年第 4 期。

14. 衣俊卿：《自觉回应时代问题的文化哲学》，《中国社会科学报》2012 年 9 月 7 日，第 4 版。

15. 李奎君：《资本批判和人的解放》，《哲学动态》2007 年第 2 期。

16. 丰子义：《马克思"世界历史"思想研究中的几个问题》，《教学与研究》2002 年第 3 期。

17. 黄云霞：《论文化生态的可持续发展》，《南京林业大学学报（人文社科版）》2004 年第 3 期。

18. 隽鸿飞：《文化哲学的生成论解读》，《学术交流》2010 年第 9 期。

19. 汤一介：《转型时期的中国文化发展》，《21 世纪》1991 年第 7 期。

20. 林剑：《文化危机与文化进步》，《江汉论坛》2011 年第 10 期。

21. 喻辉：《试论"文化危机"》，《文教资料》2011 年 7 月号上旬刊。

22. 刘珩：《文化转型：传统的再造与人类学的阐释》，《文化研究（复印报刊资料）》2013 年第 4 期。

23. 乐黛云：《文化转型与文化冲突》，《民族艺术》1998 年第 2 期。

24. 费孝通：《关于"文化自觉"的一些自白》，《学术研究》2003 年第 7 期。

25. 罗宏：《当代中国文化转型中的主流文化意志》，《广州大学学报（社会科学版）》2005 年第 5 期。

26. 张旭东：《离不开政治的文化自觉》，《文化研究（复印报刊资料）》2012 年第 9 期。

27. 汪晖：《面向新世界图景的文化自觉》，《文化纵横》2012 年第 4 期。

28. 马俊峰、李德顺：《当代中国人的文化觉醒——国内价值哲学研究三十年述评》，《社会科学战线》2009 年第 3 期。

29. 李德顺：《关于价值与核心价值》，《学术研究》2007 年第 12 期。

30. 李德顺：《价值研究与价值建设》，《烟台大学学报（哲学社会科学版）》2013 年第 2 期。

31. 刘常鳞：《唯物史观视域下新型集体主义价值观的历史选择》，《宁德师专学报（哲学社会科学版）》2011 年第 1 期。

32. 王玉樑：《荣辱观颠倒与价值观多元化》，《河南师范大学学报（哲学社会科学版）》2007 年第 6 期。

33. 王玉樑：《理想、信念、信仰在价值观中的地位及其意义》，《光明日报》2000 年 9 月 19 日，第 3 版。

34. 陈光春、万承贵：《论多元文化背景下现代大学文化精神的重塑》，《内蒙古师范大学学报》2006 年第 1 期。

35. 李西泽、崔丽娜：《关于文化危机与文化重建的几个相关问题》，《东岳论丛》2013 年第 3 期。

36. 周来顺：《文化危机与双重救赎——齐美尔视域中的现代性危机理论研究》，《学海》2013 年第 2 期。

37. 阮青：《文化哲学百年回顾与反思》，《淄博学院学报》2000 年第 1 期。

38. 史明瑛：《现代性与现代化》，《读书》2009 年第 8 期。

39. 漆思、赵玫：《现代性矛盾与现代化历史批判》，《学习与探索》2007 年第 6 期。

40. 赵伯乐：《文化现代化的涵义及特征初论》，《文化研究（复印报刊资料)》2002 年第 11 期。

41. 孙正聿：《现代化与现代化问题——从马克思的观点看》，《马克思主义与现实》2013 年第 1 期。

42. 陈新夏：《现代化问题与人的发展》，《首都师范大学学报（社会科学版)》2001 年第 1 期。

43. 唐礼勇：《二十年来人的现代化问题研究综述》，《资料通讯》2002 年第 1 期。

44. 王立军、傅定法：《现代化：理论、内涵和指标》，《北方论丛》2001 年第 1 期。

45. 刘婵娟：《现代性研究中的两个问题》，《哲学研究》2007 年第 3 期。

46. 汪尹举：《现代化与现代性——历史·理论·关系》，《学海》2006 年第 5 期。

47. C.卡尔霍恩、黄平：《全球化的思考与问题》，《新华文摘》2001 年第 9 期。

48. 衣俊卿：《全球化的文化逻辑与中国的文化境遇》，《社会科学辑刊》2002 年第 1 期。

49. 扈海鹂：《全球化与文化整合》，《哲学研究》2000 年第 1 期。

50. 李宏斌、江林：《文化全球化与西部文化创新》，《延安大学学报（社会科学版)》2003 年第 4 期。

51. 纪玉祥:《全球化与当代资本主义的新变化》,《马克思主义与现实》1998 年第 6 期。

52. 田丰:《全球化趋势与马克思的方法论》,《新华文摘》2001 年第 10 期。

53. 黄力之:《理性的异化与现代文明的极限》,《哲学研究》2001 年第 12 期。

53. 孙烽、尹於舜:《全球化进程中的资本主义新危机》:经济学视角的思索,《新华文摘》2001 年第 8 期。

54. 金耀基:《论中国的"现代化"与"现代性"》,《走向 21 世纪的中国文化》,山西教育出版社 1999 年版。

55. 陈嘉明:《"现代性"与"现代化"》,《厦门大学学报(哲学社会科学版)》2003 年第 5 期。

56. 王东:《孙中山:中国现代化的伟大先行者》,《北京大学学报(哲学社会科学版)》1996 年第 5 期。

57. 聂锦芳:《现代性之惑与现代化之累》,《岭南学刊》2007 年第 1 期。

58. 李宏斌:《论我国社会主义现代化进程中的文化创新》,《理论月刊》2001 年第 2 期。

59. 刘作翔:《转型时期的中国社会秩序结构及其模式选择》,《新华文摘》1999 年第 2 期。

60. 刘云山:《文化自觉 文化自信 文化自强——对繁荣发展中国特色社会主义文化的思考》,《红旗文稿》2010 年第 15 期。

61. 包心鉴:《论中国特色社会主义的当代价值》,《中国延安干部学院学报》2012 年第 4 期。

62. 熊思远、杨相诚:《中国现代化道路的历史选择——从新民主主义到有中国特色的社会主义》,《思想战线》1994 年第 2 期。

63. 邹广文:《马克思的现代性视野及其当代启示》,《中国人民大学学报》2004 年第 5 期。

64. 吕艳:《浅谈当代资本主义文化危机》,《高校理论战线》2004 年第 10 期。

65. 吴波:《社会形态与现代化双重视野中的中国道路》,《马克思主义研究》2009 年第 7 期。

66. 李宏斌:《论社会主义荣辱观的三个伦理向度》,《学术论坛》2006 年第 7 期。

67. 杨豹:《中国传统文化:社会主义核心价值体系的民族基础》,《理论导刊》2010 年第 3 期。

68. 沈永刚：《论五四新文化运动对中国传统文化的批判和传承》，《文化研究（复印报刊资料)》2002 年第 10 期。

69. 胡文江：《传统文化与马克思主义三题》，《文化研究（复印报刊资料)》2002 年第 7 期。

70. 王永宁、王晓芳：《新自由主义思潮的国际影响及其在中国的渗透》，《南京社会科学》2010 年第 5 期。

71. 左鹏：《意识形态领域挑战社会主义核心价值体系的几种主要社会思潮》，《思想理论导刊》2014 年第 4 期。

72. 刘书林：《关于民主社会主义思潮在中国的若干问题的思考》，《青海社会科学》2007 年第 6 期。

73. 周新城：《必须警惕民主社会主义思潮的泛滥》，《理论视野》2007 年第 5 期。

74. 梅荣政、杨瑞：《历史虚无主义思潮的泛起与危害》，《思想理论教育导刊》2010 年第 1 期。

73. 梁柱：《历史虚无主义思潮的泛起特点及其主要表现》，《北京教育·德育》2013 年第 9 期。

75. 杨金华：《当代中国虚无主义思潮的多元透视》，《马克思主义研究》2011 年第 4 期。

76. 于同申：《20 世纪末新自由主义经济思潮的沉浮》，《中国人民大学学报》2003 年第 5 期。

77. 习近平：《以更大的政治勇气和智慧深化改革 朝着十八大指引的改革开放方向前进》，《人民日报》2013 年 1 月 2 日，第 1 版。

78. 吴向东：《社会主义核心价值观的意义自觉》，《光明日报》2013 年 9 月 14 日，第 11 版。

79. 李宏斌、乔恩虎：《论先进文化的内涵及其创建》，《榆林高等专科学校学报》2003 年第 1 期。

80. 王勇：《提炼兴国之魂的核心价值观》，《中国社会科学报》2012 年 9 月 26 日，第 4 版。

81. 刘云山：《着力培育和践行社会主义核心价值观》，《党建》2014 年第 2 期。

82. 沈建波：《社会心态视域下的社会主义核心价值观大众化》，《思想理论教育》2013 年第 5 期上。

83. 陈晓英：《论中国传统哲学与社会主义核心价值体系》，《渤海大学学报

（哲学社会科学版）》2009 年第 1 期。

84. 沈卫星：《从社会主义核心价值体系到中国梦的内在逻辑》，《中国井冈山干部学院学报》2014 年第 1 期。

85. 廖小平、成海鹰：《改革开放以来中国社会的价值观变迁》，《新华文摘》2006 年第 6 期。

86. 衣俊卿：《文化哲学的现实使命与文化软实力建设的实践方略》，《中国社会科学报》2012 年 10 月 31 日，第 1 版。

87. 陈树林：《当代文化哲学范式的回归》，《哲学研究》2011 年第 11 期。

88. 霍桂桓：《当前中国文化哲学研究的问题和出路》，《西北师范大学学报》（社会科学版）2007 年第 1 期。

89. 李鹏程：《我的文化哲学观》，《哲学原理（复印报刊资料）》，2011 年第 6 期。

90. 陈树林：《当下国内文化哲学研究的困境》，《思想战线》2010 年第 2 期。

91. 殷霞：《"是"蕴涵"应该"吗？——从"Being"的考察看伦理学中的"休谟问题"》，《东岳论丛》2007 年第 6 期。

92. 刘隽：《"休谟问题"与休谟道德哲学的关系》，《哲学动态》2008 年第 3 期。

93. 崔秋锁：《价值与事实否定统一的研究方法》，《光明日报》2013 年 9 月 17 日，第 11 版。

94. 朱大可：《文化价值及其民族样态》，《文化研究（复印报刊资料）》2010 年第 6 期。

95. 钱伟：《和谐文化的哲学考量与理性建构》，《首都师范大学学报（社会科学版）》2012 年第 2 期。

96. 杨宝忠、郭凤志：《和谐文化基本理论问题研究》，《思想教育研究》2013 年第 9 期。

97. 张绵厘：《什么是和谐文化》，《中国文化报》，2007 年 1 月 4 日，第 7 版。

98. 李忠杰：《论建设先进的党内文化》，《党建研究内参》第 7 期。

99. 邱仁富、王结发：《从共生到和谐：和谐文化建设新论》，《学术论坛》2009 年第 7 期。

100. 季明：《论建设社会主义和谐文化》，《学习与实践》2007 年第 1 期。

101. 何颖：《以社会主义核心价值体系指导和谐文化建设》，《学术交流》2007 年第 7 期。

102. 鲁春霞：《论社会主义和谐文化建设中的价值引领》，《思想教育研究》

2011 年第 6 期。

103. 龚群：《以科学发展观指导社会主义核心价值体系建设》，《南京师范大学学报（社会科学版）》2010 年第 4 期。

104. 唐志龙：《建设社会主义核心价值体系必须以科学发展观为指导》，《吉首大学学报（社会科学版）》2007 年第 5 期。

105. 李德顺：《价值研究与价值观建设》，《烟台大学学报(哲学社会科学版)》2013 年第 2 期。

106. 郑明珍：《科学发展观与社会主义核心价值体系对唯物史观的丰富和发展》，"科学发展观与安徽崛起"论坛论文集，2008 年 12 月。

107. 陆静：《科学发展观对社会主义核心价值体系建设的实践指导》，《山西高等学校社会科学学报》2013 年第 7 期。

108. 马俊峰：《社会主义核心价值体系与科学发展观》，《教学与研究》2009 年第 3 期。

109. 冯平：《价值重建的切入点》，《光明日报》2013 年 4 月 1 日，第 7 版。

110. 陈新汉：《社会主义核心价值体系研究中的问题意识》，《光明日报》2013 年 4 月 1 日，第 7 版。

111. 刘云山：《推动形成实现中国梦的强大精神力量》，《党建》2013 年第 6 期。

112. 洪向华等：《多维度中的中国梦》，《光明日报》2013 年 10 月 20 日，第 7 版。

113. 王淑芹：《国家、社会、个人：中国梦的价值主体》，《光明日报》2013 年 4 月 10 日，第 11 版。

114. 梁言顺：中《国梦的思想资源、制度保障和路径选择研究》，《光明日报》2013 年 7 月 10 日，第 11 版。

115. 张纪：《对话专家学者：中华文化的世界坐标》，《党建》2014 年第 1 期。

116. 杨叔子：《素质·文化·教育》，《高等教育研究》2012 年第 10 期。

117. 李建国：《文化育人的哲学省思》，《高等教育研究》2014 年第 4 期。

118. 霍桂桓：《文化软实力的哲学反思》，《学术研究》2011 年第 3 期。

119. 张琳：《马克思主义中国化研究的深化与拓展》，《光明日报》2013 年 5 月 15 日，第 16 版。

120. 李飞、刘卓红：《文化哲学视域下马克思主义哲学与先秦儒家思想的融通性建构》，《中国特色社会主义研究》2010 年第 1 期。

121. 邸乘光：《中国共产党推进马克思主义大众化的基本经验》，《中国井冈山干部学院学报》2012 年第 4 期。

122. 林国标：《多维视野中的马克思主义哲学大众化》，《湖南社会科学》2009 年第 4 期。

121. 邹诗鹏：《中国道路与中国实践哲学》，《马克思主义与现实》2012 年第 6 期。

123. 孙伟平：《论中国特色社会主义核心价值理念》，《哲学原理（复印报刊资料）》2011 年第 11 期。

124. 冯平等：《复杂现代性框架下的核心价值建构》，《哲学原理（复印报刊资料）》2013 年第 10 期。

125. 刘梦溪：《中国传统价值理念在今天的意义》，《党建》2014 年第 5 期。

126. 曹义孙：《诚：实与信》，《光明日报》2013 年 6 月 25 日，第 11 版。

127. 高兆明：《耻感与自由能力》，《光明日报》2006 年 7 月 31 日。

128. 蒋菲、高地：《社会主义核心价值体系融入国民教育全过程的衔接问题研究》，《思想政治教育研究》2014 年第 2 期。

129. 秦秋霞：《国民教育和公民教育关系之辩——兼论公民教育的时代价值》，《教育科学研究》2014 年第 11 期。

130. 董海霞：《全球化时代中国公民教育的文化危机与使命》，《济南大学学报（社会科学版）》2013 年第 5 期。

131. 周庆芬、李斌：《社会主义核心价值体系融入国民教育的方法与路径》，《党政干部学刊》2012 年第 10 期。

132. 龙宝新：《论面向国民性重塑的现代国民教育》，《南京社会科学》2014 年第 6 期。

133. 汪洋、余卫国：《把社会主义核心价值体系融入国民教育全过程问题研究综述》，《理论观察》2013 年第 4 期。

134. 徐雁、蒋广学等：《科学精神与东西方文化——科学与人文对话》，《新华文摘》1999 年第 2 期。

135. 刘京希：《"人文精神与现代化"学术研讨会综述》，《文史哲》2001 年第 4 期。

136. 胡锦涛：《在北京大学师生代表座谈会上的讲话》，《人民日报》2008 年 5 月 4 日，第 1 版。

137. 罗迪：《文化认同视角下的大学生社会主义核心价值观教育》，《思想教育研究》2014 年第 2 期。

138. 马俊峰:《富裕、民主、公正、和谐:中国特色社会主义的核心价值理念》,《哲学原理（复印报刊资料)》2011 年第 11 期。

139. 侯西安:《集体主义是高校意识形态教育的价值观前提》,《中国社会科学报》2012 年 9 月 19 日,第 8 版。

140. 张小飞、陈莉:《新媒体时代文化生态的嬗变与社会核心价值观传播策略》,《理论视野》2013 年第 6 期。

141. 刘潇:《社会转型期大学生价值观的嬗变与对策》,《湖南社会科学》2011 年第 3 期。

142. 旷勇:《关于提升社会主义核心价值体系引领当代社会思潮实效性的思考》,《学校党建与思想教育》2011 年第 11 期。

143. 赵传珍:《文化认同与大学生社会主义核心价值观教育》,《北华大学学报（社会科学版)》2014 年第 2 期。

144. 万俊人:《道德的力量》,《光明日报》2013 年 12 月 19 日,第 14 版。

145. 魏英敏:《儒家伦理、道德层次性的启迪》,《苏州科技学院学报（社会科学版)》2003 年第 4 期。

146. 董建萍:《论"精神空虚也不是社会主义"》,《观察与思考》2012 年第 5 期。

147. 王军、杨玉华:《论"精神空虚也不是社会主义"对思想政治教育的启示》,《忻州师范学院学报》2012 年第 5 期。

148. 杨金云:《当代大学生浮躁心理成因及对策研究》,《中国青年研究》2010 年第 9 期。

149. 蒋建国:《网络炫富:精神贫困与价值迷失》,《现代传播》2013 年第 2 期。

150. 黄百炼:《精神懈怠与执政危险》,《当代世界与社会主义》2011 年第 6 期。

151. 刘维春、李新生:《"精神懈怠"现象的深度耕犁与化解》,《天水行政学院学报》2013 年第 5 期。

152. 韩震:《人民民主是中国特色社会主义的基本价值追求》,《党建》2014 年第 2 期。

153. 王葎:《承认的尊严——价值观教育的合法性审视》,《山东大学学报(哲学社会科学版)》2006 年第 2 期。

后　　记

　　《文化哲学与社会主义核心价值研究》一书的面世是一个艰难而痛苦的过程。期间三易其稿，两次更正创作思路，个别章节由于电脑病毒的捣乱，不得不进行重写。犹如一个"足月"但却"难产"的婴儿，当他呱呱落地时，生产他的母体已是精疲力竭、奄奄一息了。记得书稿完成后的当天夜里，经历了一冬无雪的陕北高原迎来了2015年的第一场大雪，而且一下就是两天。那漫天飞舞的雪花既像是对我们作品的洗礼，又像是对我们所付出的劳作的慰藉。特别是当人民出版社反馈回消息，相关专家充分肯定了我们的学术研究，审稿顺利通过时，我们真的释怀了，我们的一切辛苦和付出都是值得的。

　　本书的出版得到了陕西省高水平大学建设重大项目经费以及项目组同仁们的鼎力支持，谨向延安大学宣传部部长韩琳教授、马克思主义学院院长郝琦教授表示衷心感谢。特别要感谢延安大学中国共产党革命精神与文化资源研究中心副主任谭虎娃博士，作为我校出类拔萃的青年学者，以其热忱的帮助和严谨的治学态度鼓舞了我们，并在本书的出版过程中起了牵线搭桥的关键作用。还要感谢人民出版社编辑吴继平先生，他不厌其烦的工作热情和认真负责的工作态度深深感染了我们，有力地推进了本书的出版进程。此外，在本书的中后期，得到教育部全国高校思想政治理论课教师社会实践研修基地（延安大学）、教育部高校辅导员培训和研修基地（延安大学）领导和同人的大力支持和关注，也一并向他们表示由衷感谢。

正像伟人马克思反复强调的那样，"批判的武器不能代替武器的批判"。《文化哲学与社会主义核心价值研究》虽然出版了，但社会主义核心价值观的培育和践行还"正在路上"，我们在这方面的研究更是"刚刚起步"。所以，渴望得到学界同行和读者朋友的理解和支持；对书中的缺点和不足，也希望得到谅解、包容和更多的批评指正。

作　者

2015 年 3 月于延安大学雅苑

责任编辑：吴继平

装帧设计：周方亚

责任校对：王　惠

图书在版编目（CIP）数据

文化哲学与社会主义核心价值研究 / 李宏斌　杨亮才 著.

　－北京：人民出版社，2015.5

ISBN 978－7－01－014763－5

I.①文…　II.①李…　②杨…III.①文化哲学－研究②社会主义建设

　－价值论－研究－中国　IV.① G02 ② D616

中国版本图书馆 CIP 数据核字（2015）第 075221 号

文化哲学与社会主义核心价值研究
WENHUA ZHEXUE YU SHEHUIZHUYI HEXINJIAZHI YANJIU

李宏斌　杨亮才 著

人民出版社 出版发行

（100706　北京市东城区隆福寺街 99 号）

北京市文林印务有限公司　　新华书店经销

2015 年 5 月第 1 版　2015 年 5 月北京第 1 次印刷

开本：710 毫米 ×1000 毫米 1/16　印张：22.25

字数：300 千字

ISBN 978－7－01－014763－5　定价：48.00 元

邮购地址 100706　北京市东城区隆福寺街 99 号

人民东方图书销售中心　电话：（010）65250042　65289539